Weitere Titel des Autors:

Der Hypnotiseur
Paganinis Fluch
Der Sandmann
Ich jage dich

Über das Autorenpaar:

Lars Kepler ist das Pseudonym von Alexandra Coelho Ahndoril und Alexander Ahndoril. DER HYPNOTISEUR, ihr Krimidebüt, war sensationell erfolgreich. Es wurde in über 30 Länder verkauft und hat weltweit die Bestsellerlisten gestürmt. FLAMMENKINDER ist der dritte hochgelobte Roman mit dem finnlandschwedischen Ermittler Joona Linna. Das Ehepaar lebt mit seinen drei Töchtern in Stockholm. www.larskepler.com

Lars Kepler

FLAMMEN-
KINDER

Kriminalroman

Aus dem Schwedischen von
Paul Berf

BASTEI LÜBBE TASCHENBUCH
Band 27 146

Vollständige Taschenbuchausgabe

Copyright © 2011 by Lars Kepler
Titel der schwedischen Originalausgabe: »Eldvittnet«
First published by Albert Bonniers Förlag, Stockholm, Sweden
Published in the German language by arrangement with
Bonnier Group Agency, Stockholm, Sweden

Für die deutschsprachige Ausgabe:
Copyright © 2012 by Bastei Lübbe AG, Köln

Für diese Ausgabe:
Copyright © 2016 by Bastei Lübbe AG, Köln
Titelillustration: © shutterstock/Eric Isselee; shutterstock/Roobcio
Umschlaggestaltung: FAVORITBUERO, München
Satz: Urban SatzKonzept, Düsseldorf
Gesetzt aus der Adobe Caslon
Druck und Verarbeitung: CPI books, Leck – Germany
Printed in Germany
ISBN 978-3-404- 27146-7

5 4 3 2 1

Sie finden uns im Internet unter
www.luebbe.de
Bitte beachten Sie auch:
www.lesejury.de

Ein verlagsneues Buch kostet in Deutschland und Österreich jeweils überall dasselbe.
Damit die kulturelle Vielfalt erhalten und für die Leser bezahlbar bleibt,
gibt es die gesetzliche Buchpreisbindung. Ob im Internet, in der Großbuchhandlung,
beim lokalen Buchhändler, im Dorf oder in der Großstadt – überall bekommen Sie Ihre
verlagsneuen Bücher zum selben Preis.

»allen Lügnern ist ihr Teil in dem See,
der von Feuer und Schwefel brennt«

Off., 21:8

Als Medium bezeichnet man einen Menschen, der von sich behauptet, eine paranormale Begabung zu haben und die Fähigkeit zu besitzen, Zusammenhänge jenseits der Erkenntnismöglichkeiten anerkannter Wissenschaften zu erfassen.

Manche Medien vermitteln bei spiritistischen Sitzungen Kontakt zu den Toten, andere bieten Lebensberatung mit Hilfe von Tarotkarten oder anderem an.

Der Versuch, über ein Medium Verbindung zu den Toten aufzunehmen, lässt sich in der Geschichte der Menschheit weit zurückverfolgen. Bereits tausend Jahre vor Christi Geburt versuchte der israelische König Saul den Geist des verstorbenen Propheten Samuel um Rat zu fragen.

Überall auf der Welt greift die Polizei bei komplizierten Ermittlungen auf die Hilfe von geistigen Medien und Spiritisten zurück. Dies geschieht viele Male pro Jahr, obwohl es keinen einzigen dokumentierten Fall gibt, bei dem ein solches Medium tatsächlich zur Aufklärung des Verbrechens beigetragen hat.

I

Elisabeth Grim ist einundfünfzig Jahre alt, und ihre Haare sind bereits leicht ergraut. Sie hat fröhliche Augen, und wenn sie lächelt, sieht man, dass sich der eine ihrer vorderen Schneidezähne ein wenig über den anderen schiebt.

Elisabeth arbeitet als Betreuerin im Haus Birgitta, einem Jugendheim nördlich von Sundsvall. Das Haus ist eine halboffene Einrichtung in privater Trägerschaft und beherbergt auf der Grundlage des Gesetzes über besondere Bestimmungen zur Betreuung von Jugendlichen eine Wohngruppe von acht Mädchen im Alter von zwölf bis siebzehn Jahren.

Wenn sie hierherkommen, nehmen viele dieser Mädchen Drogen, fast alle verletzen sich selbst und haben Essstörungen, und einige sind darüber hinaus ausgesprochen gewaltbereit.

Im Grunde gibt es keine Alternative zu geschlossenen Einrichtungen mit alarmgesicherten Türen, vergitterten Fenstern und Personenschleusen. Und von da aus führt der Weg dann in aller Regel in Gefängnisse und die psychiatrische Zwangsverwahrung der Erwachsenenwelt. Das Haus Birgitta bildet jedoch eine der wenigen Ausnahmen von dieser Regel. Hier werden Mädchen aufgenommen, die an offene Therapieformen herangeführt werden sollen.

Ins Haus Birgitta kommen die braven Mädchen, sagt Elisabeth immer.

Sie greift nach dem letzten Stück dunkler Schokolade, steckt es sich in den Mund und spürt die Süße und das bittere Kitzeln unter der Zunge.

Allmählich entspannen sich ihre Schultern. Es ist ein turbulenter Abend gewesen. Dabei hatte der Tag so gut angefangen. Am Vormittag Unterricht und nach dem Mittagessen Spiele und ein Bad im See.

Nach dem Abendessen war die Hausverwalterin nach Hause gefahren und Elisabeth als einzige Betreuerin in der Einrichtung geblieben, denn vier Monate nachdem die Holdinggesellschaft Blanchefords das Haus übernommen hatte, war das Nachtpersonal reduziert worden.

Die Mädchen durften bis zehn Uhr fernsehen. Sie selbst saß im Schwesternzimmer und versuchte, die vielen persönlichen Beurteilungen abzuarbeiten, als sie wütende Schreie hörte, woraufhin sie in den Fernsehraum eilte und sah, dass Miranda auf die kleine Tuula losging. Sie schrie, Tuula sei eine Fotze und Hure, zerrte sie von der Couch und trat ihr in den Rücken.

Elisabeth war an Mirandas Gewaltausbrüche schon gewöhnt. Sie rannte zu Miranda, zog sie von Tuula weg, steckte einen Schlag auf die Wange ein und musste Miranda lautstark klarmachen, dass ihr Verhalten inakzeptabel war. Ohne sich auf Diskussionen einzulassen, nahm sie Miranda zur Leibesvisitation und anschließend in das Isolierzimmer im Flur mit.

Elisabeth wünschte ihr noch eine gute Nacht, aber Miranda blieb stumm, saß lediglich mit gesenktem Kopf auf dem Bett und lächelte in sich hinein, als Elisabeth die Tür zuschlug und abschloss.

Eigentlich hatte das neue Mädchen, Vicky Bennet, einen Termin für ihr Abendgespräch, aber wegen des Konflikts zwischen Miranda und Tuula blieb dafür keine Zeit mehr. Vicky hatte schüchtern darauf hingewiesen, dass ihr eigentlich ein Vieraugengespräch zustand, und als es verschoben werden musste, wurde sie traurig, zerschlug eine Teetasse, nahm eine der Scherben und ritzte sich am Bauch und an den Handgelenken.

Als Elisabeth hereinkam, bedeckte Vicky ihr Gesicht mit beiden Händen und Blut lief ihre Unterarme herab.

Elisabeth säuberte die oberflächlichen Wunden, klebte ein Pflaster auf den Bauch, verband Vickys Handgelenke mit Mullbinden, tröstete sie und nannte sie »meine Kleine«, bis sie den Anflug eines Lächelns sah. Die dritte Nacht hintereinander gab sie dem Mädchen zehn Milligramm Sonata, damit es einschlafen konnte.

2

Inzwischen schlafen ihre Schützlinge alle, und es ist Stille eingekehrt im Haus Birgitta. Im Fenster des Schwesternzimmers brennt eine Lampe und lässt die Welt draußen undurchdringlich schwarz erscheinen.

Mit einer tiefen Falte auf der Stirn sitzt Elisabeth am Computer und hält die Vorkommnisse des Abends im Berichtsblatt fest.

Es ist fast zwölf, und sie merkt, dass sie noch nicht einmal dazu gekommen ist, ihre Abendtablette zu nehmen. Ihr bisschen Stoff, wie sie scherzhaft zu sagen pflegt. Nachtdienste und aufreibende Tage haben bei ihr zu Schlafstörungen geführt. Um zehn Uhr nimmt sie deshalb immer zehn Milligramm Stilnox, um gegen elf einschlafen zu können und ein paar Stunden Ruhe zu finden.

Die Septemberdunkelheit hat sich auf den Wald herabgesenkt, aber man kann noch erkennen, dass die spiegelglatte Fläche des Sees Himmelsjön schimmert wie Perlmutt.

Endlich kann sie den Computer herunterfahren und ihre Tablette nehmen. Sie zieht die Strickjacke enger um sich und denkt, dass ein Glas Wein jetzt nicht zu verachten wäre. Sie sehnt sich danach, mit einem Buch und einem Glas Wein in ihrem Bett zu sitzen, zu lesen und mit Daniel zu plaudern.

Aber heute hat sie Dienst und wird im Übernachtungszimmer schlafen. Als Buster draußen auf dem Hof plötzlich anschlägt, zuckt sie zusammen. Er bellt so aufgeregt, dass sie Gänsehaut auf ihren Armen bekommt.

Es ist spät geworden, sie sollte längst im Bett liegen.

Um diese Uhrzeit schläft sie sonst immer.

Als der Computerbildschirm erlischt, wird es dunkel im Zimmer. Auf einmal ist es unglaublich still. Elisabeth wird sich der Geräusche bewusst, die sie selber macht. Das Zischen der Gasdruckfeder, als sie aufsteht, das Knarren der Bodendielen unter ihren Füßen, als sie zum Fenster geht. Sie versucht hinauszuschauen, aber die Dunkelheit spiegelt nur ihr eigenes Gesicht, das Schwesternzimmer mit Computer und Telefon, die Wände mit ihren nach Schablonen gestrichenen Mustern in Gelb und Grün.

Plötzlich sieht sie, dass die Tür hinter ihrem Rücken ein wenig aufgleitet.

Ihr Herz schlägt schneller. Die Tür war einen Spaltbreit geöffnet, steht nun aber halb offen. Das muss am Luftzug liegen, versucht sie sich einzureden. Der Kachelofen im Esszimmer saugt große Mengen Luft an.

Elisabeth verspürt eine seltsame innere Unruhe, Angst kriecht in ihre Adern. Sie wagt es nicht, sich umzudrehen, starrt stattdessen das Spiegelbild der Tür in der dunklen Fensterscheibe an.

Sie lauscht der Stille und dem Computer, der noch tickt.

In dem Versuch, ihr Unbehagen abzuschütteln, streckt sie die Hand aus, löscht die Lampe im Fenster und dreht sich um.

Jetzt steht die Tür weit offen.

Ihr läuft ein Schauer über den Rücken.

Die Deckenlampe im Flur zum Esszimmer und den Zimmern der Mädchen ist eingeschaltet. Sie verlässt den Raum und nimmt sich vor, zu kontrollieren, ob die Luken des Kachelofens geschlossen sind, als aus den Zimmern der Mädchen auf einmal ein Flüstern dringt.

3

Elisabeth schaut den Korridor hinunter, rührt sich nicht von der Stelle und lauscht. Anfangs hört sie nichts, dann erahnt sie etwas. Ein leises Wispern, so zart, dass man es kaum versteht.

»Jetzt musst du die Augen zumachen«, flüstert jemand.

Elisabeth steht vollkommen still und schaut in die Dunkelheit hinein, kneift immer wieder die Augen zusammen, kann jedoch niemanden erkennen.

Sie denkt, dass bestimmt eines der Mädchen im Schlaf spricht, als sie ein seltsames Geräusch hört. Als ließe jemand einen überreifen Pfirsich zu Boden fallen. Und dann noch einen. Schwer und feucht. Ein Tischbein scharrt über den Fußboden, und anschließend fallen zwei weitere Pfirsiche.

Elisabeth erahnt aus den Augenwinkeln heraus eine Bewegung. Einen vorüberhuschenden Schatten. Sie dreht sich um und sieht, dass sich langsam die Tür zum Esszimmer schließt.

»Warte«, sagt sie, obwohl sie annimmt, dass es wieder nur die Zugluft ist.

Sie eilt hin, legt die Hand auf die Türklinke und spürt einen seltsamen Widerstand, dann gibt es ein kurzes Tauziehen, bis die Tür schließlich einfach aufgeht.

Elisabeth betritt das Esszimmer. Sie ist wachsam und versucht, den Raum zu überblicken. Der zerkratzte Esstisch glänzt schwach. Vorsichtig bewegt sie sich zum Kachelofen und sieht ihre eigenen Bewegungen in den geschlossenen Messingluken schimmern.

Die aufgeheizten Ofengänge verströmen Wärme.

Plötzlich raschelt und knackt es hinter den Luken. Sie weicht einen Schritt zurück und stößt gegen einen Stuhl.

Es ist nur glühendes Brennholz, das in sich zusammengefallen und gegen die Innenseite der Luken gestoßen ist. Der Raum ist vollkommen leer.

Sie holt tief Luft, verlässt das Esszimmer, schließt die Tür und geht den Gang zu ihrem Übernachtungszimmer zurück, bleibt dann jedoch wieder stehen und lauscht.

Aus der Abteilung der Mädchen dringt kein Laut an ihr Ohr. Säuerliche Düfte treiben, metallisch dampfend, durch die Luft. Ihr Blick sucht nach Bewegungen in dem dunklen Korridor, aber es herrscht vollkommene Stille. Trotzdem zieht es sie dorthin. Zu der Reihe unverschlossener Türen. Manche scheinen einen Spalt offen zu stehen, andere sind geschlossen.

Auf der rechten Seite des Korridors liegen die Toiletten und eine Nische mit der abgeschlossenen Tür zum Isolierzimmer, in dem Miranda schläft.

Der Türspion glimmt schwach.

Elisabeth bleibt stehen und hält die Luft an. In einem der Zimmer flüstert eine helle Stimme, verstummt jedoch abrupt, als Elisabeth weitergeht.

»Sei jetzt still«, sagt sie in den Raum hinein.

Ihr Herz pocht heftiger, als sie eine Reihe schneller, dumpfer Schläge vernimmt. Es ist schwer auszumachen, woher das Geräusch kommt, aber es klingt, als läge Miranda im Bett und würde mit nackten Füßen gegen die Wand treten. Elisabeth denkt darüber nach, zur Tür zu gehen und durch den Spion zu schauen, als sie sieht, dass in der dunklen Nische jemand steht. Es ist ein Mensch.

Sie atmet keuchend ein und geht mit einem träumerischen, wasserschweren Gefühl im Körper rückwärts.

Sie erkennt sofort, wie gefährlich die Situation ist, aber die Angst macht ihre Bewegungen langsam.

Erst als der Fußboden des Korridors knarrt, regt sich in ihr der Impuls, um ihr Leben zu laufen.

Die Gestalt in der Dunkelheit bewegt sich plötzlich sehr schnell.

Elisabeth dreht sich um, läuft los, hört Schritte hinter sich, rutscht auf dem Flickenteppich aus, stößt mit der Schulter gegen die Wand und rennt weiter.

Eine sanfte Stimme ermahnt sie, stehen zu bleiben, aber sie bleibt nicht stehen, sie läuft, stürzt durch den Gang.

Türen schlagen auf und werden wieder zurückgeworfen.

In panischer Angst eilt sie an dem Raum für Leibesvisitationen vorbei und stützt sich an den Wänden ab. Die gerahmte Kinderkonvention der Vereinten Nationen löst sich von ihrem Haken und fällt krachend auf den Fußboden. Sie erreicht die Haustür, tastet nach der Klinke, stößt die Tür auf und läuft in die kühle Nachtluft hinaus, rutscht auf der Eingangstreppe jedoch aus. Sie fällt auf die Hüfte und begräbt ein Bein unter sich. Der Schmerz im Fußgelenk ist so heftig, dass sie laut aufschreit. Sie rutscht die Treppe hinunter, hört schwere Schritte im Hauseingang, kriecht ein wenig weiter, verliert ihre Hausschuhe und kommt wimmernd auf die Beine.

4

Der Hund bellt sie an, umkreist sie, hechelt und knurrt. Elisabeth entfernt sich humpelnd vom Haus und läuft über den dunklen Kiesplatz. Wieder bellt der Hund, erregt und abgehackt. Elisabeth weiß, dass sie nicht durch den Wald laufen können wird, denn bis zum nächsten Gehöft ist es weit – eine halbe Stunde mit dem Auto. Sie kann nirgendwohin. Sie schaut sich in der Dunkelheit um und schleicht hinter das Trockenhaus. Sie erreicht die Waschküche, öffnet sie mit zitternden Händen, tritt ein und zieht behutsam die Tür hinter sich zu.

Keuchend sinkt sie zu Boden und sucht nach ihrem Handy. »Oh Gott, oh mein Gott ...«

Elisabeths Hände zittern so, dass sie das Handy fallen lässt. Das Cover auf der Rückseite löst sich, und der Akku fällt heraus. Sie hebt die Teile auf und hört im selben Moment knirschende Schritte auf dem Kiesplatz.

Sie hält die Luft an.

In ihrem Körper donnert der Puls. Es rauscht in den Ohren. Sie versucht, etwas durch das niedrige Fenster zu erkennen.

Gleich dahinter bellt der Hund. Buster ist ihr gefolgt. Er scharrt an der Tür und wimmert aufgeregt.

Sie kriecht weiter in die Ecke neben der gemauerten Feuerstelle hinein, versucht lautlos zu atmen, verbirgt sich hinter dem Brennholzkorb und legt den flachen Akku in das Handy ein.

Als sich die Tür zur Waschküche öffnet, schreit Elisabeth auf.

In panischer Angst rutscht sie an der Wand entlang, kommt aber nicht weit.

Sie sieht die Stiefel, die Gestalt im Schatten und dann das furchtbare Gesicht und den Hammer in der Hand, den dunklen Glanz und sein Gewicht.

Sie lauscht der Stimme, nickt und hält sich die Hände vors Gesicht.

Der Schatten zögert, gleitet dann jedoch durch den Raum, drückt sie mit dem Fuß zu Boden und schlägt kraftvoll zu. Kurz über dem Haaransatz brennt ihre Stirn. Sie sieht nichts mehr. Es tut schrecklich weh, aber gleichzeitig spürt sie ganz deutlich, dass ihr warmes Blut wie ein Streicheln über die Ohren und um den Hals läuft.

Der nächste Schlag trifft dieselbe Stelle, und ihr Kopf wird zurückgeworfen, und sie nimmt nur noch wahr, dass Sauerstoff in die Lunge gesogen wird.

Verwirrt denkt sie, dass die Luft wunderbar süß ist, dann verliert sie das Bewusstsein.

Die restlichen Schläge und wie der Körper unter ihnen erzittert, spürt Elisabeth nicht mehr. Sie merkt nicht, dass ihr die Schlüssel zum Schwestern- und Isolierzimmer aus der Tasche genommen werden und ebenso wenig, dass sie auf dem Boden liegen bleibt und der Hund in die Waschküche schlüpft und Blut aus ihrem zertrümmerten Schädel schleckt, während sie langsam ihr Leben aushaucht.

5

Jemand hat einen grossen roten Apfel auf dem Tisch vergessen. Er glänzt und sieht wunderschön aus. Sie denkt, dass sie ihn essen und sich anschließend nichts anmerken lassen wird. Sich nicht um die Fragen scheren wird, die Litaneien gar nicht hören, sondern nur dasitzen und mürrisch aus der Wäsche gucken wird.

Sie streckt die Hand aus, aber als sie den Apfel endlich festhält, spürt sie, dass er vollkommen verfault ist.

Ihre Finger sinken in das Kalte und Feuchte ein.

Nina Molander wird davon wach, dass sie die Hand zurückzieht. Es ist mitten in der Nacht. Sie liegt in ihrem Bett. Das einzige Geräusch ist das Bellen des Hundes auf dem Hof. Das neue Medikament lässt sie nachts immer wach werden, weil sie aufstehen und pinkeln muss. Waden und Füße schwellen an, aber sie braucht das Medikament, denn sonst verfinstern sich ihre Gedanken, und sie interessiert sich für nichts mehr und hat für nichts anderes mehr Kraft, als dazuliegen und die Augen zu schließen.

Sie denkt, dass sie ein bisschen Licht gebrauchen könnte, etwas, worauf sie sich freuen kann. Nicht immer nur den Tod, nicht immer nur Gedanken an den Tod.

Nina schlägt die Decke zur Seite, setzt die Füße auf den warmen Holzfußboden und steigt aus dem Bett. Sie ist fünfzehn und hat glatte, blonde Haare. Sie ist kräftig gebaut, mit breiten Hüften und großen Brüsten. Das weiße Flanellnachthemd spannt über ihrem Bauch.

In der Einrichtung ist es still, und der Flur wird in das grüne Licht des Schildes getaucht, das den Notausgang markiert.

Hinter einer Tür hört Nina ein seltsames Flüstern und denkt, dass die anderen Mädchen feiern, aber mal wieder keiner von ihnen auf die Idee gekommen ist, sie zu fragen, ob sie mitmachen will.

Das will ich auch gar nicht, denkt sie.

Der Geruch von erloschenem Feuer hängt in der Luft. Wieder fängt der Hund an zu bellen. Im Flur ist der Fußboden kälter. Sie bemüht sich nicht, leise zu gehen, hat große Lust, die Tür zur Toilette ein paar Mal zuzuschlagen. Es ist ihr egal, dass Almira dann wütend wird, dass sie einem dann Sachen in den Rücken wirft.

Die alten Dielen knarren leise. Nina setzt ihren Weg zur Toilette fort, bleibt aber stehen, als sie unter ihrem rechten Fuß etwas Feuchtes spürt. Eine dunkle Pfütze hat sich unter der Tür zum Isolierzimmer gebildet, in dem Miranda schläft. Nina steht zunächst nur still da und weiß nicht, was sie tun soll, sieht dann jedoch, dass der Schlüssel im Schloss steckt.

Das ist merkwürdig.

Sie streckt die Hand nach der glänzenden Klinke aus, öffnet die Tür, tritt ein und schaltet das Licht an.

Überall ist Blut – es tropft, glänzt und fließt.

Miranda liegt auf dem Bett.

Nina weicht einige Schritte zurück und merkt nicht, dass sie sich in die Hose macht. Sie stützt sich mit der Hand an der Wand ab, sieht die blutigen Schuhabdrücke auf dem Fußboden und glaubt, dass sie ohnmächtig werden wird.

Sie dreht sich um, ist im Flur, öffnet die Tür zum Nebenzimmer, schaltet die Deckenlampe an, tritt ein und rüttelt an Carolines Schulter.

»Miranda ist verletzt«, flüstert sie. »Ich glaube, sie ist verletzt.«

»Was machst du in meinem Zimmer?«, fragt Caroline und setzt sich im Bett auf. »Verdammt, wie viel Uhr ist es überhaupt?«

»Da ist Blut auf dem Fußboden«, schreit Nina.

»Beruhige dich.«

6

Nina atmet viel zu schnell, sieht Caroline in die Augen, muss dafür sorgen, dass sie es begreift, ist zugleich jedoch über ihre eigene Stimme verblüfft, darüber, dass sie sich traut, mitten in der Nacht so zu schreien.

»Da ist überall Blut!«

»Sei still«, zischt Caroline und steht auf.

Ninas Rufe haben die anderen geweckt, aus den übrigen Zimmern dringen bereits erste Stimmen.

»Komm mit«, sagt Nina und kratzt sich angsterfüllt die Arme. »Miranda sieht seltsam aus, du musst sie dir ansehen, du musst…«

»Kannst du dich jetzt bitte beruhigen? Ich sehe es mir ja an, aber ich bin mir sicher, dass…«

Aus dem Flur dringt ein Schrei zu ihnen herein. Er kommt von der kleinen Tuula. Caroline eilt aus dem Zimmer. Tuula starrt in das Isolierzimmer. Ihre Augen sind weit aufgerissen. Indie tritt in den Flur und kratzt sich in der Achselhöhle.

Caroline zieht Tuula weg, sieht jedoch kurz das Blut auf den Wänden und Mirandas weißem Körper. Ihr Herz schlägt schnell. Sie stellt sich Indie in den Weg, denkt, dass keiner von ihnen noch mehr Selbstmorde sehen muss.

»Es hat einen Unfall gegeben«, erklärt sie schnell. »Kannst du bitte alle ins Esszimmer bringen, Indie?«

»Ist etwas mit Miranda?«, fragt Indie.

»Ja, wir müssen Elisabeth wecken.«

Lu Chu und Almira kommen aus demselben Zimmer. Lu Chu

hat nur eine Pyjamahose an, und Almira hat eine Decke um sich geschlungen.

»Geht ins Esszimmer«, sagt Indie.

»Darf ich mir vorher das Gesicht waschen?«, fragt Lu Chu.

»Nimm Tuula mit.«

»Was zum Teufel ist hier eigentlich los?«, erkundigt sich Almira.

»Das wissen wir nicht«, antwortet Caroline kurz.

Während Indie versucht, alle ins Esszimmer zu scheuchen, läuft Caroline den Gang zum Übernachtungszimmer des Personals hinunter. Sie weiß, dass Elisabeth Schlafmittel nimmt und deshalb nie hört, wenn eines der Mädchen aufsteht und herumläuft.

Caroline hämmert so fest sie nur kann gegen die Tür.

»Elisabeth, wach auf.«

Nichts passiert. Sie hört keinen Laut.

Caroline eilt zum Schwesternzimmer. Die Tür steht offen, und sie geht hinein, greift nach dem Telefon und ruft Daniel an, den ersten Menschen, der ihr in den Sinn kommt.

Es knistert in der Leitung.

Indie und Nina kommen ins Zimmer. Ninas Lippen sind bleich, sie bewegt sich ruckartig und zittert am ganzen Leib.

»Wartet im Esszimmer«, sagt Caroline kurz.

»Aber was ist mit dem Blut? Hast du das Blut gesehen?«, schreit Nina und kratzt eine Wunde an ihrem rechten Unterarm auf.

»Daniel Grim«, meldet sich eine müde Stimme.

»Ich bin's, Caroline, hier ist ein Unglück passiert, und Elisabeth wacht nicht auf, ich kann Elisabeth nicht wecken, also habe ich dich angerufen, ich weiß nicht, was ich tun soll.«

»Ich habe Blut an den Füßen«, schreit Nina. »Ich habe Blut an den Füßen…«

»Jetzt komm mal runter«, schreit Indie und versucht, Nina mit sich zu ziehen.

»Was ist los?«, fragt Daniel mit einer Stimme, die plötzlich hellwach und konzentriert klingt.

»Miranda ist in der Zelle, aber da ist alles voller Blut«, antwortet Caroline und schluckt schwer. »Ich weiß nicht, was wir ...«

»Ist sie schwer verletzt?«, fragt Daniel.

»Ja, ich glaube schon ... oder ich ...«

»Caroline«, unterbricht Daniel sie. »Ich rufe einen Krankenwagen und ...«

»Aber was soll ich tun? Was soll ich ...«

»Sieh nach, ob Miranda Hilfe braucht und versuche noch einmal, Elisabeth zu wecken«, antwortet Daniel.

7

DIE NOTRUFZENTRALE IN SUNDSVALL liegt in einem dreistöckigen roten Backsteinbau in der Björneborgsgatan am Bäckpark. Jasmin hat normalerweise keine Probleme mit der Nachtschicht, aber im Moment ist sie ungewöhnlich müde. Es ist vier Uhr morgens, und die Nacht neigt sich ihrem Ende zu. Jasmin sitzt mit einem Headset am Computer und pustet auf den schwarzen Kaffee in ihrer Tasse. Im Pausenraum gehen die Gespräche und Scherze weiter. Gestern verkündeten die Zeitungsschlagzeilen, dass jemand in der Notrufzentrale der Polizei sich nebenher etwas Geld mit Telefonsex verdient haben soll. Dann stellte sich zwar heraus, dass die Frau nur einen Nebenverdienst in der Verwaltung einer Firma hatte, die Telefonsex verkaufte, aber in den Boulevardblättern klang es, als würde sie in der Notrufzentrale zwei Arten von Gesprächen annehmen.

Jasmin schaut über den Computerbildschirm hinweg aus dem Fenster. Es dämmert noch nicht. Grollend fährt ein Lastwagen vorbei. Weiter die Straße hinauf steht eine Straßenlaterne. Ihr bleiches Licht fällt auf einen Laubbaum, einen grauen Verteilerschrank und einen Abschnitt des leeren Bürgersteigs.

Jasmin stellt ihre Kaffeetasse ab und nimmt einen Anruf entgegen:

»Notrufzentrale... Wie kann ich Ihnen helfen?«

»Ich heiße Daniel Grim, ich arbeite als Therapeut im Haus Birgitta. Eine unserer Jugendlichen hat mich gerade angerufen. Es klang sehr ernst. Sie müssen sofort hinfahren.«

»Können Sie mir bitte sagen, was passiert ist?«, fragt Jasmin, während sie in ihrem Computer nach dem Haus Birgitta sucht.

»Ich weiß es nicht, eines der Mädchen hat mich angerufen. Ich habe nicht genau verstanden, was sie gesagt hat, im Hintergrund haben alle geschrien, und sie hat geweint und gesagt, dass das ganze Zimmer voller Blut ist.«

Jasmin signalisiert ihrer Kollegin Ingrid Sandén, dass weitere Kollegen an den Telefonen benötigt werden.

»Sind Sie vor Ort?«, fragt Ingrid in ihr Headset.

»Nein, ich bin zu Hause, ich habe geschlafen, aber eines der Mädchen hat ...«

»Sie sprechen über das Haus Birgitta nördlich von Sunnås?«, fragt Jasmin ihn ruhig.

»Bitte beeilen Sie sich«, erwidert er mit zitternder Stimme.

»Wir schicken einen Streifenwagen und einen Krankenwagen zum Haus Birgitta nördlich von Sunnås«, wiederholt Jasmin, um ganz sicherzugehen.

Sie übergibt das Gespräch an Ingrid und fordert die Polizei und einen Krankenwagen an, während Ingrid Daniel Grim weitere Fragen stellt:

»Ist das Haus Birgitta nicht ein Jugendheim?«

»Ja, es ist eine halboffene Wohneinrichtung für Jugendliche«, antwortet er.

»Müsste dann nicht eigentlich ein Betreuer vor Ort sein?«

»Das stimmt, meine Frau Elisabeth hat Dienst, ich werde sie gleich als Nächstes anrufen ... ich weiß nicht, was los ist, ich weiß gar nichts.«

»Die Polizei ist unterwegs«, sagt Ingrid beruhigend in den Hörer. Aus den Augenwinkeln sieht sie, dass das blaue Licht des ersten Einsatzfahrzeuges bereits über die menschenverlassene Straße huscht.

8

DIE SCHMALE NEBENSTRASSE führt von der Landstraße 86 geradewegs in den finsteren Wald und zum Himmelsjön und dem Haus Birgitta hinauf. Kies knirscht unter den Reifen des Streifenwagens und prasselt gegen die Kotflügel. Das Licht der Scheinwerfer flackert zwischen den Stämmen der hohen Fichten.

»Du bist da schon einmal gewesen?«, fragt Rolf Wikner und schaltet in den vierten Gang.

»Ja ... Vor zwei Jahren hat ein Mädchen versucht, eines der Gebäude anzuzünden«, antwortet Sonja Rask.

»Wieso zum Teufel können die eigentlich niemanden vom Personal erreichen?«, murrt Rolf.

»Die haben bestimmt alle Hände voll zu tun – was immer da passiert ist«, sagt Sonja.

»Aber für uns wäre es schon hilfreich, wenn wir ein bisschen mehr wüssten.«

»Ja«, erwidert sie ruhig.

Dann sitzen die beiden Kollegen schweigend nebeneinander und lauschen dem Funkverkehr. Ein Krankenwagen ist unterwegs, und ein weiterer Streifenwagen hat das Präsidium verlassen.

Die Straße verläuft wie so viele andere Forstwirtschaftswege schnurgerade. Die Reifen donnern über Schlaglöcher und Unebenheiten hinweg, Stämme flirren vorbei, und das Blaulicht leuchtet tief in den Wald hinein.

Als sie auf den Kiesplatz zwischen den dunkelroten Gebäuden des Hauses Birgitta biegen, meldet sich Sonja beim Präsidium.

Auf der Eingangstreppe zum Hauptgebäude steht ein Mädchen in einem Nachthemd. Seine Augen sind weit aufgerissen, aber das Gesicht ist leichenblass und abwesend.

Rolf und Sonja verlassen den Wagen und eilen im pulsierenden blauen Licht zu ihm, aber das Mädchen scheint sie gar nicht wahrzunehmen.

»Ist jemand verletzt?«, fragt Rolf mit lauter Stimme. »Braucht jemand Hilfe?«

Das Mädchen winkt diffus in Richtung Waldrand, wankt und versucht, einen Schritt zu machen, als seine Beine nachgeben. Es fällt auf den Rücken und schlägt mit dem Kopf auf.

»Wie geht es dir?«, fragt Sonja, als sie bei dem Mädchen ist.

Es bleibt auf der Treppe liegen, starrt zum Himmel hinauf und atmet extrem schnell und flach. Sonja sieht, dass es sich die Unterarme und den Hals blutig gekratzt hat.

»Ich gehe rein«, erklärt Rolf verbissen.

Sonja bleibt bei dem unter Schock stehenden Mädchen und wartet auf den Krankenwagen, während Rolf das Haus betritt. Er sieht blutige Abdrücke von Stiefeln und nackten Füßen auf dem Holzfußboden, die in mehrere Richtungen führen. Jemand ist mit großen Schritten durch den Korridor bis zum Eingangsbereich und wieder zurück gelaufen. Rolf spürt, wie sich das Adrenalin in seinem Körper verteilt. Er achtet sorgsam darauf, nicht auf die Spuren zu treten, gleichzeitig ist ihm klar, dass seine vordringlichste Aufgabe darin besteht, Leben zu retten.

Er blickt in einen Aufenthaltsraum und sieht, dass alle Lampen brennen und auf den beiden Sofas vier Mädchen sitzen.

»Ist jemand verletzt?«, ruft er.

»Ein bisschen vielleicht«, antwortet ein kleines rothaariges Mädchen in einem rosa Trainingsanzug lächelnd.

»Wo ist sie?«, fragt Rolf gestresst.

»Miranda liegt im Bett«, antwortet ein älteres Mädchen mit glatten dunklen Haaren.

»Da drüben?«, fragt er und zeigt zu den Schlafzimmern.

Das ältere Mädchen antwortet mit einem Kopfnicken, und Rolf folgt den blutigen Fußspuren, kommt am Esszimmer mit einem großen Holztisch und einem Kachelofen vorbei und gelangt in einen dunklen Flur mit Türen, die zu den Zimmern der Mädchen führen. Schuhe und nackte Füße sind durch Blut gelaufen. Der alte Fußboden knackt. Rolf bleibt stehen, hakt die Taschenlampe von seinem Gürtel los und leuchtet den Gang hinab. Schnell lässt er den Blick über die handgemalten Sprichwörter und Bibelzitate in verschnörkelter Schrift schweifen und richtet den Lichtkegel anschließend nach unten.

Unter einer Tür in einer dunklen Nische ist Blut auf den Boden im Flur hinausgelaufen. Der Schlüssel steckt im Schloss. Er nimmt die Taschenlampe vorsichtig in die andere Hand, beugt sich vor und drückt das äußere Ende der Klinke herab.

Es klickt, die Tür gleitet auf, und die Klinke federt klappernd zurück.

»Hallo? Miranda? Ich heiße Rolf und bin Polizist«, sagt er in die Stille hinein und tritt näher. »Ich komme jetzt zu dir...«

Das einzige Geräusch sind seine eigenen Atemzüge.

Vorsichtig tippt er die Tür auf und lässt den Lichtkegel der Taschenlampe durch das Zimmer huschen. Der Anblick, mit dem er sich konfrontiert sieht, ist so schockierend, dass er zurückwankt und sich am Türpfosten abstützen muss.

Reflexartig wendet er den Blick ab, aber seine Augen haben bereits gesehen, was er lieber nicht gesehen hätte. Seine Ohren hören das Rauschen des Pulses und den Klang der Tropfen, die in die Lache auf dem Fußboden fallen.

Auf dem Bett liegt eine junge Frau, aber große Teile ihres Kopfes scheinen zu fehlen. Blut ist auf die Wände gespritzt und tropft noch immer vom dunklen Schirm der Lampe herab.

Plötzlich fällt hinter ihm die Tür ins Schloss, und er bekommt eine solche Angst, dass er die Taschenlampe fallen lässt. Es wird stockfinster. Er dreht sich um, tastet blindlings in der Dunkelheit und hört, wie kleine Mädchenhände von außen gegen die Tür hämmern.

»Jetzt sieht sie dich«, ruft eine helle Stimme. »Jetzt guckt sie!«

Rolf findet die Klinke und versucht die Tür zu öffnen, aber sie ist blockiert. Der kleine Spion leuchtet ihm in der Dunkelheit entgegen. Mit zitternden Händen presst er die Klinke herab und drückt mit der Schulter gegen die Tür.

Schlagartig öffnet sie sich, und Rolf stolpert in den Korridor hinaus. Er atmet tief durch. Das kleine rothaarige Mädchen steht ein paar Meter weiter hinten und sieht ihn mit großen Augen an.

9

KRIMINALKOMMISSAR JOONA LINNA steht am Fenster seines Hotelzimmers in Sveg, vierhundertfünfzig Kilometer nördlich von Stockholm. Das Licht der Morgendämmerung ist kühl und dunstig blau. In den Häusern der Älvgatan brennt nirgendwo Licht. Es wird noch viele Stunden dauern, bis er erfährt, ob er Rosa Bergman gefunden hat.

Sein hellgraues Hemd ist nicht zugeknöpft und hängt über die schwarze Anzughose, seine blonden Haare sind wie immer zerzaust, und die Pistole liegt in ihrem Schulterhalfter auf dem Bett.

Trotz wiederholter Anfragen von verschiedenen Expertenteams ist Joona als Kommissar bei der Landeskriminalpolizei geblieben. Weil er seinen eigenen Weg geht, stößt er viele vor den Kopf, aber in weniger als fünfzehn Jahren hat er in Skandinavien mehr schwere Fälle gelöst als jeder andere Polizist.

Im Sommer ist in der Abteilung für interne Ermittlungen eine Anzeige gegen Joona eingegangen, weil er eine radikale Gruppe linker Extremisten vor einer Razzia des Staatsschutzes gewarnt haben soll. Seither ist Joona von gewissen Aufgaben freigestellt, ohne offiziell suspendiert worden zu sein.

Der Leiter der Ermittlungen hat deutlich gemacht, dass er den Oberstaatsanwalt bei der obersten Dienstaufsichtsbehörde einschalten wird, sollte er auch nur den geringsten Grund für eine Anklageerhebung finden.

Die Vorwürfe sind ernst, dennoch kann sich Joona momentan

nicht damit beschäftigen, dass er eventuell mit einer Suspendierung oder anderen Strafmaßnahmen zu rechnen hat.

Seine Gedanken kreisen ausschließlich um die alte Frau, die ihm vor der Adolf-Fredriks-Kirche gefolgt war und Grüße von Rosa Bergman ausgerichtet hatte. Mit dünnen Händen hatte sie ihm zwei altertümliche Spielkarten aus einem Kille-Spiel, einem der ältesten Kartenspiele Europas, gezeigt.

»Das sind Sie, nicht wahr?«, sagte die Frau mit einem fragenden Unterton. »Und hier ist der Kranz, die Brautkrone.«

»Was wollen Sie?«

»Ich will nichts«, erwiderte die alte Frau. »Aber ich soll Ihnen etwas von Rosa Bergman ausrichten.«

Sein Herz begann zu pochen. Dennoch zwang er sich, mit den Schultern zu zucken und freundlich zu erklären, dass es sich um einen Irrtum handeln müsse:

»Ich kenne nämlich niemanden...«

»Sie möchte wissen, warum Sie so tun, als wäre Ihre Tochter tot.«

»Es tut mir leid, aber ich weiß nicht, wovon Sie sprechen«, antwortete Joona und lächelte.

Er lächelte, aber seine Stimme klang fremd, fern und kalt, als wäre sie unter einem großen Stein begraben. Die Worte der Frau wirbelten durch sein Inneres, und am liebsten hätte er ihre schmalen Arme gepackt und von ihr verlangt zu erfahren, was passiert war, aber er blieb ruhig.

»Ich muss jetzt gehen«, erklärte er und wollte sich gerade umdrehen, als die Migräne in sein Gehirn schoss wie die Klinge eines Messers, die sich durch sein linkes Auge bohrt. Gleichzeitig wird er von einem flimmernden, gezackten Halo-Effekt geblendet.

Während sein Sehvermögen allmählich zurückkehrte, sah er, dass Passanten einen Kreis um ihn gebildet hatten. Sie traten zur Seite und machten Rettungssanitätern Platz.

Die alte Frau war verschwunden.

Joona hatte abgestritten, Rosa Bergman zu kennen, er hatte gesagt, dass es sich um ein Missverständnis handeln müsse. Aber er hatte gelogen.

Er weiß ganz genau, wer Rosa Bergman ist.

Er denkt täglich an sie. Er denkt an sie, aber sie sollte eigentlich nichts von ihm wissen. Denn wenn Rosa Bergman weiß, wer er ist, dann ist etwas furchtbar schiefgegangen.

Einige Stunden später, nachdem Joona das Krankenhaus verlassen hatte, begann er unverzüglich nach Rosa Bergman zu suchen.

Er musste seine Nachforschungen alleine anstellen, also hatte er sich beurlauben lassen.

Den öffentlichen Melderegistern zufolge gibt es in Schweden niemanden mit dem Namen Rosa Bergman, obwohl mehr als zweitausend Personen mit dem Familiennamen Bergman in Skandinavien leben.

Systematisch durchforstete Joona eine Kartei nach der anderen. Vor zwei Wochen konnte er schließlich nur noch die Papierarchive über das schwedische Einwohnermeldewesen durchgehen, es war seine letzte Chance. Jahrhundertelang hatte sich die Kirche um das Einwohnermeldewesen gekümmert, bis es 1991 im Zusammenhang mit der Digitalisierung des Verfahrens von den Finanzämtern übernommen wurde.

Joona begann mit den Kirchenregistern im Süden des Landes, um sich von dort nach Norden vorzuarbeiten. Er saß mit einem Pappbecher Kaffee vor sich im Landesarchiv in Lund und suchte in Karteikästen mit den möglichen Geburtsdaten und Taufgemeinden nach Rosa Bergman. Danach reiste er nach Visby, Vadstena und Göteborg.

Er fuhr nach Uppsala und zu dem riesigen Archiv in Härnösand. Er durchsuchte mehrere hunderttausend Blätter mit Geburtsdaten, Orten und Familienkonstellationen.

10

Am Nachmittag des Vortags hatte Joona im Landesarchiv in Östersund gesessen. Ein süßlicher Antiquariatsgeruch nach vergilbtem, fleckigem Papier und alten Aktenordnern erfüllte den Raum. Sonnenstrahlen wanderten langsam über die hohen Wände, glänzten im Glas der stehen gebliebenen Standuhr und bewegten sich weiter.

Kurz vor Schließung des Archivs fand Joona ein Mädchen, das vor vierundachtzig Jahren geboren und in der Gemeinde Sveg in Härjedalen, Provinz Jämtland, Rosa Maja getauft worden war. Die Eltern des Mädchens hießen Kristina und Evert Bergman. Joona konnte keine Angaben über ihre Trauung finden, aber die Mutter des Mädchens war neunzehn Jahre zuvor als Kristina Stefanson in derselben Gemeinde geboren worden.

Joona brauchte drei Stunden, um eine vierundachtzig Jahre alte Frau namens Maja Stefanson in einem Altersheim in Sveg ausfindig zu machen. Es war sieben Uhr abends, aber Joona setzte sich trotzdem ins Auto und fuhr nach Sveg. Als er dort ankam, herrschte bereits Nachtruhe, und man ließ ihn nicht mehr in das Heim.

Joona nahm sich ein Hotelzimmer, versuchte zu schlafen, wurde jedoch gegen vier Uhr wach und hatte seither am Fenster gestanden und auf den Morgen gewartet.

Er ist sich fast sicher, dass er Rosa Bergman gefunden hat, die offenbar beschlossen hatte, den Mädchennamen ihrer Mutter anzunehmen und ihren zweiten Taufnamen als Rufnamen zu benutzen.

Joona sieht auf die Uhr und denkt, dass es Zeit wird zu gehen. Er knöpft das Jackett zu, verlässt das Zimmer, geht zur Rezeption hinunter und in das kleine Dorf hinaus.

Das Alters- und Pflegeheim Haus Bläuling besteht aus einer Gruppe gelb verputzter Häuser mit gepflegten Rasenflächen und Wegen mit Bänken zum Ausruhen.

Joona öffnet die Tür des Altersheims und tritt ein. Er zwingt sich, den Korridor mit den Neonlampen an der Decke und den geschlossenen Türen zu Sekretariat und Küche mit langsamen Schritten hinabzugehen.

Sie hätte mich nicht finden dürfen, denkt er erneut. Sie hätte mich nicht kennen dürfen, irgendetwas muss da schiefgegangen sein.

Joona spricht nie über die Dinge, die zu seiner Einsamkeit geführt haben, aber in seinen Gedanken ist das alles stets gegenwärtig.

Sein Leben ist verbrannt wie Magnesium, es flammte kurz auf und verwandelte sich in einem einzigen Augenblick von grandiosem Weiß in schwelende Asche.

Im Aufenthaltsraum steht ein hagerer Mann von etwa achtzig Jahren und starrt auf den grellbunten Bildschirm eines Fernsehers. Es läuft ein Morgenmagazin, in dem ein Fernsehkoch in einer Schmorpfanne Sesamöl erhitzt und über verschiedene Möglichkeiten spricht, dem traditionellen Flusskrebsessen neuen Pfiff zu geben.

Der alte Mann wendet sich Joona zu und blinzelt.

»Anders?«, fragt der Mann knarzend. »Bist du das, Anders?«

»Ich heiße Joona«, antwortet er dem Greis in seinem sanften finnischen Tonfall. »Ich suche Maja Stefanson.«

Der Mann starrt ihn mit wässrigen, rot unterlaufenen Augen an.

»Anders, mein Junge, hör zu. Du musst mir helfen, hier wegzukommen. Hier sind überall nur alte Leute.«

Der Mann schlägt mit seiner dünnen Faust gegen die Sofakante, hört jedoch sofort auf, als eine Krankenschwester das Zimmer betritt.

»Guten Morgen«, sagt Joona. »Ich bin hier, um Maja Stefanson zu besuchen.«

»Das ist ja nett«, sagt sie, »aber ich muss Sie warnen, Maja ist mittlerweile sehr dement. Sobald sich ihr die Chance dazu bietet, nimmt sie Reißaus.«

»Ich verstehe«, erwidert Joona.

»Im Sommer hat sie es sogar bis Stockholm geschafft.«

Die Krankenschwester geleitet Joona durch einen frisch geputzten Korridor mit gedämpfter Beleuchtung und öffnet eine Tür.

»Maja?«, ruft sie mit freundlicher Stimme.

11

Eine alte Frau macht gerade ihr Bett. Als sie aufschaut, erkennt Joona sie sofort wieder. Diese Frau ist ihm vor der Adolf-Fredriks-Kirche gefolgt. Sie hat ihm die Karten aus dem Kille-Spiel gezeigt und gesagt, sie wolle ihm etwas von Rosa Bergman ausrichten.

Joonas Herz pocht.

Sie ist die Einzige, die weiß, wo sich seine Frau und seine Tochter befinden, und sollte eigentlich nichts von seiner Existenz wissen.

»Rosa Bergman?«, fragt Joona.

»Ja«, antwortet sie und reckt die Hand in die Höhe wie ein Schulkind.

»Ich heiße Joona Linna.«

»Ja«, sagt Rosa Bergman lächelnd und schlurft zu ihm.

»Sie haben mir einen Gruß ausgerichtet«, sagt er.

»Mein Lieber, daran kann ich mich leider gar nicht erinnern«, entgegnet Rosa Bergman und setzt sich auf das Sofa.

Er schluckt hart und macht einen Schritt auf sie zu:

»Sie haben mich gefragt, warum ich so tun würde, als wäre meine Tochter tot.«

»Das sollten Sie aber auch wirklich nicht tun«, erklärt sie tadelnd. »Das ist überhaupt nicht nett.«

»Was wissen Sie über meine Tochter?«, fragt Joona und tritt noch einen Schritt näher an die Frau heran. »Haben Sie etwas von ihr gehört?«

Sie lächelt nur abwesend, und Joona senkt den Blick. Er versucht, klar zu denken und merkt, dass seine Hände zittern, als er zu der kleinen Kochnische geht und Kaffee in zwei Tassen gießt.

»Frau Bergman, die Sache ist sehr wichtig für mich«, sagt er langsam und stellt die Tassen auf den Tisch. »Sehr wichtig...«

Sie blinzelt und fragt anschließend mit ängstlicher Stimme: »Wer sind Sie? Ist Mutter etwas zugestoßen?«

»Frau Bergman, erinnern Sie sich an ein kleines Mädchen namens Lumi? Ihre Mutter hieß Summa, und Sie haben den beiden geholfen zu...«

Als er dem starren, orientierungslosen Blick der alten Frau begegnet, verstummt Joona.

»Warum sind Sie zu mir gekommen?«, fragt er, obwohl er bereits weiß, dass es sinnlos ist.

Rosa Bergman lässt ihre Tasse fallen und fängt an zu weinen. Die Schwester kommt herein und beruhigt sie routiniert.

»Kommen Sie, ich begleite Sie hinaus«, sagt sie leise zu Joona.

Gemeinsam gehen Sie durch den behindertengerecht gestalteten Korridor.

»Wie lange ist sie schon dement?«, erkundigt sich Joona.

»Bei Maja ist es wirklich schnell gegangen... Die ersten Anzeichen sind uns vorigen Sommer aufgefallen, seit etwa einem Jahr ist sie also... früher hieß es, dass man wieder zum Kind wird, was der Wahrheit bei den meisten Menschen ziemlich nahekommt.«

»Sollte sie... sollte sie plötzlich wieder klar denken können«, sagt Joona ernst, »wäre es nett, wenn Sie mir Bescheid geben könnten.«

»Das kommt tatsächlich manchmal vor«, bestätigt die Frau kopfnickend.

»Rufen Sie mich dann bitte sofort an«, sagt er und gibt ihr seine Karte.

»Kriminalkommissar?«, liest sie erstaunt und klemmt die Visitenkarte an die Pinnwand hinter dem Schreibtisch im Sekretariat.

12

Als Joona Linna an die frische Luft kommt, atmet er tief durch, so als hätte er die Luft angehalten. Vielleicht hatte Rosa Bergman mir etwas Wichtiges mitzuteilen, denkt er. Möglicherweise ist sie von jemandem beauftragt worden. Aber dann wurde sie dement, bevor sie ihren Auftrag erfüllen konnte.

Er wird niemals erfahren, wie es gewesen ist.

Zwölf Jahre sind vergangen, seit er Summa und Lumi verlor.

Die letzten Spuren zu ihnen wurden mit Rosa Bergmans verlorenem Gedächtnis ausradiert.

Jetzt ist es vorbei.

Joona setzt sich in den Wagen, wischt die Tränen von seinen Wangen, schließt kurz die Augen und dreht den Schlüssel im Zündschloss, um nach Stockholm zurückzufahren.

Er ist auf der Europastraße 45 etwa dreißig Kilometer nach Süden, in Richtung Mora gefahren, als ihn Carlos Eliasson, der Leiter der Landeskriminalpolizei, anruft.

»Wir haben einen Mord in einem Jugendheim bei Sundsvall«, sagt Carlos mit angespannter Stimme. »Der Anruf ging heute Morgen um kurz nach vier bei der Notrufzentrale ein.«

»Ich bin beurlaubt«, erwidert Joona tonlos.

»Du hättest trotzdem zu unserem Karaoke-Abend kommen können.«

»Ein anderes Mal«, sagt Joona wie zu sich selbst.

Die Straße verläuft schnurgerade durch Wald. Zwischen den Bäumen glitzert in der Ferne ein silbriger See.

»Joona? Was ist passiert?«

»Nichts.«

Im Hintergrund ruft jemand Carlos etwas zu.

»Ich habe jetzt eine Vorstandssitzung, aber ich möchte ... Ich habe gerade mit Susanne Öst gesprochen, und sie sagt, dass die Polizei des Westlichen Norrlands nicht die Absicht hat, bei der Landeskripo offiziell Hilfe anzufordern.«

»Und warum rufst du mich dann an?«

»Ich habe ihr gesagt, dass wir einen Beobachter schicken werden.«

»Wir schicken doch sonst nie Beobachter.«

»Diesmal schon«, erläutert Carlos mit gesenkter Stimme. »Die Sache ist leider ein bisschen heikel. Erinnerst du dich noch an Janne Svensson, den Kapitän der Eishockeynationalmannschaft ... die Presse wollte damals überhaupt nicht mehr aufhören, über die Inkompetenz der Polizei zu schreiben.«

»Denn sie fanden nie ...«

»Sag nichts – es war Susanne Östs erster großer Fall als Staatsanwältin«, fährt Carlos fort. »Ich will damit nicht sagen, dass die Presse recht hatte, aber die Polizei im Westlichen Norrland hätte dich damals gut gebrauchen können. Sie waren zu langsam und hielten sich zu strikt ans Regelwerk, so dass wertvolle Zeit verloren ging ... das ist zwar nichts wirklich Ungewöhnliches, aber manchmal stürzt sich die Presse eben darauf.«

»Ich kann jetzt nicht länger sprechen«, sagt Joona.

»Du weißt, dass ich dich nicht fragen würde, wenn es um einen simplen Mordfall ginge.« Carlos holt tief Luft. »Aber über diese Sache wird die Presse berichten, Joona ... dieser Mord ist sehr, sehr brutal, sehr blutig ... und die Leiche des Mädchens ist arrangiert worden.«

»Wie? Wie ist sie arrangiert worden?«

»Anscheinend liegt sie mit den Händen vor dem Gesicht auf einem Bett.«

Joona schweigt, seine linke Hand liegt auf dem Lenkrad. Zu beiden Seiten des Autos flimmern Bäume vorbei. Carlos atmet in den Telefonhörer. Im Hintergrund hört man Stimmen. Wortlos biegt Joona von der E 45 auf eine Straße ab, die in östlicher Richtung zur Küste und anschließend nach Sundsvall führt.

»Bitte, Joona, fahr einfach mal hin ... sei so nett und hilf ihnen, den Fall selbst zu lösen, am besten, bevor irgendwelche Kommentare in der Presse stehen.«

»Dann bin ich also kein Beobachter mehr?«

»Doch, bist du ... bleib einfach in der Nähe, beobachte die Ermittlungen, mach ihnen Vorschläge ... Dir muss nur immer klar sein, dass du keine operativen Aufgaben hast.«

»Weil gegen mich intern ermittelt wird?«

»Es ist wichtig, dass du dich zurückhältst«, antwortet Carlos.

13

Nördlich von Sundsvall verlässt Joona die Küstenstraße und nimmt die Landstraße 86, die am Flusslauf des Indalsälven entlang ins Landesinnere führt.

Nach zweistündiger Autofahrt nähert er sich seinem Ziel.

Er bremst und biegt in eine schmale, nicht asphaltierte Straße ein. Sonnenlicht fällt durch die Wipfel der hohen Kiefern und sickert zwischen den Stämmen hindurch.

Ein totes Mädchen, denkt Joona.

Während alle schliefen, wurde ein Mädchen ermordet und in ihr Bett gelegt. Nach Einschätzung der örtlichen Polizei war die Tat extrem gewalttätig und aggressiv. Es gibt keinen Verdächtigen, und für Straßensperren ist es längst zu spät, aber alle Kollegen in der gesamten Provinz sind informiert worden, und Kommissar Olle Gunnarsson leitet die Ermittlungen.

Es ist kurz vor zehn, als Joona parkt und vor der äußeren Absperrung der Polizei aus dem Wagen steigt. Im Straßengraben sirren Insekten. Der Wald hat sich zu einer großen Lichtung hin geöffnet. Feuchte Bäume glitzern im Sonnenlicht auf dem zum See hin abfallenden Gelände. Auf einem Metallschild am Straßenrand steht: *Haus Birgitta, Wohneinrichtung für Jugendliche*.

Joona geht zu einer Gruppe falunrot gestrichener Gebäude, die wie bei einem typisch hälsingländischen Bauernhof üblich um einen offenen Platz gruppiert stehen. Ein Krankenwagen, drei Streifenwagen, ein weißer Mercedes und drei andere Autos parken vor den Häusern.

An einer Laufleine zwischen zwei Bäumen bellt unablässig ein Hund.

Ein älterer Mann mit Walrossschnäuzer und Bierbauch, der einen zerknitterten Leinenanzug trägt, steht vor dem Hauptgebäude. Er hat Joona entdeckt, macht jedoch keine Anstalten, ihn zu begrüßen. Stattdessen dreht er seine Zigarette fertig und leckt am Blättchen. Joona steigt über eine weitere Absperrung, und der Mann steckt sich die Zigarette hinters Ohr.

»Hallo, ich bin als Beobachter der Landeskripo hier«, erklärt Joona.

»Gunnarsson«, sagt der Mann. »Kommissar.«

»Ich soll Ihre Arbeit begleiten.«

»Ja, solange Sie uns nicht im Weg stehen«, entgegnet der Mann und sieht Joona mit kühlen Augen an.

Joona schaut zu dem großen Haus hinüber. Die Spurensicherung ist bereits eingetroffen. Scheinwerferlicht durchflutet die Zimmer, so dass die Fenster künstliche Helligkeit verbreiten.

Ein Polizist tritt mit kreideweißem Gesicht vor die Tür. Er hält sich eine Hand vor den Mund, stolpert die Treppe hinunter, stützt sich an der Hauswand ab, lehnt sich vor und übergibt sich in die Brennnesseln neben der Regenwassertonne.

»Wenn Sie im Haus gewesen sind, werden Sie das Gleiche tun«, sagt Gunnarsson lächelnd an Joona gewandt.

»Was wissen wir bis jetzt?«

»Wir wissen absolut nichts... Der Anruf kam diese Nacht, der Therapeut des Heims rief an... er heißt Daniel Grim. Das war um vier. Er war daheim, in seinem Haus in der Bruksgatan in Sundsvall, und war unmittelbar davor von hier aus angerufen worden... er wusste nicht viel, als er die Notrufzentrale alarmierte, nur dass die Mädels was von einer Menge Blut geschrien hatten.«

»Dann haben die Mädchen selbst angerufen?«, fragt Joona.

»Ja.«

»Aber nicht in der Notrufzentrale, sondern bei diesem Therapeuten in Sundsvall.«

»Exakt.«

»Aber hier muss doch auch Betreuungspersonal gewesen sein?«

»Nein.«

»Müsste nachts nicht eigentlich immer jemand hier sein?«

»Wahrscheinlich schon«, antwortet Gunnarsson mit müder Stimme.

»Welches Mädchen hat den Therapeuten angerufen?«

»Eines von den älteren«, antwortet Gunnarsson und wirft einen Blick in seinen Notizblock. »Caroline Forsgren heißt sie ... Aber wenn ich es richtig verstanden habe, dann hat nicht Caroline die Leiche gefunden, sondern ... es ist ein verdammtes Durcheinander, ein paar von den Mädels haben in das Zimmer geschaut, und ich muss schon sagen, es ist wirklich ein grauenvoller Anblick. Eine haben wir ins Krankenhaus bringen müssen. Sie war völlig hysterisch, und die Sanitäter meinten, so sei es am sichersten.«

»Wer war als Erster hier?«, fragt Joona.

»Zwei Kollegen ... Rolf Wikner und Sonja Rask«, antwortet Gunnarsson. »Und ich war dann ... so gegen Viertel vor sechs hier und habe die Staatsanwältin angerufen ... und die hat dann anscheinend kalte Füße bekommen und sich mit Stockholm in Verbindung gesetzt ... und jetzt haben wir Sie am Hals.«

Er lächelt Joona ohne Freundlichkeit an.

»Gibt es einen Verdächtigen?«

Gunnarsson holt tief Luft und beginnt zu dozieren:

»Meine langjährige Erfahrung sagt mir, dass man die Ermittlungen ihren Lauf nehmen lassen muss ... wir müssen Leute herschaffen, die Zeugen vernehmen, Spuren sichern ...«

»Kann man ins Haus gehen und sich ein bisschen umschauen?« Joona wirft einen Blick zur Tür hinüber.

»Das würde ich Ihnen nicht empfehlen ... wir haben sicher bald Fotos.«

»Ich muss das Mädchen sehen, bevor sie weggebracht wird«, erwidert Joona.

»Es handelt sich um Gewalt mit einem stumpfen Gegenstand, sehr umfassend, sehr aggressiv«, berichtet Gunnarsson. »Der Täter ist groß. Das Opfer wurde tot aufs Bett gelegt. Keiner hat etwas bemerkt, bis eines der Mädchen auf die Toilette gehen wollte und in das Blut getreten ist, das unter der Tür herauslief.

»War es warm?«

»Wissen Sie … es ist nicht ganz leicht, mit diesen Mädels umzugehen«, erläutert Gunnarsson. »Sie haben Angst und sind außerdem ständig verdammt wütend, sie protestieren gegen alles, was wir sagen, hören nicht zu, schreien uns an und … Vorhin mussten sie unbedingt an den Absperrungen vorbei, um Sachen aus ihren Zimmern zu holen, einen iPod, Labello, Jacken und so, und als wir sie in das kleine Haus verlegen wollten, sind zwei von ihnen einfach in den Wald getürmt.«

»Getürmt?«

»Wir haben sie gerade erst wiedergefunden, aber … wir konnten sie noch nicht dazu bringen, freiwillig zurückzukommen, sie haben sich auf die Erde gelegt und wollen auf Rolfs Schultern zurückreiten.«

14

Joona zieht sich Schutzkleidung an, geht die Treppe zum großen Haus hinauf und tritt durch die Tür. Im Eingangsflur surren die Lüftungsventilatoren der Scheinwerfer, und die Luft ist bereits aufgeheizt. In dem intensiven Licht ist jeder Winkel sichtbar. Sachte treiben Staubpartikel durch die Luft. Joona bewegt sich auf den ausgelegten Trittplatten vorsichtig über die breiten Dielen. Ein Bild ist zu Boden gefallen, und das zerbrochene Glas glitzert im grellen Licht. Blutige Stiefelspuren führen in verschiedenen Richtungen durch den Korridor bis zur Haustür und wieder zurück.

Das Haus hat sich den großbäuerlichen Stil früherer Zeiten bewahrt. Schablonenmalereien glänzen in blasser Farbenpracht, und die Fantasieblumen der wandernden Bauernmaler früherer Zeiten schnörkeln sich über Wände und Schornsteinmauern.

Weiter hinten im Flur steht ein Kriminaltechniker namens Jimi Sjöberg und beleuchtet mit grünem Licht einen schwarzen Stuhl, den er vorher mit Hungarian Red eingesprüht hat.

»Blut?«, fragt Joona.

»Auf dem hier nicht«, murmelt Jimi und setzt seine Suche mit dem grünen Licht fort.

»Sind Sie auf etwas Unerwartetes gestoßen?«

»Erixon aus Stockholm hat angerufen und uns angewiesen, nicht einmal den winzigsten Fliegenschiss anzurühren, bevor Joona Linna grünes Licht gegeben hat«, antwortet der Kriminaltechniker lächelnd.

»Dafür bedanke ich mich ganz herzlich.«

»Jedenfalls haben wir deshalb noch gar nicht richtig losgelegt«, fährt Jimi fort. »Wir haben die verdammten Platten ausgelegt und alles fotografiert und gefilmt und ... ich habe mir die Freiheit genommen, die Blutspuren im Flur abzutupfen, um etwas ins Labor schicken zu können.«

»Gut.«

»Und Siri hat die Abdrücke im Flur gesichert, bevor sie versaut werden konnten ...«

Die zweite Kriminaltechnikerin, Siri Karlsson, hat soeben die Messingklinke von der Tür zum Isolierzimmer abmontiert. Sie legt sie behutsam in eine Papiertüte und kommt anschließend zu Joona und Jimi.

»Er will sich den Tatort ansehen«, erklärt Jimi.

»Da drin sieht es wirklich schrecklich aus«, sagt Siri hinter ihrem Mundschutz. Ihr Blick ist müde und nervös.

»Das ist mir bewusst«, erwidert Joona.

»Wenn Sie möchten, können Sie sich stattdessen unsere Bilder ansehen«, sagt sie.

»Das ist Joona Linna«, klärt Jimi sie auf.

»Entschuldigung, das wusste ich nicht.«

»Ich bin nur als Beobachter hier.«

Sie senkt den Blick, und als sie wieder aufschaut, sieht man unter ihren Augen, dass sie rot geworden ist.

»Alle reden von Ihnen«, sagt sie. »Und ich meine ... ich ... diese internen Ermittlungen interessieren mich nicht. Ich freue mich auf die Zusammenarbeit.«

»Geht mir genauso«, erwidert Joona.

Er bleibt ganz still stehen, lauscht dem surrenden Laut der Lampen und sammelt sich, bereitet sich darauf vor, alle Eindrücke aufzunehmen, ohne dem Impuls nachzugeben, den Blick abzuwenden.

15

Joona geht zu der Nische und der Tür ohne Klinke.

Das Schloss mit dem Schlüssel befindet sich noch an seinem Platz.

Er schließt kurz die Augen und betritt dann das kleine Zimmer.

Es regt sich nichts in dem Raum, der hell erleuchtet ist.

Der Geruch von Blut und Urin hängt schwer in der erwärmten Luft. Joona zwingt sich einzuatmen, um auch die anderen Düfte aufzunehmen: feuchtes Holz, verschwitzte Laken und Deodorant.

Es knistert im heißen Metall der Scheinwerfer. Durch die Wände dringt gedämpftes Hundegebell an sein Ohr.

Joona steht vollkommen still und zwingt sich, den Körper auf dem Bett zu betrachten. Sein Blick verharrt bei jedem Detail, obwohl er am liebsten fortgehen, das Haus verlassen und in die frische Luft und Dunkelheit des Waldes hinauslaufen würde.

Blut ist über den Boden gelaufen und hat die festgeschraubten Möbel und die blassen Bibelmotive an der Wand befleckt. Es ist an die Decke gespritzt und bis zu der Toilette ohne Tür. Auf dem Bett liegt ein schmales Mädchen im frühen Pubertätsalter. Sie ist auf den Rücken gelegt worden, ihre Hände bedecken das Gesicht. Sie ist nur mit einem weißen Baumwollslip bekleidet. Ihre Brüste werden von den Ellbogen verdeckt, und ihre Füße liegen an den Knöcheln über Kreuz.

Joona spürt sein Herz schlagen und sein Blut durch die Adern zum Gehirn schießen, fühlt die Pulsschläge in den Schläfen.

Er zwingt sich hinzuschauen, zu registrieren und zu denken.

Das Gesicht des Mädchens ist verborgen.

Als hätte sie Angst, als wollte sie den Täter nicht sehen.

Bevor sie auf das Bett gelegt wurde, war sie heftiger Gewalt in Form von wiederholten Schlägen mit einem stumpfen Gegenstand auf Stirn und Schädel ausgesetzt.

Sie war nur ein kleines Mädchen und muss sich schrecklich gefürchtet haben.

Vor wenigen Jahren war sie ein Kind, aber eine Kette von Ereignissen in ihrem Leben hat sie in dieses Zimmer geführt, in eine betreute Jugendwohngruppe. Vielleicht hatte sie einfach nur Pech mit ihren Eltern und Pflegefamilien. Vielleicht dachte man, dass sie hier sicher und geborgen sein würde.

Joona studiert jedes grausame Detail, bis er das Gefühl hat, es nicht länger aushalten zu können. Daraufhin schließt er für eine Weile die Augen und denkt an das Gesicht seiner Tochter und den Grabstein, der nicht ihrer ist, ehe er erneut die Augen öffnet und seine Untersuchung fortsetzt.

Alles deutet darauf hin, dass das Opfer auf dem Stuhl an dem kleinen Tisch saß, als der Täter es angriff.

Joona versucht, die Bewegungen herauszuarbeiten, die für die Blutspritzer verantwortlich sind.

Jeder Tropfen, der durch die Luft fällt, nimmt eine kreisrunde Form an und hat einen Durchmesser von fünf Millimetern. Ist der Tropfen kleiner, liegt es daran, dass das Blut einer äußeren Kraft ausgesetzt gewesen ist, die es in kleinere Tropfen zerstoben hat.

Wenn das der Fall ist, spricht man von Spritzern.

Joona steht auf zwei Trittplatten vor dem kleinen Tisch, wahrscheinlich genau an der Stelle, an der vor ein paar Stunden der Mörder gestanden hat. Da saß das Mädchen auf dem Stuhl hinter dem Tisch. Joona betrachtet das Muster der Blutspritzer, dreht sich um und sieht hochgeschleudertes Blut hoch oben an der Wand. Die Mordwaffe ist also viele Male nach hinten geschwungen worden, um kräftig auszuholen, und jedes Mal, wenn sie für einen neuen Schlag die Richtung gewechselt hat, ist Blut nach hinten gespritzt worden.

Joona ist bereits länger an diesem Tatort geblieben, als irgendein anderer Kommissar es getan hätte. Trotzdem ist er noch nicht fertig. Er kehrt zu dem Mädchen im Bett zurück, steht vor ihr, sieht das Piercing im Nabel, den Lippenabdruck auf dem Wasserglas, sieht, dass bei ihr kurz unter der rechten Brust ein Leberfleck entfernt worden ist, sieht den blonden Flaum auf ihren Schienbeinen und einen bereits gelblich verfärbten blauen Fleck auf dem Oberschenkel.

Er beugt sich behutsam über sie. Ihre nackte Haut strahlt nur noch schwach Wärme ab. Er betrachtet die Hände, die auf ihrem Gesicht liegen, und sieht, dass sie den Täter nicht gekratzt hat, unter ihren Nägeln befinden sich keine Hautreste.

Er weicht einige Schritte zurück und mustert sie erneut. Die weiße Haut. Die Hände auf dem Gesicht. Die sich kreuzenden Fußgelenke. Auf ihrem Körper ist kaum Blut. Nur das Kissen ist blutig.

Ansonsten ist sie rein.

Joona schaut sich im Zimmer um. Hinter der Tür befindet sich ein kleines Regal mit zwei Kleiderhaken. Auf dem Fußboden unter dem Regal steht ein Paar Tennisschuhe mit zusammengeknüllten weißen Strümpfen darin, und an einem der Haken hängen eine bleiche Jeans an einer Schlaufe, ein schwarzer Sweater und eine Jeansjacke. Auf dem Regal liegt ein kleiner weißer BH.

Joona rührt die Kleidungsstücke nicht an, aber sie scheinen nicht blutig zu sein.

Wahrscheinlich hat sie sich ausgezogen und ihre Kleider aufgehängt, bevor sie ermordet wurde.

Aber warum ist ihr Körper nicht blutbesudelt? Irgendetwas muss sie geschützt haben. Aber was?

16

Joona tritt ins Sonnenlicht auf dem Hof hinaus und denkt, dass dieses Mädchen fürchterlicher Gewalt ausgesetzt wurde und ihr Körper dennoch rein und weiß geblieben ist wie ein Kieselstein im Meer.

Gunnarsson hatte erklärt, die gegen sie gerichtete Gewalt sei aggressiv gewesen.

Joona denkt, dass sie zwar stark, fast schon verzweifelt stark gewesen ist, jedoch nicht aggressiv im Sinne von besinnungslos. Diese Schläge waren zielgerichtet, sie wollten töten, aber davon abgesehen wurde der Körper des Mädchens behutsam behandelt.

Gunnarsson sitzt auf der Motorhaube seines Mercedes und telefoniert.

Im Gegensatz zu den meisten anderen Dingen laufen Mordermittlungen nicht Gefahr, im Chaos zu enden, wenn man sie sich selbst überlässt, sondern nehmen ganz von selbst ihren Lauf, so sieht es jedenfalls im Normalfall aus. Aber Joona Linna hat niemals abgewartet, sich nie darauf verlassen, dass sich die Ordnung der Dinge von alleine wieder herstellt.

Er weiß natürlich, dass der Mörder fast immer eine dem Opfer nahestehende Person ist, die sich kurze Zeit nach der Tat bei der Polizei meldet und gesteht, aber er rechnet nicht damit.

Jetzt liegt sie auf dem Bett, denkt er. Aber als sie ermordet wurde, saß sie nur im Slip am Tisch.

Schwer zu glauben, dass dies vollkommen lautlos geschehen ist.

An einem Ort wie diesem muss es eigentlich einen Zeugen geben.

Eines der anderen Mädchen muss etwas gesehen oder gehört haben, überlegt Joona, als er auf das kleine Haus zugeht. Irgendjemand hat vermutlich geahnt, was sich anbahnte, hat eine Bedrohung oder einen schwelenden Konflikt gespürt.

Der Hund knurrt unter dem Baum, beißt auf seiner Laufleine herum und fängt wieder an zu bellen.

Joona tritt zu den beiden Männern, die sich vor dem kleinen Haus unterhalten. Offensichtlich ist der eine von ihnen der Koordinator der Tatortuntersuchung, ein Mann Anfang fünfzig mit Seitenscheitel, der einen dunkelblauen Polizeipullover trägt. Der zweite ist wahrscheinlich kein Polizist. Er ist unrasiert und hat müde, freundliche Augen.

»Joona Linna, Beobachter von der Landeskripo«, stellt er sich vor und gibt beiden die Hand.

»Åke«, sagt der Koordinator.

»Ich heiße Daniel Grim«, sagt der Mann mit den müden Augen. »Ich arbeite hier als Therapeut... Als ich gehört habe, was passiert ist, bin ich sofort hergekommen.«

»Hätten Sie kurz Zeit?«, fragt Joona. »Ich würde gerne die Mädchen treffen, und es wäre sicher gut, wenn Sie dabei sind.«

»Jetzt?«

»Wenn das für Sie in Ordnung ist?«

Der Mann blinzelt hinter seiner Brille und sagt bekümmert:

»Es ist nur so, dass zwei Mädchen die Gelegenheit genutzt haben, in den Wald abzuhauen...«

»Die hat man gefunden«, erklärt Joona.

»Ja, ich weiß, aber ich muss mit ihnen reden«, sagt Daniel und lächelt unfreiwillig. »Sie wollen auf den Schultern eines Polizisten reiten, sonst wollen sie nicht zurückkommen.«

»Gunnarsson meldet sich bestimmt freiwillig«, erwidert Joona und setzt seinen Weg zu dem kleinen roten Häuschen fort.

Er bereitet sich innerlich darauf vor, die Mädchen bei dieser ersten Begegnung genau zu beobachten, um zu sehen, was zwischen ihnen abläuft, was sich in den Strömungen unter der Oberfläche bewegt.

Sollte eine von ihnen etwas gesehen haben, zeigen die anderen in der Gruppe es meistens unbewusst, indem sie sich ausrichten wie Kompassnadeln.

Joona weiß, dass er nicht befugt ist, Vernehmungen durchzuführen, aber er muss einfach erfahren, ob es einen Zeugen gibt, denkt er, als er den Kopf einzieht und durch die niedrige Tür tritt.

17

DER FUSSBODEN KNARRT, als Joona in das Häuschen geht und über die Markierung tritt, bis zu der man normalerweise in Schuhen gehen darf. Drei Mädchen halten sich in dem engen Raum auf. Die jüngste von ihnen kann nicht älter als zwölf sein. Sie hat einen rosigen Teint, und ihre Haare sind kupferrot. Sie sitzt an die Wand gelehnt auf dem Fußboden und sieht fern, murmelt vor sich hin, schlägt mehrmals mit dem Hinterkopf gegen die Wand, schließt kurz die Augen und schaut dann weiter fern.

Die beiden anderen scheinen sie nicht einmal zu bemerken. Sie liegen auf der braunen Cordcouch und blättern in alten Modemagazinen.

Eine Psychologin aus dem Regionalkrankenhaus in Sundsvall setzt sich neben dem rothaarigen Mädchen auf den Fußboden.

»Ich heiße Lisa«, versucht sie freundlich Kontakt aufzunehmen. »Und wie heißt du?«

Das Mädchen wendet den Blick nicht von dem Fernseher ab. Es läuft die Wiederholung einer Folge der Serie Blue Water High. Der Ton ist laut gedreht, und kühles Licht verbreitet sich im Raum.

»Kennst du das Märchen von Däumelinchen?«, fragt die Psychologin. »Ich fühle mich oft wie sie. So klein wie ein Daumen... Und wie fühlst du dich?«

»Wie Jack the Ripper«, antwortet das Mädchen mit seiner hellen Stimme, ohne den Blick vom Fernseher abzuwenden.

Joona setzt sich in einen Sessel vor dem Fernseher. Eines der

Mädchen auf der Couch sieht ihn mit großen Augen an, senkt jedoch lächelnd den Blick, als er sie grüßt. Sie ist untersetzt, hat abgekaute Fingernägel und trägt eine Jeans und einen schwarzen Sweater mit der Aufschrift »Razors pain you less than life«. Sie hat blauen Lidschatten aufgetragen und trägt ein glitzerndes Haargummi um das Handgelenk. Das zweite Mädchen scheint älter zu sein und trägt ein aufgeschnittenes T-Shirt mit Pferdemotiv und einen Rosenkranz mit weißen Perlen um den Hals. In ihrer Armbeuge erkennt man Injektionsnarben, und hinter ihrem Kopf liegt als Kissen eine zusammengerollte Militärjacke.

»Indie?«, fragt die Ältere gedämpft. »Bist du reingegangen und hast geguckt, bevor die Bullen gekommen sind?«

»Auf Albträume kann ich verzichten«, antwortet das korpulente Mädchen träge.

»Arme kleine Indie«, ärgert die Ältere sie.

»Wieso?«

»Du hast also Angst vor Albträumen, wenn...«

»Ja, hab ich.«

»Das ist ja echt so verdammt«, lacht die Ältere, »so total egoistisch...«

»Halt's Maul, Caroline«, ruft das rothaarige Mädchen.

»Miranda ist ermordet worden. Das ist vielleicht ein bisschen schlimmer als...«

»Ich finde es einfach nur schön, sie los zu sein«, sagt Indie.

»Du bist total krank«, erwidert Caroline lächelnd.

»Ach Scheiße, die war doch nicht ganz dicht, die hat mich mit einer Zigarette verbrannt...«

»Hört auf herumzuzicken«, unterbricht das rothaarige Mädchen sie.

»...und mich hat sie mit dem Sprungseil geschlagen«, fährt Indie fort.

»Du bist wirklich eine Zicke«, seufzt Caroline.

»Aber was soll's, wenn du dich dann besser fühlst, kann ich es ja ruhig sagen«, meint Indie neckisch. »Es ist echt supertraurig, dass die dumme Kuh tot ist, aber ich...«

Das kleine rothaarige Mädchen hämmert wieder mit dem Kopf gegen die Wand und schließt die Augen. Die Haustür öffnet sich, und die beiden Mädchen, die weggelaufen waren, treten zusammen mit Gunnarsson ein.

18

JOONA HAT SICH ZURÜCKGELEHNT, sein Gesicht ist ruhig, das dunkle Jackett hat sich geöffnet und fällt in sanften Falten herab, sein muskulöser Körper ist entspannt, aber seine Augen sind grau wie eine eisbedeckte Meeresbucht, während er die hereinkommenden Mädchen beobachtet.

Die anderen buhen und lachen laut. Lu Chu geht mit übertrieben wackelnden Hüften und macht mit den Fingern das V-Zeichen.

»Lesbian loser«, ruft Indie.

»Wir können gerne mal zusammen duschen«, entgegnet Lu Chu.

Daniel Grim tritt hinter den Ausreißern ein. Es ist unübersehbar, dass er Gunnarsson dazu bewegen will, ihm zuzuhören.

»Ich möchte ja nur, dass sie bei den Mädchen behutsam vorgehen«, sagt Daniel und senkt die Stimme, ehe er weiterspricht. »Ihre bloße Anwesenheit macht ihnen schon Angst...«

»Sie brauchen sich keine Sorgen zu machen«, erklärt Gunnarsson.

»Aber das tue ich.«

»Was?«

»Ich mache mir Sorgen«, sagt er.

»Tja, wenn das so ist, dann können Sie mich mal. Gehen Sie mir aus dem Weg und lassen Sie mich meine Arbeit machen.«

Joona sieht, dass der Therapeut unrasiert ist und sein T-Shirt unter der Jacke verkehrt herum trägt.

»Ich möchte Ihnen doch nur klarmachen, dass... Für diese

Mädchen verkörpert die Polizei nicht unbedingt Sicherheit und Geborgenheit.«

»Do-och«, scherzt Caroline.

»Schön, das zu hören«, sagt Daniel Grim, schenkt ihr ein Lächeln und wendet sich anschließend wieder an Gunnarsson. »Aber im Ernst... bei den meisten unserer Schützlinge war die Polizei in der Nähe, als ihr Leben am schlimmsten war.«

Joona sieht, dass der Therapeut durchaus versteht, wie lästig er in den Augen der Polizei ist, aber trotzdem beschließt, noch eine weitere Frage anzusprechen:

»Ich habe mit dem Koordinator draußen über die Unterbringung der...«

»Eins nach dem anderen«, unterbricht Gunnarsson ihn.

»Aber es ist wichtig, weil...«

»Fotze«, sagt Indie gereizt.

»Fick dich doch ins Knie«, entgegnet Lu Chu.

»...weil es sich negativ auswirken kann. Es könnte für die Mädchen schädlich sein, wenn sie heute Nacht hier schlafen müssen.«

»Sollen sie etwa in ein Hotel gehen?«, fragt Gunnarsson.

»Scheiße, dich sollte man besser ermorden!«, schreit Almira und wirft mit einem Glas nach Indie.

Es zerschellt an der Wand, und Wasser und Glassplitter ergießen sich auf den Boden. Daniel Grim eilt hinzu, und Almira wendet sich ab, aber Indie schafft es dennoch, ihr mehrere Male mit der Faust auf den Rücken zu schlagen, ehe es dem Therapeuten gelingt, die beiden zu trennen.

»Jetzt reißt euch verdammt nochmal zusammen!«

»Almira ist eine verdammte Fotze...«

»Beruhige dich, Indie«, sagt Daniel Grim und stoppt ihre Hand. »Darüber haben wir doch gesprochen – nicht wahr?«

»Ja«, antwortet sie etwas ruhiger.

»Du bist ein liebes Mädchen«, erklärt er lächelnd.

Sie nickt und fängt zusammen mit Almira an, Glasscherben vom Fußboden aufzusammeln.

»Ich hole den Staubsauger«, sagt Daniel Grim und verlässt das kleine Haus.

Er drückt die Tür von außen zu, aber sie geht wieder auf, woraufhin er sie so fest zuschlägt, dass ein Bild mit einem Motiv von Carl Larsson an der Wand klappert.

»Hatte Miranda Feinde?«, fragt Gunnarsson in den Raum hinein.

»Nein«, antwortet Almira und kichert.

Indie schielt zu Joona hinüber.

»Hört zu!«, sagt Gunnarsson mit erhobener Stimme. »Von jetzt an werdet ihr nur unsere Fragen beantworten und nicht mehr so albern sein und herumbrüllen. Das kann doch verdammt nochmal nicht so schwer sein, oder?«

»Das kommt ganz auf die Fragen an«, antwortet Caroline ruhig.

»Also, ich habe eigentlich schon vor herumzubrüllen«, murmelt Lu Chu.

»Wahrheit oder Aktion«, sagt Indie und zeigt lächelnd auf Joona.

»Wahrheit«, erwidert Joona.

»Ich leite hier die Vernehmung«, protestiert Gunnarsson.

»Was bedeutet das hier?«, fragt Joona und hält sich die Hände vors Gesicht.

»Wie jetzt? Keine Ahnung«, antwortet Indie. »Vicky und Miranda haben das mal gemacht...«

»Ich halt's nicht mehr aus«, unterbricht Caroline sie. »Du hast Miranda nicht gesehen, sie hat so gelegen, da war total viel Blut, überall war Blut und...«

Ihre Stimme bricht unter Tränen, und die Psychologin geht zu ihr und versucht, sie mit gedämpfter Stimme zu beruhigen.

»Wer ist Vicky?«, fragt Joona und steht aus dem Sessel auf.

»Sie ist das neue Mädchen im...«

»Wo zum Teufel steckt sie eigentlich?«, fällt Lu Chu ihr ins Wort.

»Welches Zimmer hat sie?«, fragt Joona schnell.

»Die ist bestimmt zum Vögeln mit ihrem Typen abgehauen«, sagt Tuula.

»Wir hamstern Stesolid und schlafen wie…«

»Von wem sprechen wir jetzt?«, fragt Gunnarsson mit erhobener Stimme.

»Vicky Bennet«, antwortet Caroline. »Ich habe sie ewig nicht gesehen…«

»Wo zum Teufel steckt sie?«

»Vickys Diagnose hat verdammt viele Buchstaben«, erklärt Lu Chu lachend.

»Mach den Fernseher aus«, sagt Gunnarsson gestresst. »Ich möchte, dass sich jetzt alle beruhigen und…«

»Brüll nicht so«, schreit Tuula und stellt den Ton noch lauter.

Joona geht vor Caroline in die Hocke, sucht ihren Blick und hält ihn mit ernster Ruhe fest.

»Welches Zimmer hat Vicky?«

»Das letzte, am hinteren Ende des Flurs«, antwortet Caroline.

19

Joona verlässt das kleine Häuschen und überquert mit schnellen Schritten den Hof, begegnet dem Therapeuten mit dem Staubsauger, grüßt die Kriminaltechniker, eilt mit großen Sätzen die Treppe hinauf und ins Hauptgebäude. Es ist dunkel, die Lampen sind ausgeschaltet worden, aber die Trittplatten schimmern wie Kieselsteine.

Ein Mädchen fehlt, denkt Joona. Keiner hat sie gesehen. Vielleicht ist sie in dem Tumult weggelaufen, vielleicht versuchen die anderen Mädchen, ihr zu helfen, indem sie verschweigen, was sie wissen.

Die Untersuchung des Tatorts hat gerade erst begonnen, und die Zimmer sind noch nicht durchsucht worden. Das gesamte Gebäude hätte durchkämmt werden müssen, aber dazu ist bisher keine Zeit gewesen, es ist einfach zu viel auf einmal passiert.

Die Mädchen sind ängstlich und gestresst.

Die Opfer müssten eigentlich psychologisch betreut werden.

Die Polizei braucht Verstärkung, mehr Kriminaltechniker, mehr Mittel.

Joona schaudert es bei dem Gedanken, dass sich das vermisste Mädchen vielleicht in seinem Zimmer versteckt. Sie könnte etwas gesehen haben und so verängstigt sein, dass sie sich nicht mehr hinauswagt.

Er biegt in den Flur mit den Zimmern der Mädchen. In den Holzwänden und Deckenbalken knackt es leise, aber ansonsten ist es still im Haus. In der Nische steht die Tür ohne Klinke einen

Spaltbreit offen. Dahinter liegt die Tote mit den Händen vor den Augen auf dem Bett.

Plötzlich erinnert sich Joona, dass er drei horizontale Streifen aus Blut auf dem Holzrahmen gesehen hat, der die Nische umgibt. Joona hatte sich die Streifen angesehen, war aber so damit beschäftigt gewesen, seine Eindrücke vom Tatort zu strukturieren, dass ihm erst jetzt klar wird, dass sie sich auf der falschen Seite befinden. Die Spuren führen nicht vom Ort des Mordes weg, sondern in die umgekehrte Richtung, weiter den Flur hinunter. Es gibt schwache, verwischte Fußspuren von Stiefeln und Schuhen und nackten Füßen, die in alle Richtungen führen, aber die drei Striche auf dem Rahmen führen nach innen.

Die Person, die Blut an den Händen hatte, wollte noch in das Zimmer eines weiteren Mädchens.

»Nicht noch eine Tote«, flüstert Joona vor sich hin.

Er zieht Latexhandschuhe an und geht zum letzten Zimmer. Als er die Tür öffnet, hört er ein prasselndes Geräusch, so dass er plötzlich innehält, um besser sehen zu können. Das Geräusch verschwindet. Joona streckt im Zwielicht vorsichtig die Hand aus, um an den Lichtschalter zu kommen.

Wieder vernimmt er das leise Prasseln und ein seltsames metallisches Klirren.

»Vicky?«

Er tastet nach der Wand, findet den Schalter und macht die Lampe an.

Eine Sekunde später durchflutet gelbliches Licht das asketisch eingerichtete Zimmer. Es knarrt, und das Fenster zum Wald und zum See schwingt auf. In der Ecke raschelt es, und Joona erblickt einen umgekippten Vogelkäfig. Ein gelber Wellensittich schlägt mit den Flügeln und klettert an der Decke des Käfigs.

Penetranter Blutgeruch hängt in der Luft. Eine Mischung aus Eisen und etwas anderem, Süßem und Ranzigem.

Joona legt Trittplatten aus und geht langsam in das Zimmer.

Rund um die Fensterhaken sind Blutflecken. Deutlich erkennbare Handabdrücke zeigen, dass jemand auf das Fensterbrett geklettert ist, sich am Rahmen abgestützt hat und von dort vermutlich auf den Rasen hinausgesprungen ist.

Er geht zum Bett. Ein eiskalter Schauer läuft sein Genick hinauf, als er die Decke fortzieht. Das Betttuch ist überall mit eingetrocknetem Blut besudelt, aber der Mensch, der hier gelegen hat, ist nicht verletzt gewesen.

Das Blut wurde abgewischt, in Streifen gezogen, verschmiert.

Auf diesem Laken hat ein blutverschmierter Mensch geschlafen.

Joona bleibt eine Weile stehen, um die Bewegungen zu deuten.

Diese Person hat tatsächlich geschlafen, denkt er.

Als er das Kopfkissen anzuheben versucht, hängt es fest. Es klebt am Betttuch und der Matratze. Joona löst es mit Gewalt. Vor ihm liegt in dunklem Blut mit braunen Klumpen und Haaren ein Hammer. Der größte Teil des Bluts ist vom Stoff aufgesogen worden, aber rund um den Kopf des Hammers glitzert es noch feucht.

20

Das Haus Birgitta ist in schönes, mildes Licht getaucht, und der Himmelsjön glitzert magisch zwischen den hohen, alten Bäumen, aber es sind nur wenige Stunden verstrichen, seit Nina Molander aufgestanden ist, um auf die Toilette zu gehen, und Miranda tot auf ihrem Bett fand. Sie weckte alle, Panik brach aus, und die Mädchen riefen den Therapeuten Daniel Grim an, der unverzüglich die Polizei alarmierte.

Nina Molander erlitt einen derartigen Schock, dass sie mit dem Krankenwagen ins Regionalkrankenhaus in Sundsvall gebracht werden musste.

Auf dem Hof steht Gunnarsson mit Daniel Grim und Sonja Rask zusammen. Gunnarsson hat den Kofferraum seines weißen Mercedes geöffnet und darin die Skizzen der Kriminaltechniker vom Tatort ausgelegt.

Der Hund an der Laufleine bellt pausenlos erregt und zerrt an seiner Leine.

Als Joona hinter dem Auto stehen bleibt und sich mit der Hand durch die zerzausten Haare fährt, haben die drei Personen sich ihm bereits zugewandt.

»Das Mädchen ist durchs Zimmerfenster abgehauen«, sagt er.

»Abgehauen?«, fragt Daniel Grim verblüfft. »Vicky ist abgehauen? Aber warum sollte...«

»Es ist Blut auf dem Fensterrahmen, es ist Blut in ihrem Bett und...«

»Aber das heißt doch noch lange nicht...«

»... und unter ihrem Kissen liegt ein blutiger Hammer«, erklärt Joona abschließend.

»Das kommt doch nicht hin«, sagt Gunnarsson gereizt. »Das kann nicht sein, dafür waren die Schläge viel zu kräftig.«

Joona wendet sich erneut Daniel Grim zu. Im Sonnenlicht wirkt sein Gesicht verletzlich und nackt.

»Was denken Sie?«, fragt Joona ihn.

»Worüber? Darüber, dass Vicky... Das ist doch völlig absurd«, antwortet Daniel Grim.

»Warum?«

»Allein schon deshalb«, sagt der Therapeut und lächelt unwillkürlich, »weil Sie selbst sich eben noch ganz sicher waren, dass der Täter ein großgewachsener Mann sein muss – Vicky ist klein, sie wiegt nicht einmal fünfzig Kilo, ihre Handgelenke sind so schmal wie...«

»Ist sie gewalttätig?«, fragt Joona.

»Vicky hat das nicht getan«, antwortet Daniel Grim ruhig. »Ich habe zwei Monate mit ihr gearbeitet und kann Ihnen versichern, dass sie es nicht war.«

»War sie gewalttätig, bevor sie hierherkam?«

»Wie Sie wissen, unterliege ich der Schweigepflicht«, erwidert Daniel Grim.

»Ihnen ist ja wohl hoffentlich klar, dass Sie mir Ihrer bescheuerten Schweigepflicht nur unsere Zeit vergeuden«, sagt Gunnarsson.

»Ich kann Ihnen so viel sagen, dass ich mit manchen dieser Mädchen Alternativen zu aggressiven Reaktionen trainiere... damit sie auf Enttäuschungen oder Angst nicht mit Wut reagieren«, erzählt Daniel Grim gefasst.

»Aber mit Vicky nicht«, sagt Joona.

»Nein.«

»Warum ist sie dann hier?«, erkundigt sich Sonja.

»Auf einzelne der von uns betreuten Jugendlichen kann ich leider nicht eingehen.«

»Aber Sie sind der Auffassung, dass sie nicht gewalttätig ist?«

»Sie ist ein liebes Mädchen«, antwortet er schlicht.

»Und was ist Ihrer Meinung nach dann passiert? Warum liegt unter ihrem Kissen ein blutiger Hammer?«

»Ich weiß es nicht, da stimmt etwas nicht. Hat sie vielleicht jemandem geholfen? Die Waffe versteckt?«

»Welche der Mädchen sind gewalttätig?«, fragt Gunnarsson wütend.

»Ich kann doch hier niemanden herauspicken – das müssen Sie verstehen.«

»Das tun wir«, erwidert Joona.

Daniel Grim wendet sich ihm dankbar zu und versucht, ruhiger zu atmen.

»Versuchen Sie doch einfach, mit ihnen zu reden«, sagt der Therapeut. »Sie werden sicher schnell merken, welche ich meine.«

»Danke«, sagt Joona und geht.

»Denken Sie immer daran, dass sie eine Freundin verloren haben«, ergänzt Daniel Grim schnell.

Joona bleibt stehen und kehrt zu dem Therapeuten zurück.

»Wissen Sie, in welchem Zimmer Miranda gefunden wurde?«

»Nein, aber ich bin eigentlich davon ausgegangen...«

Daniel Grim verstummt und schüttelt den Kopf.

»Ich kann mir nämlich eigentlich nicht vorstellen, dass es ihr eigenes ist«, sagt Joona. »Es ist fast leer, liegt rechts hinter den Toiletten.«

»Das Isolierzimmer«, erläutert Daniel Grim.

»Warum landet man da?«, fragt Joona.

»Na ja, weil man...«

Daniel verstummt und wirkt plötzlich erstaunt.

»Woran denken Sie?«

»Die Tür zu dem Zimmer hätte abgeschlossen sein müssen«, sagt er.

»Es steckt ein Schlüssel im Schloss.«

»Was für ein Schlüssel?«, fragt Daniel mit erhobener Stimme. »Elisabeth ist die Einzige, die einen Schlüssel zum Isolierzimmer hat.«

»Wer ist Elisabeth?«, will Gunnarsson wissen.

»Sie ist meine Frau«, antwortet Daniel. »Sie hatte letzte Nacht Dienst...«

»Und wo ist sie jetzt?«, fragt Sonja.

»Wie meinen Sie das?«, sagt Daniel und sieht sie verwirrt an.

»Ist sie zu Hause?«, fragt die Polizistin.

Daniel wirkt überrascht und verunsichert.

»Ich bin davon ausgegangen, dass Elisabeth Nina im Krankenwagen begleitet hat«, sagt er langsam.

»Nein, Nina Molander ist alleine gefahren«, erwidert Sonja.

»Natürlich ist Elisabeth mit ihr ins Krankenhaus gefahren, sie würde doch niemals eines der Mädchen...«

»Ich war als Erste vor Ort«, unterbricht Sonja ihn.

Die Müdigkeit macht ihre Stimme heiser und schroff.

»Hier war niemand vom Personal«, fährt sie fort. »Nur ein Haufen ängstlicher Mädchen.«

»Aber meine Frau war doch...«

»Rufen Sie sie an«, sagt Sonja.

»Das habe ich schon versucht, ihr Handy ist ausgeschaltet«, sagt Daniel leise. »Ich dachte... ich bin davon ausgegangen...«

»Scheiße, was für ein Durcheinander«, sagt Gunnarsson.

»Meine Frau, Elisabeth«, fährt Daniel Grim mit einer Stimme fort, die immer zittriger wird. »Sie hat einen Herzfehler, es könnte, sie kann...«

»Versuchen Sie, ruhig zu sprechen«, sagt Joona.

»Meine Frau hat ein vergrößertes Herz und... sie hatte Nachtschicht und müsste eigentlich hier sein... ihr Telefon ist ausgeschaltet und...«

21

Daniel sieht sie verzweifelt an, nestelt am Reißverschluss seiner Jacke herum und wiederholt, dass seine Frau einen Herzfehler hat. Der Hund bellt, spannt seine Leine so fest, dass er fast stranguliert wird, röchelt und bellt weiter.

Joona geht zu dem bellenden Hund unter dem Baum. Er versucht, ihn zu beruhigen, während er die Leine vom Halsband löst. Sobald Joona loslässt, läuft der Hund über den Hof und zu einem der kleineren Gebäude. Joona folgt ihm mit großen Schritten. Der Hund scharrt auf der Türschwelle, winselt und hechelt.

Daniel Grim starrt Joona und den Hund an und geht auf die beiden zu. Gunnarsson ruft ihm zu, dass er stehen bleiben soll, aber er lässt sich nicht beirren. Sein Körper ist steif und sein Gesicht verzweifelt. Unter seinen Füßen knirscht der Kies. Joona versucht, den Hund zu beruhigen, bekommt das Halsband zu fassen und zieht das Tier von der Tür fort.

Gunnarsson läuft über den Hof und greift nach Daniel Grims Jacke, aber der Mann reißt sich los, fällt auf den Schotter, schürft sich die Hand auf und kommt wieder auf die Beine.

Der Hund bellt, zerrt am Halsband und streckt sich.

Die uniformierte Beamtin stellt sich vor die Tür. Daniel versucht, sich an ihr vorbeizuzwängen und schreit mit tränenerstickter Stimme:

»Elisabeth! Elisabeth! Lassen Sie mich...«

Die Polizistin versucht, ihn von der Tür wegzugeleiten, während Gunnarsson zu Joona eilt und ihm bei dem Hund hilft.

»Meine Frau«, jammert Daniel. »Das könnte meine Frau...«

Gunnarsson zieht den Hund zum Baum zurück.

Der Hund jault, wirbelt mit den Pfoten Kies auf und bellt die Tür an.

Als Joona sich einen Latexhandschuh anzieht, spürt er einen kurzen, stechenden Schmerz hinter den Augen.

Auf einem geschnitzten Holzschild kurz unter dem niedrigen Dachvorsprung steht »Waschküche«.

Joona öffnet vorsichtig die Tür und blickt in den dunklen Raum hinein. Ein kleines Fenster steht offen, und hunderte Fliegen schwirren in der Luft. Überall auf den blankgewetzten Bodendielen sieht man die blutigen Abdrücke von Hundepfoten. Joona betritt den Raum nicht, beugt sich nur seitlich vor, um an dem offenen Kamin vorbeischauen zu können.

Die Rückseite eines Handys schimmert neben einer Spur aus verschmiertem Blut.

Als Joona sich durch die Türöffnung lehnt, wird das Surren der Fliegen lauter. Eine Frau von etwa fünfzig Jahren liegt mit offenem Mund rücklings in einer Blutlache. Sie trägt eine Jeans, rosa Socken und eine graue Strickjacke. Die Frau hat offenbar wegzurutschen versucht, aber jemand hat den gesamten oberen Teil ihres Gesichts und Kopfs zertrümmert.

22

Pia Abrahamsson merkt, dass sie ein bisschen zu schnell fährt.

Sie hatte gehofft, früher aufbrechen zu können, aber die Versammlung der Gemeindepfarrer in Östersund hat sich hingezogen.

Pia betrachtet im Rückspiegel ihren Sohn. Sein Kopf ruht auf dem Rand des Kindersitzes, und seine Augen hinter den Brillengläsern sind geschlossen. Die Morgensonne blitzt zwischen den Bäumen auf, und ihre Strahlen fallen auf sein kleines, ruhiges Gesicht.

Sie senkt ihre Geschwindigkeit auf achtzig Kilometer, obwohl die Straße schnurgerade durch Nadelwald führt.

Die Straßen sind gespenstisch leer. Zwanzig Minuten zuvor ist ihr ein mit Holz beladener Lastzug entgegengekommen, aber seither hat sie kein einziges Fahrzeug mehr gesehen.

Sie blinzelt, um besser sehen zu können.

An beiden Straßenseiten flimmert monoton der Wildzaun vorbei.

Der Mensch dürfte das ängstlichste Tier der Welt sein, denkt sie.

In diesem Land gibt es achttausend Kilometer Wildzäune. Nicht um die Tiere zu schützen, sondern die Menschen. Durch diese Wäldermeere führen schmale Straßen, die zu beiden Seiten von hohen Zäunen geschützt werden.

Pia Abrahamsson schaut hastig nach Dante auf der Rückbank.

Sie wurde schwanger, als sie als Pfarrerin in der Gemeinde Hässelby arbeitete. Der Vater des Kindes war ein Redakteur der

Kirchenzeitung. Sie hielt den Schwangerschaftstest in der Hand und machte sich klar, dass sie sechsunddreißig Jahre alt war.

Sie behielt das Kind, den Vater allerdings nicht. Ihr Sohn ist das Beste, was ihr jemals passiert ist.

Dante schläft in seinem Kindersitz. Der Kopf hängt schwer auf den Brustkorb herab, und seine Schmusedecke ist auf den Boden gerutscht.

Bevor er einschlief, war er so müde, dass er wegen jeder Kleinigkeit losweinte. Er heulte, weil das Auto schlecht nach Mamas Parfüm roch und weil Super Mario aufgefressen wurde.

Es sind noch mindestens zwanzig Kilometer bis Sundsvall und danach weitere vierhundertsechzig bis Stockholm.

Pia Abrahamsson muss mittlerweile wirklich dringend auf die Toilette – bei der Versammlung hat sie eindeutig zu viel Kaffee getrunken.

Es muss unbedingt bald eine offene Tankstelle kommen.

Sie sagt sich, dass sie nicht mitten im Wald stehen bleiben sollte.

Das sollte sie nicht, aber sie wird es trotzdem tun.

Pia Abrahamsson, die jeden Sonntag predigt, dass alles, was geschieht, einen tieferen Sinn hat, wird in wenigen Minuten Opfer des blinden, teilnahmslosen Zufalls werden.

Sachte fährt sie auf Höhe eines Forstwirtschaftswegs rechts heran und hält an einem abgeschlossenen Schlagbaum, der die Durchfahrt zwischen den Wildzäunen absperrt. Hinter diesem führt der Feldweg bis zu einem Lagerplatz für Holzstämme schnurgerade in den Wald hinein.

Sie denkt, dass sie die Autotür offen lassen und nur so weit gehen wird, dass man sie von der Straße aus nicht mehr sehen kann, damit sie es hört, falls Dante aufwachen sollte.

»Mama?«

»Versuch, noch ein bisschen zu schlafen, kleiner Mann.«

»Mama, du darfst nicht weggehen.«

»Mausebär«, sagt Pia. »Ich muss nur kurz Pipi machen. Ich lasse die Tür offen. Ich kann dich die ganze Zeit sehen.«

Er schaut sie mit schlaftrunkenen Augen an.

»Ich will nicht allein sein«, flüstert er.

Sie lächelt ihn an und streichelt seine verschwitzten Wangen. Sie weiß, dass sie ihn zu sehr behütet, ihn zu einem kleinen Muttersöhnchen erzieht, kann aber einfach nicht anders.

»Nur einen klitzeklitzekleinen Moment«, sagt sie heiter.

Dante hält ihre Hand fest und versucht zu verhindern, dass sie geht, aber sie macht sich frei und nimmt ein feuchtes Tuch aus dem Behälter.

Pia verlässt den Wagen, bückt sich unter dem Schlagbaum hindurch und geht den Waldweg hinunter, dreht sich um und winkt Dante zu.

Was wäre, wenn jetzt jemand vorbeikäme und mit seinem Handy ihren nackten Hintern filmen würde?

Die Bilder der pinkelnden Pfarrerin würden auf Youtube, Facebook, Flashback Forum und in Blogs und Chatforen kursieren.

Sie fröstelt, verlässt den Kiesweg und geht noch etwas weiter zwischen die Bäume. Schwere forstwirtschaftliche Maschinen, Holzvollernter und Scooter haben das Gelände umgepflügt.

Als sie sicher ist, dass man sie von der Straße nicht mehr sehen kann, zieht sie den Slip herunter, steigt aus ihm heraus, macht einen Schritt zur Seite, hebt den Rock an und geht in die Hocke.

Sie merkt, dass sie müde ist, denn ihre Schenkel zittern, und sie stützt sich mit der Hand auf dem lauen Moos ab, das um die Baumstämme wächst.

Erleichterung stellt sich ein, und sie schließt kurz die Augen.

Als sie wieder aufschaut, sieht sie etwas Unbegreifliches. Ein Tier hat sich auf zwei Beine aufgerichtet und geht stolpernd, vorgebeugt auf dem Forstwirtschaftsweg.

Eine schmale Gestalt voller Schmutz, Blut und Matsch.

Pia hält die Luft an.

Das ist kein Tier, es kommt ihr eher vor, als hätte sich ein Teil des Waldes befreit und wäre zum Leben erwacht.

Wie ein kleines, aus Zweigen gemachtes Mädchen.

Das Wesen taumelt, geht aber immer weiter auf den Schlagbaum zu.

Pia richtet sich auf und folgt ihm.

Sie versucht, etwas zu sagen, hat aber keine Stimme.

Unter ihrem Fuß bricht ein Ast.

Im Wald fällt jetzt leichter Regen.

Sie bewegt sich langsam wie in einem Albtraum, es ist, als könnte sie nicht laufen.

Zwischen den Bäumen hindurch sieht sie, dass das Wesen bereits ihr Auto erreicht hat. Um die Hände dieses eigenartigen Mädchens hängen schmutzige Stoffbänder.

Pia stolpert auf den Wirtschaftsweg hinaus und sieht, wie das Wesen ihre Tasche vom Sitz fegt, sich hineinsetzt und die Autotür zuzieht.

»Dante«, keucht sie.

Der Wagen springt mit quietschenden Reifen an, fährt über Handy und Schlüsselbund auf die Landstraße, schabt an der Schutzplanke zur Gegenfahrbahn vorbei, gelangt wieder auf die Fahrbahn und entfernt sich.

Pia läuft wimmernd zum Schlagbaum und zittert am ganzen Leib.

Was gerade geschehen ist, erscheint ihr unfassbar. Dieser Schlamm-Mensch ist aus dem Nichts aufgetaucht, und jetzt sind das Auto und ihr Sohn fort.

Sie schiebt sich unter dem Schlagbaum hindurch und trifft auf die große, leere Straße. Sie schreit nicht, sie kann nicht schreien. Man hört nur ihre keuchenden Atemzüge.

23

Wald flimmert vorbei und Regentropfen prasseln gegen die große Windschutzscheibe. Der dänische Fernfahrer Mads Jensen sieht bereits aus zweihundert Metern Entfernung, dass mitten auf der Straße eine Frau steht. Er flucht vor sich hin und hupt. Bei dem brüllenden Ton zuckt die Frau zusammen, aber statt Platz zu machen, bleibt sie auf der Straße stehen. Der Fahrer hupt ein zweites Mal, woraufhin die Frau langsam einen Schritt nach vorn macht, das Kinn hebt und den näher kommenden Lastzug betrachtet.

Mads Jensen bremst und spürt das Gewicht des Sattelaufliegers gegen den alten Dolly von Fliegl drücken. Er muss stärker bremsen, die Kraftübertragung funktioniert schlecht, es knackt in der Steuerachse, und der Anhänger bricht ein wenig aus, ehe er das Gefährt zum Stehen bringt.

Die Umdrehungszahl sinkt, und das Grollen der Kolbenbewegungen wird immer dumpfer.

Die Frau steht nur drei Meter von der Motorhaube entfernt. Erst jetzt fällt dem Fernfahrer auf, dass sie unter ihrer Jeansjacke die schwarze Kleidung einer Geistlichen trägt. Das kleine Rechteck des gestärkten weißen Priesterkragens setzt sich leuchtend von ihrem schwarzen Hemd ab.

Das Gesicht der Frau ist offen und eigenartig blass. Als ihre Augen sich durch die Windschutzscheibe begegnen, laufen Tränen über ihre Wangen.

Mads Jensen schaltet die Warnblinklichter ein und steigt aus der Fahrerkabine. Vom Motor gehen große Hitze und Dieselgeruch aus. Als er um den Wagen herumgeht, stützt sich die Frau mit der Hand auf einen Scheinwerfer und atmet stoßweise.

»Was ist los?«, fragt Mads.

Ihr Blick wendet sich ihm zu. Die Augen sind weit aufgerissen. Das gelbe Licht der Warnblinklichter pulsiert auf ihr.

»Brauchen Sie Hilfe?«, fragt er.

Sie nickt, und er versucht, sie um das Auto herumzuführen. Der Regen wird stärker, und der Himmel verdunkelt sich rasch.

»Hat Ihnen jemand etwas angetan?«

Sie leistet ein wenig Widerstand, kommt aber dennoch mit und steigt auf den Beifahrersitz. Er schließt die Tür hinter ihr, eilt zu seiner Seite und setzt sich hinein.

»Ich kann hier nicht stehen bleiben, ich blockiere die ganze Straße«, erklärt er. »Ich muss weiterfahren – ist das in Ordnung?«

Sie antwortet nicht, und er setzt den Lastzug trotzdem in Bewegung und schaltet die Scheibenwischer an.

»Sind Sie verletzt?«, erkundigt er sich.

Sie schüttelt den Kopf und hält sich eine Hand vor den Mund.

»Mein Kind«, flüstert sie. »Mein ...«

»Was wollen Sie mir sagen?«, fragt er. »Was ist passiert?«

»Sie hat mein Kind genommen ...«

»Ich rufe die Polizei – soll ich das tun? Soll ich die Polizei rufen?«

»Oh Gott«, wimmert sie.

24

DER REGEN TROMMELT gegen die Windschutzscheibe, die Blätter der Scheibenwischer fegen das Wasser rasend schnell fort, und die Fahrbahn vor ihnen scheint förmlich zu kochen.

Pia sitzt in der warmen Fahrerkabine hoch über dem Erdboden und zittert am ganzen Leib. Sie kann sich einfach nicht beruhigen. Ihr ist bewusst, dass sie unzusammenhängende Dinge sagt, hört nun jedoch den Fernfahrer mit der Notrufzentrale sprechen. Er wird angewiesen, weiterhin die Landstraße 86 zu nehmen und danach auf die 330 zu fahren, um sich in Timrå mit einem Einsatzfahrzeug zu treffen, das sie ins Krankenhaus von Sundsvall bringen soll.

»Was ist? Worüber reden Sie da?«, fragt Pia. »Es geht nicht um mich. Sie müssen das Auto stoppen, alles andere ist unwichtig.«

Der dänische Fahrer sieht sie fragend an, und sie weiß, dass sie sich konzentrieren und klar äußern muss. Sie muss ruhig wirken, obwohl sie den Boden unter den Füßen verloren hat, obwohl sie sich im freien Fall befindet.

»Mein Sohn ist gekidnappt worden«, sagt sie.

»Sie sagt, dass ihr Sohn gekidnappt worden ist«, wiederholt der Fernfahrer am Telefon.

»Die Polizei muss das Auto stoppen«, fährt sie fort. »Einen Toyota ... einen roten Toyota Auris. Ich habe das Kennzeichen nicht im Kopf, aber ...«

Der Fahrer bittet die Frau in der Zentrale zu warten.

»Aber er ist direkt vor uns auf dieser Straße ... sie müssen ihn stoppen...mein Sohn ist erst vier, er ist im Auto geblieben, als ich...«

Er gibt ihre Worte weiter, erklärt, dass er mit seinem Lastzug auf der Landstraße 86 in östlicher Richtung fährt und ungefähr vierzig Kilometer von Timrå entfernt ist.

»Sie müssen sich beeilen...«

Der Fernfahrer bremst, passiert eine verbogene Ampel, durchfährt einen Kreisverkehr, wobei der Anhänger donnert, als die Räder über die Bremsschwellen rollen, beschleunigt anschließend auf Höhe eines weißen Backsteingebäudes und fährt weiter auf der parallel zum Fluss verlaufenden Straße.

Die Einsatzzentrale verbindet den dänischen Fahrer mit der Polizei, einer Frau in einem Streifenwagen auf Patrouille. Sie sagt, dass sie Mirja Zlatnek heißt und sich nur dreißig Kilometer entfernt, auf der Landstraße 330 in Djupängen befindet.

Pia Abrahamsson übernimmt das Telefon und schluckt schwer, um ihre Übelkeit abzuschütteln. Sie hört selbst, dass ihre Stimme gefasst klingt, obwohl sie zittert:

»Hören Sie bitte«, sagt sie. »Mein Sohn ist gekidnappt worden und das Auto fährt auf der ...warten Sie...«

Sie wendet sich an den Fernfahrer.

»Wo sind wir? Auf welcher Straße fahren wir?«

»Landstraße 86«, antwortet der Fahrer.

»Wie viel Vorsprung hat der Wagen?«, erkundigt sich die Polizistin.

»Ich weiß nicht«, sagt Pia. »Fünf Minuten vielleicht.«

»Sind Sie schon an Indal vorbeigekommen?«

»Indal«, wiederholt Pia.

»Bis dahin sind es noch fast zwanzig Kilometer«, sagt der Fahrer laut.

»Dann kriegen wir den Wagen«, sagt die Polizistin. »Dann sitzt er in der Falle...«

Als Pia Abrahamsson diese Worte hört, bricht sie in Tränen aus.

Sie wischt sich schnell mit der Hand über die Wangen und hört, dass die Polizistin mit einem Kollegen spricht. Auf der Landstraße 330 und der Brücke über den Fluss sollen Straßensperren errichtet werden. Ihr Kollege befindet sich in Nordansjö und verspricht, dass er in weniger als fünf Minuten an Ort und Stelle sein wird.

»Das müsste reichen«, sagt die Polizistin schnell.

Der Lastzug fährt parallel zu dem mäandrierenden Flusslauf durch die dünn besiedelte Provinz Medelpad. Sie verfolgen das Auto mit Pia Abrahamssons vierjährigem Sohn, ohne es zu sehen, wissen aber, dass es vor ihnen ist. Denn es gibt keine Alternative. Die Landstraße 86 führt durch einzelne Ortschaften, aber es gibt keine Abfahrten, nur Wirtschaftswege ohne Anschlüsse, die mitten in den Wald hinein, kilometerweit in die Sumpfgebiete zu den Kahlschlägen führen, dort aber enden.

»Ich halte das nicht aus«, flüstert Pia.

Die Straße, auf der sie fahren, teilt sich etwa zehn Kilometer weiter wie eine Astgabel. Kurz hinter der kleinen Ortschaft Indal führt die eine Abzweigung der Gabel auf eine Brücke über den Fluss und anschließend fast schnurgerade nach Süden, während die andere Abzweigung bis zur Küste weiter dem Flusslauf folgt.

Pia hat krampfhaft die Hände gefaltet und betet zu Gott. Weiter vorn haben zwei Streifenwagen die beiden Straßen der Weggabelung abgesperrt. Der eine Wagen steht auf Höhe des Brückenpfeilers am anderen Flussufer und der andere befindet sich acht Kilometer weiter östlich.

Der Lastzug mit dem dänischen Fernfahrer und der Pfarrerin Pia Abrahamsson passiert soeben Indal. Durch den dichten Regen sehen sie die leere Brücke über dem hohen, strömenden Wasser und in der Nähe des Brückenpfeilers auf der anderen Seite das Blaulicht eines einsamen Streifenwagens.

25

Polizeimeisterin Mirja Zlatnek hat ihren Streifenwagen quer auf der Fahrbahn geparkt und die Handbremse angezogen. Ein Auto kann nur dann an ihr vorbeifahren, wenn es auf den Fahrbahnrand ausweicht und mit zwei Rädern in den tiefen Straßengraben fährt.

Vor ihr liegt eine lange schnurgerade Wegstrecke. Das blaue Warnlicht des Streifenwagens blitzt über den nassen Asphalt, fällt auf die dunklen Nadeln der Bäume und zwischen die Stämme.

Regen trommelt auf das Autodach.

Mirja rührt sich eine Weile nicht, schaut durch die Windschutzscheibe hinaus und versucht, die Situation zu überdenken.

Wegen des Wolkenbruchs herrscht schlechte Sicht.

Sie hatte eigentlich mit einem ruhigen Tag gerechnet, obwohl fast alle Kollegen der gesamten Region mit dem Fall des toten Mädchens im Haus Birgitta beschäftigt sind. Inzwischen hat sich sogar die Landeskriminalpolizei in die Ermittlungen eingeschaltet.

Mirja hat insgeheim eine immer größere Furcht vor der operativen Seite ihres Berufs entwickelt, ohne jemals selbst etwas Traumatisierendes erlebt zu haben. Vielleicht liegt es an dem Vorfall damals, als sie in einem Familiendrama zu vermitteln versuchte, was gründlich schiefging, aber das ist inzwischen viele Jahre her.

Ihre Ängstlichkeit hat sich schleichend aufgebaut. Heute bevorzugt sie deshalb Verwaltungsaufgaben und die Arbeit an Maßnahmen zur Verbrechensvorbeugung.

Am Morgen hat sie an ihrem Schreibtisch gesessen und Rezepte in ihrem Kochnetzwerk gelesen. Elchfilet im Blätterteigmantel, Farmerkartoffeln und eine Sahnesauce mit Steinpilzen. Ein würziges Püree von Artischocken.

Sie hatte sich ins Auto gesetzt und war nach Djupängen gefahren, um sich dort einen gestohlenen Anhänger anzusehen, als die Meldung von dem entführten Jungen kam.

Mirja redet sich ein, dass sie die Sache schon zu einem guten Ende führen wird, denn der Wagen mit dem vierjährigen Sohn der Frau kann sonst nirgendwo hin.

Dieser Straßenabschnitt ist wie ein langer Tunnel, eine Reuse.

Der Lastzug folgt dem PKW.

Entweder fährt der Wagen mit dem Jungen kurz hinter Indal über die Brücke, wo ihr Kollege Lasse Bengtsson die Straße abgesperrt hat.

Oder er kommt hierher – und hier warte ich, denkt Mirja.

Ungefähr zehn Kilometer hinter dem Auto fährt dann der Lastzug.

Es kommt natürlich ganz darauf an, wie schnell die Autos fahren, aber innerhalb der nächsten zwanzig Minuten, länger wird es nicht dauern, wird es zu einer Konfrontation kommen.

Mirja überlegt, dass das Kind wahrscheinlich nicht im eigentlichen Wortsinn gekidnappt worden ist. Vermutlich geht es eher um einen Streit um das Sorgerecht. Die Frau, mit der sie telefoniert hat, war zu erregt, um etwas Sinnvolles von sich zu geben, aber ihren Worten ließ sich immerhin entnehmen, dass sich ihr Auto irgendwo diesseits von Nilsböle befinden muss.

Bald ist es vorbei, sagt sie sich.

Bald kann sie in ihr Büro in der Wache zurückkehren, einen Kaffee trinken und ein Schinkenbrot essen.

Aber da ist etwas, was sie beunruhigt. Die Frau hat von einem Mädchen mit Armen wie Zweige gesprochen.

Mirja hat nicht nach ihrem Namen gefragt. Dazu ist keine Zeit gewesen. Sie hat angenommen, dass die Notrufzentrale alle Personalien aufgenommen hat.

Die Erregung der Frau war beängstigend gewesen. Sie hatte schnell geatmet und das, was sie gerade durchmachte, als etwas Unfassbares, Unerklärliches dargestellt.

Der Regen prasselt auf Windschutzscheibe und Motorhaube herab. Mirja legt eine Hand auf das Funkgerät, bleibt kurz so sitzen und ruft dann über Funk Lasse Bengtsson.

»Was tut sich?«, fragt sie.

»Es regnet Bindfäden, aber ansonsten ist alles ruhig, kein einziges Auto, jedenfalls noch nicht... Warte mal, jetzt sehe ich einen Lastzug, einen verdammt großen Lastzug, der die 330 nimmt.«

»Das ist der Fernfahrer, der uns angerufen hat«, erwidert Mirja

»Aber wo zum Teufel ist dann der Toyota«, sagt Lasse. »Ich stehe hier seit einer Viertelstunde, das Auto müsste doch in fünf Minuten bei dir sein, wenn es kein UFO...«

»Warte mal eine Sekunde«, sagt Mirja schnell und unterbricht die Verbindung zu ihrem Kollegen, als sie in der Ferne die Lichter von zwei Autoscheinwerfern erblickt.

26

Mirja Zlatnek steigt aus dem Streifenwagen und duckt sich in dem Wolkenbruch ein wenig. Blinzelnd betrachtet sie im Regen stehend das näher kommende Auto.

Sie hat eine Hand auf ihre Pistole gelegt, geht dem Wagen entgegen und signalisiert dem Fahrer, dass er anhalten soll.

Luftblasen fließen mit dem Wasser über die Fahrbahn, und im Gras des Straßengrabens plätschert es.

Mirja sieht, dass der Wagen abbremst und ihr eigener Schatten umgeben von dem blauen, rotierenden Licht in ihrem Rücken auf die Fahrbahn fällt. Sie hört, dass jemand sie über Funk ruft, bleibt jedoch auf der Straße stehen. Die Stimmen aus dem Funkgerät klingen blechern, und es knistert unablässig, dennoch ist der Wortwechsel deutlich zu verstehen.

»Eine verdammt blutige Angelegenheit«, wiederholt ein junger Kollege, als er einem anderen vom Fund einer zweiten Leiche, einer Frau mittleren Alters, im Haus Birgitta erzählt.

Das Auto nähert sich, bremst, fährt rechts heran und hält. Mirja Zlatnek geht darauf zu. Es ist ein Mazda Pick-up mit lehmigen Reifen. Die Tür an der Fahrerseite wird geöffnet, und ein großgewachsener Mann in einer grünen Jagdweste und einem Helly-Hansen-Pullover steigt aus. Er hat schulterlange, glatt gekämmte Haare und ein breites Gesicht mit einer kräftigen Nase und schmalen Augenschlitzen.

»Sind Sie allein im Wagen?«, ruft Mirja und streicht sich Wasser aus dem Gesicht.

Er nickt und blickt zum Wald hinüber.

»Machen Sie bitte Platz«, sagt sie, als sie sich nähert.

Er weicht einen winzigen Schritt zurück.

Mirja lehnt sich vor, um ins Wageninnere sehen zu können. Ihre Haare werden nass, und Wasser läuft ihr in den Nacken und den Rücken herab.

Es ist schwierig, durch den Regen und den Schmutz auf der Windschutzscheibe etwas zu erkennen. Auf dem Fahrersitz liegt eine Zeitung ausgebreitet. Der Mann hat beim Fahren auf dem Papier gesessen. Sie geht herum, tritt näher und versucht zu sehen, was auf der engen Rückbank liegt. Eine alte Decke und eine Thermoskanne.

Wieder ertönen Stimmen aus dem Funkgerät, aber die Worte kann sie jetzt nicht mehr verstehen.

Die Jagdweste des Mannes ist auf den Schultern vom Regen bereits dunkelgrün verfärbt. Ein Rasseln kommt von dem Wagen, ein scharrendes Geräusch auf Metall.

Als sie den Blick erneut dem Mann zuwendet, ist er näher gekommen. Ein bisschen nur, ein paar Zentimeter. Vielleicht bildet sie sich das aber auch nur ein. Sie ist sich nicht sicher. Er betrachtet sie, lässt den Blick über ihren Körper schweifen und legt seine fleischige Stirn in Falten.

»Wohnen Sie hier?«, fragt sie.

Mit dem Fuß tritt sie Dreck vom Nummernschild, notiert sich das Kennzeichen und geht weiter um das Auto herum.

»Nein«, antwortet er langsam.

Auf dem Boden vor dem Beifahrersitz steht eine rosa Sporttasche. Mirja geht um den Wagen herum, behält den hochaufgeschossenen Mann dabei jedoch unablässig im Auge. Auf der Ladefläche liegt etwas unter einer von kräftigen Spannriemen festgehaltenen grünen Plane.

»Wohin fahren Sie?«, fragt sie.

Er steht vollkommen still, seine Augen folgen ihr. Plötzlich läuft unter der Plane in den Rillen, die voller Schmutz und Tannennadeln sind, Blut auf die Ladefläche.

»Was haben Sie hier?«, fragt sie.

Als er nicht antwortet, streckt sie sich über die Heckklappe der Ladefläche. Es ist nicht ganz leicht heranzukommen – sie muss sich gegen das Fahrzeug pressen. Der Mann rückt ein wenig zur Seite. Als sie die Ecke der Plane anhebt, leckt er sich kurz die Lippen. Sie öffnet den Knopf des Pistolenhalfters, wendet anschließend den Blick rasch der Ladefläche zu und sieht den zierlichen Huf eines jungen Rehs, eines Kitzes.

Der Mann steht regungslos im blauen, blinkenden Licht, aber Mirja lässt ihre Hand trotzdem auf der Waffe ruhen, als sie ein paar Schritte von dem Auto zurücktritt.

»Wo haben Sie das Reh geschossen?«

»Es lag auf der Straße«, erklärt er.

»Haben Sie die Stelle markiert?«

Er spuckt bedächtig auf die Erde, zwischen seine Füße.

»Darf ich bitte mal Ihren Führerschein sehen?«, sagt sie.

Er antwortet nicht und macht nicht die geringsten Anstalten, ihrer Aufforderung nachzukommen.

»Den Führerschein, bitte«, wiederholt sie, hört jedoch selbst die Unsicherheit in ihrer Stimme.

»Wir sind fertig miteinander«, sagt er und geht zum Auto.

»Für Wildunfälle gilt eine gesetzliche Meldepflicht…«

Der Mann setzt sich auf den Fahrersitz, schließt die Tür, lässt den Wagen an und fährt los. Sie sieht ihn mit zwei Rädern im Straßengraben an ihrem Streifenwagen vorbeirollen. Als er wieder auf die Fahrbahn schwenkt und sich entfernt, denkt Mirja, dass es besser gewesen wäre, das Auto genauer zu untersuchen, die Plane ganz zu entfernen und unter die Decke auf der Rückbank zu schauen.

Der Regen rauscht durch die Blätter, in der Ferne krächzt in einem Baumwipfel eine Krähe.

Als Mirja hinter sich schwere Motorengeräusche hört, zuckt sie zusammen. Sie dreht sich um und zieht die Pistole, sieht aber nichts als Regen.

27

Der dänische Fernfahrer Mads Jensen muss sich am Telefon eine Standpauke seines Chefs anhören. Sein Hals läuft rot an, und er versucht, die Situation zu erklären. Pia Abrahamsson hört die verärgerte Stimme aus dem Telefon, als der Spediteur weiter irgendetwas über Koordinaten und versaute Logistik schreit.

»Aber«, versucht Mads Jensen, sich Gehör zu verschaffen, »aber man muss anderen Menschen doch helf…«

»Das ziehe ich dir vom Lohn ab«, schnauzt der Vorgesetzte ihn an. »Das ist die Hilfe, die du von mir bekommst.«

»Na, vielen Dank«, sagt Mads und unterbricht die Verbindung.

Pia sitzt schweigend neben dem Fahrer und sieht den Wald an beiden Seiten vorbeiziehen. Der herabprasselnde Regen donnert auf die Fahrerkabine. Im zweigeteilten Seitenspiegel sieht Pia den krängenden Anhänger und die Bäume, die sie soeben hinter sich gelassen haben.

Mads nimmt sich einen Nikotinkaugummi und starrt auf die Straße. Der Motor grollt genauso dumpf wie die schweren Reifen auf der Asphaltdecke.

Sie wirft einen Blick auf den Kalender, den die Bewegungen des Lastzugs pendeln lassen. Eine kurvenreiche Frau, die einen aufblasbaren Schwan im Wasser eines Swimmingpools umarmt. Am unteren Rand des Hochglanzfotos steht August 1968.

Die Straße führt abwärts, und das Gewicht der Ladung aus Stabeisen lässt das ganze Gefährt schneller rollen.

Weit voraus sieht man in der Furche zwischen den Bäumen ein

grelles blaues Licht im grauen Regen blinken. Ein Streifenwagen blockiert die Fahrbahn.

Pia Abrahamsson spürt, dass ihr Herz schneller und härter schlägt. Sie starrt das Polizeiauto und eine Frau in einem dunkelblauen Pullover an, die mit dem ganzen Arm winkt. Noch ehe der Lastzug zum Stehen gekommen ist, öffnet Pia die Tür. Das Motorengeräusch ist plötzlich sehr laut, und es knirscht unter den Reifen.

Als sie hinuntersteigt und zu der wartenden Polizistin eilt, ist ihr schwindlig.

»Wo ist das Auto?«, fragt die Polizistin.

»Wie bitte? Was sagen Sie?«

Pia Abrahamsson starrt die andere Frau an und versucht, ihrem nassen Gesicht etwas abzulesen, aber ihr ernster Blick verängstigt Pia nur noch mehr. Sie hat das Gefühl, dass ihre Beine jeden Moment nachgeben werden.

»Haben Sie das Auto gesehen, als Sie an ihm vorbeigefahren sind?«, erläutert die Polizistin.

»Vorbeigefahren?«, fragt Pia schwach.

Mads Jensen tritt zu ihnen.

»Wir haben nichts gesehen«, sagt er zu der Polizistin. »Sie müssen die Straßensperre zu spät errichtet haben.«

»Zu spät? Ich habe doch diese Straße genommen, ich bin auf dieser Straße gekommen...«

»Aber wo zum Teufel ist dann das Auto?«, fragt er.

Mirja Zlatnek läuft zum Streifenwagen zurück und nimmt Kontakt zu ihrem Kollegen auf.

»Lasse?«, fragt sie keuchend.

»Ich habe dich gerufen«, sagt er. »Du hast dich nicht gemeldet...«

»Nein, ich war...«

»Ist alles glatt gelaufen?«, fragt er.

»Wo zum Teufel ist das Auto?«, schreit sie beinahe. »Der Lastzug ist hier, aber das Auto ist verschwunden.«

»Es gibt hier keine anderen Straßen«, sagt er.

»Wir müssen eine Fahndung auslösen und die Sechsundachtzig in der anderen Richtung sperren lassen.«

»Ich kümmere mich sofort darum«, sagt er und unterbricht die Verbindung.

Pia Abrahamsson ist zum Streifenwagen gekommen. Die Nässe ist durch ihre Kleider gedrungen. Polizeimeisterin Mirja Zlatnek sitzt auf dem Fahrersitz, die Autotür steht offen.

»Sie haben mir versichert, dass Sie ihn kriegen werden«, sagt Pia.

»Ja, ich …«

»Sie haben es gesagt, ich habe Ihnen geglaubt, als Sie das gesagt haben.«

»Ich weiß, ich verstehe das einfach nicht«, erwidert Mirja. »Das kann doch gar nicht sein, auf diesen Straßen kann man keine zweihundert fahren, es gibt nicht die geringste Chance, dass der Wagen schon über die Brücke gefahren war, bevor Lasse seinen Posten bezog.«

»Aber irgendwo muss er doch sein«, sagt Pia Abrahamsson hart und zieht den Priesterkragen aus ihrem Hemd.

»Warten Sie«, sagt Mirja Zlatnek plötzlich.

Sie kontaktiert die Einsatzzentrale.

»Hier spricht Wagen 321«, sagt sie schnell. »Wir brauchen sofort eine weitere Straßensperre … vor Aspen … Da gibt es eine kleine Straße, wenn man die kennt, kann man von Kävsta aus nach Myckelsjö fahren … Ja, genau … Wer? Gut, dann ist er in acht, höchstens zehn Minuten da …«

Mirja steigt aus dem Wagen und blickt die schnurgerade Straße hinunter, als würde sie immer noch erwarten, dass dort der Toyota auftaucht.

»Mein Junge – ist er verschwunden?«, fragt Pia sie.

»Sie können nirgendwo hin«, antwortet Mirja und ist bemüht, geduldig zu klingen. »Ich verstehe natürlich, dass Sie sich Sorgen machen, aber wir werden das Auto finden – sie müssen irgendwo abgebogen sein und gehalten haben, aber sie kommen hier nicht weg ...«

Sie verstummt, streicht sich den Regen aus der Stirn, atmet tief durch und fährt fort:

»Wir riegeln die letzten Straßen ab und setzen einen Rettungshubschrauber ein ...«

Pia öffnet die obersten Knöpfe ihres Hemds und stützt sich mit einer Hand auf die Motorhaube des Streifenwagens. Sie atmet viel zu schwer, versucht, sich zu beruhigen, die Panik schnürt ihr die Brust zu. Sie weiß, dass sie Forderungen stellen sollte, kann aber nicht klar denken, empfindet nur verzweifelte Angst und Verwirrung.

28

Obwohl es immer noch in Strömen giesst, fallen zwischen den Bäumen im Wald nur vereinzelt Tropfen auf den Erdboden.

Ein großer weißer Bus, eine mobile Einsatzzentrale, steht zwischen den Gebäuden von Haus Birgitta auf dem Kiesplatz. Der Bus ist mit einer Funkzentrale ausgestattet, und um einen Tisch mit Karten und Computern sitzt eine Gruppe von Männern und Frauen zusammen.

Ihre Gespräche über die laufende Ermittlung in den beiden Mordfällen verstummen, als sie dem Funkverkehr zu einem entführten Jungen lauschen. Auf der Landstraße 330 und der Indals-Brücke sind Straßensperren errichtet worden, genau wie bei Kävsta und in nördlicher Richtung auf der 86. Die Kollegen sind anfangs vollkommen sicher, das Auto stoppen zu können, aber dann wird es still. Zehn Minuten ohne Funkverkehr, bis es plötzlich erneut im Äther knistert und eine Kollegin gehetzt Bericht erstattet:

»Es ist weg, das Auto ist verschwunden... es müsste hier sein, aber es kommt nicht... Wir haben jede verdammte Straße abgeriegelt, die es hier gibt, aber es hat sich einfach in Luft aufgelöst... Ich weiß nicht, was ich tun soll«, sagt Mirja müde. »Die Mutter sitzt in meinem Wagen, ich werde versuchen, mit ihr zu reden...«

Die Polizisten haben schweigend dem Funkverkehr gelauscht. Nun versammeln sie sich um die Karte auf dem Tisch, und der ortskundige Bosse Norling fährt mit dem Finger die Landstraße 86 hinab.

»Wenn sie hier und hier Straßensperren errichtet haben...kann der Wagen eigentlich nicht verschwinden«, sagt er. »Sicher, sie könnten natürlich in Bäck oder Bjällsta in irgendeine Garage gefahren sein...oder einen Forstweg genommen haben, aber die Sache ist wirklich verdammt seltsam.«

»Außerdem enden diese Forstwege alle im Niemandsland«, ergänzt Sonja Rask.

»Bin ich der Einzige, der darüber nachdenkt, ob Vicky Bennet sich den Wagen geschnappt haben könnte?«, fragt Bosse vorsichtig.

Das Prasseln auf dem Dach ist schwächer geworden, aber es läuft weiter Regenwasser über die Busfenster.

Sonja setzt sich an den Computer und beginnt, Straftäter- und Verdächtigenregister sowie schwebende Sorgerechtsverfahren über das Intranet der Polizei zu überprüfen.

»In neun von zehn Fällen«, erklärt Gunnarsson und lehnt sich zurück, während er eine Banane schält, »lösen sich Probleme dieser Art von allein...Ich denke, dass sie mit ihrem Typen im Auto saß, dann haben sich die beiden gestritten, und das Ganze endete damit, dass er die Schnauze voll hatte, sie rausgeworfen hat und abgedüst ist.«

»Sie ist nicht verheiratet«, sagt Sonja.

»Laut Statistik«, fährt Gunnar im gleichen dozierenden Tonfall fort, »wird die Mehrheit aller Kinder in Schweden außerehelich geboren und...«

»Hier haben wir es«, unterbricht Sonja ihn. »Pia Abrahamsson hat das alleinige Sorgerecht für ihren Sohn Dante beantragt, und der leibliche Vater hat dagegen Einspruch zu erheben versucht...«

»Dann legen wir also eine mögliche Verbindung zu Vicky Bennet zu den Akten?«, erkundigt sich Bosse.

»Vorher solltet ihr lieber versuchen, den Vater ausfindig zu machen«, erwidert Joona.

»Mache ich«, sagt Sonja und geht ans hintere Ende des Busses.

»Wie sah es vor Vicky Bennets Fenster aus?«, fragt Joona.

»Auf der Erde war nichts, aber auf dem Fensterblech und an der Fassade haben wir Abdrücke und Spuren geronnenen Bluts gefunden«, antwortet einer der Kriminaltechniker.

»Und am Waldsaum?«

»So weit sind wir vor dem Regen nicht mehr gekommen.«

»Aber wahrscheinlich ist Vicky Bennet blindlings in den Wald gerannt«, meint Joona nachdenklich.

Er betrachtet Bosse Norling, der sich wie in früheren Zeiten mit einem Zirkel über die Karte beugt, die Nadel auf dem Haus Birgitta platziert und einen Kreis zieht.

»Sie hat das Auto nicht genommen«, sagt Gunnarsson. »Man braucht keine drei Stunden, um durch den Wald zur 86 zu kommen und ihr zu folgen, bis man ...«

»Aber nachts ist es nicht ganz einfach, sich zu orientieren ... sie könnte auch so gegangen sein«, widerspricht Bosse ihm.

Er zeigt auf der Karte eine Route, die in östlicher Richtung einen Bogen um ein Sumpfgebiet macht und anschließend schräg nach Norden führt.

»Dann käme es zeitlich hin«, kommentiert Joona.

»Dantes Vater ist im Moment auf Teneriffa«, ruft Sonja von ihrem Platz ganz hinten.

Olle Gunnarsson flucht leise vor sich hin, geht zum Funkgerät und ruft Polizeimeisterin Mirja Zlatnek.

»Hier spricht Gunnarsson«, sagt er. »Hast du die Zeugenaussage der Mutter aufgenommen?«

»Ja, ich ...«

»Konnte sie dir eine Personenbeschreibung geben?«

»Das war nicht ganz leicht, hier sind viele Gefühle im Spiel, was die Mutter sagt, ist ziemlich unzusammenhängend«, antwortet Mirja und atmet durch die Nase. »Sie ist völlig durcheinander und spricht von einem aus dem Wald kommenden Skelett, von dessen Händen Fäden herabhängen. Ein Mädchen mit Blut im Gesicht, ein Mädchen, dessen Arme Äste waren ...«

»Aber sie spricht von einem Mädchen?«

»Ja, ich habe ihre Zeugenaussage aufgenommen, aber sie sagt nur seltsame Dinge, sie muss sich erst beruhigen, vorher können wir sie nicht wirklich vernehmen...«

»Aber sie bleibt dabei, dass es ein Mädchen war?«, fragt Gunnarsson langsam.

»Ja... das hat sie mehrfach wiederholt.«

29

Joona hält an der Strassensperre auf der Landstraße 330, grüßt einen der dort postierten Beamten, weist sich aus und fährt anschließend parallel zum Inlandsälven weiter.

Man hat ihn davon unterrichtet, dass die Bewohnerinnen von Haus Birgitta vorübergehend im Hotel Ibis untergebracht worden sind. Der Therapeut Daniel Grim ist in der psychiatrischen Notfallstation des Regionalkrankenhauses aufgenommen worden, die Hausverwalterin Margot Lundin ist zu Hause in Timrå, und Faduumo Axmed, die im Haus Birgitta halbtags als Sozialpädagogin arbeitet, hat Urlaub und hält sich bei ihren Eltern in Vänersborg auf.

Als Polizeimeisterin Mirja Zlatnek berichtete, dass Pia Abrahamsson mehrfach darauf zurückkam, ein schlankes Mädchen mit Bandagen um die Handgelenke gesehen zu haben, war allen Beteiligten klar, dass Vicky Bennet den Wagen mit dem kleinen Jungen genommen haben musste.

»Aber es ist und bleibt ein Mysterium, dass sie an den Straßensperren nicht gestoppt werden konnte«, hatte Bosse Norling bemerkt.

Ein Hubschrauber wurde eingesetzt, konnte das Auto aber nirgendwo entdecken, nicht in der kleinen Ortschaft und auch nicht auf einem der Forstwirtschaftswege.

Eigentlich ist es kein Mysterium, überlegt Joona. Die logischste Erklärung lautet, dass es ihr gelungen ist, sich zu verstecken, bevor sie die Straßensperren erreichte.

Aber wo?

Sie muss jemanden kennen, der in Indal wohnt, jemanden, der eine Garage besitzt.

Joona hat darum gebeten, in Gegenwart einer Jugendpsychologin und eines Betreuers von der Opferhilfe mit den Mädchen sprechen zu dürfen, und versucht, sich an die erste Begegnung in dem kleinen Häuschen zu erinnern, als Gunnarsson mit den beiden Mädchen hereingekommen war, die sich in den Wald abgesetzt hatten. Das kleine rothaarige Mädchen hatte ferngesehen und mit dem Hinterkopf gegen die Wand gehämmert. Dem Mädchen namens Indie war bei den Händen vor dem Gesicht Vicky eingefallen, und daraufhin hatten alle losgeschrien und waren sich ins Wort gefallen, als sie merkten, dass Vicky verschwunden war. Eines der Mädchen glaubte, dass sie noch mit einer Überdosis Stesolid schlafen würde. Almira spuckte auf den Boden, und Indie rieb sich das Gesicht und schmierte dabei blauen Lidschatten auf ihre Hand.

Joona überlegt, dass irgendetwas mit Tuula war. Das rothaarige Mädchen mit den weißen Wimpern und der glänzenden rosafarbigen Trainingsanzugshose. Es hatte alle anderen angeschrien, sie sollten gefälligst still sein, selbst aber auch etwas gesagt, als sich alle gegenseitig ins Wort fielen.

Tuula hatte gesagt, Vicky sei zum Vögeln mit ihrem Typen abgehauen.

30

Das Zwei-Sterne-Hotel Ibis liegt unweit des Polizeipräsidiums von Sundsvall in der Trädgårdsgatan. Das Ibis ist ein Hotel, in dem es nach Staubsauger, Teppichen und altem Zigarettenrauch riecht. Die Fassade besteht aus cremefarbigem Blech. Auf dem Tresen der Rezeption steht eine Schale mit Karamellbonbons. Die Polizei hat die Mädchen aus dem Haus Birgitta in fünf nebeneinanderliegenden Zimmern untergebracht und zwei uniformierte Wachen im Flur postiert.

Joona geht rasch über den abgewetzten Teppichboden.

Die Psychologin Lisa Jern erwartet Joona vor einer der Türen. Ihre dunklen Haare sind in der Stirn grau meliert, ihr Mund ist schmal und nervös.

»Ist Tuula schon hier?«, fragt Joona.

»Ja, das ist sie ... aber warten Sie bitte«, sagt die Psychologin, als er die Hand auf die Türklinke legt. »Wenn ich es richtig verstanden habe, sind Sie als Beobachter der Landeskriminalpolizei hier und ...«

»Das Leben eines kleinen Jungen ist in Gefahr«, unterbricht Joona sie.

»Tuula sagt so gut wie nichts und ... als Kinder- und Jugendpsychologin muss ich Ihnen leider empfehlen abzuwarten, bis sie selbst die Initiative ergreift und von sich aus darüber spricht, was geschehen ist.«

»Dazu fehlt uns leider die Zeit«, entgegnet Joona und legt erneut seine Hand auf die Klinke.

»Warten Sie, ich ... Es ist unglaublich wichtig, auf einer Ebene mit den Kindern zu sein, sie dürfen auf keinen Fall das Gefühl haben, angeprangert zu werden, sei es nun als krank oder als ...«

Joona öffnet die Tür und betritt den Raum. Tuula Lehti sitzt mit dem Rücken zu einer Reihe von Fenstern auf einem Stuhl. Ein kleines Mädchen, bloß zwölf Jahre alt, in Trainingsanzug und Sportschuhen.

Zwischen den Lamellen der Holzjalousien hindurch sieht man eine Straße mit geparkten Autos. Alle Tische haben Platten aus Buchenfurnier, und das Zimmer ist mit grünem Teppichboden ausgelegt.

Am hinteren Ende des Zimmers sitzt ein Mann mit glatt gekämmten Haaren, der ein blaukariertes Flanellhemd trägt, er schaut auf sein Telefon. Joona nimmt an, dass er der Betreuer der Mädchen ist.

Joona setzt sich Tuula gegenüber hin und sieht sie an. Ihre Augenbrauen sind hell und die glatten Haare strähnig und rot.

»Wir sind uns heute Morgen schon kurz begegnet«, sagt er.

Sie verschränkt ihre sommersprossigen Arme auf dem Bauch. Ihre Lippen sind schmal und fast farblos.

»Scheißbulle«, murmelt sie.

Lisa Jern geht um den Tisch herum und setzt sich neben das kleine Mädchen mit der zusammengekauerten Körperhaltung.

»Tuula«, sagt sie mit sanfter Stimme. »Weißt du noch, was ich dir erzählt habe, dass ich mich manchmal wie Däumelinchen fühle? Das ist nicht schlimm, denn auch wenn man erwachsen ist, fühlt man sich manchmal so klein wie ein Daumen.«

»Warum quatschen hier alle so dämliches Zeug?«, fragt Tuula und sieht Joona in die Augen. »Liegt das daran, dass ihr schwer von Begriff seid ... oder liegt es daran, dass ihr meint, ich wäre schwer von Begriff?«

»Wir glauben eher, dass du schwer von Begriff bist«, antwortet Joona.

Tuula lächelt erstaunt und will gerade etwas sagen, als Lisa Jern ihr versichert, dass das überhaupt nicht stimmt und der Kommissar nur einen Witz machen wollte.

Tuula schlingt die Arme fester um sich, starrt auf den Tisch herab und bläst ihre Backen auf.

»Du bist nicht schwer von Begriff«, wiederholt Lisa Jern nach einer Weile.

»Doch«, flüstert Tuula.

Sie spuckt einen zähen Faden Speichel auf den Tisch, schweigt, stochert in der Pfütze herum und zieht sie zu einem Stern.

»Möchtest du nicht reden?«, flüstert Lisa.

»Nur mit dem Finnen«, sagt Tuula fast unhörbar.

»Was hast du gesagt?«, fragt die Psychologin lächelnd.

»Ich rede nur mit dem Finnen da«, sagt Tuula und hebt das Kinn.

»Wie schön«, erwidert Lisa Jern steif.

Joona schaltet das Aufnahmegerät ein und geht ruhig die Formalitäten durch, nennt Zeit und Ort, die anwesenden Personen und den Grund für das Gespräch.

»Wie bist du ins Haus Birgitta gekommen, Tuula?«, fragt er.

»Ich war vorher in Lövsta... Da sind ein paar Sachen gelaufen, die vielleicht nicht so gut waren«, erzählt sie und senkt den Blick. »Ich bin in der geschlossenen Abteilung gelandet, obwohl ich dafür eigentlich noch zu jung bin... Dann habe ich mich zusammengerissen, ferngesehen und nach einem Jahr und vier Monaten bin ich ins Haus Birgitta verlegt worden.«

»Was ist der Unterschied... im Vergleich zu Lövsta?«

»Es ist... das Haus kommt einem wie ein richtiges Zuhause vor... Es liegen Teppiche auf dem Boden, und die Möbel sind nicht mit ein paar verdammten Schrauben an den Wänden befestigt... Und es ist auch nicht alles abgeschlossen und mit Alarmanlagen gesichert... Und man darf in Ruhe schlafen und bekommt frisch gekochtes Essen.«

Joona nickt und sieht aus den Augenwinkeln, dass der Betreuer immer noch in seinem Smartphone blättert. Die Psychologin Lisa Jern atmet durch die Nase, während sie ihnen zuhört.

»Was gab es denn gestern zu essen?«

»Tacos«, antwortet Tuula.

»Waren alle beim Essen dabei?«

Sie zuckt mit den Schultern.

»Ich denke schon.«

»Miranda auch? Hat sie gestern Abend auch Tacos gegessen?«

»Ihr braucht doch bloß ihren Bauch aufschlitzen und nachsehen – habt ihr das nicht getan?«

»Nein, haben wir nicht.«

»Warum nicht?«

»Wir sind noch nicht dazu gekommen.«

Tuula verzieht den Mund und zieht anschließend an einem losen Faden an ihrer Hose. Ihre Fingernägel sind abgekaut und die Nagelhäute abgerissen.

»Ich habe in das Isolierzimmer geguckt – ziemlich abgefahren«, sagt Tuula und lässt den Oberkörper vor und zurück pendeln.

»Hast du gesehen, wie Miranda gelegen hat?«, erkundigt sich Joona nach einer Weile.

»Ja, so«, antwortet Tuula schnell und hebt die Hände vor ihr Gesicht.

»Was denkst du, warum sie das getan hat?«

Tuula tritt die Teppichkante hoch und stampft sie wieder herunter:

»Vielleicht hatte sie ja Angst.«

»Hast du vorher schon einmal jemanden gesehen, der das gemacht hat?«

»Nein«, antwortet Tuula und kratzt sich am Hals.

»Ihr werdet in euren Zimmern nicht eingeschlossen?«

»Es ist fast wie in einer offenen Abteilung«, sagt Tuula lächelnd.

»Ist es üblich, dass ihr euch nachts hinausschleicht?«

»Bei mir nicht.«

Tuulas Mund wird klein und hart, und sie tut, als würde sie mit dem Zeigefinger auf die Psychologin schießen.

»Warum nicht?«, fragt Joona.

Sie begegnet seinem Blick und sagt leise:

»Ich habe Angst im Dunkeln.«

»Aber die anderen tun es?«

Joona beobachtet, wie Lisa Jern mit einer gereizten Falte zwischen den Augenbrauen zuhört.

»Ja«, flüstert Tuula.

»Und was tun sie, wenn sie sich aus dem Haus schleichen?«

Das Mädchen senkt den Blick und lächelt in sich hinein.

»Die sind immerhin alle älter als du«, fährt Joona fort.

»Ja«, erwidert Tuula, und Wangen und Hals laufen rot an.

»Treffen sie sich mit Jungen?«

Sie nickt.

»Macht Vicky das auch?«

»Ja, sie schleicht sich nachts raus«, antwortet Tuula und lehnt sich zu Joona vor.

»Weißt du, zu wem sie sich schleicht?«

»Dennis.«

»Wer ist das?«

»Keine Ahnung«, flüstert sie und leckt sich die Lippen.

»Aber er heißt Dennis? Kennst du seinen Nachnamen?«

»Nein.«

»Wie lange bleibt sie weg?«

Tuula zuckt mit den Schultern und zupft an einem losen Stück Klebeband, das unter der Sitzfläche des Stuhls hängt.

31

STAATSANWÄLTIN SUSANNE ÖST wartet vor dem Hotel Ibis neben einem großen Ford Farlane. Ihr Gesicht ist rund und ungeschminkt. Sie hat ihre blonden Haare zu einem Pferdeschwanz gebunden und trägt eine schwarze Hose und eine graue Kostümjacke. Sie hat sich am Hals gekratzt, und ein Ende ihres Hemdkragens steht hoch.

»Haben Sie etwas dagegen, dass ich ein bisschen Polizistin spiele?«, fragt sie errötend.

»Ganz und gar nicht«, erwidert Joona und gibt ihr die Hand.

»Wir sind dabei, die Leute zu befragen, untersuchen Garagen, Scheunen, Parkplätze und so weiter«, sagt sie ernst. »Wir ziehen das Netz zu, es gibt hier nicht so viele Stellen, an denen man ein Auto verstecken kann...«

»Nein.«

»Aber nachdem wir nun einen Namen haben, geht es natürlich hoffentlich etwas schneller«, sagt sie lächelnd und öffnet die Fahrertür zu dem großen Ford. »Es gibt in dieser Gegend vier Personen mit dem Vornamen Dennis.«

»Ich fahre hinter Ihnen her«, sagt er und setzt sich in seinen Volvo.

Das amerikanische Auto schaukelt hin und her, als es in die Straße einbiegt und Richtung Indal fährt. Joona folgt ihm und denkt an Vicky.

Ihre Mutter Susie Bennet lebte bis zu ihrem Tod im letzten Winter als drogensüchtige Obdachlose. Vicky hat seit ihrem sechsten Lebensjahr in verschiedenen Familien und Heimen gelebt und auf die Art wahrscheinlich gelernt, schnell neue Beziehungen zu knüpfen und wieder aufzugeben.

Wenn Vicky sich aus dem Haus schleicht, um nachts jemanden zu treffen, muss derjenige sich in der näheren Umgebung aufhalten. Vielleicht wartet er im Wald oder auf dem Waldweg auf sie, vielleicht folgt sie der Landstraße 86 zu seinem Haus in Baggböle oder Västloning.

Der Asphalt trocknet allmählich, das Regenwasser sammelt sich in Straßengräben und seichten Pfützen. Der Himmel ist heller geworden, aber im Wald tropft es noch immer.

Die Staatsanwältin ruft Joona an, und er sieht, dass sie ihn beim Sprechen im Rückspiegel betrachtet.

»Wir haben jetzt einen Dennis in Indal gefunden«, sagt sie. »Er ist sieben ... und einen anderen Dennis, draußen in Stige, aber der arbeitet derzeit in Leeds ...«

»Bleiben also noch zwei«, fasst Joona zusammen.

»Ja, Dennis und Lovisa Karmstedt wohnen in einem Haus außerhalb von Tomming. Wir sind noch nicht bei ihnen gewesen. Außerdem gibt es noch einen Dennis Rolando, der kurz vor Indal bei seinen Eltern lebt. Wir sind bei den Eltern gewesen und haben nichts gefunden. Aber er besitzt ein großes Industriegebäude im Kvarnvägen, in das wir nicht hineinkommen ... aber da ist sicher nichts, denn sie haben mit ihm gesprochen und er ist anscheinend im Auto auf dem Weg nach Sollefteå.«

»Brecht die Tür auf.«

»Okay«, sagt sie und beendet das Gespräch.

Die Landschaft öffnet sich, und die Straße wird rechts und links von Ackerflächen gesäumt. Überall glänzt und glitzert es. Rote Bauernhöfe stehen geduckt am Waldsaum, und hinter den Höfen erstreckt sich über viele Kilometer hinweg Wald.

Als Joona das ruhige Örtchen Östanskär durchfährt, öffnen zur gleichen Zeit zwei Streifenpolizisten mit einem Winkelschleifer die Stahltür des Industriegebäudes. Funken sprühen in Kaskaden an die Wand. Die Beamten benutzen stabile Brecheisen, um die Tür in die falsche Richtung aufzuhebeln, dann dringen sie ein.

Die Lichtkegel ihrer Taschenlampen schweifen suchend zwischen dunklen Formationen. Unter schmutzigen Plastikplanen stehen etwa fünfzig veraltete Arcade-Spiele, Automaten mit Namen wie Space Invaders, Asteroids und Street Fighter.

Joona sieht Susanne Öst telefonieren und ihm anschließend im Rückspiegel einen Blick zuwerfen. Sein Handy klingelt. Die Staatsanwältin erzählt ihm rasch, dass jetzt nur noch eine Adresse übrig ist. Es ist nicht weit dorthin. Sie müssten in etwa zehn Minuten dort sein.

Sie bremst, und er folgt ihr, als sie rechts in eine Straße zwischen zwei sumpfigen Weiden einbiegt, die in den Wald führt. Sie nähern sich einem gelben Holzhaus mit heruntergelassenen Jalousien in allen Fenstern. In dem gepflegten Garten wachsen Apfelbäume, und mitten auf dem Grundstück steht eine blauweißgestreifte Hollywoodschaukel.

Sie halten an und gehen gemeinsam zu einem parkenden Streifenwagen.

Joona grüßt die Kollegen und schaut zu dem Haus mit den herabgelassenen Jalousien hinüber.

»Wir wissen nicht, ob Vicky das Auto genommen hat, um das Kind zu kidnappen, oder ob sie lediglich ein Auto haben wollte und das Kind zufällig auf dem Rücksitz saß«, erläutert er. »Aber unabhängig davon müssen wir das Kind derzeit als Geisel betrachten.«

»Als Geisel«, wiederholt die Staatsanwältin leise.

Sie geht zur Tür, klingelt und ruft, dass die Polizei die Tür aufbrechen wird, falls niemand öffnen sollte. In dem Haus bewegt sich jemand. Der Fußboden knarrt, und ein schweres Möbelstück kippt um.

»Ich gehe rein«, sagt Joona.

Ein Polizist bewacht die Haustür, die Giebelseite zur Rasenfläche und das abgeschlossene Garagentor, während der zweite Beamte Joona zur Rückseite des Hauses folgt.

Im hohen Gras werden ihre Schuhe und Hosenbeine feucht. Hinter dem Haus führt eine schmale Betontreppe zu einer Tür mit einem Fenster aus Milchglas hinab. Als Joona die Tür eintritt, splittert der Holzrahmen, und Glasscherben fallen auf einen blauen Plastikfußboden.

32

GLASSCHERBEN KNIRSCHEN unter Joonas Schuhen, als er eine gepflegte Waschküche mit einer Handmangel betritt.

Miranda saß auf einem Stuhl, als sie ermordet wurde, denkt Joona. Elisabeth wurde auf Strümpfen über den Hof und in die Waschküche gehetzt, versuchte fortzukriechen, wurde jedoch von vorn erschlagen.

Er spürt das Gewicht der neuen Pistole, die in ihrem Halfter unter seinem rechten Arm hängt. Es ist eine halbautomatische Smith & Wesson, Kaliber .45 ACP. Sie wiegt ein wenig mehr als seine vorherige, enthält weniger Patronen, lässt sich dafür aber schneller abfeuern. Vorsichtig öffnet Joona eine knarrende Tür und blickt in eine bäuerlich eingerichtete Küche. Auf einem runden Tisch steht eine große Schüssel mit roten Äpfeln, und von einem schönen, alten Holzherd schlägt ihm Feuergeruch entgegen. Eingefrorene Zimtschnecken tauen in einer Schüssel auf, und eine Schublade mit scharfen Küchenmessern steht offen.

Durch die Schlitze der Jalousien lässt sich das feuchte Grün des Gartens erahnen.

Joona geht in den Hausflur und hört die Deckenlampe klirren. Glasprismen schlagen gegeneinander. Jemand bewegt sich in der oberen Etage, so dass die Lampe schwankt.

Er schleicht die Treppe hinauf und schaut nach jedem Schritt nach unten. Die Kleider in der Dunkelheit unter der Treppe bewegen sich nicht.

Joona erreicht den oberen Treppenabsatz, bewegt sich fast lautlos am Geländer entlang und kommt zu einem Schlafzimmer mit Doppelbett.

Die Jalousien sind heruntergelassen, und die Deckenlampe funktioniert nicht.

Joona tritt ein, sichert Schusslinien und bewegt sich seitwärts.

Auf der bunten Flickendecke des Betts liegt das Zielfernrohr eines Jagdgewehrs.

Ganz in der Nähe atmet jemand. Joona geht weiter und richtet die Pistole auf die Zimmerecke. Hinter dem offenen Kleiderschrank steht ein Mann mit runden Schultern und hellbraunen Haaren und starrt ihn an.

Der Mann ist barfuß und trägt eine dunkelblaue Jeans und ein weißes T-Shirt. Er verbirgt etwas hinter seinem Rücken und bewegt sich langsam nach rechts, Richtung Bett.

»Ich bin von der Landeskriminalpolizei«, sagt Joona und senkt die Pistole ein wenig.

»Das ist mein Haus«, entgegnet der Mann gedämpft.

»Sie hätten uns aufmachen sollen.«

Joona sieht, dass Schweißtropfen die Wangen des Mannes herablaufen.

»Haben Sie meine Hintertür kaputtgemacht?«, fragt der Mann.

»Ja.«

»Kann man sie reparieren?«

»Das bezweifle ich«, antwortet Joona.

In der Schiebetür aus rauchgetöntem Spiegelglas blitzt etwas auf. Joona sieht, dass der Mann hinter seinem Rücken ein großes Küchenmesser verbirgt.

»Ich müsste mal einen Blick in Ihre Garage werfen«, sagt Joona ruhig.

»Da steht mein Auto.«

»Legen Sie das Messer auf das Bett, und zeigen Sie mir die Garage.«

Der Mann hält das Messer hoch und wirft selber einen Blick

darauf. Der lackierte Holzschaft ist abgewetzt und die Klinge viele Male geschliffen worden.

»Ich habe keine Zeit zu warten«, sagt Joona.

»Sie hätten meine Tür nicht kaputtmachen...«

Plötzlich erahnt Joona hinter sich eine Bewegung. Nackte Füße klatschen über den Fußboden. Er kommt nur noch dazu, sich etwas zur Seite zu bewegen, ohne das Messer aus den Augen zu lassen. Ein Schatten stürzt auf seinen Rücken zu. Joona dreht den Körper, hebt den Arm, setzt diese Bewegung kraftvoller fort und begegnet der heranstürmenden Gestalt mit dem Ellbogen.

Joona richtet die Mündung seiner Pistole auf den Mann mit dem Messer und trifft gleichzeitig mit dem Ellbogen den Brustkorb eines Jungen, der aufstöhnt und dem die Luft wegbleibt. Er versucht, sich irgendwo abzustützen, ehe er auf die Knie fällt.

Der Junge holt tief Luft, kauert sich auf dem Boden zusammen, zerknüllt dabei den Flickenteppich unter sich und bleibt keuchend auf der Seite liegen.

»Sie sind aus Afghanistan«, erklärt der Mann leise. »Sie brauchen Hilfe und...«

»Wenn Sie jetzt nicht endlich dieses Messer weglegen, schieße ich Ihnen ins Bein«, sagt Joona.

Der Mann betrachtet erneut das Messer und wirft es aufs Bett. Plötzlich tauchen zwei kleinere Kinder im Türrahmen auf. Sie starren Joona mit großen Augen an.

»Sie verstecken Flüchtlinge?«, fragt Joona. »Wie viel verdienen Sie daran?«

»Sie denken, dass ich dafür Geld nehme?«, entgegnet der Mann gekränkt.

»Tun Sie das?«

»Nein, das tue ich nicht.«

Joona begegnet dem finsteren Blick des Jungen.

»Do you pay him?«, fragt er.

Der Junge schüttelt den Kopf.

»Kein Mensch ist illegal«, sagt der Mann.

»You don't have to be afraid«, sagt Joona zu dem großen Jungen. »I promise I will help you if you are abused in any way.«

Der Junge sieht Joona lange in die Augen und schüttelt dann den Kopf.

»Dennis is a good man«, flüstert er.

»Das freut mich«, sagt Joona, begegnet dem Blick des Mannes und verlässt den Raum.

Joona geht die Treppe hinunter und zur Garage. Dort bleibt er eine Weile stehen und betrachtet den alten, staubigen Saab und denkt, dass Vicky und Dante verschwunden sind und sie nicht die geringste Ahnung haben, wo sie noch nach den beiden suchen sollen.

33

FLORA HANSEN putzt den abgetretenen PVC-Fußboden im Wohnungsflur. Ihre linke Wange brennt noch immer von der Ohrfeige, und in ihrem Ohr rauscht es eigenartig. Der Glanz des Fußbodens hat sich im Laufe der Jahre abgenutzt, aber das Wasser lässt die trockene Spur in der Mitte für kurze Zeit von Neuem schimmern.

Ein milder Duft von Putzmitteln verbreitet sich in den Räumen.

Flora hat alle Teppiche geklopft und bereits das Wohnzimmer, die enge Küche und Hans-Gunnars Zimmer geputzt, wartet mit Ewas Schlafzimmer aber noch, bis im Fernsehen die Serie *Auf der Sonnenseite* beginnt.

Ewa und Hans-Gunnar lieben die Serie und würden niemals eine Folge verpassen.

Flora wischt mit kräftigen Bewegungen den Boden, das graue Gewebe des Aufnehmers klatscht gegen die Fußleisten. Sie bewegt sich rückwärts und stößt versehentlich an das alte Bild, das sie vor mehr als dreißig Jahren gebastelt hat, als sie noch in den Kindergarten ging. Alle Kinder durften verschiedene Nudelsorten auf eine Holzplatte kleben, anschließend wurde das Bild dann mit Goldfarbe besprüht.

Die Titelmelodie der Fernsehserie ertönt.

Jetzt ist ihre Chance gekommen.

Als Flora den schweren Eimer am Griff anhebt und in Ewas Zimmer trägt, fährt ein stechender Schmerz durch ihren Rücken.

Sie schließt die Tür hinter sich und stellt den Eimer als Hindernis auf, damit sie nicht einfach aufgestoßen werden kann.

Ihr Herz pocht bereits heftig, als sie den Aufnehmer im Eimer ausspült, anschließend auswringt und das Hochzeitsfoto auf dem Nachttisch betrachtet.

Ewa versteckt den Schlüssel zum Sekretär auf der Rückseite des Rahmens.

Flora übernimmt sämtliche Haushaltsarbeiten, um im Gegenzug in ihrem alten Mädchenzimmer wohnen zu dürfen. Sie musste zu Ewa und Hans-Gunnar zurückziehen, seit sie nur noch Sozialhilfe bezieht, nachdem sie ihren Job als Hilfskrankenschwester im Sankt-Görans-Krankenhaus verloren hat.

Als Kind dachte Flora, ihre richtigen Eltern würden sie eines Tages abholen, aber wahrscheinlich waren sie Rauschgiftsüchtige, da Hans-Gunnar und Ewa immer gesagt haben, sie wüssten nichts über sie. Flora kam als Fünfjährige zu ihnen und hat keine Erinnerungen an die Zeit davor. Hans-Gunnar sprach über sie immer wie über eine Bürde, und seit sie in die Pubertät kam, sehnte Flora sich fort. Als sie neunzehn war, fand sie die Stelle als Hilfskrankenschwester und zog noch im selben Monat in eine eigene Wohnung in Kallhäll.

Der Aufnehmer tropft, als Flora zum Fenster geht und dort putzt. Unter dem Heizkörper ist der Boden durch frühere Wasserschäden schwarz verfärbt. Die alten Jalousien sind beschädigt und hängen schief zwischen den Scheiben des doppelt verglasten Fensters. Auf dem Fensterbrett steht zwischen Geranien ein Dalapferd aus Rättvik.

Flora bewegt sich langsam zum Nachttisch, bleibt stehen und horcht.

Sie hört den Fernsehton.

Auf dem Hochzeitsfoto sind Ewa und Hans-Gunnar jung. Sie trägt ein weißes Kleid und er einen Anzug und eine silberne Krawatte. Der Himmel ist weiß. Auf einem Hügel neben der Kirche steht ein schwarzer Glockenturm mit Zwiebelkuppel. Der Turm ragt hinter Hans-Gunnars Kopf auf wie ein seltsamer Hut. Flora weiß nicht, warum dieses Foto bei ihr seit jeher solches Unbehagen auslöst.

Sie versucht, ruhig zu atmen.

Vorsichtig lehnt sie den Stiel des Schrubbers an die Wand, wartet aber, bis sie ihre Pflegemutter über etwas in der Fernsehserie lachen hört, ehe sie nach dem Foto greift.

Auf der Rückseite des Rahmens hängt der verschnörkelte Messingschlüssel. Flora hebt ihn vom Haken, aber ihre Hände zittern dabei so, dass sie ihn verliert.

Klirrend fällt der Schlüssel auf den Fußboden und holpert unter das Bett.

Als Flora sich bückt, muss sie sich abstützen.

Aus dem Flur dringt das Geräusch von Schritten zu ihr, und Flora bleibt liegen und wartet. In ihren Schläfen rast der Puls.

Der Fußboden hinter der Tür knarrt, danach wird es wieder still.

Der Schlüssel liegt zwischen verstaubten Kabeln an der Wand. Sie streckt sich und greift nach ihm, steht auf und wartet einen Moment, ehe sie zum Sekretär geht. Sie schließt ihn auf, klappt die schwere Schreibplatte herunter und zieht eine der kleinen Schubladen auf. Unter den Postkarten aus Paris und Mallorca liegen die Umschläge, in denen Ewa das Geld für die laufenden Kosten verwahrt. Flora öffnet das Kuvert für die Rechnungen des nächsten Monats und nimmt die Hälfte der Geldscheine heraus, steckt sie in die Tasche, legt den Umschlag hastig zurück und versucht, die kleine Lade hineinzuschieben, aber sie klemmt aus irgendeinem Grund.

»Flora«, ruft Ewa.

Sie zieht die Schublade wieder heraus, kann nichts Ungewöhnliches entdecken, versucht erneut, sie zu schließen, zittert aber zu sehr.

Im Flur sind wieder Schritte zu hören.

Flora presst die Lade hinein, die zwar schief sitzt, sich aber dennoch träge und widerwillig schließt. Sie klappt den Sekretär zu, hat aber keine Zeit mehr, ihn abzuschließen. Die Tür zu Ewas Schlafzimmer wird geöffnet und stößt so hart gegen den Eimer, dass Wasser herausschwappt.

»Flora?«

Sie greift nach dem Aufnehmer, murmelt etwas, schiebt den Eimer zur Seite, wischt das Wasser auf und putzt anschließend weiter.

»Ich finde meine Handcreme nicht«, sagt Ewa.

Ihre Augen sind wachsam, und die Falten um den unzufriedenen Mund vertiefen sich. Sie steht barfuß auf dem frisch geputzten Fußboden, die gelbe Jogginghose sitzt schlabbrig, und das weiße T-Shirt spannt über ihrem Bauch und den großen Brüsten.

»Die ... die könnte im Badezimmerschrank stehen, glaube ich, neben dem Haarwasser«, sagt Flora und spült den Aufnehmer aus.

Im Fernsehen läuft Werbung, der Ton ist lauter, und gellende Stimmen sprechen über Fußpilz. Ewa bleibt in der Tür stehen und sieht sie an.

»Hans-Gunnar hat der Kaffee nicht geschmeckt«, sagt sie.

»Das tut mir leid.«

Flora wringt Putzwasser aus.

»Er sagt, dass du das Paket mit billigerem Kaffee füllst.«

»Warum sollte ich das ...«

»Lüg mich nicht an«, unterbricht Ewa sie.

»Das tue ich auch nicht«, murmelt Flora und fährt fort, den Boden zu wischen.

»Dir wird ja wohl hoffentlich klar sein, dass du seine Tasse holen, sie spülen und neuen Kaffee aufsetzen musst.«

Flora hört auf zu putzen, lehnt den Stiel neben der Tür an die Wand, entschuldigt sich und geht ins Wohnzimmer. Sie spürt den Schlüssel und die Geldscheine in ihrer Tasche. Als sie nach der Tasse neben dem Gebäckteller greift, sieht Hans-Gunnar sie nicht einmal an.

»Verdammt, Ewa«, ruft er. »Es geht weiter!«

Seine Stimme lässt Flora zusammenzucken, dann eilt sie los, begegnet im Flur Ewa und sucht Blickkontakt zu ihr.

»Weißt du noch, dass ich heute Abend zu einem Bewerbungstraining gehen muss?«, sagt Flora.

»Du findest doch sowieso keinen Job.«

»Das mag sein, aber ich muss da hin, es ist Pflicht... Ich setze neuen Kaffee auf und sehe zu, dass ich mit den Fußböden fertig werde... Die Gardinen kann ich dann ja morgen waschen.«

34

Flora bezahlt den Mann in dem grauen Mantel. Von seinem Regenschirm tropft Wasser auf ihr Gesicht. Er gibt ihr den Türschlüssel und sagt, dass sie ihn wie üblich in den Briefkasten des Antiquitätengeschäfts werfen soll, wenn sie fertig ist.

Flora bedankt sich und eilt den Bürgersteig hinab. Die Nähte ihres alten Mantels gehen allmählich auf. Sie ist vierzig Jahre alt, und ihr mädchenhaftes Gesicht strahlt Einsamkeit aus. Der erste Häuserblock der Upplandsgatan unterhalb des Odenplans beherbergt zahlreiche Antiquitäten- und Kuriositätengeschäfte. In den Schaufenstern schimmern Kronleuchter und Vitrinen, altes, bunt lackiertes Blechspielzeug, Porzellanpuppen, Medaillen und Pendeluhren.

Neben der vergitterten Glastür zu Antiquitäten Carlén gibt es eine schmalere Tür, die ins Souterrain führt. Auf die undurchsichtige Glasscheibe klebt Flora ein Schild aus weißer Pappe.

SPIRITISTISCHER ABEND

Eine steile Treppe führt zu dem Kellerraum hinab, in dem es jedes Mal in den Rohren rauscht, wenn jemand abzieht oder Wasser laufen lässt. Flora hat den Raum bisher sieben Mal gemietet, um darin Séancen abzuhalten. Es sind jeweils zwischen vier und sechs Teilnehmer gekommen, wodurch allerdings nur die Miete gedeckt werden konnte. Sie hat eine Reihe von Zeitungen kontaktiert, um das Interesse der Presse dafür zu wecken, über ihre Gabe zu schreiben, mit den Toten sprechen zu können, aber die Zeitungen haben nicht reagiert. Vor der heutigen Séance hat sie eine größere Anzeige in der esoterischen Zeitschrift *Phänomen* aufgegeben.

Flora bleiben nur wenige Minuten, bis die Teilnehmer eintreffen, aber sie weiß, was sie zu tun hat. Schnell rückt sie die Möbel zur Seite und stellt anschließend zwölf Stühle in einem Kreis auf.

Auf den Tisch in der Mitte legt sie die beiden Puppenhausfiguren in ihren Kleidern aus dem neunzehnten Jahrhundert.

Sie erhofft sich, dass die beiden ihr helfen werden, ein Gefühl von Vergangenheit heraufzubeschwören. Direkt nach der Séance verbirgt sie die Puppen wieder in einem Eichenschrank, weil sie die Spielfiguren im Grunde nicht mag.

In einem Ring rund um die Puppen stellt sie zwölf Teelichte auf den Tisch. Mit einem Streichholz presst sie ein wenig Strontiumsalz in den Wachs einer Kerze und verdeckt anschließend das Loch.

Dann geht sie rasch zum Schrank, um den alten Wecker zu stellen. Das hat sie vor vier Abenden zum ersten Mal ausprobiert. Der Klöppel fehlt, so dass man lediglich ein hackendes Geräusch im Schrank hört, wenn er klingelt. Doch bevor sie dazu kommt, ihn aufzuziehen, öffnet sich die Tür zur Straße. Die ersten Teilnehmer sind da. Regenschirme werden ausgeschüttelt, und sie hört Schritte auf der Treppe.

Flora begegnet in dem quadratischen Wandspiegel ungewollt ihrem eigenen Blick. Sie hält inne, atmet tief durch und streicht mit einer Hand über das graue Kleid, das sie bei der Heilsarmee gekauft hat.

Sobald sie ein wenig lächelt, wirkt sie ruhiger.

Sie zündet Räucherstäbchen an und begrüßt zurückhaltend Dina und Asker Sibelius. Die beiden hängen ihre Mäntel auf und unterhalten sich mit gedämpften Stimmen.

An ihren Séancen nehmen fast ausschließlich alte Menschen teil, die wissen, dass ihr Tod nicht mehr fern ist. Es sind Leute, die ihre Verluste nicht ertragen und es nicht akzeptieren können, dass der Tod das endgültige Aus bedeuten wird.

Wieder wird die Tür zur Straße geöffnet, und ein älteres Paar kommt die Treppe herab, das Flora noch nicht kennt.

»Herzlich willkommen«, begrüßt sie die beiden leise.

Sie will sich gerade abwenden, als sie innehält und den Mann betrachtet, als wäre ihr an ihm etwas Besonderes aufgefallen, um danach so zu tun, als würde sie dieses Gefühl abschütteln. Schließlich bittet sie das Paar einfach, Platz zu nehmen.

Nochmals öffnet sich die Tür, und neue Gäste treffen ein.

Zehn Minuten nach sieben muss sie akzeptieren, dass keine weiteren Teilnehmer mehr kommen werden. Mit neun Gästen ist es immerhin der bestbesuchte Abend bislang, aber es kommen immer noch zu wenige Leute, um Ewa das Geld zurückerstatten zu können, das sie sich heimlich von ihr geliehen hat.

Flora versucht, ruhig zu atmen, spürt jedoch, dass ihre Beine zittern, als sie in den großen, fensterlosen Raum zurückkehrt. Die Teilnehmer sitzen bereits in einem Kreis versammelt. Ihre Gespräche verstummen, und die Blicke aller sind auf sie gerichtet.

35

FLORA HANSEN zündet die Teelichte auf dem Tablett an und lässt den Blick über die Gäste schweifen, als sie sich auf ihren Stuhl setzt. Fünf von ihnen sind schon mehrmals da gewesen, die anderen sind dagegen neu. Ihr gegenüber sitzt ein Mann von vielleicht dreißig Jahren. Er hat ein offenes und auf jungenhafte Art hübsches Gesicht.

»Herzlich willkommen ... bei mir«, sagt sie und schluckt hart. »Ich denke, wir fangen sofort an ...«

»Ja«, erwidert der greise Asker mit knarrender, freundlicher Stimme.

»Gebt euch die Hände und schließt den Kreis«, fordert Flora die anderen mit warmer Stimme auf. Der junge Mann sieht sie unverwandt an. Er lächelt, seine Augen sind neugierig. Ein Gefühl von Anspannung und freudiger Erwartung regt sich in Floras Bauch.

Die einkehrende Stille ist dunkel und mächtig, zehn Menschen bilden einen Zirkel und sind in dem Gefühl vereint, dass sich hinter ihren Rücken die Toten versammeln.

»Haltet den Kreis geschlossen«, ermahnt sie die Gruppe streng. »Was immer geschehen mag, brecht nie den Kreis. Sonst könnte es passieren, dass unsere Besucher nicht mehr zur anderen Seite zurückfinden.«

Die meisten ihrer Gäste sind so alt, dass sie weitaus mehr Menschen an den Tod verloren haben, als ihnen im Leben geblieben sind. Für sie ist der Tod ein Ort voller vertrauter Gesichter.

»Ihr dürft nie nach dem Datum eures eigenen Todes fragen«, erläutert Flora. »Und ihr dürft niemals nach dem Teufel fragen.«

»Warum darf man das nicht?«, fragt der junge Mann lächelnd.

»Nicht alle Geister sind gut, und der Kreis ist nur ein Tor zur anderen Seite...«

Die dunklen Augen des jungen Mannes leuchten.

»Dämonen?«, fragt er.

»Das glaube ich nicht«, wirft Dina Sibelius besorgt lächelnd ein.

»Ich versuche, das Tor zu bewachen«, sagt Flora ernst. »Aber sie... sie spüren unsere Wärme, sehen die Kerzen brennen.«

Es wird wieder still. In den Rohren rauscht es. Ein eigentümliches, erregtes Brummen, wie von einer Fliege, die in einem Spinnennetz festsitzt, ertönt.

»Seid ihr bereit?«, fragt sie langsam.

Die Teilnehmer murmeln bejahend, und Flora spürt einen genüsslichen Schauer, als sie merkt, dass in dem Raum eine völlig neue Aufmerksamkeit herrscht. Es kommt ihr vor, als würde sie die Herzen der anderen hören, die pochenden Pulsschläge in dem Kreis spüren.

»Ich versetze mich jetzt in Trance.«

Flora hält die Luft an und drückt die Hände von Asker Sibelius und der neuen Frau. Sie schließt ihre Augen ganz fest, wartet, solange sie kann, kämpft gegen den Impuls an zu atmen, bis sie anfängt zu zittern und saugt dann Luft in ihre Lunge.

»Wir haben so viele Besucher von der anderen Seite«, erklärt Flora nach kurzer Zeit.

Die regelmäßigen Teilnehmer murmeln bestätigend.

Flora spürt, dass der junge Mann sie ansieht, sie fühlt seinen wachen, interessierten Blick auf ihren Wangen, ihren Haaren, ihrem Hals.

Sie senkt den Kopf und denkt, dass sie mit Violet anfangen wird, um den jungen Mann zu überzeugen. Flora kennt die Geschichte der Frau, hat sie bisher jedoch auf die Folter gespannt.

Violet Larsen ist ein furchtbar einsamer Mensch. Fünfzig Jahre zuvor verlor sie ihren einzigen Sohn. Eines Abends erkrankte der Junge an einer viralen Hirnhautentzündung, und aus Angst vor Ansteckung wollte ihn kein Krankenhaus aufnehmen. Violets Mann fuhr mit dem Jungen die ganze Nacht von einem Hospital zum nächsten. Als der Morgen dämmerte, starb der Junge in seinen Armen. Von Trauer gebrochen verschied der Vater nur ein Jahr später. In jener schicksalsschweren Nacht erlosch ihr ganzes Glück. Seither hat Violet ihr Dasein als kinderlose Witwe gefristet. Ein halbes Jahrhundert hat sie so gelebt.

»Violet« flüstert Flora.

Die alte Frau richtet ihre feuchten Augen auf Flora.

»Ja?«

»Ein Kind ist gekommen, ein Kind, das einen Mann an der Hand hält.«

»Wie heißen die beiden?«, wispert Violet mit zittriger Stimme.

»Sie heißen ... der Junge sagt, du hast ihn immer Jusse genannt.«

Violet stöhnt auf.

»Es ist mein kleiner Jusse«, flüstert sie.

»Und der Mann sagt, dass du weißt, wer er ist, du bist seine Blume.«

Violet nickt und lächelt.

»Das ist mein Albert.«

»Sie haben eine Botschaft für dich, Violet«, fährt Flora ernst fort. »Die beiden sagen, sie folgen dir Tag und Nacht, du bist niemals allein.«

Eine große Träne läuft Violets faltige Wange herab.

»Der Junge bittet dich, nicht traurig zu sein. Mama, sagt er, mir geht es gut. Papa ist immer bei mir.«

»Ich vermisse euch so«, schluchzt Violet.

»Ich sehe den Jungen, er steht direkt neben dir und berührt deine Wange«, flüstert Flora.

Violet weint leise, und es wird wieder still. Flora wartet darauf, dass die Hitze des Teelichtes das Strontiumsalz entzündet, aber noch ist es nicht so weit.

Sie murmelt vor sich hin und überlegt, wen sie als Nächsten auswählen soll. Sie schließt die Augen und wiegt sachte den Oberkörper vor und zurück.

»Es sind so viele hier...«, murmelt sie. »Es sind so viele hier... Sie drängeln sich in der schmalen Pforte, ich spüre ihre Gegenwart, sie sehnen sich nach euch, sie sehnen sich danach, mit euch zu sprechen...«

Sie verstummt, als eine der Kerzen auf dem Tablett knistert.

»Streitet euch nicht an der Pforte«, murmelt sie.

Die knisternde Kerze brennt plötzlich mit leuchtend roter Flamme, und jemand aus der Gruppe schreit auf.

»Du bist nicht eingeladen, du bleibst draußen«, sagt Flora entschieden und wartet, bis das rote Feuer verschwindet. »Jetzt möchte ich mit dem Mann mit Brille sprechen«, murmelt sie. »Ja, komm näher. Wie ist dein Name?«

Sie lauscht in sich hinein.

»Du möchtest dasselbe wie immer haben«, sagt Flora und wendet sich anschließend ihren Gästen zu. »Er sagt, dass er dasselbe wie immer haben möchte. Es soll das Übliche geben, Haselhühnchen mit Salzkartoffeln und...«

»Das ist mein Stig!«, platzt die Frau neben Flora heraus.

»Es ist schwer zu verstehen, was er sagt«, fährt Flora fort. »Es sind so viele hier, sie unterbrechen ihn...«

»Stig«, wispert die Frau.

»Er sagt, verzeih... er möchte, dass Sie ihm verzeihen.«

Durch die Hände, die einander halten, spürt Flora das Beben der alten Frau.

»Ich habe dir verziehen«, flüstert die alte Frau.

36

NACH DER SÉANCE verabschiedet sich Flora zurückhaltend. Sie weiß, dass die Leute mit ihren Fantasien und Erinnerungen lieber allein sein möchten. Langsam geht sie in dem Raum umher, pustet die Teelichte aus und stellt die Stühle an ihre Plätze zurück. In ihrem Inneren hält sich noch eine lustvolle Freude darüber, dass alles so gut gelaufen ist.

Im Eingangsbereich hat sie ein Kästchen aufgestellt, in das ihre Gäste das Eintrittsgeld gelegt haben. Sie zählt es und muss feststellen, dass es nicht reichen wird, um zurückzuzahlen, was sie sich aus Ewas Umschlag geborgt hat. In einer Woche wird sie einen weiteren spiritistischen Abend veranstalten, der ihre letzte Chance sein wird, das Geld zusammenzukratzen, ohne ertappt zu werden.

Sie hat in *Phänomen* annonciert, aber es sind trotzdem nur wenige Teilnehmer gekommen. Nachts wacht sie immer öfter auf, starrt mit trockenen Augen in die Dunkelheit und fragt sich, was sie nur tun soll. Zum Monatswechsel bezahlt Ewa die laufenden Rechnungen. Dann wird sie merken, dass in dem Umschlag Geld fehlt.

Als sie auf die Straße hinaustritt, regnet es nicht mehr. Der Himmel ist schwarz. Auf dem nassen Asphalt glänzt das Licht von Straßenlaternen und Neonreklamen. Flora schließt die Tür ab und lässt den Schlüssel in den Briefkasten von Antiquitäten Carlén fallen.

Als sie das Pappschild herunternimmt und in ihre Tasche steckt, sieht sie, dass im Eingang des Nachbarhauses jemand steht. Es ist der junge Mann aus ihrer Séance. Er macht einen Schritt auf sie zu und lächelt entschuldigend.

»Hallo, ich wollte Sie fragen ... könnte ich Sie eventuell zu einem Glas Wein einladen?«

»Das geht nicht«, antwortet sie mit reflexartiger Menschenscheu.

»Sie waren wirklich fantastisch«, sagt er.

Flora weiß nicht, was sie darauf erwidern soll, und spürt, dass sie immer mehr errötet, je länger er sie ansieht.

»Es ist nur, weil ich nach Paris reise«, lügt sie ihn an.

»Hätten Sie vielleicht Zeit, mir ein paar Fragen zu beantworten?«

Ihr wird klar, dass er ein Journalist von einer der Zeitungen sein muss, die sie kontaktiert hat.

»Ich fahre morgen in der Frühe«, sagt sie.

»Geben Sie mir nur eine halbe Stunde, ginge das?«

Während sie über die Straße zum nächstgelegenen Bistro eilen, erzählt der junge Mann, dass er Julian Borg heißt und für die Zeitung *Nachbarschaft* schreibt.

Einige Minuten später sitzt Flora ihm an einem Tisch mit einer weißen Papiertischdecke gegenüber. Sie nippt vorsichtig an ihrem Rotwein. Süßes und Herbes mischen sich in ihrem Mund, und ihr Körper wird von innen erwärmt. Julian Borg isst einen Cäsarsalat, und seine Augen mustern sie neugierig.

»Wie fing das an?«, fragt er. »Haben Sie schon immer Geister gesehen?«

»Als ich klein war, dachte ich, jeder würde sie sehen, ich fand es nicht weiter seltsam«, antwortet sie und wird rot, weil ihr diese Lügen so leicht über die Lippen kommen.

»Was haben Sie gesehen?«

»Dass Menschen, die ich nicht kannte, bei uns wohnten ... ich dachte einfach nur, es wären einsame Menschen ... und manchmal kam auch ein Kind in mein Zimmer, mit dem ich zu spielen versuchte ...«

»Haben Sie Ihren Eltern davon erzählt?«

»Ich lernte ziemlich schnell, lieber zu schweigen«, sagt Flora und trinkt erneut einen kleinen Schluck Wein. »Tatsächlich ist mir erst vor Kurzem klar geworden, dass viele Menschen die Geister brauchen, auch wenn sie die Verstorbenen nicht sehen können... und die Geister brauchen die Menschen. Ich habe endlich meine Aufgabe gefunden... Ich stehe in der Mitte und helfe ihnen, einander zu begegnen.«

Ihr Blick ruht einige Sekunden in Julian Borgs warmherzigen Augen.

In Wahrheit fing alles an, als Flora ihre Arbeit als Hilfskrankenschwester verlor. Sie sah ihre alten Arbeitskollegen immer seltener, und innerhalb eines Jahres hatte sie jeden Kontakt zu ihren Freunden verloren. Als sie kein Arbeitslosengeld mehr erhielt, hatte sie sich gezwungen gesehen, zu Ewa und Hans-Gunnar zurückzuziehen.

Auf Vermittlung des Arbeitsamts besuchte sie einen Lehrgang, um Nageldesignerin zu werden, und lernte eine der Teilnehmerinnen kennen – Jadranka aus der Slowakei. Jadranka war phasenweise depressiv, aber wenn es ihr besser ging, verdiente sie sich ein Zubrot, indem sie über eine Internetseite namens Tarot-Forum Anrufe entgegennahm.

Die beiden freundeten sich an, und Jadranka nahm Flora zu einer Großséance bei der spiritistischen Gesellschaft *Die Wahrheitssucher* mit. Hinterher sprachen sie darüber, wie man das alles viel besser machen könnte, und ein paar Monate später fanden sie den Kellerraum in der Upplandsgatan. Nach zwei Séancen verschlimmerte sich die Depression der Freundin jedoch so, dass sie in eine Klinik südlich von Stockholm eingewiesen wurde. Von da an führte Flora die Séancen alleine durch.

Sie lieh sich in der Bibliothek Bücher über Geisterheilung, Wiedergeburt, Engel, Auren und Astralkörper. Sie las von den Schwestern Fox, Spiegelkabinetten und Uri Geller, aber am meisten lernte sie von den Bemühungen des Skeptikers James Randi, Bluffs und Tricks zu entlarven.

Flora hat noch nie Geister oder Gespenster gesehen, aber erkannt, dass ihre Stärke darin liegt, den Menschen das zu sagen, wonach sie sich sehnen.

»Sie benutzen das Wort Geister und nicht Gespenster«, sagt Julian und legt sein Besteck auf dem Teller ab.

»Gemeint ist natürlich das Gleiche«, erwidert sie. »Aber Gespenster klingt irgendwie unheimlich oder negativ.«

Julian lächelt, und seine Augen sind in sympathischer Weise ehrlich, als er sagt:

»Ich muss Ihnen gestehen ... es fällt mir wirklich sehr schwer, an Geister zu glauben, aber ...«

»Man muss offen dafür sein«, erläutert Flora. »Conan Doyle war zum Beispiel Spiritist ... Sie wissen schon, der Autor der Bücher über Sherlock Holmes ...«

»Haben Sie schon einmal der Polizei geholfen?«

»Nein, das ...«

Flora errötet heftig, weiß nicht, was sie sagen soll und schaut auf die Uhr.

»Entschuldigen Sie bitte, Sie müssen gehen«, sagt er und nimmt über den Tisch hinweg ihre Hände in seine. »Ich möchte Ihnen nur noch sagen, dass ich weiß, Sie wollen diesen Menschen helfen, und das finde ich wirklich aller Ehren wert.«

Die Berührung lässt Floras Herz schneller schlagen. Bis sie aufbrechen und sich trennen, wagt sie es nicht mehr, seinem Blick zu begegnen.

37

Die roten Häuser von Haus Birgitta sind bei Tageslicht ein idyllischer Anblick. Joona steht neben einer riesigen Hänge-Birke und spricht mit Staatsanwältin Susanne Öst. Regentropfen lösen sich von den Ästen und fallen glitzernd durch die Luft.

»Die Polizei setzt die Befragung der Einwohner von Indal fort«, berichtet die Staatsanwältin. »Jemand ist gegen eine Ampel gefahren, und es liegen eine Menge Glassplitter auf der Erde, aber weiter ... nichts.«

»Ich muss noch einmal mit den Mädchen sprechen«, sagt Joona und denkt an die Gewalt, die sich hinter den beschlagenen Fensterscheiben des Hauses abgespielt hat.

»Ich habe gedacht, der Name Dennis würde uns weiterbringen«, sagt Susanne Öst.

Joona denkt an das Isolierzimmer und wird von einer sorgenvollen Ahnung erfasst. Er versucht, sich das gewaltsame Geschehen zu vergegenwärtigen, erahnt jedoch nur Schatten zwischen den Möbeln. Die Menschen sind lichtdurchlässig wie staubiges Glas, fließend und kaum zu erkennen.

Er atmet tief durch, und auf einmal sieht er das Zimmer, in dem Miranda mit den Händen vor ihrem Gesicht liegt, klar und deutlich vor sich. Er sieht die ganze Kraft, die hinter dem verspritzten Blut und den schweren Treffern steht. Er kann jeden Schlag verfolgen und beobachten, wie sich der Winkel nach dem dritten Hieb verändert. Die Lampe beginnt zu pendeln. Mirandas Körper wird von Blut überströmt.

»Aber auf ihrem Körper war kein Blut«, flüstert er.

»Was haben Sie gesagt?«, fragt die Staatsanwältin.

»Ich muss nur kurz einer Sache nachgehen«, antwortet Joona, und im selben Moment öffnet sich die Tür des Hauses, und ein kleiner Mann in dichter Schutzkleidung tritt ins Freie.

Es ist Holger Jalmert, Professor für Kriminaltechnik an der Universität von Umeå. Umständlich nimmt er seinen Mundschutz ab, sein Gesicht ist völlig verschwitzt.

»Ich organisiere eine Vernehmung der Mädchen in einer Stunde im Hotel«, erklärt Susanne Öst.

»Danke«, sagt Joona und geht über den Hof.

Der Professor bleibt vor seinem Kleintransporter stehen, zieht die Schutzkleidung aus, deponiert sie in einem Müllsack und verschließt diesen sorgfältig.

»Die Decke ist verschwunden«, sagt Joona.

»Endlich darf ich Joona Linna kennen lernen«, erwidert der Professor lächelnd und öffnet eine neue Verpackung mit einem Einwegoverall.

»Sind Sie in Mirandas Zimmer gewesen?«

»Ja, damit bin ich fertig.«

»Es gab keine Decke in dem Zimmer.«

Holger hält inne und runzelt die Stirn.

»Stimmt, da haben Sie recht.«

»Vicky muss Mirandas Decke in ihrem eigenen Zimmer im Kleiderschrank oder unter dem Bett versteckt haben«, sagt Joona schroff.

»Ich wollte gerade damit anfangen«, erklärt Holger Jalmert, aber Joona ist schon auf dem Weg zum Haus.

Der Professor sieht ihm nach und denkt, dass die Leute sich erzählen, Joona Linna sei so hartnäckig, dass er den Tatort anstarre, bis er wie ein offenes Buch für ihn sei.

Er lässt die Plastikverpackung fallen, nimmt die Overalls mit und eilt dem Kriminalkommissar hinterher.

Sie ziehen sich um, streifen sich neue Schuhschützer und Latexhandschuhe über, bevor sie die Tür zu Vickys Zimmer öffnen.

»Da liegt anscheinend etwas unter dem Bett«, sagt Joona sachlich.

»Eins nach dem anderen«, murmelt Holger und befestigt den Mundschutz.

Joona wartet im Türrahmen, während der Professor das Zimmer fotografiert und mit Laser vermisst, um anschließend alle Funde in einem dreidimensionalen Koordinatensystem markieren zu können.

Ein Poster von Robert Pattinson mit bleichem Gesicht und dunklen Ringen unter den Augen hängt direkt über den hübschen Bibelmotiven an der Wand, und auf einem Regalbrett steht eine große Schüssel voller weißer Diebstahlsicherungen von H & M.

Joona verfolgt Holger Jalmerts Arbeit, als dieser Stück für Stück den Fußboden mit Spurensicherungsfolie abdeckt, sie mit einem Gummiroller andrückt, sanft abhebt, fotografiert und verpackt. Er bewegt sich langsam von der Tür zum Bett und bis zum Fenster. Als er die Folie vom Boden abnimmt, sieht man das schwache Muster eines Turnschuhs auf der gelben Gelatineschicht.

»Ich muss bald los«, sagt Joona.

»Sie wollen, dass ich als Erstes unter dem Bett nachsehe?«

Holger Jalmert schüttelt angesichts von Joonas Ungeduld den Kopf, breitet dann jedoch auf dem Fußboden neben dem Bett gewissenhaft Plastikschutzfolie aus. Er geht auf die Knie, streckt sich, um unter das Bett zu greifen, und bekommt den Zipfel eines Bündels zu fassen.

»Und ob das eine Decke ist.«

Vorsichtig zieht er die schwere Decke auf das Plastik hinaus. Sie ist zusammengeknüllt und blutdurchtränkt.

»Ich glaube, dass Miranda sich die Decke um die Schultern gelegt hatte, als sie ermordet wurde«, sagt Joona leise.

Holger schlägt sie in die Plastikfolie ein und stülpt einen Sack darüber. Joona sieht auf die Uhr. Er kann noch zehn Minuten bleiben. Holger nimmt laufend neue Proben. Er benutzt feuchte sterile Stäbchen für eingetrocknete Blutflecken und Krusten und lässt sie erst einen Moment trocknen, ehe er sie verpackt.

»Wenn Sie auf etwas stoßen, was auf einen bestimmten Ort oder eine bestimmte Person hindeutet, müssen Sie mich sofort anrufen«, sagt Joona.

»Das ist mir bewusst.«

Rund um den Hammer unter dem Kissen verwendet der pedantische Professor einhundertzwanzig Stäbchen, die er einzeln verpackt und markiert. Einzelne Haare und Textilfasern klebt er auf OH-Film, Haarbüschel werden in zusammengefaltetes Papier gepackt, Gewebe und Schädelfragmente in Röhrchen gelegt, die anschließend gekühlt werden, um ein bakterielles Wachstum zu verhindern.

38

Der Tagungsraum des Hotel Ibis ist besetzt, und Joona wartet im Frühstückssaal, während die Staatsanwältin mit dem ängstlichen Personal über ein anderes Vernehmungszimmer verhandelt. Unter der Decke hängt an einer Metallhalterung ein leuchtender Fernseher, der ein blinkendes Licht aussendet.

Joona wählt Anjas Nummer. Sein Anruf wird auf ihre Handy-Mailbox weitergeleitet, und er bittet sie herauszufinden, ob es in Sundsvall einen guten Gerichtsmediziner gibt.

In den Fernsehnachrichten laufen die ersten Berichte über die Morde im Haus Birgitta und die neuesten dramatischen Entwicklungen. Man zeigt Bilder von den Absperrungen der Polizei, die roten Häuser und das Schild mit der Aufschrift *Wohneinrichtung für Jugendliche*. Der Fluchtweg der Tatverdächtigen ist auf einer Karte eingezeichnet, und ein Reporter steht mitten auf der Landstraße 86 und berichtet von der Kindesentführung und den vergeblichen Straßensperren der Polizei.

Joona steht auf und geht zum Fernseher, als eine Stimme mitteilt, dass die Mutter des gekidnappten Jungen darum gebeten hat, live an die Entführerin appellieren zu dürfen.

Plötzlich taucht Pia Abrahamsson im Bild auf. Sie sitzt mit gequälter Miene an einem Küchentisch und hält einen Zettel in der Hand.

»Falls Sie mich hören sollten«, setzt sie an. »Ich verstehe ja, dass Sie ungerecht behandelt worden sind, aber Dante hat damit nichts zu tun ...«

Pia blickt direkt in die Kamera.

»Sie müssen ihn mir zurückgeben«, flüstert sie mit zitterndem Kinn. »Sie sind sicher sehr lieb und nett zu ihm, aber Dante ist doch erst vier, und ich weiß, welche Angst er hat... er ist so...«

Sie schaut auf ihren Zettel, Tränen laufen ihre Wangen herab.

»Sie dürfen nicht böse zu ihm sein, Sie dürfen meinen kleinen Jungen nicht schlagen...«

Sie beginnt heftig klagend zu weinen und wendet das Gesicht ab, ehe ins Stockholmer Fernsehstudio zurückgegeben wird.

Ein Gerichtspsychiater vom Krankenhaus Säter sitzt an einem hohen Tisch und versucht, dem Moderator der Nachrichtensendung zu erklären, wie gefährlich die Situation im Augenblick ist:

»Mir liegen die Krankenblätter des Mädchens nicht vor, und ich möchte auch gar nicht darüber spekulieren, ob sie die beiden Morde begangen hat oder nicht, aber wenn man bedenkt, dass sie sich in einer solchen Einrichtung aufhielt, erscheint es mir durchaus denkbar, dass sie psychisch ausgesprochen labil ist und auch wenn...«

»Aber welche Risiken gibt es?«, fragt der Moderator.

»Es könnte sein, dass ihr der Junge völlig egal ist«, erläutert der Psychiater. »Unter Umständen vergisst sie ihn phasenweise ganz... Aber er ist erst vier, und wenn er beispielsweise plötzlich weint oder nach seiner Mama ruft, könnte sie selbstverständlich in Wut geraten und zu einer Gefahr für den Jungen werden...«

Susanne Öst betritt den Frühstückssaal und holt Joona. Mit einem flüchtigen Lächeln bietet sie ihm eine Tasse Kaffee und ein Gebäckstück an. Er bedankt sich und begleitet sie zum Aufzug. Gemeinsam fahren sie in die oberste Etage und betreten eine düstere Hochzeitssuite mit abgeschlossener Minibar und einem Whirlpool auf verkratzten Goldtatzen.

Tuula Lehti liegt auf einem breiten Bett mit hohen Pfosten und schaut den Disney Channel. Der Betreuer nickt ihnen zu. Susanne

Öst schließt die Tür, und Joona zieht einen Stuhl mit rosa Plüschbezug heran und setzt sich.

»Warum hast du mir gesagt, dass Vicky sich mit jemandem trifft, der Dennis heißt?«, fragt Joona.

»Das habe ich geglaubt«, erwidert sie kurz angebunden.

»Und wie bist du darauf gekommen?«

Tuula zuckt mit den Schultern und wendet den Blick dem Fernseher zu.

»Hat sie jemanden namens Dennis erwähnt?«

»Nein«, antwortet sie lächelnd.

»Tuula, ich muss Vicky wirklich finden.«

Sie tritt die Tagesdecke und die rosa Seidendecke auf den Fußboden und schaut anschließend weiter fern.

»Muss ich hier den ganzen Tag bleiben?«, fragt sie.

»Nein, wenn du möchtest, kannst du auf dein Zimmer zurückgehen«, erklärt der Betreuer.

»Sinä olet vain pieni lapsi«, sagt Joona. Du bist nur ein kleines Kind.

»Ei«, entgegnet sie leise und sieht ihm in die Augen.

»Du solltest nicht in einem Heim leben müssen.«

»Mir gefällt's«, sagt sie tonlos.

»Passiert dir da nie etwas Schlimmes?«

Ihr Hals errötet, und die weißen Wimpern zittern.

»Nein«, antwortet sie wortkarg.

»Miranda hat dich gestern geschlagen.«

»Stimmt«, murmelt sie und versucht, das herzförmige Kissen zusammenzudrücken.

»Warum war sie so wütend auf dich?«

»Sie dachte, ich wäre in ihrem Zimmer gewesen und hätte in ihren Sachen gewühlt.«

»Und, hast du das?«

Tuula lutscht an dem Herzkissen.

»Ja, aber ich habe ihr nichts weggenommen.«

»Warum hast du in ihren Sachen gewühlt?«

»Das mache ich in allen Zimmern.«

»Warum?«

»Nur so aus Spaß«, antwortet sie.

»Aber Miranda dachte, du hättest ihr etwas geklaut?«

»Ja, sie war ein bisschen wütend …«

»Was meinte sie denn, was du ihr weggenommen hast?«

»Das hat sie nicht gesagt«, erklärt Tuula lächelnd.

»Und was glaubst du?«

»Keine Ahnung, meistens geht es um Medikamente … Lu Chu hat mich die Treppe runtergeschubst, als sie dachte, ich hätte ihre verdammten Rohypnol genommen.«

»Wenn es nicht um Medikamente ging – was könntest du ihrer Meinung nach denn sonst noch genommen haben?«

»Was weiß ich«, seufzt Tuula. »Make-up, Ohrringe …«

Sie setzt sich wieder auf die Bettkante, lehnt sich zurück und murmelt etwas von einer Strasshalskette.

»Und Vicky?«, fragt Joona. »Schlägt Vicky sich auch ab und zu?«

»Nein«, sagt Tuula, und sie lächelt erneut.

»Was macht sie dann?«

»Dazu sage ich nichts, ich kenne sie doch gar nicht, ich glaube nicht, dass sie auch nur ein einziges Wort mit mir gesprochen hat, aber …«

Das Mädchen verstummt und zuckt mit den Schultern.

»Warum nicht?«

»Weiß nicht.«

»Aber du musst doch schon mal gesehen haben, dass sie wütend geworden ist?«

»Sie ritzt sich und ihr könnt …«

Tuula verstummt und schüttelt den Kopf.

»Was wolltest du sagen?«

»Dass ihr sie vergessen könnt … die bringt sich eh bald um, und dann habt ihr ein Problem weniger am Hals«, erwidert Tuula und weicht Joonas Blick aus.

Sie mustert ihre Finger, murmelt etwas in sich hinein, steht unvermittelt auf und verlässt den Raum.

39

Das etwas ältere Mädchen namens Caroline betritt in Begleitung des Betreuers das Zimmer. Sie trägt ein langes, weites T-Shirt mit einem Kätzchen. Ein Tattoo aus Runen windet sich um den einen Arm, und in den Armbeugen leuchten weiß alte Injektionsnarben.

Als sie Joona begrüßt, lächelt sie schüchtern. Danach setzt sie sich vorsichtig auf den Sessel an dem braunen Schreibtisch.

»Tuula sagt, dass Vicky sich nachts aus dem Haus schleicht, um sich mit einem Typen zu treffen«, sagt Joona.

»Nein«, sagt Caroline lachend.

»Warum glaubst du das nicht?«

»Das macht sie nicht«, erwidert Caroline lächelnd.

»Du scheinst dir deiner Sache ganz schön sicher zu sein.«

»Tuula glaubt, dass alle totale Schlampen sind«, erklärt sie.

»Dann schleicht sich Vicky also nicht aus dem Haus?«

»Doch«, antwortet Caroline und wirkt ernst.

»Und was macht sie draußen?«, fragt Joona, ohne seinen Eifer zu verraten.

Caroline sieht ihm kurz in die Augen und schaut dann zum Fenster.

»Sie setzt sich hinter die Waschküche und ruft ihre Mutter an.«

Joona weiß, dass Vickys Mutter starb, bevor Vicky ins Haus Birgitta kam, aber statt Caroline mit dieser Tatsache zu konfrontieren, fragt er ganz ruhig:

»Und worüber unterhalten sich die beiden?«

»Also, es ist so... Vicky hinterlässt nur kurze Nachrichten auf der Mailbox ihrer Mutter, aber ich glaube... Also wenn ich es richtig sehe, ruft ihre Mutter sie nie zurück.«

Joona nickt, offenbar hat niemand Vicky vom Tod ihrer Mutter erzählt.

»Hast du schon einmal von jemandem namens Dennis gehört?«, fragt er.

»Nein«, antwortet Caroline ohne Zögern.

»Denk nach.«

Sie sieht ihm ruhig in die Augen, zuckt dann jedoch zusammen, als Susannes Östs Handy surrend den Eingang einer SMS signalisiert.

»Zu wem würde Vicky Kontakt aufnehmen?«, fährt Joona fort, obwohl die Vernehmung an Schwung verloren hat.

»Zu ihrer Mutter – das ist der einzige Mensch, den ich mir vorstellen kann.«

»Freundinnen oder Jungen?«

»Nein«, antwortet Caroline. »Aber ich kenne sie auch nicht... Na ja, wir machen beide ADL und sind uns häufiger begegnet, aber sie hat nie über sich gesprochen.«

»Was ist ADL?«

»Klingt wie eine Diagnose«, sagt Caroline lachend, »aber es steht für *All Day Lifestyle*. Ist nur etwas für die besonders lieben. Man darf ausprobieren, ein bisschen rauszugehen, mit nach Sundsvall zu fahren und einkaufen zu gehen, interessante Sachen...«

»Aber ihr müsst euch doch unterhalten haben, wenn ihr zusammen Dinge unternommen habt«, hakt Joona nach.

»Ein bisschen, aber im Grunde... eher nicht.«

»Mit wem hat sie denn sonst gesprochen?«

»Mit keinem«, antwortet sie. »Außer mit Daniel, natürlich.«

»Dem Therapeuten?«

40

Joona und Susanne Öst verlassen die Hochzeitssuite und gehen gemeinsam den Flur hinab und in den Aufzug. Sie lacht, als sie beide gleichzeitig auf den Knopf drücken.

»Wann werden wir Daniel Grim vernehmen dürfen?«, erkundigt sich Joona.

»Gestern meinte der Arzt, dafür wäre es noch zu früh, was man ja durchaus verstehen kann«, sagt sie und wirft ihm einen kurzen Blick zu. »Die Sache ist kompliziert, aber ich werde noch einmal nachhaken, dann werden wir ja sehen, was passiert.«

Sie steigen im Erdgeschoss aus dem Aufzug und gehen Richtung Ausgang, bleiben jedoch an der Anmeldung stehen, als sie sehen, dass Gunnarsson sie dort erwartet.

»Ach ja, ich habe eine SMS bekommen, dass mit der Obduktion begonnen wurde«, sagt die Staatsanwältin zu Joona.

»Schön, und wann wird uns ein erster Bericht vorliegen?«, fragt er.

»Fahren Sie nach Hause«, faucht Gunnarsson Joona an. »Sie haben hier nichts zu suchen, Sie dürfen keine verdammten Protokolle lesen, Sie werden...«

»Jetzt beruhige dich«, unterbricht Susanne Öst ihn erstaunt.

»Hier oben im Norden sind wir so bescheuert schwer von Begriff, dass wir einen verdammten Beobachter die Leitung der Ermittlungen übernehmen lassen, nur weil er aus Stockholm kommt.«

»Ich versuche nur, behilflich zu sein«, sagt Joona. »Weil es...«

»Halten Sie einfach mal den Mund.«

»Das ist mein Ermittlungsverfahren«, sagt die Staatsanwältin und sieht Gunnarsson streng in die Augen.

»Dann dürfte es dich vielleicht interessieren, dass gegen Joona Linna intern ermittelt wird und der Oberstaatsanwalt bei der Landes...«

»Gegen Sie läuft ein internes Ermittlungsverfahren?«, fragt Susanne Öst verblüfft. »Ist das wahr?«

»Ja«, antwortet Joona. »Aber meine Aufgabe...«

»Und ich habe Ihnen vertraut«, sagt sie, und ihr Mund wird ganz klein. »Ich lasse Sie an den Ermittlungen mitarbeiten, höre auf Sie. Aber Sie lügen nur.«

»Ich habe keine Zeit, darüber mit Ihnen zu diskutieren«, entgegnet Joona ernst. »Ich muss mit Daniel Grim sprechen.«

»Das übernehme ich«, erklärt Gunnarsson mit einem Schnauben.

»Sie sind sich hoffentlich im Klaren darüber, wie wichtig das ist«, fährt Joona fort. »Daniel Grim könnte der Einzige sein, der...«

»Ich habe nicht die Absicht, weiter mit Ihnen zusammenzuarbeiten«, unterbricht die Staatsanwältin ihn.

»Sie sind raus aus der Sache«, sagt Gunnarsson.

»Ich habe jegliches Vertrauen zu Ihnen verloren«, seufzt Susanne Öst und geht zum Ausgang.

»Und tschüss«, sagt Gunnarsson und folgt ihr.

»Falls Sie die Chance haben sollten, mit Daniel Grim zu sprechen, müssen Sie ihn nach Dennis fragen«, ruft Joona den beiden hinterher. »Fragen Sie Daniel, ob er weiß, wer Dennis ist, und fragen Sie vor allem, wohin Vicky verschwunden sein könnte. Wir brauchen einen Namen oder einen Ort. Daniel ist der Einzige, mit dem Vicky gesprochen hat, und er...«

»Fahren Sie nach Hause«, sagt Gunnarsson lachend, winkt ihm über die Schulter hinweg zu und verlässt das Gebäude.

41

Der Therapeut Daniel Grim arbeitet seit elf Jahren halbtags mit den Jugendlichen im Haus Birgitta. Er folgt den Mustern der Kognitiven Verhaltenstherapie und des Aggression Replacement Training und führt mindestens einmal in der Woche Einzelgespräche mit den Mädchen.

Daniels Ehefrau Elisabeth war Krankenschwester und hatte Nachtschicht, und er war davon ausgegangen, dass sie das unter einem schweren Schock stehende Mädchen Nina Molander ins Regionalkrankenhaus begleitet hatte.

Als Daniel Grim begriff, dass Elisabeth tot in der Waschküche lag, brach er zusammen. Er sprach verwirrt über Elisabeths Herzerkrankung, aber als schließlich zu ihm durchdrang, dass sie auf Grund von äußerer Gewalteinwirkung gestorben war, wurde er vollkommen still. Seine Arme bekamen eine Gänsehaut, und Schweiß lief seine Wangen herab, er atmete schnell und sagte kein Wort, als er auf einer Trage in den Krankenwagen gehoben wurde.

Kommissar Gunnarsson hat bereits eine neue Zigarette herausgefischt, als er auf Station 52A der Psychiatrischen Abteilung im Regionalkrankenhaus Westliches Norrland aus dem Aufzug tritt.

Ein junger Mann in einem aufgeknöpften Arztkittel kommt ihm entgegen. Die beiden geben sich die Hand, und Gunnarsson begleitet den Arzt durch einen Korridor mit hellgrauen Wänden.

»Wie ich Ihnen bereits am Telefon mitgeteilt habe, glaube ich nicht, dass ein Verhör zu einem so frühen Zeitpunkt sinnvoll ist …«

»Sicher, aber ich will ja auch nur ein bisschen mit ihm plaudern.«

Der Arzt bleibt abrupt stehen und sieht Gunnarsson eine Weile an, ehe er erläutert:

»Daniel Grim befindet sich in einer Art Stressreaktion, die wir Arousal nennen. Es wird vom Hypothalamus und dem limbischen System ausgelöst und ...«

»Das ist mir alles scheißegal«, unterbricht Gunnarsson ihn. »Dagegen muss ich unbedingt wissen, ob Sie ihn vielleicht mit einem Haufen Medikamente vollgepumpt haben, und er womöglich völlig weggetreten ist.«

»Nein, er ist nicht weggetreten, aber ich würde es nicht erlauben, dass Sie ihn sehen, wenn ich nicht ...«

»Es geht um einen Doppelmord, der ...«

»Sie wissen sehr genau, wer hier das Sagen hat«, unterbricht der Arzt ihn ruhig. »Wenn ich der Meinung bin, dass ein Gespräch mit der Polizei die Rehabilitierung des Patienten negativ beeinflussen könnte, werden Sie sich schlicht und ergreifend in Geduld üben müssen.«

»Ich verstehe«, sagt Gunnarsson in einem bemüht ruhigeren Ton.

»Da der Patient jedoch selbst mehrfach wiederholt hat, dass er der Polizei helfen möchte, habe ich beschlossen, Ihnen zu erlauben, ihm einige wenige Fragen in meiner Anwesenheit zu stellen.«

»Ich bin Ihnen sehr verbunden«, erwidert Gunnarsson lächelnd.

Sie gehen weiter durch den Korridor, biegen um eine Ecke, passieren eine Reihe von Fenstern zu einem Innenhof mit Dachgauben und Belüftungsschächten, ehe der Arzt eine Tür zu einem Patientenzimmer öffnet.

Laken und Decke liegen auf der kleinen Couch, aber Daniel Grim sitzt auf dem Fußboden unterhalb des Fensters und lehnt mit dem Rücken am Heizkörper. Sein Gesicht ist eigenartig entspannt, und als sie eintreten, blickt er nicht auf.

Gunnarsson zieht einen Stuhl heran und setzt sich vor Daniel Grim. Unmittelbar darauf flucht er kurz und geht vor dem trauernden Mann in die Hocke.

»Ich muss mit Ihnen reden«, sagt er. »Wir müssen Vicky Bennet finden ... wir verdächtigen sie der Morde im Haus Birgitta und ...«

»Aber ich ...«

Gunnarsson verstummt abrupt, als Daniel etwas flüstert und wartet darauf, dass er weiterspricht.

»Ich habe Sie nicht verstanden«, sagt er.

Der Arzt steht schweigend daneben und beobachtet die beiden.

»Ich glaube nicht, dass sie es war«, flüstert Daniel Grimm. »Sie ist doch so lieb und so ...«

Er wischt Tränen von den Wangen und unter seiner Brille fort.

»Ich weiß natürlich, dass Sie der Schweigepflicht unterliegen«, erklärt Gunnarsson. »Aber haben Sie in irgendeiner Form die Möglichkeit, uns zu helfen, Vicky Bennet zu finden?«

»Ich werde es versuchen«, murmelt Daniel und schließt danach fest den Mund.

»Kennt sie jemanden, der in der Nähe der Einrichtung wohnt?«

»Schon möglich ... es fällt mir ein bisschen schwer, meine Gedanken zu ordnen ...«

Gunnarsson stöhnt und versucht, eine andere Körperhaltung einzunehmen.

»Sie waren Vickys Therapeut«, sagt er ernst. »Was glauben Sie, wo könnte sie hin sein? Wir vergessen jetzt mal, ob sie schuldig ist oder nicht. Das wissen wir nicht. Dagegen sind wir uns ziemlich sicher, dass sie ein Kind gekidnappt hat.«

»Nein«, flüstert Daniel Grim.

»Wen sucht sie auf? Wohin fährt sie?«

»Sie hat Angst«, antwortet Daniel Grim mit zitternder Stimme. »Sie kriecht unter einen Baum und versteckt sich, das ... das ... Was haben Sie mich gefragt?«

»Gibt es da ein Versteck, von dem Sie wissen?«

Daniel murmelt etwas über Elisabeths Herz, dass er dachte, es würde um ihr Herzproblem gehen.

»Daniel, wenn Sie das belastet, müssen Sie das nicht tun«, sagt der Arzt. »Ich kann die Polizei bitten, später wiederzukommen, wenn Sie sich ausruhen müssen.«

Daniel schüttelt schnell den Kopf und versucht anschließend, ruhig zu atmen.

»Geben Sie mir ein paar Orte«, sagt Gunnarsson.

»Stockholm.«

»Wo da?«

»Ich ... ich weiß nichts über ...«

»Verdammt nochmal«, brüllt Gunnarsson.

»Entschuldigung, Entschuldigung ...«

Daniel Grims Kinn zittert, und seine Mundwinkel neigen sich nach unten, Tränen treten in seine Augen, er wendet das Gesicht ab und beginnt, laut und am ganzen Körper zitternd zu weinen.

»Sie hat Ihre Frau mit einem Hammer ermordet und ...«

Daniel schlägt seinen Hinterkopf so fest gegen den Heizkörper, dass ihm seine dicke Brille in den Schoß fällt.

»Raus hier«, sagt der Arzt schneidend. »Kein Wort mehr. Dieses Gespräch war ein Fehler, es wird keine weiteren geben.«

42

Der Parkplatz vor dem Regionalkrankenhaus in Sundsvall ist fast leer. Das langgestreckte Gebäude wirkt im wolkenverhangenen Zwielicht verlassen. Dunkelbraune Backsteine, durchzogen von Reihen weißer Fenster, die vor der Welt die Augen zu verschließen scheinen. Joona geht quer durch einige niedrige Büsche zum Eingang des Krankenhauses.

Der Empfang im Foyer ist nicht besetzt. Er wartet eine Weile vor dem unbeleuchteten Tresen, bis ein Raumpfleger stehen bleibt.

»Wo finde ich hier die Gerichtsmedizin?«, erkundigt sich Joona.

»Zweihundertfünfzig Kilometer weiter nördlich«, antwortet der Mann freundlich lächelnd. »Aber wenn Sie die Pathologie meinen, kann ich Ihnen den Weg zeigen.«

Gemeinsam gehen sie durch menschenleere Flure und nehmen einen großen Aufzug zu den unterirdischen Abteilungen des Krankenhauses. Es ist kalt, und an manchen Stellen haben die großen Bodenplatten Risse bekommen.

Der Raumpfleger zieht zwei schwere Doppeltüren aus Metall auf, und am Ende eines Korridors erblickt man über einer Tür ein Schild: Abteilung für klinische Pathologie und Zytologie.

»Viel Glück«, sagt der Mann und zeigt auf die Tür.

Joona dankt ihm und setzt seinen Weg durch den Korridor alleine fort, sieht die Reifenspuren von Bahren und Wagen auf dem PVC-Boden. Er kommt am Labor vorbei, öffnet die Tür zum Obduktionssaal und betritt den weißgekachelten Raum mit dem Obduktionstisch aus rostfreiem Stahl. An der Decke hängt eine starke Lampe, und zusammen mit den Neonröhren ist das kalte Licht überwältigend. Eine Tür zischt, und zwei Personen rollen eine Bahre aus dem Kühlraum herein.

»Entschuldigen Sie«, sagt Joona.

Ein schlanker Mann in einem Arztkittel dreht sich um. Hinter einer Pilotenbrille mit weißen Bügeln blitzen zwei Augen auf. Es ist Nils Åhlén, Chefobduzent aus Stockholm, und ein sehr alter Freund von Joona. Neben ihm steht sein junger Lehrling mit den langen, schwarz gefärbten Haaren, die auf die Schultern seines Arztkittels fallen.

»Was macht ihr denn hier?«, fragt Joona fröhlich.

»Eine Frau vom Landeskriminalamt hat mich angerufen und mir gedroht«, antwortet Åhlén.

»Anja«, sagt Joona.

»Ich habe richtig Angst bekommen... Sie hat mich angeschnauzt und gesagt, Joona könne doch nun wirklich nicht bis nach Umeå fahren, um mit einem Gerichtsmediziner zu sprechen.«

»Aber wenn wir schon mal hier sind, nutzen wir die Gelegenheit, um das Nordfest zu besuchen«, erläutert Frippe.

»Im Club Deströyer spielen The Haunted«, ergänzt Åhlén und lächelt zurückhaltend.

»Das macht die Entscheidung natürlich leichter«, sagt Joona.

Frippe lacht, und Joona betrachtet seine abgewetzte Lederhose unter dem Arztkittel und die Cowboyboots unter den hellblauen Schuhschützern.

»Mit der Frau sind wir fertig... Elisabeth Grim«, sagt Åhlén. »Das einzig Auffällige an ihr sind meines Erachtens die Verletzungen an den Händen.«

»Abwehrverletzungen?«, fragt Joona.

»Aber auf der falschen Seite«, antwortet Frippe.

»Das können wir uns gleich ansehen«, sagt Åhlén. »Aber vorher wollen wir unsere Aufmerksamkeit Miranda Ericsdotter zuwenden.«

»Wann sind sie gestorben – könnt ihr mir dazu schon etwas sagen?«, will Joona wissen.

»Wie du weißt, sinkt die Körpertemperatur ...«

»Algor mortis«, sagt Joona.

»Ja, und diese Abkühlung folgt einem wellenförmigen Graphen, der flacher wird, wenn sich die Körpertemperatur der Zimmertemperatur nähert.«

»Das weiß er doch alles«, wirft Frippe ein.

»Ergänzt durch die Beurteilung der Totenflecken und der Totenstarre lässt sich feststellen, dass die Frau und das Mädchen ungefähr gleichzeitig gestorben sein müssen, und zwar am späten Freitagabend.«

Joona sieht sie die Bahre zum Obduktionstisch rollen, bis drei zählen und einen leichten Körper in einem plombierten Transportsack hinüberheben. Als Frippe den Sack öffnet, entströmt ihm ein muffiger Geruch nach feuchtem Gewürzbrot und altem Blut.

Miranda liegt in der Körperhaltung auf dem Obduktionstisch, in der sie auch gefunden wurde, mit den Händen vor dem Gesicht und sich überkreuzenden Knöcheln.

Die Leichenstarre wird dadurch hervorgerufen, dass in den regungslosen Muskeln die Kalziumkonzentration steigt, so dass sich zwei verschiedene Proteine verbinden. Die Starre beginnt fast immer im Herzen und im Zwerchfell. Nach einer halben Stunde ist sie in der Kiefermuskulatur spürbar und nach zwei Stunden im Nacken.

Joona weiß, dass viel Kraft erforderlich sein wird, um die Hände von Mirandas Gesicht fortzunehmen.

Seltsame Ideen flackern ihm plötzlich durch den Kopf. Gedanken daran, dass sich hinter den Händen nicht Miranda verbirgt, Gedanken an ein verändertes Gesicht, an verletzte oder ausgestochene Augen.

»Bei uns ist übrigens kein Obduktionsersuchen eingegangen«, sagt Åhlén. »Warum hat sie die Hände vor dem Gesicht?«

»Ich weiß es nicht«, antwortet Joona leise.

Frippe fotografiert den Körper eingehend.

»Ich nehme an, dass es sich um eine erweiterte gerichtsmedizinische Obduktion handelt und ihr einen schriftlichen Bericht benötigt«, sagt Åhlén formell.

»Ja«, bestätigt Joona.

»Bei Mord steht einem eigentlich eine Sekretärin zu«, murrt der Obduzent, während er einmal um die Leiche herumgeht.

»Jetzt meckerst du wieder«, sagt Frippe lächelnd.

»Ja, das stimmt, ich bitte um Entschuldigung«, erwidert Åhlén und bleibt kurz hinter Mirandas Kopf stehen, ehe er weitergeht.

Joona denkt daran, dass Rilke einmal schrieb, die Lebenden seien besessen davon, einen Unterschied zwischen den Lebenden und den Toten zu machen. Er behauptete, es gebe andere Wesen, Engel, die keinen Unterschied bemerkten.

»Die Totenflecken deuten darauf hin, dass die Opfer still gelegen haben«, murmelt Åhlén.

»Ich glaube allerdings, dass Miranda unmittelbar nach dem Mord bewegt worden ist«, wirft Joona ein. »So wie ich das Blutmuster gelesen habe, ist ihr Körper schlaff gewesen, als er auf das Bett gelegt wurde.«

Frippe nickt bestätigend:

»Wenn es so schnell geschieht, entstehen keine Totenflecken.«

Joona zwingt sich stehen zu bleiben, während die beiden Ärzte eine minutiöse äußere Besichtigung der Leiche durchführen. Er schaut zu und denkt daran, dass seine eigene Tochter nur wenige Jahre jünger ist als dieses Mädchen, das nun still und fremd vor ihm liegt.

Mittlerweile scheint ein gelbes Aderngeflecht durch die weiße Haut hindurch. Um ihren Hals und an den Oberschenkel entlang lassen sich die Adern wie blasse Flusssysteme erahnen. Ihr flacher Bauch ist ein wenig runder und eine Spur dunkler geworden.

Joona verfolgt das Geschehen im Obduktionssaal, registriert

die Arbeit der Gerichtsmediziner, sieht, wie sachlich Åhlén den weißen Slip aufschneidet und ihn zur Analyse verpackt, lauscht ihrem Gespräch und ihren Feststellungen, befindet sich parallel dazu jedoch in Gedanken am Tatort.

Åhlén konstatiert das völlige Fehlen von Abwehrverletzungen, und Joona hört, dass er mit Frippe über die Abwesenheit von Weichteilverletzungen spricht.

Nichts deutet auf einen Kampf oder eine gewöhnliche Körperverletzung hin.

Miranda hat die Schläge auf ihren Kopf erwartet, hat nicht versucht zu fliehen, keinen Widerstand geleistet.

Joona denkt an das kahle Zimmer, in dem sie ihre letzten Augenblicke verbracht hat, und beobachtet gleichzeitig, dass die beiden Männer für Vergleichsproben Haare mit den Wurzeln ausreißen und EDTA-Röhrchen mit Blut füllen.

Åhlén schabt unter ihren Fingernägeln, wendet sich Joona zu und räuspert sich schwach:

»Keine Hautabschürfungen ... sie hat sich nicht verteidigt.«

»Ich weiß«, erwidert Joona.

Als sie anschließend die Schädelverletzungen untersuchen, tritt Joona näher und stellt sich so, dass er alles sehen kann.

»Die direkte Todesursache ist aller Wahrscheinlichkeit nach massive Gewalt mit einem stumpfen Gegenstand«, erklärt Åhlén, als er Joonas Aufmerksamkeit bemerkt.

»Von vorn?«

»Ja, von schräg vorn«, antwortet Åhlén und zeigt auf das blutige Haar. »Impressionsfrakturen des Schläfenbeins ... Wir werden eine Computertomographie machen, aber ich gehe davon aus, dass auf der Innenseite des Schädels große Blutgefäße zerfetzt wurden und Knochensplitter ins Gehirn eingedrungen sind.«

»Genau wie bei Elisabeth Grim werden wir Traumata an dem Cortex des Großhirns finden«, sagt Frippe.

»Myelin im Haar«, zeigt Åhlén.

»In Elisabeths Schädelhöhle gab es zerfetzte Gefäße, und Blut und Flüssigkeiten waren in die Nasenhöhle gelaufen«, berichtet Frippe.

»Ihr meint also, dass sie ungefähr zur gleichen Zeit getötet wurden«, sagt Joona.

»Kurz hintereinander«, bestätigt Frippe nickend.

»Sie sind beide von vorn erschlagen worden, die Todesursache ist bei beiden dieselbe«, fährt Joona fort. »Dieselbe Mordwaffe und ...«

»Nein«, unterbricht Åhlén ihn. »Es handelt sich um unterschiedliche Mordwaffen.«

»Aber der Hammer ...«, sagt Joona fast lautlos.

»Ja, Elisabeths Schädel wurde mit einem Hammer zertrümmert«, erklärt Åhlén. »Aber Miranda ist mit einem Stein getötet worden.«

Joona starrt ihn an.

»Sie wurde mit einem Stein ermordet?«

43

Joona blieb in der Pathologie, bis er Mirandas Gesicht hinter den Händen gesehen hatte. Der Gedanke, dass sie sich nach ihrem Tod nicht zeigen wollte, will ihm nicht aus dem Kopf. Als die beiden Pathologen ihre Hände fortzwangen, empfand er eine seltsame Unruhe.

Nun sitzt er an Gunnarssons Schreibtisch im Polizeipräsidium von Sundsvall und liest den ersten Bericht der Spurensicherung. Durch die Lamellen der Jalousien fällt gelbes Licht herein. Etwas weiter entfernt sitzt eine Frau im Lichtschein eines Computerbildschirms. Das Telefon klingelt, und als sie auf das Nummerndisplay schaut, murmelt sie gereizt vor sich hin.

Eine Wand hängt voller Karten und Bilder von dem kleinen Dante Abrahamsson. In den Bücherregalen entlang der anderen Wände liegen Aktenordner und Blätterstapel. Der Kopierer grollt fast ununterbrochen. Im Pausenraum steht ein Radio, und als die Popmusik verstummt, hört Joona zum dritten Mal, wie die Suchmeldung im Radio verlesen wird.

»Die Polizei sucht ein fünfzehnjähriges Mädchen und einen vierjährigen Jungen, möglicherweise sind die beiden zusammen anzutreffen. Das Mädchen hat lange blonde Haare. Der Junge trägt eine Brille und ist mit einem dunkelblauen Pullover und einer dunklen Cordjeans bekleidet. Als die beiden zuletzt gesehen wurden, fuhren sie in einem roten Toyota Auris auf der Landstraße 86 in Richtung Sundsvall. Sollten Sie sachdienliche Hinweise geben können, melden Sie sich bitte unter der Rufnummer 114 14 bei der Polizei…«

Joona steht auf, geht zum menschenleeren Pausenraum, wechselt den Sender und kehrt mit einer Tasse Kaffee zu seinem Tisch zurück. In einer rauschenden Tonaufnahme hört man einen eisig klaren Sopran. Es ist Birgit Nilsson, die in Wagners Ring die Rolle der Brünhilde singt.

Joona hält die Kaffeetasse in der Hand und denkt an den kleinen Jungen, der von einem Mädchen entführt wurde, das möglicherweise psychotisch ist.

Er sieht die beiden vor sich, wie sie sich in einer Garage verstecken und der Junge gezwungen wird, unter Decken auf dem Zementboden zu liegen, den Mund zugeklebt, gefesselt.

Wenn er noch lebt, muss er furchtbare Angst haben.

Joona liest weiter in dem Bericht der Spurensicherung.

Inzwischen steht fest, dass es Elisabeth Grims Schlüssel waren, die im Schloss des Isolierzimmers steckten, und die Stiefel, die an den Tatorten blutige Fußspuren hinterlassen haben, standen in Vicky Bennets Kleiderschrank.

Wir haben es mit zwei Morden zu tun, überlegt Joona. Der eine scheint primär und der andere sekundär zu sein. Miranda war das primäre Opfer, aber um sie töten zu können, war der Täter gezwungen, Elisabeth ihre Schlüssel abzunehmen.

Nach der Rekonstruktion der Ereignisse durch die Kriminaltechniker könnte ein Streit am früheren Freitagabend der Auslöser gewesen sein, auch wenn eine längerfristige Rivalität den Hintergrund gebildet haben mag.

Vicky Bennet hatte den Hammer und die großen Stiefel, die von allen benutzt wurden, vor dem Beginn der Bettruhe aus der Besenkammer geholt und anschließend auf ihrem Zimmer gewartet. Als die anderen Mädchen eingeschlafen waren, ging sie zu Elisabeth Grim und verlangte die Schlüssel von ihr. Elisabeth weigerte sich, sie auszuhändigen, und floh durch den Flur auf den Hof und in die Waschküche. Vicky Bennet folgte ihr und erschlug sie mit dem Hammer, nahm die Schlüssel an sich, kehrte ins Hauptgebäude zurück, schloss das Isolierzimmer auf und erschlug Miranda. Aus irgendeinem Grund hob sie ihr Opfer auf das Bett und platzierte seine Hände auf dem Gesicht. Vicky kehrte in ihr Zimmer zurück, versteckte Hammer und Stiefel und floh danach durchs Fenster in den Wald.

So stellen sich die Techniker, die den Verlauf untersucht haben, den Tathergang vor.

Joona weiß, dass es Wochen dauern kann, bis das Labor die Ergebnisse aller Proben liefern kann, und die Kriminaltechniker einfach voraussetzen, dass sowohl Miranda als auch Elisabeth mit dem Hammer getötet wurden.

Aber Miranda wurde mit einem Stein ermordet.

Joona sieht sie vor sich, ein schlankes Mädchen auf einer Pritsche, die Haut gleichsam zu Porzellan erblasst, die aufeinanderliegenden Fußknöchel, der blaue Fleck auf dem Oberschenkel, der Baumwollslip, das kleine Piercing im Nabel, die Hände auf ihrem Gesicht.

Warum wurde sie mit einem Stein getötet, wenn Vicky einen Hammer hatte?

Konzentriert betrachtet Joona jedes einzelne Foto vom Tatort und stellt sich wie üblich das Geschehen vor. Er nimmt die Stelle des Mörders ein und zwingt sich, jede furchterregende Entscheidung als Notwendigkeit zu betrachten. Für einen Menschen, der einen anderen tötet, ist der Mord die einzig mögliche Wahl. Die einfachste oder beste Lösung in diesem Moment.

Die Tat erscheint ihm weder schrecklich noch bestialisch, sondern entweder rational oder verlockend.

Manchmal kann der Täter nicht über den ersten Schlag hinausschauen, es muss nur Platz für diesen einen geben, er rechtfertigt nur einen einzigen Schlag. Der nächste Schlag liegt in weiter Ferne, vielleicht Jahrzehnte entfernt, ehe auch der ihn plötzlich übermannt. Für den Mörder kann der Tod das Ende einer epischen Saga sein, die mit dem ersten Schlag beginnt und dreizehn Sekunden später mit dem letzten endet.

Alles deutet auf Vicky Bennet hin, alle gehen davon aus, dass sie Miranda und Elisabeth ermordet hat, aber dennoch scheint niemand Vicky eine solche Tat zuzutrauen, weder psychisch noch körperlich.

Aber es steckt in jedem Menschen, denkt Joona und legt den Bericht in Gunnarssons Fach zurück. Wir sehen die Spiegelbilder dieser Tatsache in unseren Träumen und Fantasien. Jeder trägt Gewaltbereitschaft in sich, doch die allermeisten können sich bezähmen.

Gunnarsson kommt ins Polizeipräsidium und hängt seinen zerknitterten Mantel auf. Er rülpst hinter vorgehaltener Hand und geht in den Pausenraum. Als er mit einer Tasse Kaffee in der Hand sein Büro betritt und Joona sieht, grinst er:

»Haben die in Stockholm keine Sehnsucht nach Ihnen?«

»Nein«, antwortet Joona.

Gunnarsson riecht an einer Zigarettenschachtel und wendet sich an die Frau, die an ihrem Computer sitzt:

»Alle Berichte gehen direkt an mich.«

»In Ordnung«, bestätigt sie mit gesenktem Blick.

Gunnarsson murmelt etwas.

»Wie ist das Gespräch mit Daniel Grim gelaufen?«, fragt Joona.

»Nicht, dass es Sie irgendetwas anginge, aber es ist gut gelaufen. Allerdings musste ich verdammt vorsichtig sein.«

»Was wusste er über Vicky?«

Gunnarsson bläst hörbar Luft aus und schüttelt den Kopf:

»Nichts, was der Polizei von Nutzen sein könnte.«

»Aber Sie haben ihn nach Dennis gefragt?«

»Dieser idiotische Doktor hat mir auf die Finger geguckt wie eine verdammte Mutter und das Ganze abgebrochen.«

Gunnarsson kratzt sich heftig am Hals und scheint sich nicht bewusst zu sein, dass er ein Feuerzeug und eine Zigarettenschachtel in der Hand hält.

»Ich möchte eine Kopie von Holger Jalmerts Bericht bekommen, sobald er vorliegt«, erklärt Joona. »Außerdem möchte ich die Laborergebnisse sehen und ...«

»Oh nein, verdammt, in meinem Sandkasten dürfen Sie nicht mehr mitspielen«, unterbricht Gunnarsson ihn. Er lächelt seine Kollegin breit an, wird jedoch unsicher, als er Joonas ernstem, grauem Blick begegnet.

»Sie haben keine Ahnung, wie Sie Vicky Bennet und den Jungen finden sollen«, sagt Joona bedächtig und steht auf. »Und Sie haben keine Ahnung, wie Sie in diesem Mordfall weiterkommen sollen.«

»Ich rechne mit Hinweisen aus der Bevölkerung«, entgegnet Gunnarsson. »Es gibt immer irgendjemanden, der etwas gesehen hat.«

44

An diesem Morgen erwachte Flora unmittelbar vor dem Klingeln des Weckers. Hans-Gunnar wollte um 8.15 im Bett frühstücken. Als er aufgestanden war, sollte Flora lüften und das Bett machen. Ewa saß in einer gelben Jogginghose und ihrem hautfarbenen BH auf einem Stuhl, um sie dabei zu überwachen. Sie stand auf und kontrollierte, ob das Betttuch auch vollkommen glatt und ordentlich unter die Ecke der Matratze gesteckt war. Die Stricktagesdecke sollte an beiden Seiten exakt gleich tief herabhängen, und Flora musste sie drei Mal neu auflegen, ehe Ewa zufrieden war.

Jetzt ist Mittagessenszeit, und Flora kommt mit Einkaufstüten voller Lebensmittel und Zigaretten für Hans-Gunnar nach Hause, gibt ihm das Wechselgeld zurück und wartet anschließend wie üblich im Stehen, während er den Kassenzettel studiert.

»Verdammt, ist der Käse teuer«, sagt er unzufrieden.

»Du hast gesagt, dass ich Cheddar kaufen soll«, bemerkt Flora.

»Aber doch nicht, wenn er so schweineteuer ist, kapierst du das nicht, dann kauft man natürlich einen anderen Käse.«

»Entschuldige, ich dachte...«

Sie kommt nicht mehr dazu, ihren Satz zu beenden. Plötzlich blitzt Hans-Gunnars Siegelring vor ihrem Gesicht auf, als er ihr eine kräftige Ohrfeige verpasst. Es geht sehr schnell. Ihr Ohr klingelt, und ihre Wange brennt.

»Du wolltest doch Cheddar«, sagt Ewa von der Couch. »Dafür kann sie doch nichts.«

Hans-Gunnar murmelt etwas über Idioten und geht auf den Balkon hinaus, um eine zu rauchen. Flora räumt die Lebensmittel ein, geht ins Mädchenzimmer und setzt sich auf das Bett. Vorsichtig berührt sie ihre Wange und denkt, wie satt sie Hans-Gunnars Ohrfeigen hat. Manchmal schlägt er sie mehrmals täglich. Sie merkt immer, wenn es bald wieder so weit ist, denn nur dann sieht er sie an. Das Schlimmste ist nicht der Schmerz, am schlimmsten sind seine Atemlosigkeit und der Blick, der hinterher auf ihr ruht.

Sie kann sich nicht erinnern, dass er sie schlug, als sie klein war. Damals arbeitete er und war nur selten zu Hause. Einmal zeigte er ihr auf dem Globus in seinem Schlafzimmer Länder.

Ewa und Hans-Gunnar gehen aus, um mit ihren Freunden Boule zu spielen. Flora sitzt in ihrem kleinen Zimmer. Sobald sie hört, dass die Tür ins Schloss fällt, richtet sie ihren Blick auf die Zimmerecke. Auf der alten Kommode steht ein Ziergegenstand, den sie in der Mittelstufe von ihrer Lehrerin geschenkt bekommen hat. Ein Karren aus Glas, gezogen von einem Glaspferd. In der obersten Schublade bewahrt sie ein Kuscheltier aus ihrer Kindheit auf: eine Schlumpf-Puppe mit blonden Haaren und hochhackigen Schuhen. In der mittleren Lade liegt ein Stapel sorgsam zusammengefalteter Handtücher. Flora hebt die Handtücher hoch und holt das grüne Sonntagskleid heraus. Anfang des Sommers hat sie es im Secondhandladen der Heilsarmee gekauft, es niemals außerhalb dieses Zimmers getragen, in diesen vier Wänden jedoch oft anprobiert, wenn Ewa und Hans-Gunnar nicht zu Hause sind.

Sie knöpft gerade ihre Strickjacke auf, als aus der Küche Stimmen zu ihr hereindringen. Das Radio ist an. Sie will es ausschalten und entdeckt dabei, dass Ewa und Hans-Gunnar Marmorkuchen gegessen haben. Der Fußboden vor der Vorratskammer ist voller Krümel. Auf der Spüle haben sie ein halbvolles Glas Erdbeersaft und die Flasche stehen lassen.

Flora holt ein Putztuch und wischt die Krümel vom Fußboden auf, wäscht den Lappen aus und spült das Glas.

Im Radio wird über einen Mord in Nordschweden berichtet. In einer Einrichtung für Jugendliche mit selbstverletzendem Verhalten ist ein Mädchen ermordet worden.

Flora wringt den Lappen aus und hängt ihn über den Wasserhahn.

Sie hört, dass die Polizei sich mit Hinweis auf die laufenden Ermittlungen nicht näher äußern will, aber dann interviewt der Journalist live einige der in der Wohngruppe lebenden Mädchen:

»Ist doch klar, dass man wissen will, was los ist, also habe ich mich vorgedrängelt«, sagt ein Mädchen mit gebrochener Stimme. »Aber ich habe nicht so viel gesehen, die haben mich weggezogen, ich hab die angeschrien, aber dann hab ich sofort kapiert, dass das voll nichts bringt.«

Flora nimmt die Saftflasche und geht zum Kühlschrank.

»Magst du uns erzählen, was du gesehen hast?«

»Ja, ich hab Miranda gesehen, sie lag da irgendwie so auf dem Bett, genau so, kapieren Sie.«

Flora bleibt stehen und lauscht den Stimmen im Radio.

»Ihre Augen waren geschlossen?«, fragt der Reporter.

»Nein, so, mit beiden Händen vor dem Gesicht, um...«

»Scheiße, du lügst dir vielleicht einen Mist zusammen«, ruft jemand hinter dem Mädchen.

Plötzlich hört Flora etwas auf den Boden knallen und spürt, dass ihre Füße feucht werden. Sie schaut nach unten und sieht, dass sie die Flasche fallen gelassen hat. Plötzlich dreht sich ihr der Magen um, der Inhalt wallt hoch, und sie schafft es gerade noch in die kleine Toilette, ehe sie sich übergibt.

45

ALS FLORA AUS DER TOILETTE KOMMT, sind die Nachrichten vorbei. Eine Frau mit deutschem Akzent stellt Herbstrezepte vor. Flora sammelt die Glasscherben auf, wischt den Saft fort und bleibt mitten im Zimmer stehen. Sie starrt ihre kalten, weißen Hände an, geht zum Telefon im Flur und ruft die Polizei an.

Flora wartet und hört ein trockenes Knistern im Hörer, während der erste Klingelton ertönt.

»Polizei«, meldet sich mit müder Stimme eine Frau.

»Ja, hallo, ich heiße Flora Hansen und ich würde gerne ...«

»Moment«, sagt die Stimme. »Ich habe sie nicht verstanden.«

»Also«, fängt Flora noch einmal an, »ich heiße Flora Hansen und möchte einen Hinweis zu dem Mord in Sundsvall geben.«

Es wird kurz still. Dann kehrt die müde, aber ruhige Stimme zurück:

»Was möchten Sie melden?«

»Wird man für solche Hinweise bezahlt?«, fragt Flora.

»Nein, tut mir leid.«

»Aber ich ... ich glaube, dass ich das tote Mädchen gesehen habe.«

»Meinen Sie, dass Sie dabei waren, als es passiert ist?«, fragt die Polizistin schnell.

»Ich bin ein Medium«, antwortet Flora mit geheimnisvoller Stimme. »Ich habe Kontakt zu den Toten ... und habe alles gesehen, aber ich glaube ... aber ich glaube, dass ich mich besser erinnern würde, wenn ich Geld bekäme.«

»Sie haben Kontakt zu den Toten«, wiederholt die Beamtin müde. »Das ist es, was Sie uns melden möchten?«

»Das Mädchen hält sich die Hände vors Gesicht«, sagt Flora.

»Das steht verdammt nochmal in den Schlagzeilen«, schimpft die Frau ungeduldig.

Floras Herz schnürt sich vor Scham zusammen. Sie steht kurz davor, sich wieder zu übergeben. Kalter Schweiß läuft ihr den Rücken herab. Sie hat nicht geplant, was sie am Telefon sagen würde, erkennt nun jedoch, dass sie besser etwas anderes erzählt hätte. Die Abendzeitungen mit den Schlagzeilen lagen bereits im Supermarkt aus, als sie für Hans-Gunnar Lebensmittel und Zigaretten einkaufen war.

»Das wusste ich nicht«, flüstert sie. »Ich erzähle nur, was ich sehe ... ich habe auch noch eine Menge anderer Dinge gesehen, für die sie vielleicht bezahlen möchten.«

»Wir bezahlen grundsätzlich nicht für ...«

»Aber ich habe die Mordwaffe gesehen, Sie denken vielleicht, dass Sie die Mordwaffe gefunden haben, aber Sie irren sich, denn ich habe ...«

»Wissen Sie eigentlich, dass es verboten ist, uns ohne Grund anzurufen?«, unterbricht die Polizistin sie. »Es ist strafbar. Ich möchte nicht schroff klingen, aber Sie verstehen hoffentlich, dass Sie meine Zeit in Anspruch genommen haben, während vielleicht jemand, der wirklich etwas gesehen hat, versucht, hier anzurufen.«

»Ja, aber ich ...«

Flora kommt gerade noch dazu, von der Mordwaffe zu erzählen, als es an ihrem Ohr klickt. Sie betrachtet das Telefon und wählt anschließend noch einmal die Nummer der Polizei.

46

DIE SCHWEDISCHE STAATSKIRCHE hat Pia Abrahamsson vorübergehend in einer Wohnung in einem großen Holzhaus untergebracht, das zu einer Eigenheimsiedlung in Sundsvall gehört. Die Wohnung ist groß und schön, eingerichtet mit klassischen Möbeln von Carl Malmsten und Bruno Mathsson. Die Diakone, die für sie einkaufen waren, haben sie mehrfach ermahnt, das persönliche Gespräch mit einem der ansässigen Pfarrer zu suchen, aber Pia kann sich einfach nicht dazu durchringen.

Sie ist den ganzen Tag mit ihrem Mietwagen in der Gegend herumgefahren, auf den immer gleichen Straßen, an kleinen Ortschaften vorbei, kreuz und quer in Indal und auf den Forstwirtschaftswegen.

Mehrmals ist sie Polizisten begegnet, die sie gebeten haben, nach Hause zu fahren.

Jetzt liegt sie angezogen auf dem Bett und starrt in die Dunkelheit hinein. Seit Dantes Verschwinden hat sie nicht mehr geschlafen. Das Handy klingelt. Sie streckt sich danach, starrt es an und schaltet anschließend den Rufton ab. Es sind ihre Eltern. Sie rufen ständig an. Pia starrt in der fremden Wohnung in die Dunkelheit hinein.

In ihrem Kopf hört sie die ganze Zeit Dante weinen. Er hat Angst und fragt nach seiner Mama, bittet flehend, zu seiner Mama nach Hause gehen zu dürfen.

Sie muss aufstehen.

Pia nimmt ihre Jacke und öffnet die Wohnungstür. Als sie sich erneut in den Mietwagen setzt und losfährt, hat sie Blutgeschmack im Mund. Sie muss Dante finden. Was ist, wenn er neben irgendeiner Straße im Graben sitzt? Vielleicht hat er sich unter einem Karton versteckt. Hat das Mädchen ihn womöglich irgendwo zurückgelassen?

Die Straßen sind dunkel und leer. Fast alle scheinen zu schlafen. Sie versucht, in den schwarzen Dunst jenseits der Scheinwerfer zu schauen. Sie fährt zu der Stelle, an der ihr Wagen gestohlen wurde, und sitzt da, hat die zitternden Hände auf das Lenkrad gelegt, bis sie schließlich wendet und zurückfährt. Sie fährt in die kleine Ortschaft Indal, wo das Auto mit Dante wahrscheinlich verschwunden ist. Langsam passiert sie einen Kindergarten und biegt ziellos in den Solgårdsvägen und fährt an dunklen Einfamilienhäusern vorbei.

Als sie eine Bewegung unter einem runden Trampolin wahrnimmt, tritt sie abrupt auf die Bremse und steigt aus dem Wagen. Sie stolpert durch eine flache Rosenhecke auf das Grundstück und kratzt sich die Beine auf, läuft zu dem Trampolin und sieht, dass sich darunter eine dicke Katze in der Dunkelheit verbirgt.

Sie wendet sich dem Backsteinhaus zu und starrt mit pochendem Herzen die heruntergelassenen Rollläden an.

»Dante!«, ruft sie. »Dante? Ich bin's, Mama! Wo bist du?«

Ihre Stimme ist heiser und traurig. In dem Haus werden Lampen angemacht. Pia geht weiter, zum nächsten Grundstück, klingelt an der Tür, klopft an und eilt zu einem Schuppen.

»Dante!«, schreit sie, so laut sie kann.

Sie geht an den Häusern im Solgårdsvägen vorbei und ruft nach ihrem Sohn, hämmert mit den Fäusten gegen geschlossene Garagentore, öffnet Türen zu kleinen Spielhäuschen, geht durch verschlungenes Gestrüpp, überquert einen Straßengraben und gelangt erneut mitten auf den Indalsvägen.

Ein Auto bremst mit quietschenden Reifen, und sie weicht einen Schritt zurück und fällt hin. Sie starrt die Streifenpolizistin an, die zu ihr eilt.

»Haben Sie sich wehgetan?«

Pia lässt sich beim Aufstehen helfen und sieht die Beamtin mit der kräftigen Nase und den zwei blonden Zöpfen verwirrt an.

»Haben Sie ihn gefunden?«, fragt Pia.

Ein zweiter Polizist tritt zu ihnen und sagt, dass sie Pia jetzt heimfahren werden.

»Dante hat Angst im Dunkeln«, sagt sie und hört, wie heiser ihre Stimme klingt. »Ich bin seine Mutter, aber ich hatte keine Geduld mit ihm, wenn er zu mir gekommen ist, habe ich ihn immer in sein Bett zurückgeschickt. Er hat in seinem Pyjama vor mir gestanden und gesagt, dass er sich fürchtet, aber ich …«

»Wo haben Sie das Auto abgestellt?«, erkundigt sich die Frau und hält Pia am Oberarm fest.

»Lassen Sie mich los«, schreit Pia und reißt sich los. »Ich muss ihn finden!«

Sie schlägt der Polizistin ins Gesicht und schreit, als sie überwältigt und auf den Asphalt gepresst wird. Sie kämpft, um sich zu befreien, aber die Polizisten verschränken ihre Arme auf dem Rücken und halten sie fest. Pia spürt, dass ihr Kinn hart über den Asphalt schabt, und sie weint hilflos wie ein Kind.

47

JOONA LINNA denkt über das Fehlen von Zeugen nach: Kein Mensch scheint etwas über Vicky Bennet zu wissen, keiner hat etwas gesehen. Er fährt auf einer wunderschönen Straße zwischen wogenden Feldern und glitzernden Seen, bis er ein weißes Steinhaus erreicht. Auf der Veranda steht in einem riesigen Topf ein Zitronenbaum mit kleinen, grüngelben Früchten.

Er klingelt an der Tür, wartet, geht dann aber um das Haus herum.

Unter einem Apfelbaum sitzt Nathan Pollock, er trägt einen großen Gipsverband um ein Bein.

»Nathan?«

Der schlanke Mann erstarrt und dreht sich zu Joona um. Er beschattet die Augen mit der Hand und lächelt dann überrascht:

»Joona Linna, bist du es wirklich?«

Nathans silbergraue Haare liegen in einem schmalen Pferdeschwanz auf seiner Schulter, er trägt eine schwarze Hose und einen dünnen Strickpullover. Nathan Pollock gehört der Landesmordkommission an, einer aus sechs Mitgliedern bestehenden Expertengruppe, die in ganz Schweden bei der Aufklärung schwieriger Mordfälle hilft.

»Joona, das mit den internen Ermittlungen gegen dich tut mir furchtbar leid, ich hätte dich damals nicht zur Brigade gehen lassen dürfen.«

»Das war meine eigene Entscheidung«, erwidert Joona und setzt sich.

Nathan schüttelt langsam den Kopf:

»Ich habe mich mit Carlos heftig darüber gestritten, dass du so an den Pranger gestellt wirst.«

»Hast du dir dabei das Bein gebrochen?«, fragt Joona.

»Nein, das war ein wütendes Bärenweibchen, das in den Garten gerannt kam«, antwortet Nathan und lächelt dabei so breit, dass sein Goldzahn aufblitzt.

»Vielleicht ist er aber auch nur von der Leiter gefallen, als er Äpfel pflücken wollte«, hört Joona eine helle Stimme hinter sich sagen.

»Matilda«, sagt er.

Er steht auf und umarmt eine Frau mit dichten, rötlich braunen Haaren und einem Gesicht voller Sommersprossen.

»Herr Kommissar«, erwidert sie lächelnd und setzt sich. »Ich hoffe, du hast für meinen Liebsten ein bisschen Arbeit mitgebracht, sonst fängt er noch mit Sudoku an.«

»Das habe ich vielleicht«, sagt Joona bedächtig.

»Tatsächlich?«, sagt Nathan lächelnd und kratzt sich am Gips.

»Ich habe mir den Tatort angesehen, und ich habe mir die Leichen angesehen, aber ich habe keinen Zugang zu Berichten oder Laborergebnissen ...«

»Wegen der internen Ermittlungen?«

»Es ist nicht mein Fall, aber ich würde trotzdem gerne hören, was du darüber denkst.«

»Da freut sich Nathan«, sagt Matilda lächelnd und tätschelt die Wange ihres Mannes.

»Schön, dass du an mich armen Schlucker gedacht hast«, sagt Pollock.

»Ich kenne niemand Kompetenteren«, erwidert Joona.

Er setzt sich wieder und beginnt, in aller Ruhe zu berichten, was er über den Fall weiß. Nach einer Weile steht Matilda auf und geht ins Haus. Pollock hört aufmerksam zu, stellt gelegentlich weiterführende Fragen zu gewissen Details, nickt und bittet Joona fortzufahren.

Eine grau getigerte Katze kommt zu ihnen und streicht um Nathans Beine. In den Bäumen singen Vögel, während Joona die Zimmer und die Positionen der Körper, die Blutspritzer, Blutlachen, Fußspuren, das verschmierte Blut und die Krusten beschreibt. Nathan schließt die Augen und folgt konzentriert Joonas Beobachtungen zu dem Hammer unter dem Kissen, der blutigen Decke und dem offenen Fenster.

»Dann wollen wir mal sehen«, flüstert Pollock. »Wir haben es mit äußerst heftiger Gewalt zu tun, aber es gibt keine Bisse, keine Ansätze zu einer Zerstückelung ...«

Joona sagt nichts, lässt Pollock alleine seine Gedanken entwickeln.

Nathan Pollock hat viele Täterprofile erstellt – und er hat sich noch nie geirrt.

Das Erstellen von Täterprofilen ist eine Methode, sich dem Schuldigen dadurch zu nähern, dass man das Verbrechen als eine Metapher für die psychische Disposition des Täters deutet. Der logische Grundgedanke lautet, dass sich das innere Leben eines Menschen in einem gewissen Maße im äußeren Leben widerspiegelt. Wenn ein Verbrechen chaotisch ist, dann ist auch die Psyche des Schuldigen chaotisch, und dieses Chaos kann anderen nur verborgen bleiben, wenn der Täter ein Einzelgänger ist.

Joona sieht, dass Nathan Pollocks Lippen sich beim Denken bewegen. Ab und zu flüstert er etwas in sich hinein oder zieht unwillkürlich an seinem Pferdeschwanz.

»Ich glaube, ich kann die Leichen jetzt vor mir sehen ... und das Muster der Blutspritzer«, sagt er. »Du weißt das natürlich alles ... dass die meisten Morde in einem Moment blinder Wut geschehen. Danach lässt einen das viele Blut und das Chaos in Panik geraten. Und dann sucht man hektisch den Winkelschleifer und Müllsäcke heraus ... Oder man rutscht mit einer Scheuerbürste im Blut herum und hinterlässt überall Spuren.«

»Hier ist das jedoch nicht der Fall.«

»Dieser Mörder hat im Grunde überhaupt nicht versucht, etwas zu verbergen.«

»Daran habe ich auch schon gedacht«, stimmt Joona ihm zu.

»Die Gewalt wird mit großer Wucht und methodisch ausgeübt, es ist keine Bestrafung, die zu weit gegangen ist, in beiden Fällen ist es vielmehr eindeutig seine Absicht gewesen zu töten... sonst nichts. Beide Opfer sind in kleinen Räumen eingeschlossen, sie können nicht fliehen... Die Gewalt ist nicht hasserfüllt, sondern erinnert eher an eine Hinrichtung oder ein Abschlachten.«

»Wir glauben, dass der Täter ein Mädchen ist«, sagt Joona.

»Ein Mädchen?«

Joona begegnet Nathans erstauntem Blick und zeigt ihm ein Foto von Vicky Bennet.

Nathan lacht und zuckt mit den Schultern.

»Entschuldige bitte, aber das bezweifle ich doch sehr.«

Matilda kommt mit Tee und Berlinern aus dem Haus und setzt sich zu ihnen an den Tisch. Nathan füllt die drei Tassen mit Tee.

»Du glaubst nicht, dass ein Mädchen hierfür verantwortlich sein kann?«, fragt Joona.

»Ist mir noch nie untergekommen«, antwortet Nathan lächelnd.

»Nicht jedes Mädchen ist lieb und nett«, bemerkt Matilda.

Nathan zeigt auf das Foto:

»Ist sie bekannt dafür, dass sie zu Gewalt neigt?«

»Nein, im Gegenteil.«

»Dann jagt ihr die Falsche.«

»Wir sind uns sicher, dass sie gestern ein Kind gekidnappt hat.«

»Aber sie hat es nicht erschlagen?«

»Nicht, dass wir wüssten«, antwortet Joona und nimmt sich einen Berliner.

Nathan lehnt sich auf seinem Stuhl zurück und blinzelt in den Himmel.

»Wenn dieses Mädchen nicht als gewalttätig gilt, wenn sie nicht vorbestraft ist, wenn sie bisher niemals Gegenstand ähnlicher

Ermittlungen gewesen ist, glaube ich nicht, dass sie es gewesen sein kann«, sagt er und blickt Joona direkt in die Augen.

»Und wenn sie es doch gewesen ist?«, beharrt Joona.

Nathan schüttelt den Kopf und pustet auf seinen Tee.

»Das kommt einfach nicht hin«, entgegnet er. »Ich habe gerade eine Arbeit von David Canter noch einmal gelesen... Du weißt, dass er sich bei den Profilen darauf konzentriert, welche Rolle der Täter während des Verbrechens seinem Opfer gibt. Der Gedanke ist mir selbst auch schon gekommen... dass der Täter das Opfer als eine Art Gegenspieler in einem inneren Drama benutzt.«

»Ja... so könnte man es ausdrücken«, erwidert Joona.

»Und David Canters Modell zufolge bedeutet das verdeckte Gesicht, dass der Mörder ihr das Gesicht wegnehmen, sie zu einem totalen Objekt machen will... die Männer, die zu dieser Gruppe gehören, wenden häufig übertriebene Gewalt an...«

»Und wenn sie nur Verstecken spielen?«, unterbricht Joona ihn.

»Wie meinst du das?«, fragt Nathan und begegnet dem Blick seiner grauen Augen.

»Das Opfer zählt bis hundert, und der Täter versteckt sich.«

Nathan lächelt und lässt sich auf den Gedanken ein:

»Dann würde er damit ausdrücken wollen, dass man suchen soll...«

»Ja, aber wo?«

»Ich kann dir nur einen einzigen Rat geben: Suche an alten Orten«, erklärt Pollock. »Die Vergangenheit spiegelt die Zukunft wider...«

48

Die Landeskriminalpolizei ist Schwedens einzige zentrale operative Abteilung des Polizeiwesens, die für die Bekämpfung schwerer Kriminalität auf nationaler und internationaler Ebene zuständig ist.

Carlos Eliasson, der Leiter der Landeskriminalpolizei, steht an seinem großen Fenster im achten Stock mit Blick auf die steilen Böschungen des Kronobergsparks.

Er weiß nicht, dass Joona Linna in diesem Augenblick auf einem der Wege durch den Park geht, nachdem er kurz den alten jüdischen Friedhof besucht hat.

Carlos setzt sich wieder an seinen Schreibtisch und sieht nicht, wie der Kriminalkommissar mit den wirren Haaren, auf die Glasfront vor dem Eingangsbereich des Präsidiums zustrebt.

Joona geht an einem Plakat über die Rolle der Landespolizei in einer veränderten Welt vorbei. Benny Rubin sitzt zusammengekauert an seinem Computer und aus Magdalena Ronanders Büro dringt ein Gespräch über eine neue Form der Zusammenarbeit mit Europol zu ihm heraus.

Joona ist nach Stockholm zurückgekehrt, weil er sich später am Tag zu einem Treffen mit den beiden internen Ermittlern einfinden soll. Er nimmt die Post aus seinem Fach, setzt sich an den Schreibtisch, blättert Briefe durch und denkt, dass er der gleichen Meinung ist wie Nathan Pollock.

Es fällt ihm schwer, das Bild von Vicky Bennet mit den beiden Morden in Verbindung zu bringen.

Auch wenn die Polizei keinen Zugang zu den Dokumentationen der verschiedenen Psychologen hat, deutet nichts darauf hin, dass Vicky Bennet eine Gefahr für andere darstellen könnte. Sie ist in keiner polizeilichen Kartei zu finden, und alle, die ihr begegnet sind, scheinen sie als ein zurückhaltendes und freundliches Mädchen wahrgenommen zu haben.

Trotzdem sprechen alle Indizien dafür, dass sie die Morde begangen hat.

Außerdem deutet alles darauf hin, dass sie den kleinen Jungen entführt hat.

Vielleicht liegt er in diesem Moment bereits mit eingeschlagenem Schädel in einem Straßengraben.

Aber wenn er noch lebt, drängt die Zeit.

Vielleicht sitzt er auch zusammen mit Vicky im Auto in irgendeiner dunklen Garage, vielleicht schreit sie ihn gerade an und steigert sich in eine rasende Wut hinein.

Suche in der Vergangenheit, lautete wie üblich Nathan Pollocks Rat.

Es ist so einfach wie selbstverständlich – die Vergangenheit spiegelt stets die Zukunft wider.

In ihren fünfzehn Lebensjahren ist Vicky viele Male umgezogen. Von ihrer obdachlosen Mutter zu Pflegefamilien, Notaufnahmen und Jugendheimen.

Irgendwo hält Vicky sich in diesem Moment auf.

Die Antwort kann bei einer der Familien liegen, bei denen sie gewohnt hat, sie kann sich in einem Gespräch verbergen, das sie mit den Menschen geführt hat, die ihre Betreuer oder Pflegeeltern gewesen sind.

Es muss Menschen geben, denen sie vertraut und denen sie sich anvertraut hat. Joona will gerade aufstehen, um zu Anja zu gehen und sich zu erkundigen, ob sie bereits einige Namen und Adressen herausgefunden hat, als sie in der Tür steht. Ihren kräftig gebauten Körper hat sie in einen engen schwarzen Rock gezwängt, und sie trägt wie üblich einen Angorajumper. Die blonden Haare sind kunstvoll hochgesteckt, und ihr Lippenstift ist knallrot.

»Bevor ich antworte, muss ich einfach loswerden, dass in einem Jahr mehr als fünfzehntausend Kinder verteilt werden«, beginnt Anja. »Die Politiker haben die Reform, die zur Öffnung des Gesundheitssektors für private Anbieter geführt hat, damit begründet, dass es eine Möglichkeit zur freien Arztwahl geben soll. Mittlerweile sind die meisten Einrichtungen im Besitz von Risikokapitalgesellschaften. Es geht zu wie auf den Kinderauktionen früherer Zeiten, wer am wenigsten Geld verlangt, bekommt den Zuschlag für die Pflege ... man spart am Personal, am Unterricht, an Therapie und Zahnpflege, um Geld zu verdienen ...«

»Ich weiß«, sagt Joona, »aber Vicky Bennet ...«

»Mir ist die Idee gekommen, dass man vielleicht versuchen sollte, ihren letzten Sachbearbeiter aufzutreiben.«

»Könntest du das für mich tun?«, fragt Joona.

Sie lächelt nachsichtig und legt den Kopf schief:

»Das habe ich längst getan, Joona Linna ...«

»Du bist fantastisch«, sagt Joona ernst.

»Für dich tue ich doch alles.«

»Das habe ich nicht verdient«, erwidert Joona lächelnd.

»Ja, da hast du recht«, stimmt sie ihm zu und verlässt den Raum.

Er bleibt noch einen Moment sitzen, steht dann auf, geht in den Flur hinaus, klopft an und öffnet Anjas Tür.

»Die Adressen«, sagt sie und zeigt auf einen Stapel Blätter, der im Drucker liegt.

»Danke.«

»Als der Sachbearbeiter meinen Namen hörte, meinte er, Schweden habe einmal eine fantastische Delphinschwimmerin gleichen Namens gehabt«, sagt sie und errötet.

»Du hast ihm doch hoffentlich gesagt, dass du das warst?«

»Nein, aber er hat mir erzählt, dass Vicky Bennet erst mit sechs Jahren behördlich erfasst wurde. Ihre Mutter Susie war obdachlos und scheint ihr Kind ohne medizinische Betreuung zur Welt gebracht zu haben. Die Mutter wurde in die Psychiatrie eingewiesen und Vicky bei Bereitschaftspflegeeltern hier in Stockholm untergebracht.«

Joona hält die noch warme Liste in der Hand, sieht Datum und Ort, eine Reihe von Namen und Adressen, angefangen bei den ersten Bereitschaftspflegeeltern Jack und Elin Frank, wohnhaft Strandvägen 47, bis zum Jugendheim Ljungbacken in Uddevalla und dem Haus Birgitta in der Kommune Sundsvall. An mehreren Stellen ist vermerkt, dass das Kind den Wunsch geäußert hat, zu seinen ersten Pflegeeltern zurückkehren zu dürfen.

»Das Kind bittet darum, zu Familie Frank zurückkehren zu dürfen, aber die Familie möchte dieser Bitte nicht entsprechen«, lautet der trockene, immer wiederkehrende Kommentar.

Am Ende wohnt Vicky Bennet nicht mehr bei Familien. Nur noch in Heimen. Notaufnahmen, geschlossenen und halboffenen Einrichtungen, Therapiezentren, betreuten Jugendwohngruppen.

Er denkt an den blutigen Hammer unter dem Kissen und das Blut auf dem Fensterrahmen.

Das schmale, verbissene Gesicht auf dem Foto und die hellen verfilzten Haarwirbel.

»Könntest du bitte herausfinden, ob Jack und Elin Frank noch die gleiche Adresse haben wie damals?«

Anjas rundes Gesicht strahlt amüsiert, als sie die Lippen spitzt und sagt:

»Wenn du Klatschblätter lesen würdest, könntest du das eine oder andere lernen.«

»Wie meinst du das?«

»Elin Frank und Jack sind geschieden, aber sie hat die Wohnung behalten ... immerhin ist es ihr Geld.«

»Dann sind diese Leute Promis?«, fragt Joona.

»Sie engagiert sich sozial, übrigens um einiges mehr als die meisten anderen reichen Leute ... sie und ihr früherer Mann Jack haben eine Menge Geld in Kinderdörfer und Hilfsfonds gesteckt.«

»Aber Vicky Bennet hat bei ihnen gewohnt?«

»Das hat offensichtlich nicht so gut geklappt«, antwortet Anja.

Joona nimmt die Ausdrucke an sich, geht zur Tür und dreht sich noch einmal zu Anja um.

»Was kann ich tun, um mich bei dir zu bedanken?«

»Ich habe uns zu einem Kurs angemeldet«, antwortet sie schnell. »Versprich mir, dass du mit mir hingehst.«

»Was ist das denn für ein Kurs?«

»Entspannungsübungen ... Kamasutra oder so ähnlich ...«

49

Das Haus mit der Adresse Strandvägen 47 liegt direkt gegenüber der Brücke zur Halbinsel Djurgården. Es ist ein vornehmes Gebäude mit einem eleganten Hauseingang und einem schönen, dunklen Treppenhaus.

Elin und Jack Frank waren die einzigen Personen, zu denen Vicky Bennet zurückkehren wollte, obwohl sie nur kurze Zeit bei ihnen gewohnt hatte. Immer wieder bat sie darum, zu ihnen zurückkehren zu dürfen, aber Familie Frank hatte beschlossen, dieser Bitte nicht nachzukommen.

Als Joona Linna an der Tür mit dem Namen Frank auf einem schwarzglänzenden Türschild klingelt, wird sie praktisch sofort geöffnet. Ein entspannter Mann mit kurzen, goldglänzenden Haaren und gleichmäßiger Sonnenbräune sieht den großgewachsenen Kriminalkommissar fragend an.

»Ich möchte zu Elin Frank.«

»Robert Bianchi, ich bin Elin Franks Consigliere«, erwidert der Mann und streckt seine Hand aus.

»Joona Linna, Landeskriminalpolizei.«

Ein kurzes Lächeln huscht über die Lippen des Mannes.

»Klingt interessant, aber ...«

»Ich muss mit ihr sprechen.«

»Darf man fragen, worum es geht? Ich möchte sie nicht unnötig stören ...«

Der Mann verstummt, als er Joonas kühlen, grauen Augen begegnet.

»Warten Sie bitte im Flur, ich werde mal nachhören, ob sie Besuch empfängt«, sagt er und verschwindet durch eine Tür.

Der Eingangsflur ist weiß und gänzlich unmöbliert. Es gibt keine Garderobe, keine Gegenstände, keine Schuhe oder Kleider. Nur glatte, weiße Wände und einen einzigen riesigen Spiegel mit getöntem Glas.

Joona versucht, sich ein Kind wie Vicky in dieser Umgebung vorzustellen. Ein unruhiges, chaotisches, kleines Mädchen, das erst im Alter von sechs Jahren behördlich erfasst wurde. Ein Kind, das sich daran gewöhnt hat, dass ein Zuhause eine Garage oder eine Fußgängerunterführung ist, in der man zufällig gerade übernachtet.

Robert Bianchi kehrt mit einem ruhigen Lächeln zurück und bittet Joona herein. Sie passieren einen großen, hellen Salon mit mehreren Sitzgruppen und einem reich verzierten Kachelofen. Dicke Teppiche dämpfen das Geräusch ihrer Schritte, als sie durch die verschiedenen Gesellschaftsräume der Wohnung zu einer verschlossenen Tür gehen.

»Sie dürfen gerne anklopfen«, sagt Robert Bianchi unsicher lächelnd zu Joona.

Joona klopft an und hört Absätze auf einem harten Fußboden. Die Tür wird von einer schlanken Frau mittleren Alters mit dunkelblonden Haaren und großen blauen Augen geöffnet. Sie trägt ein dünnes rotes Kleid, das kurz unter den Knien endet. Sie ist schön, dezent geschminkt und trägt drei Reihen schneeweißer Perlen um den Hals.

»Treten Sie bitte ein, Herr Linna«, sagt sie leise und wohlartikuliert.

Sie gehen in ein sehr helles Zimmer mit einem Schreibtisch, einer Couchgarnitur aus weißem Leder und Bücherschränken.

»Ich wollte gerade etwas Chai trinken – wäre Ihnen das noch zu früh?«

»Nein, klingt gut.«

Robert Bianchi verlässt das Zimmer, und Elin Frank zeigt auf die Couch.

»Setzen wir uns.«

Ohne Eile setzt sie sich ihm gegenüber und schlägt die Beine übereinander.

»Womit kann ich Ihnen dienen?«, fragt sie und sieht ihn ernst an.

»Vor einigen Jahren haben Sie und Ihr Ehemann Jack Andersson bei einem Mädchen die Rolle von Bereitschaftspflegeeltern übernommen ...«

»Wir haben vielen Kindern auf verschiedene Weise geholfen ...«

»Der Name des Mädchens ist Vicky Bennet«, unterbricht Joona sie sanft.

In ihrem ansonsten so beherrschten Gesicht regt sich kurz etwas, aber ihre Stimme bleibt genauso ruhig wie zuvor.

»An Vicky erinnere ich mich noch sehr gut«, antwortet sie mit einem kurzen Lächeln.

»Und woran erinnern Sie sich?«

»Sie war süß und lieb und sie ...«

Elin Frank verstummt und starrt vor sich hin. Ihre Hände liegen vollkommen still.

»Wir haben Grund zu der Annahme, dass sie in einer halboffenen Einrichtung für Jugendliche bei Sundsvall zwei Menschen ermordet hat«, sagt Joona.

Die Frau wendet sich schnell ab, aber Joona sieht dennoch, wie sich ihre Augen verfinstern. Sie zieht das Kleid über ihren Knien glatt, kann jedoch nicht verhindern, dass ihre Hände dabei zittern.

»Was geht das mich an?«, fragt sie.

Robert Bianchi klopft an und kommt mit einem klirrenden Servierwagen herein. Elin Frank bedankt sich und bittet ihn, den Wagen stehen zu lassen.

»Vicky Bennet ist seit Freitag verschwunden«, erklärt Joona, als Robert sie alleine gelassen hat. »Es ist denkbar, dass Vicky versuchen wird, Sie aufzusuchen.«

Elin Frank sieht ihn nicht an. Sie senkt leicht den Kopf und schluckt hart.

»Nein«, sagt sie dann kühl.

»Warum glauben Sie nicht, dass Vicky Bennet Sie aufsuchen wird?«

»Sie wird sich niemals bei mir melden«, antwortet sie und steht auf. »Es war ein Fehler, Sie zu empfangen, ohne mich vorher nach Ihrem Anliegen zu erkundigen.«

Joona nimmt die Tassen vom Servierwagen und stellt sie auf den Tisch, dann sieht er Elin Frank an.

»Wen würde Vicky Ihrer Ansicht nach aufsuchen? Würde Sie sich bei Jack melden?«

»Wenn Sie weitere Fragen haben, wenden Sie sich bitte an meinen Anwalt«, erwidert sie und verlässt den Raum.

Kurz darauf betritt Robert Bianchi den Salon.

»Ich begleite Sie zur Tür«, sagt er kurz angebunden.

»Vielen Dank«, entgegnet Joona, gießt Tee in die beiden Tassen, nimmt die eine, pustet und trinkt vorsichtig.

Er lächelt und nimmt sich einen Zitronenkeks von einem Teller mit einem weißen Leinentuch, isst in aller Ruhe den Keks und trinkt seinen Tee, nimmt die Serviette vom Schoß und legt sie auf den Tisch, bevor er aufsteht.

Joona hört, dass Robert Bianchi ihm folgt, als er durch die riesige Wohnung an den Salons und dem Raum mit dem Kachelofen vorbeigeht. Er überquert den Steinfußboden des weißen Eingangsflurs und öffnet die Tür zum Treppenhaus.

»Eins sollte ich vielleicht schon jetzt betonen. Es ist wichtig, dass Frau Frank mit nichts Negativem in Verbindung gebracht...«

»Ich weiß, was Sie meinen«, unterbricht Joona ihn. »Aber hier geht es nicht in erster Linie um Elin Frank, sondern um...«

»Für mich schon, für mich schon«, fällt Robert Bianchi ihm ins Wort.

»Mag sein, aber die Vergangenheit nimmt auf so etwas keine Rücksicht, wenn sie zurückkehrt«, sagt Joona abschließend und geht die Treppe hinunter.

50

Die Fitnessabteilung der Wohnung liegt hinter dem größten Badezimmer. Elin Frank läuft sieben Kilometer täglich und trifft ihren persönlichen Trainer im Mornington Health Club zwei Mal in der Woche. Direkt vor dem Laufband hängt ein ausgeschalteter Fernseher, und zu ihrer Linken kann sie über die Häuserdächer hinweg zum Turm der Oskarkirche schauen.

Sie hört an diesem Tag keine Musik. Man hört nichts als das dumpfe Geräusch ihrer Schuhe, das klirrende Echo der Scheibenhantelgewichte, den surrenden Motor des Laufbands und ihre Atemzüge.

Der Pferdeschwanz hüpft zwischen ihren Schulterblättern. Sie trägt nur eine Jogginghose und einen weißen Sport-BH.

Nach fünfzig Minuten ist der Schweiß durch den Stoff zwischen ihren Pobacken gezogen und ihr BH durchnässt.

Sie denkt an die Zeit zurück, als Vicky Bennet zu ihr kam. Acht Jahre ist das jetzt her. Ein kleines Mädchen mit blonden, struppigen Haaren.

Elin war als junge Frau auf einer Sprachreise nach Frankreich an einer Chlamydieninfektion erkrankt. Sie nahm die Krankheit nicht ernst, und hinterher war sie unfruchtbar. Damals war ihr das mehr oder weniger egal gewesen, weil sie ohnehin keine Kinder haben wollte. Viele Jahre sagte sie sich, dass es schön war, nicht an Verhütungsmittel denken zu müssen.

Sie und Jack waren zwei Jahre verheiratet gewesen, als er anfing, mit ihr über die Möglichkeit einer Adoption zu sprechen, aber wenn er das Thema ansprach, erklärte sie jedes Mal, dass sie keine Kinder haben wolle, dass die Verantwortung zu groß sei.

Damals war Jack noch in sie verliebt und war einverstanden, als sie vorschlug, dass sie eine Bereitschaftspflegefamilie für Kinder werden könnten, die in ihren eigenen Familien Probleme hatten und deshalb für eine Weile einen Tapetenwechsel benötigten.

Elin rief das Jugendamt in der Bezirksverwaltung Norrmalm an, und Jack begleitete sie zu einem Treffen mit einer Sachbearbeiterin, die ihnen Fragen zu Wohnsituation, Arbeit, Familienstand und eigenen Kindern stellte.

Einen Monat später wurden sie beide zu eingehenderen Gesprächen in verschiedenen Zimmern eingeladen. Es handelte sich um eine Unmenge von Fragen und aufeinander aufbauenden Fragen nach der so genannten Kälvestensmethode.

Sie erinnert sich bis heute an die Verblüffung der Sozialarbeiterin, als dieser klar wurde, wer Elin Frank war.

Danach dauerte es gerade einmal drei Tage, bis das Telefon klingelte. Die Frau vom Jugendamt erzählte, sie habe da ein Kind, das eine Zeitlang viel Geborgenheit und Ruhe benötige.

»Die Kleine ist sechs und... ich glaube, es könnte eine gute Idee sein... man muss sich natürlich vortasten, aber sobald sie sich eingelebt hat, können wir Ihnen einige Psychologen empfehlen«, erläuterte die Frau.

»Was ist mit ihr passiert?«

»Ihre Mutter ist obdachlos und psychisch krank... die Behörden haben eingegriffen, als man das Mädchen schlafend in einem U-Bahn-Wagen aufgegriffen hat.«

»Aber es geht ihr gut?«

»Sie ist ein bisschen ausgetrocknet, aber der Arzt meint, ansonsten sei sie gesund... Ich habe versucht, mit dem Mädchen zu reden... sie scheint lieb, aber etwas verschlossen zu sein.«

»Wissen Sie, wie sie heißt?«

»Ja... Vicky... sie heißt Vicky Bennet.«

Zum Ende hin erhöht Elin Frank die Geschwindigkeit, das Laufband surrt, ihre Atemzüge werden heftiger, sie verstärkt die Neigung, läuft aufwärts und bremst schließlich ab.

Hinterher macht sie Dehnübungen an der Ballettstange vor dem großen Spiegel, ohne ihrem eigenen Blick zu begegnen. Sie streift die Schuhe ab und verlässt den Raum mit schweren, kribbelnden Beinen. Vor dem Badezimmer zieht sie den schon kalten BH aus, wirft ihn auf den Boden, zieht Hose und Slip herab, steigt heraus und stellt sich unter die Dusche.

Als das heiße Wasser ihren Nacken herabläuft und sich die Muskeln entspannen, kehrt die Angst zurück. Es kommt ihr vor, als säße die Hysterie knapp unter der Oberfläche, direkt unter der Haut. Etwas in ihr will einfach nur laut losbrüllen und nicht mehr aufhören zu weinen. Aber sie sammelt sich und reguliert das Wasser so, dass es eiskalt wird. Sie zwingt sich, stehen zu bleiben und wendet das Gesicht dem Wasserstrahl zu, bis ihre Schläfen vor Kälte schmerzen. Dann erst dreht sie es ab, geht hinaus und trocknet sich ab.

51

ELIN FRANK verlässt ihren begehbaren Kleiderschrank in einem halblangen Samtrock und einem Nylonstringbody aus der letzten Kollektion von Wolford. Die Haut ihrer Arme und Schultern schimmert durch den schwarzen Stoff mit den kleinen, glitzernden Steinen. Das Material ist so filigran, dass sie spezielle Seidenhandschuhe tragen muss, wenn sie den Body anzieht.

Im Lesezimmer sitzt Robert in einem Lammfellsessel und geht Papiere durch, die er in verschiedene Ledermappen legt.

»Was ist das für ein Mädchen, nach dem die Polizei gefragt hat?«

»Niemand«, antwortet Elin.

»Gibt es etwas, worüber wir uns Sorgen machen müssen?«

»Nein.«

Robert Bianchi ist seit sechs Jahren ihr Ratgeber und Assistent. Er ist homosexuell, hat jedoch nie eine feste Beziehung gehabt. Elin glaubt, dass es ihm vor allem darum geht, mit schönen Männern gesehen zu werden. Jack fand, dass sie einen homosexuellen Assistenten einstellen sollte, damit er nicht eifersüchtig auf ihn sein musste. Sie erinnert sich, dass sie damals antwortete, ihr sei es gleich – wenn er nur nicht mit affektierter Stimme spreche.

Sie setzt sich in den zweiten Lesesessel neben ihm, streckt die Beine aus und zeigt ihm ihre hohen Lackschuhe.

»Sie sind wunderbar«, kommentiert er lächelnd.

»Ich habe den Terminplan für den Rest der Woche gesehen«, sagt sie.

»In einer Stunde gibst du den Empfang im Clarion Hotel Sign.«

Ein schwerer Bus auf dem Strandvägen unter ihnen lässt die großen Schiebetüren klappern. Unterschwellig spürt Elin seinen Blick, begegnet ihm jedoch nicht, schiebt nur das kleine Diamantkreuz, das sie an einer Kette trägt, aus der Halsgrube.

»Jack und ich haben uns früher einmal um ein kleines Mädchen namens Vicky gekümmert«, sagt sie und schluckt hart.

»Habt ihr sie adoptiert?«

»Nein, sie hatte eine Mutter, wir waren nur eine Art Bereitschaftspflegeeltern, aber ich...«

Sie verstummt und zieht das Diamantkreuz über die dünne Kette.

»Wann war das?«

»Nur ein paar Jahre, bevor du bei mir angefangen hast«, antwortet sie. »Aber ich saß damals noch nicht in der Konzernspitze, und Jack hatte die Zusammenarbeit mit Zentropa gerade erst begonnen.«

»Du brauchst es mir nicht zu erzählen.«

»Ich denke wirklich, dass wir vorbereitet waren, so gut es geht jedenfalls, wir wussten, dass es nicht leicht werden würde, aber... Es ist im Grunde nicht zu fassen, wie diese Dinge in unserem Land geregelt sind. Ich meine, erst lief alles unglaublich umständlich, wir mussten uns mit Sozialarbeitern und Sachbearbeitern treffen, wirklich alles musste überprüft werden, von den finanziellen Verhältnissen bis zum Liebesleben... aber sobald wir angenommen waren, dauerte es gerade einmal drei Tage und wir hatten ein Kind und sollten alleine mit ihm klarkommen. Ziemlich seltsam, finde ich. Weißt du, sie haben uns nichts über die Kleine erzählt, wir haben keinerlei Hilfe bekommen.«

»Klingt typisch.«

»Wir wollten wirklich etwas Gutes tun... und dieses Mädchen wohnte über einen Zeitraum von neun Monaten hinweg immer mal wieder bei uns. Sie haben permanent versucht, sie zu ihrer

Mutter zu bringen, aber das endete jedes Mal so, dass Vicky in irgendeiner Garage in der Nähe Stockholms zwischen alten Kartons gefunden wurde.«

»Traurig«, sagt er.

»Am Ende hatte Jack die vielen Nächte satt, in denen wir sie abholen, zur Notfallambulanz bringen oder einfach nur in die Badewanne setzen und mit Essen versorgen mussten ... Wir hätten uns sicher ohnehin scheiden lassen, aber ... eines Nachts meinte er, ich müsste wählen ...«

Elin Frank lächelt Robert Bianchi mit leerem Blick an:

»Ich begreife nicht, warum er mich zwingen musste, diese Entscheidung zu treffen.«

»Weil er nur an sich denkt?«, schlägt Robert Bianchi vor.

»Aber wir waren doch nur eine Art Bereitschaftsdienst, ich konnte doch nicht zwischen ihm und einem Kind wählen, das hier nur ein paar Monate wohnen sollte, das war doch Irrsinn ... Außerdem wusste er natürlich, dass ich zu der Zeit völlig verrückt nach ihm war.«

»Aber das stimmt doch gar nicht«, versucht Robert Bianchi einzuwenden.

»Doch, das war ich«, widerspricht Elin ihm. »Und als Vickys Mutter dann eine neue Wohnung fand, ließ ich mich darauf ein, dass er das Jugendamt anrief ... mit der Mutter schien damals auch alles ziemlich gut zu laufen ...«

Ihre Stimme bricht, und sie spürt konsterniert, dass ihr auf einmal Tränen über die Wangen laufen.

»Warum hast du mir nie davon erzählt?«

Elin wischt die Tränen weg und weiß nicht, warum sie lügt:

»Das ist doch nichts weiter, jedenfalls nichts, worüber ich häufiger nachdenke.«

»Man muss nach vorn schauen«, sagt Robert Bianchi, als wollte er sie entschuldigen.

»Ja«, flüstert sie und verbirgt ihr Gesicht hinter den Händen.

»Was ist?«, fragt er besorgt.

»Robert«, sagt sie seufzend und begegnet seinem Blick. »Ich habe nichts mit der Sache zu tun, aber der Polizist, der eben hier war, hat mir erzählt, dass Vicky zwei Menschen getötet hat.«

»Meinst du diese Morde, die gerade passiert sind, oben in Nordschweden?«

»Ich weiß es nicht.«

»Gibt es irgendeine Verbindung zu dir?«, fragt er langsam.

»Nein.«

»Mit dieser Sache darfst du wirklich nicht in Verbindung gebracht werden.«

»Ich weiß ... natürlich würde ich gerne etwas tun, um ihr zu helfen, aber ...«

»Halt dich da raus.«

»Vielleicht sollte ich Jack anrufen.«

»Nein, tu das nicht.«

»Er muss es erfahren.«

»Aber nicht von dir«, wendet Robert Bianchi ein. »Das macht dich nur traurig, das weißt du, jedes Mal, wenn du mit ihm sprichst ...«

Sie versucht, zustimmend zu lächeln und legt ihre Hand auf die warmen Finger ihres Assistenten:

»Komm morgen um acht, dann gehen wir die Termine für die nächste Woche durch.«

»In Ordnung«, sagt Robert Bianchi und verlässt den Raum.

Elin Frank greift nach dem Telefon, wartet aber, bis ihr Assistent die Wohnungstür zugezogen und hinter sich abgeschlossen hat, ehe sie Jacks Nummer wählt.

Als er sich meldet, klingt er heiser und verschlafen:

»Elin? Weißt du, wie viel Uhr es ist? Du kannst mich nicht dauernd anrufen ...«

»Hast du geschlafen?«

»Ja.«

»Allein?«

»Nein.«

»Bist du ehrlich, um mich zu verletzen, oder um ...«

»Wir sind geschieden, Elin«, unterbricht er sie.

Elin geht ins Schlafzimmer, bleibt stehen, wobei sie den Blick auf das große Bett richtet.

»Sag, dass du dich nach mir sehnst«, flüstert sie.

»Gute Nacht, Elin.«

»Wenn du willst, kannst du die Wohnung in der Broome Street haben.«

»Ich will sie nicht, du findest New York doch so toll.«

»Die Polizei scheint zu glauben, dass Vicky zwei Menschen ermordet hat.«

»Unsere Vicky?«

Ihr Mund beginnt zu zittern, Tränen treten ihr in die Augen.

»Ja ... sie waren hier und haben nach ihr gefragt.«

»Wie furchtbar«, sagt er leise.

»Kannst du nicht herkommen, ich brauche dich ... du kannst Norah mitbringen, wenn du willst, ich bin nicht eifersüchtig.«

»Elin ... ich werde nicht nach Stockholm fahren.«

»Entschuldige, dass ich angerufen habe«, sagt Elin und beendet das Gespräch.

52

Hoch oben im Haus Kungsbron 21 befinden sich die Räume der obersten Dienstaufsichtsbehörde und der internen Ermittler der Landespolizeiführung. Joona sitzt in einem kleinen Büro zusammen mit Mikael Båge, dem Leiter der Abteilung für interne Ermittlungen, und Chefsekretärin Helene Fiorine.

»Zum besagten Zeitpunkt führte der Staatsschutz eine Razzia bei der Brigade durch, einer linksextremistischen Gruppierung«, sagt Båge und räuspert sich. »Die Anzeige macht geltend, dass Kriminalkommissar Linna sich gleichzeitig oder kurz vorher an der genannten Adresse aufgehalten haben soll...«

»Das ist korrekt«, erwidert Joona und blickt durchs Fenster auf die Eisenbahngleise und den Kanal Barnhusviken hinab.

Helene Fiorine legt Stift und Notizblock weg, wirkt verlegen und macht eine Art flehende Geste.

»Joona, ich muss dich bitten, diese internen Ermittlungen ernst zu nehmen«, sagt sie.

»Das tue ich«, antwortet er abwesend.

Ihr Blick verweilt ein wenig zu lange in seinen silbergrauen Augen, ehe sie hastig nickt und wieder nach ihrem Stift greift.

»Bevor wir für heute zum Schluss kommen«, sagt Mikael Båge und bohrt längere Zeit in seinem Ohr, »muss ich den schwerwiegendsten Vorwurf ansprechen, der gegen Sie erhoben wird...«

»Es könnte sich natürlich auch um ein Missverständnis handeln«, erklärt Helene schnell. »Die beiden Ermittlungen könnten sich nur unglücklich überschnitten haben.«

»Aber in der Anzeige gegen Sie«, fährt Båge fort und blickt auf seinen Finger, »heißt es, dass der Einsatz des Staatsschutzes misslang, weil Sie den innersten Kreis der Brigade vorher gewarnt haben.«

»Ja, das habe ich getan«, erwidert Joona.

Helene Fiorine steht von ihrem Stuhl auf, weiß nicht, was sie sagen soll, steht einfach da und sieht Joona mit traurigen Augen an.

»Sie haben die Gruppe vor der Razzia gewarnt?«, fragt Båge lächelnd.

»Diese jungen Leute waren voller unreifer Ideen«, erläutert er, »aber nicht gefährlich und nicht…«

»Der Staatsschutz war da aber zu einer anderen Einschätzung gekommen«, unterbricht Båge ihn.

»Ja«, bestätigt Joona leise.

»Damit beenden wir diese erste Vernehmung«, sagt Helene Fiorine und sammelt ihre Unterlagen ein.

53

Es ist schon halb fünf, als Joona am Stockholmer Vorort Tumba vorbeifährt, wo er einmal in einem Dreifachmord in einem Reihenhaus ermittelt hat.

Auf dem Sitz neben ihm liegt die Liste über Vicky Bennets verschiedene Aufenthaltsorte im Laufe der Jahre. Der letzte war das Haus Birgitta und der erste die Wohnung am Strandvägen 47.

Sie muss mit irgendwem von all den Menschen geredet haben, bei denen sie sich früher aufgehalten hat. Sie muss sich jemandem anvertraut und erwähnt haben, ob sie irgendwo Freunde hat.

Über Vicky sagte Elin Frank nur, dass sie süß und lieb war.

Süß und lieb, denkt Joona.

Für die vermögende Familie Frank war Vicky ein schutzloses Kind, das Hilfe brauchte, ein Mensch, zu dem man barmherzig ist.

Es ging um Wohltätigkeit.

Für Vicky war Elin dagegen die erste Mama nach ihrer eigenen.

Das Leben am Strandvägen muss eine völlig neue Erfahrung für sie gewesen sein. Sie brauchte nicht zu frieren und bekam regelmäßige Mahlzeiten. Sie schlief in einem Bett und trug gute Kleider. Die Zeit bei Elin und Jack sollte für sie viele Jahre einen speziellen Glanz behalten.

Joona blinkt und wechselt auf die linke Spur.

Er hat die Liste studiert und beschlossen, diesmal von hinten anzufangen. Vor dem Haus Birgitta war sie im Jugendheim Ljungbacken untergebracht, und davor zwei Wochen bei einer Familie Arnander-Johansson im mittelschwedischen Katrineholm.

Wieder sieht Joona vor sich, wie Åhlén und Frippe die Hände von Mirandas Gesicht fortzerrten. Sie kämpften mit den totenstarren Armen. Die Tote schien sich dagegen zu stemmen, als wollte sie nicht gesehen werden, als schämte sie sich.

Aber ihr Gesicht war ruhig und so weiß wie Perlmutt.

Sie hatte die Decke um sich geschlungen, als sie Åhlén zufolge mit einem großen Stein geschlagen wurde. »Sechs oder sieben Mal, wenn Joona die Blutspritzer richtig gelesen hat.«

Dann wurde sie aufs Bett gehoben und die Hände auf ihr Gesicht gelegt.

Das Letzte, was sie in ihrem Leben sah, war ihr Mörder.

Joona bremst, fährt durch eine ältere Eigenheimsiedlung und parkt vor einer flachen Hecke aus blühendem Fingerstrauch.

Er steigt aus dem Auto und geht zu einem großen hölzernen Briefkasten mit einem Namensschild aus Messing: Arnander-Johansson. Eine Frau kommt mit einem Eimer roter Äpfel in der Hand ums Haus. Sie hat Probleme mit den Hüften, und ihr Mund verzerrt sich ab und zu vor Schmerz. Sie ist korpulent, hat große Brüste und dicke Oberarme.

»Sie haben ihn knapp verpasst«, sagt die Frau, als sie Joona erblickt.

»Typisch«, scherzt er.

»Er musste zur Lagerhalle fahren ... es ging um irgendwelche Lieferscheine.«

»Von wem sprechen wir eigentlich?«, erkundigt sich Joona lächelnd.

Sie stellt den Eimer ab.

»Ich habe gedacht, Sie wollen sich das Laufband ansehen.«

»Wie viel kostet es denn?«

»Siebentausend Kronen, nagelneu«, antwortet sie und verstummt.

Sie streicht mit der Hand über ihr Hosenbein und sieht ihn an.

»Ich bin von der Landeskriminalpolizei und muss Ihnen einige Fragen stellen.«

»Und worüber?«, fragt sie mit schwacher Stimme.

»Über Vicky Bennet, die hier ... vor fast einem Jahr gewohnt hat.«

Die Frau nickt mit traurigem Gesicht, zeigt auf die Tür und geht dann selbst ins Haus. Joona folgt ihr in eine Küche mit einem Kiefernholztisch mit einer gestrickten Tischdecke und geblümten Vorhängen vor dem Fenster zum Garten. Der Rasen ist frisch geschnitten, und an der Grenze zum Nachbargrundstück wachsen Pflaumensträucher und Stachelbeerbüsche. Um ein kleines, hellblaues Schwimmbecken liegt ein hölzerner Fußrost. Am rechts gelegenen Überlauf treiben Badespielsachen im Wasser.

»Vicky ist weggelaufen«, sagt Joona ohne Umschweife.

»Das habe ich gelesen«, flüstert die Frau und stellt den Eimer mit den Äpfeln auf die Spüle.

»Haben Sie eine Idee, wo sie sich verstecken könnte?«

»Keine Ahnung.«

»Hat sie von Freunden, Jungen erzählt ...«

»Vicky hat hier eigentlich gar nicht gewohnt«, sagt die Frau.

»Wieso nicht?«

»Es hat sich nicht so ergeben«, antwortet sie und wendet sich ab.

Die Frau füllt die Kaffeekanne mit Wasser und gießt das Wasser in den Behälter der Kaffeemaschine, ehe ihre Bewegungen zum Erliegen kommen.

»Es ist ja wohl üblich, Gästen einen Kaffee anzubieten«, sagt sie kraftlos.

Joona sieht durch das Fenster, dass im Garten zwei blonde Jungen Karate spielen. Sie sind beide schmal und braun gebrannt und tragen große Badeshorts. Ihr Spiel ist ein bisschen zu wild, ein bisschen zu hart, aber sie lachen trotzdem die ganze Zeit.

»Sie nehmen Kinder und Jugendliche in Ihrer Familie auf?«

»Unsere Tochter ist neunzehn, so dass ... wir machen das jetzt seit ein paar Jahren.«

»Wie lange bleiben die Kinder im Allgemeinen?«

»Das ist ganz unterschiedlich ... mal länger, mal kürzer«, antwortet sie und wendet sich Joona zu. »Viele kommen ja aus wirklich schlimmen Verhältnissen.«

»Ist das ein Problem?«

»Nein, das ist es nicht ... natürlich gibt es Konflikte, aber im Grunde muss man nur klare Grenzen setzen.«

Einer der Jungen macht einen Sprungtritt über die Oberfläche des Schwimmbeckens und landet mit einem großen Klatschen im Wasser. Der andere schlägt mehrmals gerade in die Luft und folgt dem anderen mit einem Salto.

»Aber Vicky ist nur zwei Wochen geblieben«, sagt Joona und sieht die Frau an. Sie weicht seinem Blick aus und kratzt sich schwach am Unterarm.

»Wir haben zwei Jungen«, sagt sie vage. »Sie sind jetzt seit zwei Jahren bei uns ... sie sind Brüder ... wir hatten gehofft, dass es mit Vicky klappen würde, aber dann mussten wir die Sache abbrechen.«

»Was ist passiert?«

»Nichts ... im Grunde, meine ich ... Es war nicht ihre Schuld, niemand war schuld ... es wurde uns nur einfach zu viel, wir sind bloß eine ganz normale Familie und uns fehlte schlicht die Kraft.«

»Aber Vicky ... war sie schwierig, schwer zu bändigen?«

»Nein«, antwortet die Frau schwach. »Es war ...«

Sie verstummt.

»Was wollten Sie sagen? Was ist vorgefallen?«

»Nichts.«

»Sie haben doch viel Erfahrung«, sagt Joona. »Wie können sie da schon nach zwei Wochen aufgeben?«

»Es ist, wie es ist.«

»Ich glaube aber, dass etwas passiert ist«, erklärt Joona ernst.

»Nein, es wurde uns nur alles ein bisschen zu viel.«

»Ich glaube aber, dass etwas passiert ist«, wiederholt er mit der gleichen, sanften Stimme.

»Was machen Sie denn da?«, fragt sie verlegen.
»Erzählen Sie mir bitte, was geschehen ist.«

Ihre Wangen laufen rot an, und diese Röte breitet sich auch auf der rauen Haut am Hals und bis zwischen ihre Brüste hinunter aus.

»Es ist jemand vorbeigekommen«, flüsterte sie mit gesenktem Blick.

»Wer?«

Sie schüttelt den Kopf. Joona reicht ihr einen Notizblock und einen Stift. Tränen laufen ihre Wangen herab. Sie sieht ihn an, nimmt Block und Stift und notiert etwas.

54

Joona ist drei Stunden gefahren, als er die Skrakegatan 35 in Bengtsfors erreicht. Tränen tropften auf das Papier, als die Frau diese Adresse auf seinen Notizblock schrieb. Er hatte ihr den Block aus der Hand ziehen müssen, und als er versuchte, sie zu bewegen, ihm mehr zu sagen, hatte sie nur den Kopf geschüttelt, war aus der Küche geeilt und hatte sich in der Toilette eingeschlossen.

Im Schritttempo fährt er an Reihenhäusern aus rotem Backstein vorbei zu einem Wendehammer mit Garage. Nummer 35 ist das letzte Haus in der Reihe. Die Gartenmöbel aus weißem Plastik hat der Wind im hohen Gras umgeweht. Der Briefkasten an einer schwarzen Kette quillt über von Reklame für Pizzadienste und Supermärkte.

Joona steigt aus dem Wagen, geht durch das Unkraut am Gartentor und über den Weg aus feuchten Pflastersteinen zum Haus.

Eine klatschnasse Türmatte mit der Aufschrift »Schlüssel, Portemonnaie, Handy« liegt vor der Tür. Die Innenseiten der Fensterscheiben sind mit schwarzen Müllsäcken zugeklebt worden. Joona klingelt. Ein Hund bellt und kurz darauf mustert ihn jemand durch den Türspion. Dann wird ein Schlüssel zwei Mal gedreht und die Tür anschließend einen Spaltbreit geöffnet, bis der Türriegel sie stoppt. Ihm schlägt der Geruch verschütteten Rotweins entgegen. Einen Menschen kann er in dem dunklen Flur nicht sehen.

»Darf ich kurz hereinkommen?«

»Sie will Sie nicht sehen«, antwortet ein Junge mit dunkler, heiserer Stimme.

Der Hund hechelt, und man hört, wie die Glieder seines Halsbands sich knackend spannen.

»Aber ich muss mit ihr sprechen.«

»Wir kaufen nichts an der Tür«, ruft eine Frau aus einem anderen Zimmer.

»Ich bin von der Polizei«, sagt Joona.

Man hört Schritte im Haus.

»Ist er allein?«, fragt die Frau.

»Ich glaube schon«, flüstert der Junge.

»Hältst du Zombie?«

»Willst du ihm etwa aufmachen? Mama?«, fragt der Junge mit ängstlicher Stimme.

Die Frau kommt zur Tür.

»Was wollen Sie?«

»Können Sie mir etwas über ein Mädchen namens Vicky Bennet erzählen?«

Die Krallen des Hundes rutschen auf dem Fußboden weg. Die Frau schiebt die Tür zu und schließt ab. Joona hört, dass sie dem Jungen etwas zuruft. Kurz darauf wird die Tür erneut geöffnet und gleitet zehn Zentimeter auf. Sie hat den Türriegel geöffnet. Joona schiebt sie weiter auf und betritt den Flur. Die Frau wendet ihm den Rücken zu. Sie ist mit einer hautfarbenen Strumpfhose und einem weißen T-Shirt bekleidet. Ihre blonden Haare hängen tief über ihre Schultern herab. Als Joona die Tür hinter sich schließt, wird es so dunkel, dass er stehen bleiben muss. Nirgendwo brennt Licht.

Die Frau geht voraus. Die Sonne scheint direkt auf die Fenster mit den angeklebten Müllsäcken. Einzelne kleine Löcher und Risse leuchten wie Sterne. Ein schwacher grauer Lichtschein fällt in die Küche. Auf dem Tisch steht ein Weinkarton, und auf dem braunen Linoleumboden darunter sieht man eine große Pfütze.

Als Joona in das dunkle Wohnzimmer kommt, sitzt die Frau bereits auf einem Jeanssofa. Dunkelviolette Vorhänge reichen bis zum Fußboden, und hinter ihnen sieht man Plastiksäcke. Dennoch fällt ein schwacher Lichtstreifen von der Verandatür aus in das Zimmer und auf die Hand der Frau. Joona sieht, dass ihre Fingernägel gepflegt und rot lackiert sind.

»Setzen Sie sich«, sagt sie ruhig.

Joona nimmt ihr gegenüber auf einem großen Fußhocker Platz. Als seine Augen sich an die Dunkelheit gewöhnt haben, sieht er, dass mit ihrem Gesicht irgendetwas nicht stimmt.

»Was wollen Sie wissen?«

»Sie haben Familie Arnander-Johansson besucht.«

»Ja.«

»Was war Ihr Anliegen?«

»Ich habe sie gewarnt.«

»Wovor haben Sie die Familie gewarnt?«

»Tompa!«, ruft die Frau. »Tompa!«

Eine Tür wird geöffnet, und man hört langsame Schritte. Joona sieht den Jungen in der Dunkelheit nicht, spürt jedoch seine Anwesenheit und erahnt seine Silhouette vor dem Bücherregal. Der Junge betritt das dunkle Wohnzimmer.

»Mach das große Licht an.«

»Aber Mama...«

»Tu es einfach!«

Er drückt auf den Lichtschalter, und ein großer Ball aus Reispapier erhellt den ganzen Raum. Der große, hagere Junge steht mit gesenktem Kopf im hellen Licht. Joona betrachtet ihn. Das Gesicht des Jungen sieht aus, als wäre es von einem Kampfhund zerfleischt worden und anschließend völlig falsch verheilt. Die Unterlippe fehlt ganz, man sieht die Zahnreihe, Kinn und rechte Wange sind ausgehöhlt und fleischfarben. Eine tiefe rote Furche verläuft vom Haaransatz aus schräg über die Stirn und durch die Augenbraue. Als Joona sich der Frau zuwendet, sieht er, dass ihr Gesicht noch entstellter ist. Trotzdem lächelt sie ihn an. Ihr rechtes Auge fehlt, Gesicht und Hals sind voller tiefer Kerben, es handelt sich um mindestens zehn Stiche. Die zweite Augenbraue hängt über das Auge herab, und der Mund ist an mehreren Stellen zerschnitten.

»Vicky wurde wütend auf uns«, sagt die Frau und ihr Lächeln verschwindet.

»Was ist passiert?«

»Sie hat uns mit einer abgebrochenen Flasche zerschnitten. Ich hätte nie gedacht, dass ein einzelner Mensch so wütend werden kann, sie hörte gar nicht mehr auf. Ich fiel in Ohnmacht, wachte wieder auf und lag nur da und spürte die Stiche von Glaszacken, die Stöße, die Scherben, die in mir abbrachen und begriff, dass ich kein Gesicht mehr hatte.«

55

DIE KOMMUNE SUNDSVALL verhandelte mit der Pflegedienstfirma Orre und musste angesichts der veränderten Lage einen hohen Preis für eine Lösung zahlen. Die Mädchen aus dem Haus Birgitta wurden vom Hotel Ibis aus vorübergehend in das kleine Dorf Hårte gebracht.

Hårte ist ein altes Fischerdorf ohne Kirche. Die Dorfschule dort wurde vor fast hundert Jahren geschlossen, die Eisenerzgrube wurde stillgelegt, und der Supermarkt machte dicht, als die Besitzer zu alt wurden. Doch in den Sommermonaten lebt das Fischerdorf mit seinen milchweißen Sandstränden an der Jungfrauküste wieder auf.

Die sechs Mädchen sollen für ein paar Monate im früheren Dorfladen wohnen, einem geräumigen Haus mit einer großen, verglasten Veranda, das dort liegt, wo sich die schmale Straße ins Dorf wie die Zunge einer Schlange teilt.

Die Mädchen haben gerade zu Abend gegessen, und einige von ihnen bleiben noch im Esszimmer und betrachten das sanft nebelblaue Meer. Im großen Aufenthaltsraum nebenan sitzt Solveig Sundström von der Betreuten Jugendwohngruppe Sävstagården mit ihrem Strickzeug vor dem knisternden Feuer im offenen Kamin.

Aus dem Wohnzimmer führt ein kalter Flur zu einer kleinen Küche. Dort sitzt ein Wachmann so, dass er den Eingangsflur und die Tür im Auge behalten und gleichzeitig durch das Fenster die Rasenfläche und bis zur Straße hinunter sehen kann.

Lu Chu und Nina suchen in der Speisekammer nach Chips, müssen sich aber mit einem Paket Frosties zufriedengeben.

»Was tun Sie, wenn der Mörder kommt?«, fragt Lu Chu.

Die tätowierte Hand des Wachmanns auf dem Tisch zuckt, und er lächelt sie steif an.

»Ihr seid hier sicher.«

Er ist etwa fünfzig Jahre alt, sein Schädel ist rasiert, und er hat einen strengen Bart zwischen Unterlippe und Kinnspitze. Unter seinem dunkelblauen Pullover mit dem Emblem der Wach- und Schließgesellschaft erahnt man seine Muskelpakete.

Lu Chu entgegnet nichts, sieht ihn nur an, stopft sich Frosties in den Mund und kaut knirschend. Nina sucht im Kühlschrank und holt eine Packung Räucherschinken und ein Glas Senf heraus.

Am anderen Ende des Hauses, am Esstisch auf der verglasten Veranda, sitzen Caroline, Indie, Tuula und Almira und spielen Karten.

»Gibst du mir alle deine Buben«, sagt Indie.

»Go fish«, kichert Almira.

Indie zieht eine Karte und betrachtet sie zufrieden.

»Ted Bundy war ein richtiger Schlächter«, murmelt Tuula.

»Mein Gott, du laberst vielleicht«, seufzt Caroline.

»Er ist von Zimmer zu Zimmer gegangen und hat die Mädchen totgeknüppelt wie junge Robben. Erst Lisa und Margaret und dann ...«

»Halt's Maul«, sagt Almira lachend.

Tuula lächelt mit gesenktem Kopf, und Caroline schaudert es.

»Was zum Teufel macht die Alte hier?«, fragt Indie laut.

Die Frau vor dem Feuer blickt auf und strickt dann weiter.

»Wollen wir nicht weiterspielen?«, fragt Tuula ungeduldig.

»Wer ist dran?«

»Ich«, sagt Indie.

»Verdammt, du pfuschst total«, sagt Caroline lächelnd.

»Mein Handy ist mausetot«, sagt Almira. »Ich habe in meinem Zimmer den Akku aufgeladen und jetzt...«

»Soll ich es mir mal ansehen?«, fragt Indie.

Sie öffnet die Rückseite des Handys, nimmt den Akku heraus, setzt ihn wieder ein, aber es passiert nichts.

»Komisch«, murmelt sie.

»Vergiss es«, sagt Almira.

Indie nimmt den Akku wieder heraus:

»Da ist ja gar keine SIM-Karte drin!«

»Tuula«, sagt Almira streng. »Hast du meine SIM-Karte geklaut?«

»Weiß nicht«, antwortet das Mädchen schmollend.

»Ich brauche sie – kapiert?«

Die Frau hat ihr Strickzeug weggelegt und kommt ins Esszimmer.

»Was ist los?«, fragt sie.

»Wir regeln das unter uns«, antwortet Caroline ruhig.

Tuula kneift traurig den Mund zusammen.

»Ich hab nichts geklaut«, jammert sie.

»Meine SIM-Karte ist weg«, erläutert Almira mit erhobener Stimme.

»Das heißt doch nicht automatisch, dass Tuula sie genommen hat«, sagt die Frau empört.

»Almira sagt, dass sie mich schlagen will«, behauptet Tuula.

»Ich toleriere keine Gewalt«, erklärt die Frau, geht und setzt sich mit ihrem Strickzeug wieder hin.

»Tuula«, sagt Almira gedämpft. »Ich muss wirklich mal telefonieren.«

»Das könnte schwierig werden«, entgegnet Tuula lächelnd.

Der Wald auf der anderen Seite der Bucht wird immer schwärzer, und der Himmel verdunkelt sich, während das Wasser weiterhin glänzt wie flüssiges Blei.

»Die Polizei glaubt, dass Vicky Miranda erschlagen hat«, sagt Caroline.

»Die kapieren echt gar nichts«, murmelt Almira.

»Ich kenne sie nicht, keiner von uns kennt sie«, sagt Indie.

»Jetzt hör aber auf.«

»Stellt euch mal vor, sie kommt hierher, um …«

»Psst«, unterbricht Tuula sie.

Sie steht auf, steht angespannt da und starrt in die Dunkelheit hinaus.

»Habt ihr gehört?«, fragt sie und dreht sich zu Caroline und Almira um.

»Nein«, seufzt Indie.

»Bald sind wir tot«, wispert Tuula.

»Du bist ja so krank, du Idiot«, sagt Caroline und kann sich ein Lächeln nicht verkneifen.

Sie packt Tuulas Hand und zieht das Mädchen zu sich, umarmt es auf ihrem Schoß, streichelt es.

»Du brauchst keine Angst zu haben, dir passiert nichts«, tröstet sie Tuula.

56

CAROLINE ERWACHT AUF DER COUCH. Im offenen Kamin, von dem milde Wärme ausgeht, glimmt träge die letzte Glut. Sie setzt sich auf und schaut sich in dem dunklen Aufenthaltsraum und im Esszimmer um. Ihr wird klar, dass sie auf der Couch eingeschlafen ist und alle ins Bett gegangen sind und sie einfach liegengelassen haben.

Caroline steht auf, geht zu einem der großen Fenster und sieht hinaus. Hinter den schwarzen Bootshäusern kann man jetzt das Wasser sehen. Es ist spiegelglatt. Über dem Meer leuchtet hinter Wolkenschleiern der Mond.

Sie öffnet die knarrende Kiefernholztür und spürt die kühle Luft aus dem Korridor auf ihrem Gesicht. Hinter ihr knackt es in den Holzmöbeln. Die Schatten im Flur sind undurchdringlich und die Türen zu den Zimmern der Mädchen nur schemenhaft zu erahnen. Caroline macht einen Schritt in die Dunkelheit. Der Fußboden ist eiskalt. Plötzlich glaubt sie etwas zu hören, ein Stöhnen oder Wimmern.

Es kommt aus der Toilette.

Vorsichtig nähert sie sich ihr mit pochendem Herzen. Die Tür steht einen Spaltbreit offen. In dem Raum ist jemand. Wieder ertönt das eigenartige Geräusch.

Caroline lugt vorsichtig durch den schmalen Spalt.

Nina sitzt mit breit gespreizten Beinen und gleichgültigem Gesichtsausdruck auf dem Toilettenstuhl. Vor ihr kniet ein Mann, er hat das Gesicht zwischen ihren Schenkeln vergraben. Sie hat die Pyjamajacke hochgezogen, damit er ihre Brüste kneten kann, während er sie leckt.

»Jetzt musst du mal Schluss machen«, sagt Nina mit schwerer Stimme.

»Okay«, erwidert er und richtet sich schnell auf.

Als er Toilettenpapier abzieht und sich den Mund abwischt, sieht Caroline, dass es der Wachmann ist.

»Jetzt gib mir das Geld«, sagt Nina und streckt die Hand aus. Der Wachmann wühlt in seinen Taschen.

»Mist, ich hab nur achtzig«, sagt er.

»Aber du hast fünfhundert gesagt.«

»Was soll ich denn machen? Ich habe nur achtzig dabei.«

Nina seufzt und nimmt das Geld an.

Caroline eilt an der Tür vorbei und schiebt sich in das kalte, kleine Zimmer, das man ihr zugewiesen hat. Sie schließt die Tür und macht Licht. Sie sieht ihr Spiegelbild in dem schwarzen Fenster, bemerkt, dass sie von draußen gut zu sehen ist und zieht schnell das Rollo herunter.

Voller Unbehagen denkt Caroline an Tuulas helle Augen, als sie über diverse Serienkiller sprach. Die kleine Tuula war selbst verängstigt und wollte den anderen Angst einjagen, indem sie behauptete, dass Vicky ihnen in das Fischerdorf gefolgt sei.

Caroline beschließt, sich ausnahmsweise nicht die Zähne zu putzen. Nichts in der Welt wird sie dazu bringen, noch einmal in den langen, schwarzen Flur hinauszugehen.

Sie rückt den Stuhl zur Tür und versucht die Rückenlehne unter der Klinke festzuklemmen, aber es geht nicht. Sie holt ein paar Stapel Illustrierte und legt sie mit zitternden Händen unter die Stuhlbeine, so dass der Stuhlrücken die Klinke hochpresst.

Sie glaubt zu spüren, dass direkt hinter der Tür jemand durch den Korridor schleicht und richtet den Blick auf das Schlüsselloch. Ihr läuft ein Schauer über den Rücken. Plötzlich knallt es hinter ihr. Das Rollo schießt hoch und dreht sich knatternd.

»Großer Gott«, seufzt sie und zieht es wieder herunter.

Sie bleibt regungslos im Raum stehen und lauscht. Dann schaltet sie die Deckenlampe aus und beeilt sich, ins Bett zu kommen, kuschelt sich in die Steppdecke und wartet darauf, dass die Laken sich aufwärmen.

Sie liegt vollkommen still, starrt durch die Dunkelheit auf die Türklinke und denkt erneut an Vicky Bennet. Sie wirkte so schüchtern und zurückhaltend. Caroline glaubt nicht, dass sie so etwas Schreckliches getan hat, sie kann das einfach nicht glauben. Bevor es ihr gelingt, ihren Gedanken eine andere Richtung zu geben, erinnert sie sich an Mirandas zertrümmerten Schädel und das Blut, das von der Decke tropfte.

Plötzlich dringt das Geräusch vorsichtiger Schritte im Flur an ihr Ohr. Das Geräusch verstummt, dann bewegen sich die Schritte weiter und bleiben vor ihrer Tür stehen. Durch die flimmernde Dunkelheit sieht Caroline, dass jemand versucht, die Türklinke herabzudrücken, was der Stuhlrücken jedoch verhindert. Caroline schließt die Augen, hält sich die Ohren zu und betet zu Gott.

57

Mitten in der Nacht ertönen träge knackende Laute, als ein Autokindersitz immer wieder gegen den großen Damm am Wasserkraftwerk von Bergeforsen schlägt.

Mit dem grauen Plastikrücken nach oben, so dass er kaum an der Wasseroberfläche zu erkennen war, wurde der Kindersitz im Wasser des Flusses Indalsälven angetrieben.

Seit in den Bergen Jämtlands der Schnee schmilzt, ist der Strom stark angeschwollen. Die Kraftwerke unterhalb des Sees Storsjön mussten immer wieder den Wasserstand ausgleichen, wenn die Dämme überzulaufen drohten.

Nach den großen Niederschlägen der letzten Woche öffnete das Kraftwerk von Bergeforsen schrittweise seine Überlauftore, bis sie schließlich vollständig geöffnet waren. Mehr als zwei Millionen Liter strömen nun jede Sekunde hindurch.

Monatelang hat der Fluss durch seine langsame Bewegung einem See geähnelt, aber nun ist die Strömung spürbar und stark.

Der Kindersitz stößt gegen den Damm, gleitet ein Stück zurück und trifft dann erneut den Rand.

Joona läuft auf dem schmalen Weg an der Dammkrone entlang. Zu seiner Rechten liegt wie ein glänzender Parkettboden der Fluss, zu seiner Linken führt eine glatte Betonwand senkrecht etwa dreißig Meter in die Tiefe. Der Weg verläuft in schwindelerregender

Höhe. Tief unter ihm schäumt tosend weißes Wasser auf schwarze Felsen. Mit chaotischer Kraft schießen die Wassermassen aus den Überlauftoren des Damms.

Weiter vorn, am Rand des Damms, stehen zwei Streifenpolizisten mit einem Wachmann vom Kraftwerk zusammen und blicken über das Geländer auf die glatte Wasserfläche hinab. Einer der Polizisten hält einen Bootshaken in der Hand, mit dem er auf eine Stelle im Wasser deutet.

Rings um den treibenden Kindersitz hat sich Müll angesammelt, der ebenfalls mit dem strömenden Wasser angetrieben wurde. Eine leere Plastikflasche wird gegen den Rand gedrückt, genauso wie Fichtenzweige, Reisig und halb aufgelöste Kartonreste.

Joona blickt auf das schwarze Wasser hinab. Die Strömung zerrt an dem Sitz. Man sieht nur den grauen Rücken aus hartem Plastik.

Es lässt sich nicht erkennen, ob in dem Stuhl noch ein Kind festgeschnallt ist.

»Dreht ihn um«, sagt Joona.

Der zweite Polizist nickt kurz und lehnt sich so weit wie möglich über das Geländer. Er durchstößt die glatte Wasserfläche mit dem Bootshaken und zieht einen großen Fichtenzweig zur Seite. Dann kehrt er mit dem Haken zurück, führt ihn tiefer unter den Kindersitz und hebt ihn so an, dass er sich verhakt. Er zieht, und es klatscht, als sich der Sitz endlich dreht und das nasse, karierte Sitzkissen sichtbar wird.

Der Kindersitz ist leer, die Gurte bewegen sich sachte im Wasser.

Joona mustert den Kindersitz und die schwarzen Gurte und denkt, dass der Körper des Kindes aus dem Gurt gerutscht und zum Grund gesunken sein könnte.

»Wie ich schon am Telefon gesagt habe, es dürfte der richtige Sitz sein... Er scheint nicht sehr beschädigt zu sein, aber es ist natürlich schwierig, Details zu erkennen«, sagt der Polizist.

»Sorgt dafür, dass die Kriminaltechniker eine wasserdichte Tüte benutzen, wenn sie ihn bergen.«

Der Beamte lässt den Kindersitz vom Bootshaken fallen, so dass er sich wieder träge herumwälzt.

»Wir treffen uns bei Indal am Fuß der Brücke«, sagt Joona und geht zu seinem Auto zurück. »Da gibt es eine Badestelle, stimmt's?«

»Was wollen wir da?«

»Baden«, antwortet Joona ohne den Anflug eines Lächelns und geht weiter zu seinem Auto.

58

Joona hält am Fuss der Brücke, steigt aus, lässt die Autotür offen stehen und blickt die Grasböschung hinunter. Von dem kleinen Sandstrand aus führt ein fest verankerter Badesteg direkt in das strömende Wasser hinaus.

Das Jackett öffnet sich im Wind, und unter dem dunkelgrauen Hemd erahnt man seine Muskeln.

Er geht am Straßenrand entlang und spürt den Dunst der warmen Vegetation, riecht den Duft des Grases und die Süße des Feuerkrauts.

Er bleibt stehen, bückt sich und hebt zwischen den Pflanzen einen kleinen Glaswürfel auf, legt ihn auf die flache Hand und blickt erneut zum Wasser hinab.

»Hier sind sie von der Straße abgekommen«, sagt er und zeigt die Richtung an. Einer der Polizisten geht zum Sandstrand hinunter, folgt dem angezeigten Kurs und schüttelt den Kopf.

»Hier gibt es keine Spuren, nichts«, ruft er zurückgewandt.

»Ich denke, dass ich recht habe«, sagt Joona.

»Das werden wir nie erfahren – es hat einfach zu viel geregnet«, meint der zweite Beamte.

»Aber unter Wasser hat es nicht geregnet«, erwidert Joona.

Er eilt mit großen Schritten zum Ufer hinunter, geht an den Polizisten vorbei und bis zur Wasserlinie. Er folgt dem Fluss einige Meter flussaufwärts und entdeckt unter Wasser Reifenspuren. Die parallelen Abdrücke im sandigen Grund führen in das schwarze Wasser hinab.

»Sehen Sie etwas?«, ruft der Polizist.

»Ja«, antwortet Joona und geht schnurstracks in den Fluss hinaus.

Das kühle Wasser umströmt seine Beine, zieht ihn sanft zur Seite. Er watet mit großen Sätzen hinaus. Es ist schwer, durch die glänzende, fließende Wasserfläche hindurch etwas zu sehen. Lange Wasserpflanzen bewegen sich schlängelnd. Blasen und Partikel treiben mit der Strömung.

Der Polizeibeamte folgt ihm in den Fluss hinaus und flucht vor sich hin.

Etwa zehn Meter weiter draußen erahnt Joona vage eine dunkle Formation.

»Ich rufe Taucher«, sagt der Polizist. Joona zieht rasch sein Jackett aus, reicht es dem Beamten und geht weiter.

»Was tun Sie da?«

»Ich muss wissen, ob sie tot sind«, antwortet er und reicht dem Beamten seine Dienstwaffe.

Das Wasser ist kalt, und die Strömung zerrt an seiner immer schwerer werdenden Hose. Ein Kälteschauer zieht von seinen Beinen das Rückgrat hinauf.

»Es sind Holzstämme im Fluss«, ruft der zweite Polizist. »Sie können hier nicht schwimmen.«

Joona watet weiter hinaus, der Grund fällt steil ab, und als das Wasser ihm bis zum Bauch steht, taucht er sanft unter. Als sich die Gehörgänge füllen, tost es in seinen Ohren. Kaltes Wasser drückt gegen seine geöffneten Augen. Sonnenstrahlen durchschneiden die Oberfläche. Aufgewühlter Schlick bewegt sich in unterschiedlichen Wirbeln.

Er tritt mit den Beinen, gleitet tiefer und sieht plötzlich das Auto. Es steht weiter draußen und neben den Reifenspuren. Die Strömung hat das Fahrzeug in Richtung Flussmitte gezogen.

Das rote Blech schimmert. Die Windschutzscheibe und beide Fenster auf der rechten Seite fehlen komplett, das Wasser strömt durch das Coupé.

Joona schwimmt näher heran und versucht, nicht daran zu denken, welcher Anblick sich ihm unter Umständen bieten wird. Er muss in den Sekunden, die er unter Wasser bleiben kann, konzentriert sein und versuchen, möglichst viel zu registrieren, aber sein Gehirn beschwört dennoch Bilder des Mädchens herauf, das mit dem Sicherheitsgurt diagonal über dem Körper im Fahrersitz hängt. Ausgestreckte Arme, ein gähnender Mund, sich ringelnde, vor ihrem Gesicht wirbelnde Haare.

Sein Herz pocht jetzt härter. Es ist dunkel hier unten. Dämmerung und tosende Stille.

Er nähert sich der hinteren Autotür mit dem herausgeschlagenen Fenster und bekommt den leeren Rahmen zu fassen. Die Kraft des Flusses zieht seinen Körper zur Seite. Es knirscht metallisch, und er verliert den Halt, als der Wagen einen Meter mit der Strömung rutscht. Schlamm wirbelt auf, und er kann kaum noch etwas sehen. Er macht ein paar Schwimmzüge. Die Schlickwolke wird dünner und immer durchsichtiger.

Über ihm, ungefähr drei Meter entfernt, ist die andere, sonnenbeschienene Welt.

Ein mit Wasser vollgesogener Stamm gleitet kurz unter der Wasseroberfläche vorbei wie ein schweres Geschoss.

Seine Lunge beginnt zu schmerzen, wird von leeren Krämpfen durchzuckt. Die Strömung ist in dieser Tiefe ziemlich heftig.

Joona bekommt noch einmal die leere Fensteröffnung zu fassen und sieht, dass sich von seiner Hand Blut ausbreitet. Er zwingt sich tiefer hinunter, auf die Höhe der Autotür, und versucht, hineinzusehen. Schlammpartikel bewegen sich vor seinem Gesicht, Seegras und sich bewegende Pflanzen.

Das Auto ist leer. Es ist niemand darin, kein Mädchen, kein Kind.

Die Windschutzscheibe ist fort, die Scheibenwischer hängen lose. Die Körper können hinausgeschwemmt und taumelnd über den Grund des Flusses getrieben worden sein. Sein Blick registriert die nächste Umgebung des Autos. Dort gibt es nichts, woran die Körper der Kinder hätten hängen bleiben können. Die Felsen sind rundgeschliffen und die Wasserpflanzen zu dünn.

Inzwischen schreit seine Lunge nach Luft, aber er weiß, dass man eigentlich immer noch ein wenig Zeit hat.

Der Körper muss lernen zu warten.

Beim Militär musste er mehrere Male zwölf Kilometer mit einer Signalflagge schwimmen, er ist ohne Taucherausrüstung mit einem Rettungsballon von einem U-Boot aufgestiegen, er ist unter dem Eis im Finnischen Meerbusen geschwommen.

Er kann noch ein paar Sekunden länger auf Sauerstoff verzichten.

Mit kräftigen Zügen schwimmt er um das Auto herum und betrachtet die einförmige Landschaft. Das Wasser zieht wie starker Wind. Schatten treibender Stämme huschen rasch über den Grund.

Vicky fuhr im strömenden Regen von der Straße ab, das Ufer hinunter und ins Wasser. Nach dem Zusammenstoß mit der Ampel waren die Fenster bereits herausgeschlagen, und der Wagen lief sofort voll, rollte weiter und blieb unter der Wasseroberfläche stehen.

Doch wo sind die Körper?

Er muss versuchen, die Kinder zu finden.

Fünf Meter weiter entdeckt er etwas Glitzerndes am Grund, eine Brille, die immer weiter vom Auto fortrollt, zu tieferem Wasser mit stärkerer Strömung. Er müsste zur Oberfläche zurückkehren, denkt aber, dass er vielleicht noch ein bisschen durchhält. Als er hinschwimmt, blitzt es vor seinen Augen, und er streckt die Hand aus und schnappt sich die Brille, als sie vom Grund hochgewirbelt wird. Er wendet, stößt sich ab, schwimmt aufwärts. Vor seinen Augen flimmert es. Er hat keine Zeit, vorsichtig zu sein, muss atmen, um nicht in Ohnmacht zu fallen. Er durchstößt die Oberfläche, schnappt nach Luft und sieht den Stamm eine Sekunde, bevor er gegen seine Schulter schlägt. Es tut so weh, dass er aufschreit. Durch den kräftigen Stoß wird das Kugelgelenk des Arms aus der Schulterpfanne gerissen. Joona taucht wieder unter. In seinen Ohren läutet es wie zum Gottesdient. Vor ihm flackert die Sonne durch gebrochene Lichtreflexe.

59

DIE KOLLEGEN VON DER POLIZEI der Provinz Westliches Norrland hatten in der Zwischenzeit ein Boot zu Wasser gelassen und waren bereits unterwegs, als sie sahen, wie Joona von dem Stamm getroffen wurde. Sie bekamen ihn zu fassen und zogen ihn über die Reling.

»Entschuldigung«, hatte Joona gekeucht, »aber ich musste einfach wissen ...«

»Wo hat Sie der Stamm getroffen?«

»Es sind keine Leichen in dem Wagen«, fuhr Joona fort und stöhnte vor Schmerz.

»Sieh dir mal den Arm an«, sagte der Kollege.

»Shit«, flüsterte der andere.

Blut lief Joonas nasses Hemd herab, und sein Arm war seltsam verdreht und hing anscheinend lose im Muskelgewebe.

Vorsichtig zogen sie die Brille aus seiner Hand und legten sie in eine Plastiktüte.

Einer der Polizisten fuhr ihn zum Krankenhaus in Sundsvall. Joona saß schweigend im Auto, schloss die Augen und presste den Arm fest an seinen Körper. Trotz seiner großen Schmerzen versuchte er zu erklären, wie der Wagen über den Grund gerutscht war und dass Wasser durch die eingeschlagenen Fenster strömte.

»Die Kinder waren nicht da«, flüsterte er fast.

»Im Fluss können Leichen unheimlich weit abtreiben«, meinte der Polizist. »Es ist sinnlos, Taucher hinunterzuschicken, denn entweder verkeilen sie sich an etwas und dann erfährt man es nie ... Oder sie landen wie der Kindersitz unten am Kraftwerk.«

Im Krankenhaus kümmerten sich zwei munter plaudernde Krankenschwestern um Joona. Sie waren blond und sahen aus wie Mutter und Tochter. Schnell und sachlich schälten sie ihn aus den nassen Kleidern. Als sie jedoch anfingen, ihn abzutrocknen und seinen Arm sahen, wurden sie auf einmal sehr still. Sie säuberten und verbanden die Wunde, ehe sie ihn anschließend zum Röntgen brachten. Zwanzig Minuten später betrat ein Arzt das Behandlungszimmer und meinte, er habe sich die Röntgenaufnahmen angesehen. Schnell erklärte er, dass nichts gebrochen sei und es sich lediglich um eine Schulterluxation handele. Die schlechte Nachricht lautete, dass Joona sich die Schulter ausgekugelt hatte, die gute dagegen, dass keine Schädigung des Knorpels vorzuliegen schien. Er musste sich bäuchlings auf die Pritsche legen und den Arm herunterhängen lassen. Daraufhin injizierte der Arzt 20 Milligramm Lidocain direkt in das Gelenk, um den Arm in die richtige Position ziehen zu können. Er saß auf dem Fußboden und zog nach unten, während die eine Krankenschwester das Schulterblatt Richtung Rückgrat presste und die andere das Kugelgelenk des Oberarms in die richtige Position drückte. Es knackte, und Joona biss die Zähne zusammen und atmete langsam auf.

Das Auto mit Vicky Bennet und Dante Abrahamsson verschwand auf einem Straßenabschnitt, von dem es praktisch keine Abfahrten gab. Die Polizei behauptete, alle denkbaren Verstecke überprüft zu haben, und die Kritik der Massenmedien wurde immer schärfer.

Als Joona den Kindersitz im Wasser sah, begriff er, was sie alle übersehen hatten. Wenn das Auto im Wasser gelandet und vom Fluss verschluckt worden war, gab es nur eine Stelle, an der dies nicht von Polizei und Rettungsdienst entdeckt worden wäre.

Hinter Indal führt die Landstraße 86 abrupt nach rechts auf die Brücke über den Fluss, aber der Wagen war weiter geradeaus gefahren – die kleine Grasböschung hinunter, über das sandige Ufer und ins Wasser.

Wegen der fehlenden Fensterscheiben war das Auto binnen kürzester Zeit vollgelaufen, und der strömende Regen hatte die Reifenspuren auf dem sandigen Ufer schnell verwischt. Innerhalb weniger Sekunden war das Auto verschwunden gewesen.

60

Joona ist auf dem Weg in eine Garage der Polizei. Die Luft ist kühl. Sein Arm wurde fixiert und wird von einer dunkelblauen Armbinde geschützt.

In einem großen Plastikzelt steht das von Vicky Bennet gestohlene Auto. Es wurde mit einem Hebekran aus dem Indalsälven geborgen, in Plastik verpackt und hierhertransportiert. Sämtliche Sitze wurden ausgebaut und neben das Auto gestellt. Auf einer langen Bank liegen zahlreiche, in dunkle Plastiktüten verpackte Gegenstände. Joona betrachtet die gesicherten Spuren. Fingerabdrücke von Vicky und Dante. Tüten mit Glassplittern, eine leere Wasserflasche, ein Turnschuh, der mit Sicherheit Vicky gehört hat, sowie die kleine Brille des Jungen.

Die Tür zum angrenzenden Büro geht auf, und Holger Jalmert betritt mit einer Mappe in der Hand die Garage.

»Sie wollten mir etwas zeigen«, sagt Joona.

»Ja, es nützt ja nichts«, seufzt Holger Jalmert und macht eine Geste zum Auto hin. »Die gesamte Windschutzscheibe war fort, das haben Sie ja selbst gesehen, als sie getaucht sind, sie wurde offenbar bei dem Zusammenprall mit der Ampel herausgeschlagen ... Aber ich habe leider auch Haare von dem Jungen am Rahmen gefunden.«

»Es tut mir leid, das zu hören«, sagt Joona und wird von einer Welle großer Einsamkeit übermannt.

»Ja, aber damit haben wir wohl alle schon gerechnet.«

Joona mustert eine Detailfotografie von Haaren an der rechten

Seite des gezackten Rahmens der Windschutzscheibe und eine Vergrößerung, auf der drei Haare mit ausgerissenen Wurzeln zu sehen sind.

Der Wagen fuhr wahrscheinlich mit hoher Geschwindigkeit und wurde beim Aufprall auf das Wasser mit Wucht abgebremst. Alles deutet darauf hin, dass Vicky Bennet und Dante Abrahamsson durch die Reste der Windschutzscheibe hinausgeschleudert wurden.

Joona liest, dass man Glassplitter mit Blutspuren des Jungen gefunden hat. Die Motorhaube wurde eingedrückt und senkte sich unter die Wasseroberfläche.

Joona weiß, dass es keine andere Erklärung dafür gibt, wie Haare von Dantes Kopf dort gelandet sein sollen, als dass er aus seinem Sitz über das Handschuhfach, durch das Fenster und in den Fluss hinausgeschleudert worden ist. Da das Kraftwerk von Bergeforsen seine Überlauftore geöffnet hatte, war die Strömung sehr stark gewesen.

Joona überlegt, dass Vicky Bennets Wut verflogen gewesen sein muss, da sie den Jungen nicht getötet, sondern im Auto mitgenommen hat.

»Denken Sie, der Junge lebte noch, als sie ins Wasser gefahren sind?«, fragt Joona leise.

»Ja, vermutlich wurde er beim Aufprall gegen den Rahmen bewusstlos und ertrank ... aber wir müssen warten, bis die Leichen am Damm hängen bleiben.«

Holger Jalmert hält eine Plastiktüte hoch, in der eine rote Wasserpistole liegt.

»Ich habe selbst einen kleinen Jungen ...«

Jalmert verstummt und setzt sich auf den Bürostuhl.

»Ja«, sagt Joona und legt ihm seine gesunde Hand auf die Schulter.

»Wir müssen der Mutter mitteilen, dass wir die Suche einstellen und einfach abwarten werden«, erklärt der Kriminaltechniker.

✛

In der kleinen Polizeiwache ist es ungewöhnlich still. Einige Streifenpolizisten stehen plaudernd am Kaffeeautomaten, eine Frau tippt langsam an ihrem Computer. Das graue Zwielicht draußen schafft eine düstere Atmosphäre, ein Licht, das an trostlose Schultage erinnert.

Als die Tür aufgeht und Pia Abrahamsson eintritt, verstummen auch die letzten Gespräche. Pia trägt eine Jeans und eine zugeknöpfte Jeansjacke, die über den Brüsten spannt. Ihre nussbraunen Haare, die unter der schwarzen Baskenmütze herausschauen, sind strähnig und ungewaschen.

Sie ist ungeschminkt, und ihre Augen sind ängstlich und müde.

Mirja Zlatnek steht hastig auf und zieht einen Stuhl heran.

»Ich möchte mich nicht setzen«, sagt Pia schwach.

Mirja öffnet einen Knopf am Kragen ihres Hemdes.

»Wir haben Sie gebeten vorbeizukommen, weil ... es ist nämlich so, dass wir befürchten ...«

Pia legt eine Hand auf den Stuhlrücken.

»Was ich zu sagen versuche«, fährt Mirja fort, »ist Folgendes ...«

»Ja?«

»Niemand glaubt, dass die beiden noch leben.«

Pia reagiert kaum. Sie bricht nicht zusammen, sie nickt nur langsam und leckt sich die Lippen.

»Warum glauben Sie, dass die beiden nicht mehr leben?«, erkundigt sie sich mit leiser und eigentümlich ruhiger Stimme.

»Wir haben das Auto gefunden«, sagt Mirja. »Es ist von der Straße abgekommen und im Fluss gelandet. Der Wagen stand in vier Metern Tiefe, er war schwer beschädigt und ...«

Ihre Stimme erstirbt.

»Ich möchte meinen Sohn sehen«, sagt Pia mit derselben unheimlichen Ruhe in der Stimme. »Wo ist seine Leiche?«

»Es ist ... Wir haben die Leichen noch nicht gefunden, aber ...

Ich weiß, es ist schwer für Sie, aber wir haben beschlossen, die Suche mit Tauchern abzubrechen.«

»Aber...«

Pia Abrahamssons Hand fliegt zu ihrem Hals, will nach dem Silberkreuz unter den Kleidern greifen, hält aber über dem Herzen inne.

»Dante ist erst vier«, sagt sie in einem erstaunten Ton. »Er kann nicht schwimmen.«

»Nein«, erwidert Mirja.

»Aber er... er planscht gerne im Wasser«, flüstert Pia.

Ihr Kinn beginnt leicht zu zittern. Unter ihrer Jeansjacke lugt der weiße Priesterkragen heraus. Mit langsamen Bewegungen setzt sie sich wie ein alter und gebrochener Mensch endlich auf den Stuhl.

61

Elin Frank duscht nach dem Dampfbad und geht anschließend über den glänzenden Steinfußboden zu dem großen Spiegel vor dem Doppelwaschbecken, wo sie sich mit einem warmen Badehandtuch abtrocknet. Als sie den schwarzen Kimono anzieht, den sie im Jahr ihrer Scheidung von Jack geschenkt bekam, ist ihre Haut noch heiß und feucht.

Sie verlässt das Bad, geht durch die hellen Zimmer, über weiße Parkettböden und ins Schlafzimmer.

Auf dem Doppelbett hat sie bereits ein kupferglänzendes Kleid von Karen Millen und einen goldfarbenen Slip von Dolce & Gabbana bereitgelegt.

Sie hängt den Kimono auf und parfümiert sich mit La Perla, wartet einen Moment und zieht sich dann an.

Als sie in die großen Salons kommt, sieht sie ihren Berater Robert Bianchi mit einer hastigen Bewegung sein Handy verbergen. Sofort wird sie von schmerzlicher Sorge übermannt.

»Was ist los?«, fragt sie.

Sein jungenhaftes, quergestreiftes T-Shirt ist aus der weißen Jeans gerutscht, so dass man seinen runden Bauch sieht.

»Der Fotograf von der französischen Vogue kommt zehn Minuten später«, sagt Robert, ohne ihrem Blick zu begegnen.

»Ich bin nicht dazu gekommen, die Nachrichten zu sehen«, sagt sie in einem Versuch, unbeschwert zu klingen. »Weißt du, ob die Polizei Vicky schon gefunden hat?«

In den letzten Tagen hat sie es weder gewagt, Nachrichten zu hören, noch Zeitungen zu lesen. Sie musste eine Tablette nehmen, um gegen zehn Uhr einschlafen zu können, und eine weitere, um gegen drei Uhr erneut einzuschlafen.

»Hast du was gehört?«, wiederholt sie schwach.

Robert Bianchi kratzt sich an den kurzgeschnittenen Haaren.

»Elin, ich will wirklich nicht, dass du dir Sorgen machst.«

»Das tue ich nicht, aber es...«

»Keiner wird dich in diese Sache hineinziehen.«

»Es ist bestimmt kein Fehler, sich auf dem Laufenden zu halten«, sagt sie nonchalant.

»Du hast mit dieser Sache nichts zu tun«, beharrt er.

Sie hat ihre Gesichtszüge wieder im Griff und lächelt ihn unverwandt und kühl an:

»Muss ich wütend auf dich werden?«

Er schüttelt den Kopf und zieht das T-Shirt über seinen Bauch.

»Auf dem Weg zu dir habe ich das Ende der Radionachrichten gehört, aber ich weiß nicht, ob es stimmt, was sie sagen«, antwortet er. »Offenbar haben sie das gestohlene Auto in einem Fluss gefunden... und ich glaube, man wollte die Suche mit Tauchern aufnehmen.«

Elin wendet erneut rasch ihr Gesicht ab. Ihre Lippen zittern, und ihr Herz schlägt, als würde es gleich platzen.

»Das hört sich nicht gut an«, sagt sie mit leerer Stimme.

»Soll ich den Fernseher einschalten?«

»Nein, nicht nötig«, flüstert sie.

»Es wäre natürlich furchtbar tragisch, wenn sich herausstellen sollte, dass sie ertrunken sind.«

»Sei nicht so arrogant«, sagt Elin.

Sie muss schlucken. Ihr Hals schmerzt, und sie räuspert sich schwach und schaut auf ihre Handflächen herab.

62

Elin kann sich jederzeit den Tag ins Gedächtnis rufen, an dem Vicky zu ihr kam. Das Mädchen stand mit verschlossenem Gesicht und gelblich verfärbten blauen Flecken auf den Armen in der Tür. Als Elin sie sah, war ihr sofort klar, dass Vicky die Tochter war, nach der sie sich gesehnt hatte. Bis dahin hatte sie nicht einmal gewusst, dass sie von einer Tochter fantasiert hatte, aber als ihr Blick auf Vicky fiel, erkannte sie, wie sehr sie sich ein Kind gewünscht hatte.

Vicky war ganz sie selbst, und so sollte es auch sein.

Anfangs kam das kleine Mädchen jede Nacht zu ihrem Bett gelaufen. Es blieb abrupt stehen, starrte Elin an und kehrte wieder um. Vielleicht glaubte Vicky, dass sie ihre richtige Mutter finden und sich an sie kuscheln können würde, und überlegte es sich dann anders, wenn sie Elin sah, vielleicht ertrug sie es aber auch nicht, ihre Angst zu zeigen, oder wollte das Risiko nicht eingehen, zurückgewiesen zu werden.

Elin hat noch im Ohr, wie sich die kleinen trapsenden Schritte auf dem Parkettboden wieder entfernten.

Manchmal wollte Vicky auf Jacks Schoß sitzen und das Kinderprogramm gucken, aber nie auf ihrem.

Vicky vertraute ihr nicht, wagte es einfach nicht, ihr zu vertrauen, aber sie betrachtete Elin oft verstohlen, das spürte sie.

Die kleine Vicky, das stille Mädchen, das nur spielte, wenn es sicher war, dass keiner es sah. Das sich nicht traute, seine Weihnachtsgeschenke auszupacken, weil es nicht glauben konnte, dass die schönen Pakete tatsächlich ihm gehören sollten. Vicky, die vor jeder Umarmung zurückscheute.

Elin kaufte ihr einen kleinen weißen Hamster in einem großen und lustigen Käfig mit Leitern und langen Tunneln aus rotem Plastik. Vicky kümmerte sich in den Weihnachtsferien um ihn, aber bevor die Schule wieder anfing, war er auf einmal spurlos verschwunden. Es stellte sich heraus, dass Vicky ihn in einem Park in der Nähe ihrer Schule freigelassen hatte. Als Jack ihr erklärte, dass er in der Kälte vielleicht nicht überleben würde, lief sie in ihr Zimmer und schlug die Tür ungefähr zehn Mal zu. In der folgenden Nacht trank sie eine Flasche Bourgogne und übergab sich mehrfach in der Sauna. In derselben Woche klaute sie zwei Brillantringe, die Elin von ihrer Großmutter geerbt hatte. Sie weigerte sich zu erzählen, was sie mit ihnen gemacht hatte, und Elin bekam ihre Ringe nie zurück.

Elin wusste, dass Jack langsam, aber sicher die Nase voll hatte. Er sprach darüber, dass ihr Leben zu kompliziert war, um einem Kind Geborgenheit zu schenken, das so viel Fürsorge benötigte. Er zog sich zurück, hielt sich fern und hörte auf, sich mit dem anstrengenden Mädchen zu beschäftigen.

Sie begriff, dass sie dabei war, ihn zu verlieren.

Als das Jugendamt einen neuen Versuch unternahm, Vicky zu ihrer leiblichen Mutter zurückzubringen, spürte Elin, dass sie und Jack diese Pause wirklich brauchten, um zueinander zurückzufinden. Vicky hatte nicht einmal das Handy angenommen, das Elin ihr gekauft hatte, damit sie in Kontakt bleiben konnten.

Als Jack und Elin im Luxusrestaurant Operakällaren dinierten und sich anschließend geliebt und zum ersten Mal seit mehreren Monaten ungestört eine ganze Nacht durchgeschlafen hatten, erklärte Jack am nächsten Morgen, dass er nicht mehr bei ihr bleiben wolle, wenn sie nicht aufhörte, für Vicky da zu sein.

Elin ließ es zu, dass er die Sachbearbeiterin anrief und ihr mitteilte, dass sie in Zukunft nicht mehr als Bereitschaftspflegeeltern zur Verfügung stehen wollten, dass sie einfach nicht mehr konnten.

Vicky und ihre Mutter verschwanden aus der offenen Anstalt in Västerås und versteckten sich in einem kleinen Haus an einem Spielplatz. Die Mutter ließ Vicky nachts häufig allein, und als sie achtundvierzig Stunden verschwunden blieb, machte sich Vicky alleine auf den Weg nach Stockholm.

Jack war an dem Abend nicht zu Hause, als Vicky im Treppenhaus stand und an Elins Tür klingelte.

Elin hatte nicht gewusst, was sie tun sollte. Sie erinnert sich, wie sie an die Wand gepresst im Flur gestanden und das Mädchen immer wieder an der Tür klingeln und ihren Namen flüstern gehört hatte.

Am Ende war Vicky in Tränen ausgebrochen und hatte den Briefeinwurf geöffnet.

»Bitte, kann ich nicht zurückkommen? Ich möchte bei dir sein. Bitte, Elin, mach die Tür auf… Ich bin auch ganz brav. Bitte, bitte…«

Als Jack und Elin sich von ihrer Aufgabe zurückgezogen hatten, waren sie von der Sozialpädagogin gewarnt worden:

»Sie dürfen Vicky nicht erklären, warum sie nicht mehr für sie da sein können.«

»Warum nicht?«, fragte Elin.

»Dann wird das Mädchen die Schuld natürlich bei sich suchen«, erläuterte die Sozialpädagogin. »Sie wird glauben, dass es ihre Schuld war.«

Deshalb war Elin mucksmäuschenstill geblieben, und nach einer Zeit, die ihr wie eine Ewigkeit vorkam, waren Vickys Schritte im Treppenhaus verklungen.

63

Elin steht vor dem riesigen Badezimmerspiegel und sieht sich in die Augen. Die indirekte Beleuchtung führt zu Spiegelungen auf der ganzen Iris. Sie hat zwei Valium genommen und sich ein Glas Riesling aus dem Rheingau eingeschenkt.

Im großen Salon packt der junge Fotograf Nassim Dubois von der französischen Vogue in diesem Moment seine Ausrüstung aus, um die Beleuchtung vorzubereiten. Das eigentliche Interview wurde in der Vorwoche geführt, als Elin sich aus Anlass einer Wohltätigkeitsauktion in der Provence aufhielt, bei der sie ihre gesamte Sammlung französischer Kunst und das Jean-Nouvel-Haus in Nizza verkauft hatte, um einen Garantiefonds für Mikrokredite für Frauen in Nordafrika ins Leben zu rufen.

Sie entfernt sich vom Spiegel, greift nach dem Telefon und wählt Jacks Nummer, um ihm zu erzählen, dass Vickys Auto im Indalsälven gefunden worden ist. Sie lässt es klingeln, obwohl Jacks Anwalt ihr mitgeteilt hat, dass sämtliche Kontakte Vicky betreffend über seine Kanzlei laufen sollen.

Es ist ihr egal, ob Jack müde klingt. Sie ist nicht mehr in ihn verliebt, muss aber manchmal noch seine Stimme hören.

Vielleicht wird sie ihm auch nur erzählen, dass sie auf der Wohltätigkeitauktion auch seinen Basquiat verkauft hat. Aber bevor er sich meldet, überlegt sie es sich anders und bricht den Anruf ab.

Elin verlässt das Badezimmer, lässt eine Hand stützend über die Wand gleiten, geht durch den Salon zu der großen Glastürfront.

Als sie mit einer Langsamkeit auf die große Terrasse hinaustritt, die sich als sinnlich interpretieren lässt, pfeift Nassim zufrieden.

»Sie sind wirklich wunderbar«, sagt er lächelnd.

Sie weiß, dass ihr das kupferfarbene Kleid mit den schmalen Schulterträgern steht. Um den Hals trägt sie eine flache, handgearbeitete Halskette aus Weißgold, die genau wie die Ohrringe Lichtreflexe auf ihr Kinn und ihren langen Hals wirft.

Er möchte, dass sie sich mit einem riesigen weißen Schal von Ralph Lauren um die Schultern mit dem Rücken zum Terrassengeländer stellt. Sie lässt den Schal im Wind wehen, sieht, dass sich die großen Stoffflächen wie ein Segel füllen und hinter ihr hübsch bauschen.

Er benutzt keinen Belichtungsmesser, winkelt einen silbrigen Reflexschirm jedoch so an, dass ihr Gesicht in Licht getaucht wird.

Er fotografiert sie sehr intensiv von Weitem mit einem Teleobjektiv, kommt dann näher, geht in seiner eng sitzenden Jeans auf die Knie und schießt eine Reihe von Bildern mit einer altmodischen Polaroidkamera.

Sie sieht, dass sich auf Nassims Stirn Schweiß gesammelt hat. Er hört nicht auf, sie zu loben, ist aber die ganze Zeit auf anderes konzentriert, auf die Bildkomposition und das Licht.

»Gefährlich, sexy«, murmelt er.

»Finden Sie?«, erwidert sie lächelnd.

Er hält inne, sieht ihr in die Augen, nickt und lächelt dann breit und verlegen.

»Aber vor allem sexy.«

»Sie sind süß«, sagt sie.

Elin trägt keinen BH und merkt, dass sie im Wind eine Gänsehaut bekommt. Ihre steifen Brustwarzen sind durch das Kleid zu erkennen. Sie ertappt sich dabei zu hoffen, dass er es sieht, und merkt, dass sie betrunken ist.

Er legt sich mit einer altertümlichen Hasselblad-Kamera direkt unter sie und bittet sie, sich vorzubeugen und die Lippen zu spitzen, als wollte sie geküsst werden.

»Une petite pomme«, sagt er.

Sie lächeln sich an, und auf einmal macht der Flirt sie fröhlich, fast ausgelassen.

Durch das dünne, enge T-Shirt erkennt sie deutlich die Konturen seines Brustkorbs. Es rutscht aus der Jeans und entblößt einen flachen Bauch.

Sie spitzt die Lippen ein wenig, und er fotografiert und murmelt, sie sei die Beste, sie sei ein Topmodel, und dann lässt er die Kamera auf die Brust sinken und schaut zu ihr hoch.

»Ich könnte ewig so weitermachen«, sagt er voller Überzeugung, »aber ich sehe, dass Sie frieren.«

»Wir gehen rein und trinken einen Whisky«, sagt sie.

64

ALS SIE IN DIE WOHNUNG KOMMEN, hat das Hausmädchen im großen Kachelofen bereits ein Feuer angezündet. Sie setzen sich auf die Couch, trinken Maltwhisky und sprechen über das Interview und die Mikrokredite, die für viele Frauen, die ihre Lebenssituation verändern wollen, so ungeheuer wichtig geworden sind.

Elin spürt, dass Valium und Alkohol sie ruhig werden lassen, in ihrem Inneren herrscht gleichsam Windstille.

Nassim sagt, dass der französische Journalist über das Interview mit ihr sehr froh war. Dann erzählt er ihr, dass seine Mutter aus Marokko stammt.

»Was Sie da machen, ist eine große Sache«, erklärt er lächelnd. »Wenn meine Großmutter einen solchen Mikrokredit bekommen hätte, wäre das Leben meiner Mutter ganz anders verlaufen.«

»Ich versuche, etwas zu tun, aber...«

Sie verstummt und schaut in seine ernsten Augen.

»Kein Mensch ist perfekt«, sagt er und rückt näher an sie heran.

»Ich habe ein Mädchen im Stich gelassen... das ich nicht im Stich hätte lassen dürfen... das...«

Er streichelt tröstend ihre Wange und flüstert etwas auf Französisch. Sie lächelt ihn an, und der Rausch kribbelt in ihrem Körper.

»Wenn du nicht so jung wärst, würde ich mich verlieben«, sagt sie auf Schwedisch.

»Was haben Sie gesagt?«, fragt er.

»Ich beneide Ihre Freundin«, antwortet sie.

Ihr steigt sein Atem in die Nase, er riecht nach Minze und Whisky. Wie Kräuter, denkt sie, betrachtet seinen schön geschwungenen Mund und bekommt plötzlich Lust, ihn zu küssen, nimmt jedoch an, dass sie ihm damit nur Angst machen würde.

Sie denkt daran, dass Jack kurz nachdem Vicky aus ihrem gemeinsamen Leben verschwunden war, aufhörte, mit ihr zu schlafen. Sie begriff damals nicht, dass er sie einfach nicht mehr begehrte. Sie glaubte, es ginge um Stress, um zu wenig gemeinsame Zeit, um Müdigkeit. Also fing sie an, sich Mühe zu geben. Sie machte sich schick, organisierte romantische Essen, gemeinsame Momente.

Aber er sah sie nicht mehr.

Eines Nachts, als er nach Hause kam und sie mit ihrem hautfarbenen Negligé im Bett liegen sah, sagt er ihr, dass er sie nicht mehr liebte.

Er wolle die Scheidung, habe eine andere Frau kennen gelernt.

»Vorsicht, Sie kleckern«, sagt Nassim.

»Oh Gott«, flüstert sie und verschüttet im selben Moment etwas Whisky auf die Taille ihres Kleids.

»Das macht nichts.«

Er nimmt eine Stoffserviette, geht vor ihr auf die Knie, legt sie vorsichtig auf den Fleck und hält sie fest, während sich seine andere Hand um ihre Taille legt.

»Ich muss mich umziehen«, sagt sie, steht auf und hat Mühe, nicht umzufallen.

Sie spürt Valium, Wein und Whisky mit einem Rauschen durch ihr Gehirn ziehen.

Er stützt sie, als sie durch die Reihe der Salons gehen. Sie fühlt sich müde und schwach, lehnt sich an ihn und küsst seinen Hals. Das Schlafzimmer ist kühl und liegt im Halbschatten. Nur eine cremefarbene Lampe neben dem Nachttisch ist eingeschaltet.

»Ich muss mich hinlegen.«

Sie sagt nichts, als er sie auf das Bett legt und ihr langsam die Schuhe auszieht.

»Ich helfe dir«, sagt er leise.

Sie gibt sich betrunkener, als sie eigentlich ist, bleibt einfach still liegen, als merke sie nicht, dass er mit zitternden Händen ihr Kleid aufknöpft.

Sie hört seine schweren Atemzüge und fragt sich, ob er es wagen wird, sie zu berühren, ihren Rausch auszunutzen.

Sie liegt in ihrem goldfarbenen Slip regungslos im Bett, sieht ihn durch schwankenden Dunst an und schließt die Augen.

Er murmelt etwas, und sie spürt, dass seine Finger vor Nervosität eiskalt sind, als er ihr den Slip abstreift.

Sie betrachtet ihn blinzelnd, als er sich auszieht. Sein Körper ist braun gebrannt, so als würde er öfter auf dem Feld arbeiten. Er ist schlank wie ein Junge und hat ein graues Tattoo auf der Schulter, ein Horusauge.

Ihr Herz schlägt schneller, als er etwas murmelt und zu ihr aufs Bett kommt. Vielleicht sollte sie ihn stoppen, aber seine Lust schmeichelt ihr. Sie denkt, dass sie ihn nicht in sich eindringen lassen wird, ihm stattdessen nur gestatten wird, dass er sie ansieht und masturbiert wie ein Junge.

Sie versucht, sich darauf zu konzentrieren, was geschieht, den Augenblick zu genießen. Er atmet schnell, spreizt behutsam ihre Schenkel, und sie lässt es geschehen.

Sie ist feucht, ganz glatt, aber gleichzeitig nicht wirklich anwesend. Er legt sich auf sie, und sie spürt sein Glied warm und hart an ihrem Schambein. Langsam dreht sie sich weg und schließt die Schenkel.

Sie öffnet die Augen, begegnet seinem furchtsamen Blick und schließt erneut die Augen.

Vorsichtig, als wollte er sie nicht wecken, spreizt er nochmals ihre Schenkel. Sie lächelt in sich hinein, lässt ihn schauen, spürt ihn über sich, und plötzlich gleitet er einfach in sie hinein.

Sie stöhnt leise auf und spürt die festen Schläge seines Herzens, als er sich auf sie legt.

Er ist in ihr und beginnt sofort, keuchend zu stoßen.

Ihr wird übel, sie würde ihn gerne begehren, aber er hat es zu eilig, er stößt zu schnell und viel zu hart. Sie wird von Einsamkeit übermannt und verliert ihre Erregung. Sie bleibt einfach nur still liegen, bis er fertig ist und sich aus ihr zurückzieht.

»Entschuldige, entschuldige«, flüstert Nassim und sammelt seine Sachen ein. »Ich dachte, du wolltest es ...«

Das dachte ich auch, denkt sie, hat jedoch nicht die Kraft, es auszusprechen. Sie hört, dass er sich schnell und leise anzieht und hofft, dass er gehen wird. Sie möchte aufstehen und sich waschen und danach, bis sie einschläft, zu Gott beten, dass Vicky lebt.

65

Joona steht am Geländer und lässt den Blick die hohe Betonwand hinabschweifen. Aus drei Öffnungen schießt Wasser zwanzig Meter in die Tiefe. Unter den Toren neigt sich die Betonwand wie eine gewaltige Rutsche. Riesige Wassermengen strömen über die Wand und schäumen anschließend über das felsige Flussbett.

Sein Arm liegt nach wie vor in einer Armbinde, und das Jackett hängt lose um seine Schultern. Er lehnt sich über das Geländer, blickt auf den Fluss hinaus und denkt an das Auto mit den zwei Kindern im wolkenbruchartigen Regen. Bei Bjällsta war der Wagen so gegen die Ampel geprallt, dass die Fenster zersplitterten. Vicky ist angeschnallt, schlägt aber dennoch auf Grund der seitlich einwirkenden Kräfte gegen das Fenster. Das Auto ist auf einmal voller Glassplitter, und es regnet kalt hinein.

Danach wird es für einige leere Sekunden still.

Der Junge beginnt, in panischer Angst zu schreien. Vicky steigt zitternd aus dem Auto. Scherben rutschen von ihren Kleidern, sie öffnet die hintere Tür, löst den Gurt um den Kindersitz und schaut den Jungen an, sieht nach, ob er verletzt ist und versucht, ihn zu beruhigen, bevor sie weiterfährt.

Vielleicht hatte sie ursprünglich vorgehabt, die Brücke zu nehmen, als sie plötzlich das Blaulicht des Streifenwagens an der Straßensperre am anderen Ufer sieht. In Panik biegt sie von der Straße ab, schafft es nicht mehr, den Wagen rechtzeitig zu bremsen und landet im Wasser. Die Vollbremsung führt dazu, dass Vicky mit dem Gesicht gegen das Lenkrad schlägt und das Bewusstsein verliert.

Als das Auto ins tiefere Wasser rollte, waren die beiden sicher schon ohnmächtig. Die Strömung erfasste ihre leblosen Körper und zog sie sanft und ruhig durch die offenen Fenster heraus und schleifte sie über den felsigen Grund.

Er zieht sein Handy aus der Tasche, um Carlos Eliasson anzurufen. Der Taucher vom Rettungsdienst steht bereits am Steg des Kraftwerks. Der blaue Taucheranzug schmiegt sich eng an seinen Rücken, seine Hände kontrollieren jeden Regler.

»Carlos Eliasson«, meldet sich sein Chef.

»Susanne Öst möchte die Ermittlungen einstellen«, sagt Joona. »Aber ich bin hier noch nicht fertig.«

»Das ist immer bedauerlich, aber der Täter ist nun einmal tot ... und damit ist es finanziell leider nicht mehr zu vertreten, weiter zu ermitteln.«

»Wir haben keine Leichen.«

Er hört Carlos etwas murmeln und einen Hustenanfall bekommen. Joona wartet, während Carlos einen Schluck Wasser trinkt. Er denkt daran, dass er dabei war, Vickys Vergangenheit zu durchforsten, als der Kindersitz gefunden wurde. Dass er nach jemandem suchte, dem sie sich anvertraut hatte, jemand, der wusste, wo sie hingegangen sein könnte.

»Es kann Wochen dauern, bis die Leichen auftauchen«, flüstert Carlos und räuspert sich erneut.

»Aber ich bin hier noch nicht fertig.«

»Du bist so unglaublich stur.«

»Ich muss ...«

»Es ist ja nicht einmal dein Fall«, unterbricht Carlos ihn.

Joona blickt auf einen schwarzen Baumstamm hinab, der in der Strömung treibt und mit einem dumpfen Knall gegen den Rand des Damms schlägt.

»Doch, das ist es«, sagt er.

»Joona«, seufzt Carlos.

»Die Indizien deuten auf Vicky hin, aber es gibt keine Zeugen, und sie ist nicht verurteilt.«

»Man verurteilt keine Toten«, sagt Carlos müde in den Hörer.

Joona denkt an das Mädchen, an das fehlende Motiv und daran, dass sie nach den brutalen Morden in ihrem Bett schlief. Er denkt an Åhlén, der behauptete, dass sie Elisabeth mit einem Hammer, Miranda jedoch mit einem Stein getötet hat.

»Gib mir noch eine Woche, Carlos«, sagt er ernst. »Ich muss einfach ein paar Antworten finden, ehe ich nach Hause komme.«

Carlos murmelt etwas neben dem Hörer.

»Ich verstehe dich nicht«, sagt Joona.

»Das ist nicht offiziell«, wiederholt Carlos lauter, »aber solange die internen Ermittlungen laufen, kannst du mit deinem Kram weitermachen.«

»Welche Mittel stehen mir zur Verfügung?«

»Mittel? Du hast nach wie vor lediglich einen Beobachterstatus und kannst nicht…«

»Ich habe einen Taucher bestellt«, fällt Joona ihm grinsend ins Wort.

»Einen Taucher?«, fragt Carlos aufgebracht. »Weißt du, was das kostet, wenn…«

»Und eine Hundeführerin.«

Joona hört Motorengeräusche, dreht sich um und sieht ein kleines graues Auto neben seinem parken. Es ist ein Messerschmitt Kabinenroller aus den frühen sechziger Jahren mit zwei Vorderrädern und einem Hinterrad. Die Tür geht auf, und Gunnarsson klettert mit einer Zigarette im Mund heraus.

»Ich entscheide hier, ob getaucht wird«, ruft Gunnarsson und eilt zu Joona hinüber. »Sie haben hier nichts verloren.«

»Ich bin als Beobachter hier«, erwidert Joona ruhig und geht zu dem Steg, auf dem sich der Taucher vorbereitet.

66

Der Taucher ist ein Mann Anfang fünfzig mit beginnendem Übergewicht, aber breiten Schultern und muskulösen Oberarmen. Der Taucheranzug aus Neopren schmiegt sich um seinen Bierbauch und seinen Hals.

»Hasse«, stellt er sich vor.

»Die Überlauftore können leider nicht geschlossen werden, es besteht die Gefahr einer Überschwemmung«, sagt Joona.

»Ich verstehe«, erwidert Hasse kurz und schaut auf das aufgewühlte, reißende Wasser hinaus.

»Die Strömung wird sehr stark sein.«

»Ja«, sagt der Taucher mit ruhigem Blick.

»Schaffen Sie das?«

»Ich war Minenräumer bei der Küstenartillerie ... schlimmer kann es hier eigentlich nicht kommen«, antwortet Hasse mit dem Anflug eines Lächelns.

»Haben Sie Nitrox in den Flaschen?«

»Ja.«

»Was zum Teufel ist das?«, fragt Gunnarsson, der sie eingeholt hat.

»Es hat einen höheren Sauerstoffgehalt«, antwortet Hasse, während er sich die Weste überstreift.

»Wie lange werden Sie unten bleiben können?«

»Mit denen hier – vielleicht zwei Stunden ... kein Problem.«

»Ich bin Ihnen sehr dankbar, dass Sie gekommen sind«, sagt Joona.

Der Taucher zuckt mit den Schultern.

»Mein Junge ist in einem Fußballcamp in Dänemark... Ishøj heißt der Ort... Ich hatte ihm eigentlich versprochen mitzukommen, aber wissen Sie, der Junge und ich sind allein... ein bisschen Kohle außer der Reihe können wir gut gebrauchen...«

Er schüttelt den Kopf und zeigt dann auf die Tauchermaske mit der Digitalkamera und auf das Kabel, das zusammen mit der Rettungsleine zu einem Computer führt.

»Ich nehme meine Tauchgänge auf. Sie sehen alles, was ich sehe... und wir können uns unterhalten.«

Ein Stamm, der im Fluss treibt, schlägt gegen den Rand des Damms.

»Warum ist Holz im Wasser?«

Hasse streift sich die Sauerstoffflaschen über und sagt ungerührt:

»Keine Ahnung... wahrscheinlich hat jemand Bauholz abgekippt, das vom Borkenkäfer befallen ist.«

Eine Frau mit einem abgekämpften Gesicht, in Jeans, Gummistiefeln und offener Steppjacke kommt mit einem Schäferhund vom Parkplatz am Kraftwerk.

»Da kommt ein verdammter Bluthund«, sagt Gunnarsson und schaudert.

Hundeführerin Sara Bengtsson geht an einer Seilwinde vorbei und sagt etwas mit leiser Stimme. Der Hund bleibt sofort stehen und macht Sitz. Sie schenkt ihm keinen Blick, geht einfach weiter und setzt voraus, dass er tut, was er tun soll.

»Schön, dass Sie kommen konnten«, sagt Joona und gibt ihr die Hand.

Sara Bengtsson begegnet nur flüchtig seinem Blick, zieht die Hand zurück und scheint in ihren Taschen nach etwas zu suchen.

»Ich habe hier das Sagen«, erklärt Gunnarsson. »Und ich halte nicht viel von Hunden – nur dass Sie es wissen.«

»Jetzt bin ich jedenfalls hier«, erwidert Sara und wirft einen Blick auf den Hund.

»Wie heißt sie?«, fragt Joona.

»Jackie«, antwortet die Frau lächelnd.

»Wir werden jetzt mit einem Taucher hinuntergehen«, erläutert Joona. »Aber es wäre eine große Hilfe, wenn Jackie markieren könnte ... denken Sie, sie schafft das?«

»Ja«, antwortet Sara Bengtsson und tritt gegen einen losen Stein.

»Der Fluss führt viel Wasser, und die Strömung ist verdammt stark«, warnt Gunnarsson.

»Im Frühjahr hat sie eine Leiche in fünfundsechzig Metern Tiefe geortet«, entgegnet Sara Bengtsson und errötet.

»Worauf warten wir, verdammt nochmal?«, fragt Gunnarsson und zündet sich eine Zigarette an.

Sara Bengtsson scheint ihn nicht einmal zu hören. Ihr Blick schweift über das schwarz glitzernde Wasser. Sie steckt die Hände in die Taschen, steht ganz still und sagt mit sanfter Stimme:

»Jackie.«

Die Hündin rührt sich sofort von der Stelle und kommt zu ihr. Sie geht in die Hocke, streichelt das Tier am Hals und hinter den Ohren. Sie spricht aufmunternd mit ihr und erzählt ihr, wonach sie suchen soll. Anschließend gehen sie gemeinsam am Rand des Damms entlang.

Die Hündin ist darauf spezialisiert, die Witterung von Blut und Lungen toter Menschen aufzunehmen. Eigentlich sollen Polizeispürhunde den Leichengeruch mit etwas Positivem assoziieren, aber Sara Bengtsson weiß, dass Jackie unruhig wird und hinterher getröstet werden muss.

Sie kommen an der Stelle vorbei, an der Dantes Kindersitz im Wasser trieb. Sara Bengtsson lenkt Jackies Aufmerksamkeit vorsichtig zum hoch stehenden Wasser.

»Ich glaube nicht, dass das etwas bringt«, bemerkt Gunnarsson lächelnd, zündet sich die Zigarette an und reibt sich über den Bauch.

Sara Bengtsson bleibt stehen und hält die Hündin mit einer Geste auf, als Jackie eine Witterung aufnimmt. Die Hündin streckt ihre lange Schnauze über den Rand.

»Was riechst du?«, fragt sie.

Die Hündin schnüffelt, bewegt sich seitwärts, löst sich dann jedoch von der Duftspur und bewegt sich weiter am Rand entlang.

»Hokuspokus«, murmelt der Taucher und rückt seine Weste gerade.

Joona beobachtet die Hundeführerin und den ungewöhnlich rothaarigen Schäferhund. Die beiden bewegen sich langsam am Geländer entlang und nähern sich dem Zentrum der Strömung direkt über den offenen Toren des Damms.

Aus dem blonden Pferdeschwanz der Frau haben sich Strähnen gelöst und wehen ihr ins Gesicht. Plötzlich bleibt der Hund stehen und winselt, lehnt sich hinaus, leckt sich die Schnauze, wird unruhig, wendet sich um und dreht sich einmal ängstlich um sich selbst.

»Ist da unten jemand?«, fragt Sara Bengtsson fast lautlos und blickt in das schwarze Wasser hinab.

Der Hund will nicht stehen bleiben, geht weiter, schnüffelt an einem Verteilerschrank, kehrt jedoch winselnd zu der Stelle zurück.

»Was ist los?«, fragt Joona und nähert sich.

»Ich weiß es ehrlich gesagt nicht, sie hat nicht markiert, benimmt sich aber, als wäre ...«

Die Hündin bellt, und die Frau geht neben ihr in die Hocke.

»Was ist denn los, Jackie?«, fragt sie zärtlich. »Was ist denn da so merkwürdig?«

Als Sara sie umarmt und sagt, dass sie ein tüchtiges Mädchen ist, wedelt die Hündin mit dem Schwanz. Jackie wimmert und legt sich hin, kratzt sich mit der Pfote hinter dem Ohr und leckt sich die Schnauze.

»Was machst du denn da?«, fragt Sara mit einem überraschten Lächeln.

67

Es vibriert grollend im Damm. Wasserdichte Leichensäcke liegen säuberlich zusammengefaltet auf der Plastikwanne mit Signalbojen, mit denen die Position eventueller Funde markiert werden sollen.

»Dann fange ich wohl am besten beim Kraftwerk an und suche den Bereich Planquadrat für Planquadrat ab«, sagt Hasse.

»Nein, wir gehen runter, wo der Hund reagiert hat«, sagt Joona.

»Haben hier jetzt die Damen das Wort?«, fragt Hasse beleidigt.

Tief unter der glatten, strömenden Wasseroberfläche befinden sich die Öffnungen der Überlauftore, und vor ihnen sitzen kräftige Eisengitter, die alles aufhalten, was im Fluss treibt.

Der Taucher testet die Sauerstoffzufuhr aus den Flaschen mit Nitrox 36 auf seinem Rücken. Er schließt das Kabel der Kamera an das Notebook an und setzt anschließend seine Tauchermaske auf. Joona sieht sich selbst auf dem Bildschirm.

»Winken Sie der Kamera zu«, meint Hasse und gleitet ins Wasser.

»Wenn die Strömung zu stark ist, brechen wir ab«, sagt Joona.

»Seien Sie vorsichtig«, ruft Gunnarsson.

»Ich bin daran gewöhnt, in fließenden Gewässern zu tauchen«, erklärt Hasse. »Falls ich aber doch nicht wieder hochkommen sollte, können Sie meinem Jungen ja ausrichten, dass ich wohl besser mitgefahren wäre.«

»Wenn wir hier fertig sind, trinken wir im Hotel Laxen ein Bier«, erwidert Gunnarsson und winkt.

Hasse Boman verschwindet im Wasser, die Oberfläche wallt kurz auf und glättet sich anschließend wieder. Gunnarsson lächelt und schnippt seinen Zigarettenstummel über den Rand. Die Bewegungen des Tauchers sind schemenhaft als eine dunkle, pulsierende Formation zu erkennen. Auf dem Computerbildschirm sieht man nur die raue Betonwand, die im Licht der Kameralampe vorübergleitet. Die schweren Atemzüge des Tauchers rauschen im Lautsprecher.

»Wie tief sind sie jetzt?«, erkundigt sich Joona.

»Erst neun Meter«, antwortet Hasse Boman.

»Ist die Strömung stark?«

»Es kommt mir vor, als würde jemand an meinen Beinen ziehen.«

Joona verfolgt den Abstieg des Tauchers auf dem Computerbildschirm. Die Betonwand gleitet aufwärts. Die Atemzüge klingen schwerer. Manchmal sieht man die Hände des Tauchers auf der Wand. Die blauen Handschuhe leuchten im Licht der Lampe.

»Da ist nichts«, sagt Gunnarsson ungeduldig und geht ein paar gestresste Schritte auf und ab.

»Die Hündin hat etwas gewittert...«

»Sie hat nicht markiert«, unterbricht Gunnarsson ihn mit erhobener Stimme.

»Stimmt, aber sie hat etwas gerochen«, entgegnet Joona hartnäckig.

Er denkt daran, wie die Leichen über den Grund taumelnd immer näher an die starke Strömung in der Flussmitte herangetrieben wurden.

»Siebzehn Meter... die Strömung ist jetzt wirklich verdammt stark«, meldet sich der Taucher blechern.

Gunnarsson lässt die Rettungsleine ins Wasser, die schnell über das Metallgeländer läuft und im Wasser verschwindet.

»Das geht zu schnell«, sagt Joona. »Füllen Sie die Tarierweste.«

Der Taucher beginnt, die Weste mit großen Mengen Luft aus den Flaschen zu füllen. Eigentlich tut er dies sonst nur zum Ausgleichen und beim Aufstieg, aber er weiß, dass Joona recht hat, wegen des vielen Treibguts im Wasser muss er das Tempo drosseln.

»Alles in Ordnung«, berichtet er nach einer Weile.

»Wenn möglich, würde ich Sie bitten, sich das Gitter anzuschauen«, erklärt Joona.

Hasse Boman bewegt sich eine Weile langsamer, ehe die Geschwindigkeit erneut zunimmt. Es kommt ihm vor, als würde das Kraftwerk die Überlauftore noch weiter öffnen. Müll, Stöcke und Blätter strömen senkrecht an seinem Gesicht vorbei nach unten.

Als ein Baumstamm schnell näher kommt und hart gegen den Rand des Damms schlägt, zieht Gunnarsson das Kabel und die Rettungsleine zur Seite.

68

Hasse Boman spürt, dass die starke Strömung ihn nach unten zieht. Wieder geht das viel zu schnell. In seinen Ohren tost das Wasser. Bei einem Zusammenprall könnte er sich beide Beine brechen. Sein Herz schlägt schnell, und er versucht, die Tarierweste noch weiter zu füllen, aber das Einlassventil klemmt.

Seine Hände versuchen, die Geschwindigkeit zu drosseln, Algenschlieren lösen sich von der Betonwand und verschwinden mit der Strömung abwärts.

Er verrät den Polizisten über ihm nicht, dass er allmählich Angst bekommt.

Der Sog ist weitaus stärker, als er jemals für möglich gehalten hätte. Es geht immer schneller. Luftblasen und Sand rinnen durch den engen Lichtkegel und verschwinden. Jenseits des Lichtscheins ist alles vollkommen schwarz.

»Wie tief sind Sie jetzt?«, fragt der Kommissar aus Stockholm.

Hasse Boman antwortet nicht, hat keine Zeit, auf den Tiefenmesser zu schauen, muss diese Abwärtsbewegung stoppen. Eine Hand tastet nach dem Atemregler, während die andere versucht, ihn aufrecht zu halten.

Eine alte Plastiktüte flattert vorbei.

Er stürzt abwärts, versucht das Ventil auf dem Rücken zu erreichen, schafft es aber nicht, den Regler zuzuschrauben und stößt mit dem Ellbogen gegen die Betonwand. Er schlingert heftig, spürt das Adrenalin im Blut, denkt in Panik, dass er die Kontrolle über den Abstieg zurückgewinnen muss.

»Sechsundzwanzig Meter«, keucht er.

»Dann kommen Sie jetzt gleich zu den Gittern«, erwidert der Kommissar.

Das Wasser, das entlang der glatten Betonwand zu den Gittern hinabgesogen wird, lässt seine Beine unkontrolliert zittern. Hasse fällt schnell und erkennt, dass er Gefahr läuft, auf abgebrochene Bretterenden oder scharfe Äste gespießt zu werden. Um sich halten zu können, wird er Bleigewichte lösen müssen, obwohl er auch weiß, dass er Gewichte behalten muss, um wieder zur Oberfläche aufsteigen zu können.

Die Blasen der ausgeatmeten Luft, die seine Tauchermaske verlassen, verschwinden in einer glitzernden Perlenkette abwärts. Der Sog scheint noch einmal stärker zu werden, und eine neue Strömung wird immer kräftiger und trifft mit großer Kraft seinen Rücken. Das Wasser wird schnell kälter. Es fühlt sich an, als würde ihn der ganze Fluss gegen die Wand pressen.

Er sieht einen großen grünen Zweig von oben durch das dunkle Wasser näher kommen. Er rutscht mit zitternden Blättern an der Betonwand entlang. Hasse Boman versucht, ihm auszuweichen, aber er verfängt sich in der Rettungsleine und schlägt gegen ihn, passiert zitternd und verschwindet anschließend rasch in der Dunkelheit.

»Was ist passiert?«, fragt der Kommissar.

»Hier ist eine Menge Müll im Wasser.«

Mit zitternden Händen löst der Taucher Bleigewichte von seiner Weste und schafft es so endlich, den rasanten Fall zu stoppen. Zitternd hängt er an der Betonwand. Die Sicht wird im Licht der Lampe immer schlechter, Sand und Erde trüben das strömende Wasser.

Plötzlich hält er inne, seine Füße sind gegen etwas gestoßen, er blickt hinab und begreift, dass er den oberen Rand des Gitters erreicht hat, einen Absatz aus Beton. Zahlreiche Äste, ganze Baumstämme, Laub und Abfall haben sich vor dem Einlaufgitter angesammelt. Der Sog durch das Gitter und in das Tor ist so kräftig, dass jede Bewegung unmöglich erscheint.

»Ich bin jetzt an Ort und Stelle«, sagt er schnell. »Aber es ist schwierig, etwas zu sehen, hier unten hat sich jede Menge Mist angestaut...«

Vorsichtig klettert er zwischen den großen Ästen hindurch und hält die Rettungsleine frei. Er überwindet einen vibrierenden Baumstamm. Hinter einem verdrehten Tannenzweig bewegt sich eine weiche und dunkle Gestalt. Als er sich ihr nähert, stöhnt er vor Anstrengung.

»Was tut sich?«

»Hier ist etwas...«

69

Das Wasser ist grau und vor dem Gesicht des Tauchers wirbeln Luftblasen. Er hält sich mit einer Hand fest, streckt die andere aus und versucht, die dichten Nadeln wegzubiegen.

Plötzlich ist es direkt vor seinem Gesicht. Ein aufgesperrtes Auge und eine nackte Zahnreihe. Er keucht auf und rutscht, überrumpelt von der Nähe, fast ab. Es ist ein optisches Phänomen, dass man unter Wasser alles näher wahrnimmt. Man gewöhnt sich daran, aber wenn man derart überrascht wird, kann man sich nicht dagegen wehren. Der große Körper des Elchs liegt direkt am Gitter, aber sein Hals ist zwischen einem dicken Ast und einem abgebrochenen Ruder festgekeilt, und der Kopf wird in der starken Strömung heftig hin und her geworfen.

»Ich habe einen Elch gefunden«, sagt er und zieht sich zurück, entfernt sich von dem toten Tier.

»Dann hat der Hund darauf reagiert«, sagt Gunnarsson.

»Soll ich hochkommen?«

»Suchen Sie noch ein bisschen«, antwortet Joona.

»Weiter unten oder eher seitlich?«

»Was ist das da? Geradeaus?«, erkundigt sich Joona.

»Das sieht wie Stoff aus«, antwortet Hasse Boman.

»Können Sie dorthin gelangen?«

Hasse Boman spürt die Milchsäure in Armen und Beinen. Er lässt den Blick langsam über alles schweifen, was sich am Gitter angesammelt hat, und versucht, hinter schwarze Tannenzweige und zwischen Äste zu schauen. Alles bebt. Er denkt, dass er mit dem Honorar für diesen Tauchgang die neue Playstation kaufen wird. Er wird seinen Sohn damit überraschen, wenn er aus dem Trainingscamp zurückkommt.

»Ein Karton, das ist nur ein Karton...«

Er versucht die aufgeweichte Wellpappe fortzuschieben. Der Karton reißt in der Mitte ganz sanft. Ein loser Fetzen wird von der Strömung erfasst und an das Gitter gesaugt.

»Ich kann bald nicht mehr, ich komme jetzt hoch«, sagt er.

»Was ist das Weiße da?«, fragt Joona.

»Wo?«

»Wo Sie jetzt hinsehen, da war etwas«, antwortet Joona. »Ich dachte, ich hätte da etwas zwischen den Blättern gesehen, am Gitter, etwas tiefer.«

»Vielleicht eine Plastiktüte?«

»Nein«, widerspricht Joona.

»Kommen Sie jetzt hoch«, ruft Gunnarsson. »Wir haben einen Elch gefunden, das hat dieser Köter gerochen.«

»Ein Spürhund kann von einem Kadaver gestört werden, aber nicht so«, sagt Joona. »Ich glaube, dass die Hündin auf etwas anderes reagiert hat.«

Hasse Boman klettert weiter hinunter und zieht Blätter und kleine, ineinanderhängende Äste fort. Seine Muskeln zittern vor Anstrengung. Die starke Strömung schiebt ihn vor sich her. Er muss mit einem Arm dagegenhalten. Die Sicherheitsleine zittert unablässig.

»Ich finde hier nichts«, keucht er.

»Abbrechen«, ruft Gunnarsson.

»Soll ich abbrechen?«, fragt Hasse Boman.

»Wenn Sie müssen«, antwortet Joona.

»Es ist nicht jeder wie Sie«, faucht Gunnarsson ihn an.

»Was soll ich tun?«, fragt der Taucher. »Ich muss wissen, was ich tun...«

»Bewegen Sie sich seitlich«, sagt Joona.

Hasse Boman wird von einem Ast im Nacken getroffen, sucht aber weiter. Er zerrt alte Schilfrohre und Sumpfbinsen fort, von denen die untere Ecke des Gitters bedeckt ist. Es sammeln sich immer wieder neue. Er wühlt schneller und sieht plötzlich etwas Unerwartetes: eine Umhängetasche aus glänzendem, weißem Stoff.

»Warten Sie! Rühren Sie die Tasche nicht an«, sagt Joona. »Gehen Sie näher heran, und beleuchten Sie sie.«

»Sehen Sie die Tasche jetzt?«

»Es könnte Vickys sein. Legen Sie die Tasche vorsichtig in eine Tüte.«

70

Die blanke Oberfläche des Flusses bewegt sich schimmernd Richtung Damm. Ein Baumstamm treibt in der Strömung schnell heran. Ein abstehender Ast streift über die Wasseroberfläche. Gunnarsson gelingt es nicht mehr, die Sicherungsleine wegzuziehen, und man hört einen Knall, gefolgt von einem Klatschen, und die digitale Verbindung zum Taucher ist unterbrochen.

»Wir haben den Kontakt zu ihm verloren«, sagt Joona.
»Er muss hochkommen.«
»Ziehen Sie drei Mal an der Leine.«
»Er reagiert nicht«, sagt Gunnarsson und zieht.
»Sie müssen ziemlich fest reißen«, sagt Joona.

Gunnarsson zieht erneut drei Mal an der Leine und bekommt praktisch sofort eine Antwort.

»Es hat mit zwei Rucken geantwortet«, sagt Gunnarsson.
»Dann kommt er jetzt hoch.«
»Die Leine wird schlaff – er ist unterwegs.«
»Da kommen noch mehr Baumstämme«, ruft Gunnarsson.
»Er muss schleunigst aus dem Wasser«, erwidert Joona.

Etwa zehn Baumstämme treiben auf den Damm zu. Sie nähern sich schnell. Gunnarsson klettert über das Geländer, und Joona holt mit seinem gesunden Arm die Sicherungsleine ein.

»Ich glaube, ich sehe ihn«, ruft Gunnarsson und zeigt auf eine Stelle im Wasser.

Der blaue Taucheranzug schimmert unter der fließenden Wasseroberfläche wie eine Flagge im Wind.

Joona reißt sich die Armbinde herunter, hebt den Bootshaken

auf und sieht, dass der erste Stamm zwei Meter entfernt gegen den Rand schlägt und sich nach außen dreht.

Joona drückt den nächsten Stamm zur Seite, stößt ihn mit dem Bootshaken an, so dass er sich unter den ersten schiebt und die beiden anfangen, zusammen zu rollen.

Hasse Boman durchstößt die Oberfläche, und Gunnarsson lehnt sich hinaus und streckt ihm die Hand entgegen.

»Komm hoch, komm hoch!«

Hasse Boman sieht ihn erstaunt an und greift nach dem Rand des Damms. Joona steigt mit dem Bootshaken auf die Außenseite des Geländers, um die Holzstämme abzudrängen.

»Beeilt euch«, ruft er.

Ein Stamm mit nasser schwarzer Rinde nähert sich schnell und ist unter der Oberfläche kaum zu sehen.

»Aufpassen!«

Joona stößt den Bootshaken zwischen die rollenden Stämme, und Sekunden später schlägt der dunkle Stamm gegen den Schaft, zerbricht ihn, ändert dann seine Richtung, verpasst den Kopf des Tauchers um zwanzig Zentimeter und kracht mit großer Wucht gegen den Damm. Der Stamm fährt herum und peitscht mit einem nassen Ast so gegen Hasse Bomans Rücken, dass er wieder unter Wasser gedrückt wird.

»Versuchen Sie, an ihn heranzukommen«, ruft Joona.

Die Leine verhakt sich an dem Stamm, und Hasse wird unter Wasser gezogen. Luftblasen steigen an die Oberfläche. Die Leine spannt sich mit einem singenden Ton über dem Metallgeländer. Das Holz rollt polternd gegen die Betonwand. Hasse zieht sein Messer und durchschneidet die Rettungsleine, tritt mit den Beinen und bekommt Gunnarssons Hand zu fassen.

Noch ein Stamm schlägt gegen die anderen, gefolgt von drei weiteren, als Gunnarsson Hasse Boman aus dem Wasser zerrt.

Gunnarsson hilft ihm, die schweren Flaschen auszuziehen, und der Taucher sinkt zu Boden. Joona nimmt ihm die Tüte ab. Mit zitternden Händen streift der Taucher seinen Anzug und die Unterwäsche ab. Er ist voller blauer Flecken, und aus den Schürfwunden an seinem Rücken steigt Blut und verfärbt das verschwitzte T-Shirt. Als er aufsteht, hat er große Schmerzen und flucht in sich hinein.

»Das war wahrscheinlich nicht unbedingt das Cleverste, was ich in meinem Leben getan habe«, keucht er.

»Aber ich denke, dass Sie etwas Wichtiges gefunden haben«, sagt Joona.

Er betrachtet die Tasche in der wassergefüllten Plastiktüte, die sich in dem trüben Wasser fast schwerelos zu bewegen scheint. Einige gelbe Grashalme geraten in Bewegung. Behutsam dreht er die schwere Tüte herum und hält sie gegen die Sonne. Seine Finger sinken in das nachgiebige Plastik ein und stoßen die Tasche an.

»Wir suchen nach Leichen, und Sie freuen sich über eine verdammte Tasche«, sagt Gunnarsson seufzend.

Das Licht fällt durch die Tüte, und auf Joonas Stirn wabert ein leuchtend gelber Schatten. Er sieht, dass an der Unterseite der Tasche dunkelbraune Flecken sind. Das ist Blut. Er ist sich sicher, dass es Blut ist.

»Sie ist blutig«, sagt Joona. »Das hat die Hündin gerochen, der Geruch war vermischt mit dem des Elchs... Deshalb wusste sie nicht, wie sie markieren sollte.«

Noch einmal wendet Joona die schwere, kühle Tüte um. Die Tasche dreht sich sanft, und das trübe Wasser zirkuliert um sie herum.

71

Joona steht vor den verschlossenen Toren der Polizeigarage in dem großen Industriegebiet an der Bergsgatan in Sundsvall. Er möchte mit den Kriminaltechnikern sprechen und sich die Tasche vom Damm ansehen, aber es geht weder jemand ans Telefon noch meldet sich jemand an der Türsprechanlage. Das Gelände hinter dem hohen Zaun wirkt verlassen, der Parkplatz ist leer, und alle Türen sind verschlossen.

Joona steigt ins Auto und fährt zum Polizeipräsidium in der Storgatan, in dem Gunnarsson sein Büro hat. Auf der Treppe begegnet er Sonja Rask. Sie ist in Zivil, hat nach dem Duschen feuchte Haare, ist leicht geschminkt und wirkt gut gelaunt.

»Hallo«, sagt Joona. »Ist Gunnarsson oben?«

»Vergessen Sie ihn«, sagt sie und schneidet eine müde Grimasse. »Der denkt die ganze Zeit, dass man ihm was will und glaubt, dass Sie ihm seinen Job wegnehmen wollen.«

»Ich bin hier nur als Beobachter.«

Sonjas dunkle Augen leuchten ihn warm an:

»Ja, ich habe gehört, dass Sie einfach ins Wasser gewatet und zu dem Auto geschwommen sind.«

»Nur um zu gucken«, erwidert Joona lächelnd.

Sie lacht und gibt ihm einen Klaps auf den Arm, doch dann gewinnt ihre Schüchternheit wieder die Oberhand, und sie eilt die Treppe hinunter.

Joona setzt seinen Weg nach oben fort. Im Pausenraum läuft wie üblich das Radio. Jemand spricht monoton in ein Telefon, und durch zwei Glastüren sieht er etwa zehn Personen, die sich an einem Konferenztisch unterhalten.

Gunnarsson sitzt am Kopfende. Joona geht zur Tür. Eine Frau am Tisch begegnet Joonas Blick und schüttelt den Kopf, doch Joona drückt trotzdem die Klinke herunter und tritt ein.

»Was zum Teufel«, murmelt Gunnarsson, als er Joona sieht.

»Ich muss mir Vicky Bennets Tasche ansehen«, sagt Joona ungehalten.

»Wir sind hier gerade mitten in einer Besprechung«, erwidert Gunnarsson, als wäre damit alles gesagt, und blickt auf seine Papiere herab.

»Es ist alles draußen bei den Kriminaltechnikern in der Bergsgatan«, erläutert Rolf verlegen.

»Da ist keiner«, sagt Joona.

»Jetzt hören Sie aber mal auf«, schnauzt Gunnarsson ihn an. »Die Ermittlungen sind eingestellt worden, und von mir aus können die internen Ermittler Sie zum Frühstück fressen.«

Joona nickt und verlässt das Präsidium, geht zu seinem Auto zurück und bleibt eine Weile regungslos sitzen, ehe er zum Regionalkrankenhaus in Sundsvall fährt. Er versucht einzukreisen, was ihn an den Morden im Haus Birgitta eigentlich so beunruhigt.

Vicky Bennet, denkt er. Das liebe Mädchen, das vielleicht nicht immer so lieb war. Vicky Bennet zerfleischte die Gesichter von Mutter und Sohn mit einer kaputten Flasche.

Sie wurden schwer entstellt, holten aber dennoch keinen Arzt und erstatteten auch keine Anzeige.

Bevor Vicky ertrank, stand sie unter dem Verdacht, zwei brutale Morde begangen zu haben.

Alles deutet darauf hin, dass sie sich im Haus Birgitta auf die Tat vorbereitete, die Nacht abwartete, Elisabeth mit einem Hammer tötete, um an ihre Schlüssel zu kommen, ins Haus zurückkehrte, die Tür zum Isolierzimmer aufschloss und Miranda umbrachte.

Seltsam ist nur, dass Åhlén behauptet, Miranda sei mit einem Stein getötet worden.

Warum sollte Vicky den Hammer in ihrem Zimmer lassen und stattdessen einen Stein holen?

Joona hat in Erwägung gezogen, dass sich sein alter Freund geirrt haben könnte. Deshalb hat er Åhléns Annahme noch niemandem gegenüber erwähnt. Åhlén soll seine Theorie selbst vorstellen, sobald er mit seinem Bericht fertig ist.

Ebenso seltsam ist, dass Vicky nach den Morden in ihrem Bett schlief.

Holger Jalmert nannte Joonas Beobachtung interessant, aber nicht zu beweisen.

Aber Joona weiß, dass er recht hat. Er hat gesehen, dass frisches Blut auf den Laken verteilt oder abgewischt wurde und dieses Blut eine Stunde später schlierige Abdrücke von Vickys Arm hinterließ, als sie sich im Schlaf umdrehte.

Ohne Zeugen wird er wahrscheinlich niemals eine Antwort bekommen.

Joona hat das Berichtsbuch im Haus Birgitta gelesen und Elisabeth Grims letzte Eintragung am Freitag gesehen, aber nichts in den kurzen Notizen kündigt die gewaltsamen Vorgänge der Nacht an.

Die Jugendlichen haben nichts gesehen.

Keiner kannte Vicky Bennet.

Joona hat bereits beschlossen, ein Gespräch mit dem Therapeuten Daniel Grim zu führen.

Es ist einen Versuch wert, obwohl es ihm eigentlich widerstrebt, sich einem trauernden Menschen aufzudrängen. Aber Daniel Grim ist nun einmal der Mensch, zu dem die Mädchen das größte Vertrauen zu haben scheinen, und wenn jemand verstehen kann, was dort geschehen ist, dann vermutlich er.

Joona greift langsam nach seinem Handy, spürt den Schmerz in der Schulter, wählt die Nummer des Krankenhauses und denkt an den Therapeuten, der im Haus Birgitta eintraf. Wie sehr der Mann darum kämpfte, vor den Jugendlichen nicht die Fassung zu verlieren. Als er dann jedoch damit konfrontiert wurde, dass jemand seine Frau ermordet hatte, war der Schmerz so intensiv, dass sein Gesicht nur noch Verwirrung spiegelte.

Die Ärzte nennen seine Reaktion Arousal. Eine Stressreaktion, die das Erinnerungsvermögen eine ganze Weile stören kann.

»Psychiatrie, Rebecka Stenbeck«, meldet sich nach fünf Klingeltönen eine Frau.

»Ich würde gerne mit einem ihrer Patienten sprechen... Sein Name ist Daniel Grim.«

»Einen Moment, bitte.«

Er hört die Frau auf einer Tastatur tippen.

»Tut mir leid, aber der Patient darf keine Anrufe entgegennehmen«, sagt sie.

»Wer entscheidet das?«

»Der behandelnde Arzt«, antwortet die Frau kühl.

»Können Sie mich bitte mit ihm verbinden?«

Es klickt und tutet dann.

»Rimmer.«

»Ich heiße Joona Linna, ich bin Kommissar bei der Landeskriminalpolizei«, sagt er. »Es ist wichtig, dass ich mit einem Patienten namens Daniel Grim sprechen kann.«

»Mag sein, aber das ist ausgeschlossen«, erwidert Rimmer sofort.

»Wir ermitteln hier in einem Doppelmord und...«

»Keiner widersetzt sich meiner Entscheidung und gefährdet die Genesung des Patienten.«

»Mir ist bewusst, dass es Daniel Grim sehr schlecht geht, aber ich verspreche Ihnen, dass...«

»Meiner Einschätzung nach«, unterbricht Carl Rimmer ihn freundlich, »meiner Einschätzung nach wird der Patient wieder gesund, so dass die Polizei ihn bald wird vernehmen können.«

»Wann?«

»In schätzungsweise zwei Monaten.«

»Ich müsste ihn aber eigentlich schon jetzt kurz sprechen«, versucht Joona es noch einmal.

»Als sein Arzt muss ich das ablehnen«, entgegnet Rimmer unerschütterlich. »Nach der Vernehmung durch ihren Kollegen war er wirklich furchtbar aufgewühlt.«

72

Flora eilt mit den schweren Einkaufstüten aus dem Supermarkt nach Hause. Der Himmel ist schon dunkel, aber die Straßenlaternen sind noch nicht angegangen. Ihr Bauch krampft sich zusammen, als sie an ihren Anruf bei der Polizei denkt, bei dem sie abgewiesen wurde und anschließend mit schamrotem Kopf dasaß. Die Polizistin hatte ihr gesagt, es sei strafbar, anzurufen und zu lügen, trotzdem hatte sie ein zweites Mal zum Hörer gegriffen und angerufen, um über die Mordwaffe zu sprechen. Jetzt muss sie immer wieder an dieses Telefonat denken:

»Polizei«, meldete sich die Frau, die sie eben erst verwarnt hatte.

»Ich heiße Flora Hansen«, sagte sie und schluckte hart. »Ich habe gerade schon einmal angerufen...«

»Wegen der Morde in Sundsvall«, erwiderte die Frau ruhig.

»Ich weiß, wo die Mordwaffe liegt«, log sie.

»Ist Ihnen bewusst, dass ich Anzeige erstatten werde, Frau Hansen?«

»Ich bin ein Medium, ich habe das blutige Messer gesehen, es liegt im Wasser... in dunklem, glitzerndem Wasser – das ist alles, was ich gesehen habe, aber ich... gegen Bezahlung kann ich mich in Trance versetzen und die genaue Stelle angeben.«

»Frau Hansen«, sagte die Polizistin ernst. »In den nächsten Tagen wird Ihnen die Anzeige zugestellt werden, und die Polizei wird...«

Flora hatte aufgelegt.

Nun geht sie an dem kleinen türkischen Laden vorbei, bleibt

stehen und durchwühlt den Papierkorb auf der Suche nach Pfandflaschen, nimmt die Einkaufstüte in die linke Hand, geht zum Hauseingang, sieht, dass das Schloss aufgebrochen wurde und tritt ins Treppenhaus.

Der Aufzug ist im Keller stecken geblieben. Sie steigt die Treppe in den zweiten Stock hinauf, schließt die Tür auf, betritt den Flur und drückt auf den Schalter der Deckenlampe.

Es klickt, aber das Licht geht nicht an.

Flora stellt die Einkaufstüte ab, schließt die Tür und zieht die Schuhe aus, und als sie sich bückt, um sie wegzustellen, sträuben sich die Haare auf ihren Armen.

Plötzlich ist es kühl geworden in der Wohnung.

Sie nimmt den Kassenzettel und das Wechselgeld aus dem Portemonnaie und geht zum dunklen Wohnzimmer.

Sie erahnt die Couch, den großen, durchgesessenen Sessel, das schwarze Glas des Fernsehers. Es riecht nach elektrischem Staub, überhitzten Schaltkreisen.

Ohne über die Türschwelle zu treten, streckt sie die Hand aus und tastet auf der Tapete nach dem Stromschalter.

Als sie auf ihn drückt, passiert nichts.

»Ist jemand zu Hause?«, flüstert sie.

Der Fußboden knarrt, und eine Teetasse klirrt auf ihrem Unterteller.

Jemand bewegt sich durch die Dunkelheit, und die Tür zum Badezimmer wird geschlossen.

Flora folgt der Gestalt.

Der PVC-Boden unter ihren Füßen ist kalt wie an einem Wintertag, an dem man zu lange gelüftet hat. Als Flora die Hand ausstreckt, um die Tür zum Badezimmer zu öffnen, fällt ihr im selben Moment ein, dass Ewa und Hans-Gunnar an diesem Abend gar nicht zu Hause sind. Sie wollten in die Pizzeria, um den Geburtstag eines Freundes zu feiern. Obwohl ihr bewusst ist, dass im Badezimmer niemand ist, vollendet ihre Hand die angefangene

Bewegung und schiebt die Tür halb auf. In dem grauen Zwielicht, das vom Badezimmerspiegel reflektiert wird, sieht sie etwas. Sie ringt nach Luft und schreckt zurück.

Auf dem Fußboden liegt, zwischen Badewanne und Toilette, ein Kind. Es ist ein Mädchen, das sich die Hände vor die Augen hält. Neben ihrem Kopf sieht Flora eine große dunkle Blutlache, und kleine rote Tropfen sind auf die weißen Ränder der Wanne, die gekachelte Wand und den Duschvorhang gespritzt.

Flora stolpert über den Schlauch des Staubsaugers, rudert mit dem Arm und reißt Ewas koloriertes Gipsrelief von Kopenhagen herunter, stürzt nach hinten und schlägt mit dem Hinterkopf auf den Fußboden des Flurs.

73

DER BODEN UNTER FLORAS RÜCKEN ist kalt wie ein hartgefrorener Acker, als sie den Kopf hebt und ins Badezimmer starrt.

Ihr Herz pocht.

Sie kann das Mädchen nicht mehr sehen.

Es gibt weder Blutspritzer auf dem Badewannenrand noch auf dem Vorhang. Neben der Toilette liegt eine von Hans-Gunnars Jeans.

Sie blinzelt und denkt, dass sie sich versehen haben muss.

Sie schluckt, lässt den Kopf auf dem Boden ruhen und wartet, bis sich ihr Herz beruhigt. In ihrem Mund breitet sich ein deutlich spürbarer Blutgeschmack aus. Sie sieht, dass die Tür zu ihrem Mädchenzimmer weiter hinten im Flur offen steht. Sie schaudert und bekommt Gänsehaut am ganzen Körper.

Sie weiß, dass sie zu war, weil sie ihre Tür immer schließt.

Plötzlich wird von ihrem Zimmer aus eisige Luft angesogen. Sie sieht kleine hüpfende Wollmäuse und verfolgt sie mit den Augen. Sie tanzen im Luftzug über den Flurboden und zwischen zwei nackte Füße.

Flora hört sich selbst einen seltsamen, jammernden Laut von sich geben.

Das Mädchen, das neben der Badewanne lag, steht nun im Türrahmen zu ihrem Zimmer.

Flora versucht, sich aufzusetzen, aber ihr Körper ist vor Angst betäubt. Sie weiß, dass sie einen Geist sieht, zum ersten Mal in ihrem Leben sieht sie tatsächlich einen Geist.

Es sieht so aus, als hätte das Mädchen seine Haare zu einer hübschen Frisur hochgesteckt, doch die ist blutig und verfilzt.

Flora atmet schnell und hört die Pulsschläge in den Ohren donnern.

Als das Mädchen auf Flora zugeht, verbirgt es etwas hinter seinem Rücken. Es bleibt mit seinen nackten Füßen nur einen Schritt vor Floras Gesicht stehen.

»Was habe ich hinter meinem Rücken?«, fragt das Mädchen so leise, dass man die Worte kaum versteht.

»Du existierst nicht«, flüstert Flora.

»Möchtest du, dass ich dir meine Hände zeige?«

»Nein.«

»Aber ich habe doch gar nichts...«

Ein schwerer Stein plumpst hinter dem Mädchen auf den Boden, so dass er erzittert und Krümel des zerbrochenen Gipsbilds hochhüpfen.

Lächelnd zeigt das Kind seine leeren Hände.

Der Stein liegt hinter ihm, zwischen den Füßen, dunkel und groß. Mit scharfen Kanten, als stamme er aus einer Eisenerzgrube.

Das Mädchen tritt prüfend mit dem Fuß dagegen, so dass er sich leicht bewegt, dann schiebt es den Stein unter großer Anstrengung zur Seite.

»Nun stirb doch endlich«, murmelt das Mädchen vor sich hin. »Nun stirb endlich.«

Das Kind geht in die Hocke, legt seine hellgrauen Hände auf den Stein, bewegt ihn ein wenig und versucht, ihn richtig zu greifen, rutscht ab, wischt sich die Hände an seinem Kleid trocken, fängt wieder an, wälzt den Stein mit einem dumpfen Knall auf die Seite.

»Was hast du vor?«, fragt Flora.

»Mach die Augen zu, dann bin ich weg«, antwortet das Mädchen, packt den scharfkantigen Stein und hebt ihn über Floras Kopf.

Der Stein ist schwer, aber es hält ihn mit zitternden Armen direkt über Floras Gesicht. Die dunkle Unterseite des Steins scheint feucht zu sein.

Plötzlich ist der Strom wieder da. Überall gehen Lampen an. Flora rollt auf die Seite und setzt sich auf. Das Mädchen ist verschwunden. Aus dem Fernseher dringen laute Stimmen zu ihr, und der Kühlschrank surrt.

Sie steht auf, schaltet weitere Lampen an, geht zu ihrem Zimmer, öffnet die Tür, macht die Deckenlampe an, öffnet die Schränke und schaut unters Bett. Anschließend setzt sie sich an den Küchentisch. Sie merkt, dass ihre Hände zittern, als sie versucht, die Nummer der Polizei zu wählen.

Die automatische Vermittlung präsentiert ihr eine Reihe von Wahlmöglichkeiten. Sie kann eine Straftat melden, einen sachdienlichen Hinweis geben oder Antworten auf allgemeine Fragen bekommen. Diese letzte Möglichkeit eröffnet ihr den Kontakt zu einer Telefonistin.

»Polizei«, meldet sich eine freundliche Stimme an ihrem Ohr. »Womit kann ich Ihnen helfen?«

»Ich möchte gerne mit jemandem sprechen, der diese Sache in Sundsvall bearbeitet«, sagt Flora mit zitternder Stimme.

»Und worum geht es?«

»Ich glaube ... ich glaube, dass ich die Mordwaffe gesehen habe«, flüstert Flora.

»Soso«, meint die Telefonistin. »Dann schlage ich vor, dass Sie mit unserer Abteilung für sachdienliche Hinweise sprechen. Ich verbinde Sie.«

Flora will gerade protestieren, als sie auch schon das Klicken im Hörer hört. Wenige Sekunden später meldet sich erneut eine Frau.

»Annahme sachdienlicher Hinweise, was kann ich für Sie tun?«

Flora weiß nicht, ob es die Frau ist, die wütend auf sie wurde, als sie die Lüge von einem blutigen Messer auftischte.

»Ich würde gerne mit jemandem sprechen, der den Mord in Sundsvall bearbeitet«, versucht sie es.

»Sie können erst einmal mit mir sprechen«, erwidert die Stimme.

»Es war ein großer Stein«, sagt Flora.

»Ich kann Sie nicht verstehen, sprechen Sie bitte lauter.«

»Was da in Sundsvall passiert ist ... Sie müssen nach einem großen Stein suchen. Auf der Unterseite ist er blutig und ...«

Flora verstummt und spürt, dass aus ihren Achselhöhlen Schweiß herabläuft.

»Wie kommt es, dass Sie etwas über die Morde in Sundsvall wissen?«

»Ich habe ... jemand hat mir davon erzählt.«

»Jemand hat Ihnen von dem Mord in Sundsvall erzählt.«

»Ja«, flüstert Flora.

Sie hört ihr Herz bis in die Schläfen pochen, und in ihren Ohren rauscht es laut.

»Sprechen Sie weiter«, sagt die Frau.

»Der Mörder hat einen Stein benutzt ... einen Stein mit scharfen Kanten, das ist alles, was ich weiß.«

»Wie heißen Sie?«

»Das spielt keine Rolle, ich will nur ...«

»Ich erkenne Ihre Stimme«, sagt die Polizistin. »Sie haben schon einmal angerufen und von einem blutigen Messer gesprochen. Ich habe Anzeige gegen Sie erstattet, Flora Hansen ... aber vielleicht sollten Sie sich lieber mit einem Arzt in Verbindung setzen – Sie brauchen vermutlich ärztliche Hilfe.«

Die Polizistin legt auf, und Flora bleibt mit dem Hörer in der Hand sitzen. Als die Einkaufstüte im Flur von alleine umkippt, zuckt sie so zusammen, dass sie den Küchenrollenhalter umstößt.

74

Vor einer Stunde ist Elin Frank nach einer langen und anstrengenden Vorstandssitzung in ihre Wohnung zurückgekehrt.

Sie stöhnt vor Angst auf, als sie daran denkt, dass sie Valium genommen, dazu Alkohol getrunken und mit dem Fotografen der Vogue geschlafen hat. Sie redet sich immer wieder ein, dass sie sich ablenken musste, dass es ein unbedeutendes Abenteuer war, dass sie das brauchte, dass es lange her war, dass sie Sex hatte. Trotzdem bricht ihr vor Scham der Schweiß aus.

Sie hat sich in der Küche eine Flasche Perrier geholt und geht in ihrer alten, blassroten Trainingshose und einem verwaschenen T-Shirt mit einem rissigen Bild von Abba durch die Räume. Im Salon bleibt sie vor dem Fernseher stehen, als eine sehr große Frau in einem riesigen Stadion auf eine Hochsprunglatte zuläuft. Elin stellt die Mineralwasserflasche auf den Glastisch, nimmt den Haargummi, den sie um ihr Handgelenk trägt, und bindet ihre Haare zu einem Pferdeschwanz, ehe sie ins Schlafzimmer weitergeht.

Am späteren Abend wird sie eine Telefonkonferenz mit ihrer Dependance in Chicago leiten, dabei wird sie ein Paraffinbad nehmen und eine Maniküre bekommen. Um acht nimmt sie dann an einem Wohltätigkeitsdiner teil und wird an einem der vorderen Tische sitzen mit dem Vorstandsvorsitzenden von Volvo als Tischherrn. Die Kronprinzessin wird einen Preis aus Geldern des Allgemeinen Erbfonds verleihen und Roxette für die Unterhaltung der Gäste sorgen.

Sie geht zwischen die hohen Schränke in ihrem begehbaren Kleiderschrank. Das Geräusch des Fernsehapparats nimmt sie wahr, ohne genau hinzuhören, so dass sie nicht bemerkt, dass die Nachrichten anfangen. Sie öffnet einige der Kleiderschränke, und ihre Augen huschen über die Kleidungsstücke. Schließlich entscheidet sie sich für ein grünspanfarbenes Kleid, das Modeschöpfer Alexander McQueen für sie persönlich entwerfen ließ.

Aus dem Fernseher dringt der Name Vicky Bennet an ihr Ohr.

Mit pochender Furcht im Körper lässt sie das Kleid zu Boden fallen und kehrt in den Salon zurück.

Der große Fernsehapparat hat einen schmalen weißen Rahmen, so dass es aussieht, als würde das gestochen scharfe Bild direkt auf die weiße Wand projiziert. Ein Kommissar namens Olle Gunnarsson wird vor einem tristen Polizeipräsidium interviewt. Er versucht, geduldig zu lächeln, aber sein Blick ist gereizt. Er streicht sich über seinen Schnäuzer und nickt.

»Dazu kann ich auf Grund der laufenden Ermittlungen nichts sagen«, antwortet er und räuspert sich kurz.

»Aber die Suche mit Tauchern haben Sie abgebrochen?«

»Das ist richtig.«

»Heißt das, dass sie die Leichen gefunden haben?«

»Kein Kommentar.«

Das Licht des Fernsehers blitzt im Raum auf, und Elin starrt auf die Bilder von der Bergung des stark beschädigten Autos. Der Kran hebt es senkrecht hoch, es durchbricht die Wasseroberfläche und beginnt zu schaukeln. Schäumend schießt das Wasser heraus, während eine ernste Stimme mitteilt, dass der Wagen, den Vicky Bennet gestohlen hat, am heutigen Tag im Indalsälven gefunden wurde, und die Polizei befürchtet, dass sowohl die mordverdächtige Vicky Bennet als auch der vierjährige Dante Abrahamsson umgekommen sind.

»Die Polizei möchte sich zu den Funden nicht näher äußern, aber *Aktuell* hat aus verlässlichen Quellen erfahren, dass die Taucher ihre Suche vor Ort abgebrochen haben und die landesweite Fahndung aufgehoben wurde....«

Als ein Bild von Vicky eingeblendet wird, hört Elin nicht mehr, was der Nachrichtensprecher sagt. Sie ist älter und schmaler geworden, hat sich ansonsten jedoch kaum verändert. Elin hat das Gefühl, ihr Herz würde stehen bleiben. Sie erinnert sich, was für ein Gefühl es war, wenn sie das schlafende Mädchen getragen hat.

»Nein«, flüstert Elin. »Nein...«

Sie starrt das schmale und blasse Gesicht des Mädchens an. Die herabhängenden Haare, ungepflegt und verfilzt, immer schwer in Fasson zu bringen.

Sie ist noch immer ein Kind, und nun sagen sie, dass Vicky tot ist. Ihr Blick ist trotzig, sie wird gezwungen, in die Kamera zu schauen.

Elin entfernt sich vom Fernseher, taumelt, stützt sich an der Wand ab und merkt nicht, dass sich ein wertvolles Ölgemälde von Erland Cullberg vom Haken löst und zu Boden fällt.

»Nein, nein, nein«, wimmert sie. »Nicht so, nicht so... nein, nein...«

Das Letzte, was sie von Vicky hörte, war ihr Schluchzen im Treppenhaus, und nun ist sie tot.

»Ich will nicht«, schreit sie.

Mit pochendem Herzen geht sie zu dem beleuchteten Vitrinenschrank mit dem großen Seder-Teller, den sie von ihrem Vater bekommen hat, es ist ein Familienerbstück. Sie packt die Oberkante des Schranks und reißt ihn mit aller Kraft um. Er kracht mit einem lauten Knall auf den Boden. Die Glaswände gehen zu Bruch, Splitter wirbeln über den Parkettboden, und der reich dekorierte Teller zerbricht.

Sie krümmt sich, als hätte sie unerträgliche Bauchschmerzen, und kauert sich auf dem Fußboden zusammen. Sie atmet keuchend und denkt immer wieder, dass sie eine Tochter hatte.

Ich hatte eine Tochter, ich hatte eine Tochter, ich hatte eine Tochter.

Sie setzt sich auf, nimmt eine große Scherbe des Seder-Tellers ihres Vaters und zieht die scharfe Kante hart über ihr Handgelenk. Warmes Blut tropft in ihren Schoß. Erneut zieht sie die scharfe Bruchkante der Scherbe über ihr Handgelenk, stöhnt vor Schmerz und hört ein rasselndes Geräusch an der Wohnungstür. Jemand öffnet die Tür und kommt herein.

75

Joona brät in einer gusseisernen Pfanne bei großer Hitze zwei Scheiben Rinderfilet an. Er hat die Fleischstücke umbunden und würzt sie mit grobgemahlenem schwarzem und grünem Pfeffer. Als die Tournedos gebräunt sind, salzt er sie und legt sie anschließend auf die Bratkartoffeln im Ofen. Während das Fleisch gart, kocht er eine Sauce aus Portwein, Korinthen, Kalbsfond und Trüffeln ein.

Mit ruhigen, abwesenden Bewegungen schenkt er anschließend einen Rotwein aus dem Saint Émilion in zwei Gläser ein.

Ein erdiger Duft von Merlot und Cabernet Sauvignon hat sich in der Küche verbreitet, als es an der Tür klingelt.

Disa steht in einem rot- und weißgepunkteten Regenmantel davor. Ihre Augen sind groß, und ihr Gesicht ist regennass.

»Joona, ich möchte testen, ob du wirklich so ein guter Polizist bist, wie alle immer sagen.«

»Und wie testet man das?«, fragt er.

»Mit einem Feldversuch«, antwortet sie. »Findest du, dass ich wie immer aussehe?«

»Hübscher«, erwidert er.

»Nein«, sagt sie lächelnd.

»Du warst beim Friseur und trägst zum ersten Mal seit einem Jahr die Haarspange aus Paris.«

»Noch etwas?«

Er lässt den Blick über ihr schmales Gesicht, die glänzenden Haare im Pagenschnitt und ihren schlanken Körper schweifen.

»Die da sind neu«, sagt er und zeigt auf ihre hochhackigen Stiefel.

»Marc Jacobs ... Ein bisschen zu teuer für mich.«

»Schick.«

»Sonst siehst du nichts?«

»Ich bin noch nicht fertig«, sagt er, nimmt ihre Hände in die seinen, dreht sie um und mustert die Fingernägel.

Sie kann sich ein Lächeln nicht verkneifen, als er murmelt, dass sie denselben Lippenstift aufgetragen hat wie damals, als sie im Södra-Theater waren. Behutsam berührt er ihre Ohrringe und begegnet anschließend ihrem Blick, verweilt in ihm und weicht so weit zurück, dass das Licht der Stehlampe auf ihr Gesicht fällt.

»Deine Augen«, sagt er. »Die linke Pupille zieht sich im Licht nicht zusammen.«

»Tüchtiger Polizist«, sagt sie. »Ich habe Augentropfen bekommen.«

»Du hast das Auge untersuchen lassen?«, fragt er.

»Der Glaskörper hat eine Beule abbekommen, aber es ist nicht weiter schlimm«, sagt Disa und geht in die Küche.

»Das Essen ist gleich fertig. Das Fleisch muss nur noch ein bisschen ruhen.«

»Wie schön du hier alles gemacht hast«, sagt Disa.

»Wir haben uns lange nicht mehr gesehen«, erwidert er. »Ich freue mich sehr, dass du gekommen bist.«

Sie prosten sich schweigend zu, und wie immer, wenn Joona sie ansieht, wird ihr innerlich ganz warm, und sie hat das Gefühl zu leuchten. Disa zwingt sich fortzusehen, schwenkt den Wein in ihrem Bordeauxglas, atmet das Bukett ein und probiert noch einmal.

»Gut temperiert«, stellt sie fest.

Joona legt das Fleisch und die Kartoffeln auf ein Bett aus Rucola, Basilikum und Thymian.

Vorsichtig schlängelt er die Sauce über den Teller und denkt, dass er sich längst mit Disa hätte aussprechen sollen.

»Und, wie ist es dir so ergangen?«

»Ohne dich, meinst du? Besser denn je«, entgegnet Disa bissig.

Es wird still am Tisch, und sie legt sanft ihre Hand auf seine.

»Entschuldige«, sagt sie, »aber manchmal werde ich so wütend auf dich. Wenn ich mein schlechteres Ich bin.«

»Und wer bist du jetzt?«

»Mein schlechteres Ich«, sagt sie.

Joona trinkt einen Schluck Wein.

»Ich habe in der letzten Zeit viel an die Vergangenheit gedacht«, setzt er an.

Sie lächelt und hebt die Augenbrauen:

»In der letzten Zeit? Du denkst immer an die Vergangenheit.«

»Tue ich das?«

»Ja, du denkst an sie ... Aber du sprichst nie über sie.«

»Nein, ich ...«

Er verstummt, und seine hellgrauen Augen werden schmal. Disa läuft ein Schauer über den Rücken.

»Du hast mich zum Essen eingeladen, weil wir uns aussprechen müssen«, sagt sie. »Ich hatte eigentlich beschlossen, nie mehr mit dir zu reden, aber dann rufst du an ... nach Monaten ...«

»Ja, weil ...«

»Ich bin dir doch scheißegal, Joona.«

»Disa ... du kannst von mir denken, was du willst«, sagt er ernst. »Aber ich möchte, dass du weißt, wie sehr du mir am Herzen liegst ... Du liegst mir am Herzen, und ich denke ständig an dich.«

»Ja«, sagt sie bedächtig und steht auf, ohne seinem Blick zu begegnen.

»Es geht um ganz andere Dinge, um schreckliche Dinge, die ...«

Joona steht da und sieht zu, als sie den gepunkteten Regenmantel anzieht.

»Tschüss«, flüstert sie.

»Disa, ich brauche dich«, hört er sich sagen. »Ich will dich.«

Sie starrt ihn an. Ihr glänzender, dunkler Pony reicht bis zu ihren Wimpern herab.

»Was hast du gerade gesagt?«, fragt sie nach einer Weile.

»Ich will dich haben, Disa.«

»Sag so etwas nicht«, murmelt sie und zieht den Reißverschluss der Stiefel hoch.

»Ich brauche dich, ich habe dich die ganze Zeit gebraucht«, fährt er fort. »Aber ich wollte dich nicht in Gefahr bringen, ich konnte den Gedanken nicht ertragen, dass dir vielleicht etwas zustößt, wenn wir ...«

»Was soll mir denn zustoßen?«, unterbricht sie ihn.

»Du könntest verschwinden«, erklärt er schlicht und umfasst ihr Gesicht mit beiden Händen.

»Du bist doch hier derjenige, der verschwindet«, flüstert sie.

»Ich bin kein Angsthase, ich rede von wirklichen Gefahren, die ...«

Sie stellt sich auf die Zehen, küsst ihn auf den Mund und verharrt anschließend ganz nahe in der Wärme seines Atems. Er sucht ihren Mund, küsst sie mehrmals vorsichtig, bis sie die Lippen öffnet.

Sie küssen sich langsam, und Joona knöpft ihren Regenmantel auf und lässt ihn zu Boden fallen.

»Disa«, flüstert er und streichelt ihre Schultern und den Rücken.

Er presst sich an sie, atmet den seidenen Duft ein, küsst sie aufs Schlüsselbein und den schlanken Hals, nimmt das Goldkettchen in den Mund, küsst ihr Kinn und ihren weichen, feuchten Mund.

Er sucht ihre warme Haut unter der dünnen Bluse. Die kleinen Druckknöpfe öffnen sich tickend. Ihre Brustwarzen sind steif, und ihr Bauch bebt unter den schnellen Atemzügen.

Sie sieht ihm ernst in die Augen und zieht ihn ins Schlafzimmer. Ihre Bluse steht offen, und ihre Brüste leuchten weiß wie Porzellan.

Sie bleiben stehen und küssen sich wieder. Seine Hände gleiten ihr Rückgrat hinab, zum Po und unter den glatten Stoff ihres Slips.

Disa macht sich behutsam frei, spürt die Wärme in ihrem Schoß pochen und weiß, dass sie schon feucht ist. Ihre Wangen glühen rot, und ihre Hände zittern, als sie seine Hose aufknöpft.

76

Nach dem Frühstück bleibt Disa mit ihrer Kaffeetasse im Bett sitzen und liest auf ihrem iPad die Sunday Times, während Joona duscht und sich anzieht.

Am Vortag hatte er beschlossen, nicht ins Nordische Museum zu gehen, um sich die samische Brautkrone aus geflochtenen Wurzeln anzusehen.

Stattdessen blieb er mit Disa zusammen. Was dann geschah, hatte er nicht geplant. Aber vielleicht lag es daran, dass Rosa Bergmans Demenz endgültig jede Verbindung zu Summa und Lumi gekappt hat.

Mehr als zwölf Jahre sind vergangen.

Er muss begreifen, dass er sich nicht mehr fürchten muss.

Aber er hätte vorher mit Disa sprechen, sie warnen und ihr von dem erzählen sollen, was ihm solche Angst macht, so dass sie selbst hätte wählen können.

Er steht in der Tür und sieht sie lange an, ohne dass sie es merkt, und geht dann in die Küche und wählt die Nummer von Professor Holger Jalmert.

»Hier ist Joona Linna.«

»Ich habe schon gehört, dass Gunnarsson Stress gemacht hat«, sagt Jalmert amüsiert. »Ich habe ihm hoch und heilig versprechen müssen, Ihnen keine Kopien der Berichte zu schicken.«

»Dürfen Sie denn mit mir sprechen?«, fragt Joona, greift nach seinem Brot und der Kaffeetasse und winkt Disa zu, die mit gerunzelter Stirn auf ihrem iPad liest.

»Wahrscheinlich nicht«, erklärt Holger Jalmert, wird dann aber wieder ernst.

»Sind Sie schon dazu gekommen, sich die Tasche anzugucken, die wir am Damm gefunden haben?«, erkundigt sich Joona.

»Ja, ich bin fertig und fahre gerade nach Umeå zurück.«

»Gab es schriftliches Material in der Tasche?«

»Außer einer Quittung von einem Zeitungskiosk nichts.«

»Ein Handy?«

»Nein, leider nicht«, sagt Jalmert.

»Was haben wir dann?«, fragt Joona und schaut über die Häuserdächer hinweg in den grauen Himmel hinauf.

Holger Jalmert atmet durch die Nase ein und spricht weiter, als würde er aus dem Gedächtnis zitieren:

»Aller Wahrscheinlichkeit nach sind auf der Tasche Blutflecken. Ich habe ein Stück ausgeschnitten und unverzüglich an das Kriminaltechnische Labor geschickt... Ein bisschen Make-up, zwei verschiedene Lippenstifte, ein Stummel eines schwarzen Kajalstifts, eine Haarspange aus rosa Plastik, Haarnadeln, ein Portemonnaie mit einem Totenkopf, ein bisschen Geld, ein Foto von ihr selbst, eine Art Fahrradwerkzeug, eine Pillendose ohne Etikett... die habe ich auch ans Labor geschickt... ein Blister Stesolid, zwei Stifte... Außerdem habe ich im Futter der Tasche versteckt ein Besteckmesser gefunden, das so scharf geschliffen war wie ein Sushimesser.

»Aber nichts Schriftliches, keine Namen, keine Adressen?«

»Nein, das war alles...«

Joona hört Disas Füße auf dem Holzboden hinter sich, bleibt aber einfach stehen. Er spürt die Wärme ihres Körpers, schaudert und fühlt eine Sekunde später ihre weichen Lippen auf seinem Nacken und ihre Arme um seinen Körper.

Als Disa in der Dusche steht, setzt Joona sich an den Küchentisch und wählt die Nummer von Solveig Sundström, die für die Mädchen aus dem Haus Birgitta zuständig ist.

Vielleicht weiß sie, welche Medikamente Vicky genommen hat.

Es klingelt acht Mal, und dann klickt es und eine Stimme klingt, als wäre sie ziemlich nah:

»Caroline ... die an ein hässliches Handy gegangen ist, das auf dem Sessel lag.«

»Ist Solveig da?«

»Nein, ich weiß nicht, wo sie gerade ist – kann ich ihr etwas ausrichten?«

Caroline ist das ältere Mädchen, einen Kopf größer als Tuula. Sie hatte alte Injektionsnarben in der Armbeuge, wirkte aber eigentlich ganz vernünftig, intelligent und zielstrebig in ihrem Versuch, sich zu verändern.

»Ist bei euch alles in Ordnung?«, fragt er.

»Sie sind der Kommissar, nicht wahr?«

»Ja.«

Es wird still, dann fragt Caroline vorsichtig:

»Ist es wahr, dass Vicky tot ist?«

»Wir glauben leider, dass es sich so verhält«, antwortet Joona.

»Das ist ein total komisches Gefühl«, sagt Caroline.

»Weißt du, welche Medikamente sie genommen hat?«

»Vicky?«

»Ja.«

»Sie war unglaublich schlank und hübsch für jemanden, der Zyprexa nimmt.«

»Das ist ein Neuroleptikum, oder?«

»Ich habe es früher auch genommen, aber mittlerweile nehme ich nur noch Imovane, um schlafen zu können«, sagt das Mädchen. »Es ist echt schön, Zyprexa los zu sein.«

»Hat das Mittel viele Nebenwirkungen?«

»Das ist bestimmt bei jedem anders, aber bei mir ... ich habe garantiert zehn Kilo zugenommen.«

»Wird man müde davon?«, will Joona wissen und sieht die blutigen Laken vor sich, auf denen Vicky geschlafen hat.

»Am Anfang ist es umgekehrt ... ich brauchte die Tablette nur in den Mund zu nehmen, schon ging der Mist los ... es kribbelt am ganzen Körper, man ärgert sich über jede Kleinigkeit und brüllt herum ... einmal habe ich mein Handy an die Wand geworfen und die Vorhänge heruntergerissen ... aber nach einer Weile kippt die Stimmung und dann hat man das Gefühl, eine warme Decke würde sich auf einen legen ... man wird ruhig und will einfach nur schlafen.«

»Weißt du, ob Vicky auch noch andere Medikamente genommen hat?«

»Sie hat es sicher wie die meisten von uns gemacht und alles gehamstert, was etwas bringt ... Stesolid, Lyrica ...«

Im Hintergrund ist eine Stimme zu hören, und Joona begreift, dass die Krankenschwester den Raum betreten und Caroline mit dem Handy am Ohr gesehen hat.

»Ich werde das als Diebstahl melden«, sagt die Frau.

»Es hat geklingelt, und ich bin rangegangen«, entgegnet Caroline. »Es ist ein Kommissar, der Sie sprechen will ... Sie stehen unter dem Verdacht, Miranda Ericsdotter ermordet zu haben.«

»Sehr witzig«, faucht die Frau, nimmt das Handy und räuspert sich, ehe sie sich meldet: »Solveig Sundström.«

»Ich heiße Joona Linna, ich bin Kommissar bei der Landeskriminalpolizei und ermittle ...«

Die Frau unterbricht wortlos die Verbindung, und Joona ruft nicht wieder an, denn er hat seine Antwort bereits bekommen.

77

UNTER DEM FLACHEN DACH einer Statoil-Tankstelle hält ein weißer Opel, und eine Frau in einem hellblauen Strickpullover steigt aus, wendet sich der Tanksäule mit Kartenzahlung zu und wühlt in ihrer Umhängetasche.

Ari Määtiläinen wendet den Blick von der Frau ab und legt zwei dicke Grillwürste auf das Bett aus Kartoffelpüree mit Texassauce und Röstzwiebeln. Er sieht den dicken, auf das Essen wartenden Motorradfahrer kurz an und erklärt ihm mechanisch, dass man sich Kaffee und Coca-Cola am Automaten holen kann.

Die Reißverschlüsse an der Lederjacke des Motorradfahrers schaben über die Glasscheibe der Verkaufstheke, als er sich vorlehnt und das Essen in Empfang nimmt.

»Danke«, sagt er auf Deutsch und geht zum Kaffeeautomaten.

Ari stellt das Radio ein wenig lauter und sieht, dass die Frau in dem hellblauen Pullover ein wenig zur Seite getreten ist, während das Benzin in den Tank ihres Opels läuft.

Als die Nachrichtensprecherin von den letzten Entwicklungen in dem spektakulären Entführungsfall berichtet, horcht Ari Määtiläinen auf:

»Die Suche nach Vicky Bennet und Dante Abrahamsson wurde abgebrochen. Die Polizei des Westlichen Norrlands hüllt sich in Schweigen, aber unterrichteten Kreisen zufolge hat sich die Befürchtung bestätigt, dass die gesuchten Personen bereits am Samstagmorgen ums Leben gekommen sind. Kritik wurde laut, weil die Polizei eine landesweite Fahndung ausgelöst hat. Die Redaktion hat vergeblich versucht, Carlos Eliasson, den Leiter der Landeskriminalpolizei, zu erreichen und...«

»Was zum Teufel«, flüstert Ari.

Er schaut auf das Post-it, das noch neben der Kasse klebt, greift nach dem Telefon und wählt ein weiteres Mal die Nummer der Polizei.

»Polizei, Sonja Rask«, meldet sich eine Frau.

»Hallo«, sagt Ari. »Ich habe sie gesehen... ich habe das Mädchen und den Jungen gesehen.«

»Mit wem spreche ich bitte?«

»Ari Määtiläinen... ich arbeite in der Statoil in Dingersjö... ich habe Radio gehört, und in den Nachrichten haben sie gesagt, sie wären am Samstagmorgen gestorben, aber das kann nicht sein, ich habe die beiden in der Nacht auf Sonntag hier gesehen.«

»Meinen Sie Vicky Bennet und Dante Abrahamsson?«, fragt Sonja Rask skeptisch.

»Ja, ich habe sie in der Nacht gesehen, es war schon Sonntag früh, also können sie ja wohl unmöglich am Samstag gestorben sein, wie die im Radio gesagt haben, nicht wahr?«

»Sie haben in der Nacht zum Sonntag Vicky Bennet und Dante Abrahamsson gesehen?«

»Ja.«

»Und warum haben Sie uns nicht schon früher angerufen?«

»Das habe ich, ich habe mit einem Polizisten gesprochen.«

Ari erinnert sich, dass er am Samstagabend Radio Gold gehört hat. Die landesweite Fahndung war noch nicht ausgelöst worden, aber die Lokalsender forderten die Bevölkerung bereits auf, nach dem Mädchen und dem kleinen Jungen Ausschau zu halten.

Um elf hielt auf dem Parkplatz hinter den Dieseltanksäulen ein Fernlastzug.

Der Fernfahrer schlief drei Stunden.

Es war mitten in der Nacht, um Viertel nach zwei gewesen, als er die beiden sah.

Ari schaute auf den Bildschirm, der ihm zeigte, was die Überwachungskameras registrierten. Auf einem Schwarzweißbild sah man den Lastwagen aus einem anderen Winkel. Als der Fahrer den Motor des großen Fahrzeugs anließ und losfuhr, sah die Tankstelle verlassen aus. Plötzlich entdeckte Ari jedoch eine Gestalt auf der Rückseite des Gebäudes, gleich neben der Ausfahrt der Waschstraße. Es war nicht nur ein Mensch, es waren zwei. Er starrte auf den Bildschirm. Der Lastwagen wendete und fuhr zur Ausfahrt. Das Licht seiner Scheinwerfer fiel auf die große Fensterfront, und Ari verließ seinen Platz hinter der Theke und lief um das Gebäude herum. Aber die beiden waren schon verschwunden. Das Mädchen und der Junge waren verschwunden.

78

Joona parkt vor der Statoil-Tankstelle in Dingersjö dreihundertsechzig Kilometer nördlich von Stockholm. Es ist ein sonniger Tag, es geht eine frische Brise, und ausgefranste Reklamewimpel schlagen im Wind. Joona und Disa saßen beim gemeinsamen Mittagessen im Restaurant Villa Källhagen, als ihn eine nervöse Polizeimeisterin anrief, Sonja Rask aus Sundsvall.

Joona betritt das Geschäft. Ein hohläugiger Mann mit einer Statoil-Mütze auf dem Kopf ordnet Taschenbücher in ein Blechregal ein. Joona betrachtet die Speisekarte der beleuchteten Tafel und anschließend die glänzenden Würstchen, die auf dem mechanischen Grill rollen.

»Was darf's sein?«, fragt der Mann.

»Makkarakeitto«, antwortet Joona.

»Suomalainen makkarakeitto«, sagt Ari Määtiläinen lächelnd. »Als ich ein Kind war, hat meine Großmutter oft Wurstsuppe gekocht.«

»Mit Roggenbrot?«

»Ja, aber hier verkaufe ich leider nur schwedisches Essen«, erklärt Määtiläinen und zeigt auf die Hamburger.

»Ich bin ohnehin nicht zum Essen gekommen – ich bin von der Polizei.«

»Das habe ich schon begriffen ... ich habe mit Ihrem Kollegen schon in der Nacht gesprochen, in der ich die beiden gesehen habe«, sagt Ari und macht eine Geste zum Bildschirm hin.

»Was hatten Sie gesehen, als Sie anriefen?«, fragt Joona.

»Ein Mädchen und einen kleinen Jungen auf der Rückseite der Tankstelle.«

»Sie haben die beiden auf dem Bildschirm gesehen?«

»Ja.«

»Deutlich?«

»Nein, aber ... ich bin es ja gewohnt, ein Auge darauf zu haben, was sich da draußen tut.«

»Ist die Polizei in der Nacht vorbeigekommen?«

»Er kam am nächsten Morgen, hieß Gunnarsson, fand, dass man nichts erkennen könne und meinte, ich dürfte das Band löschen.«

»Aber das haben Sie nicht getan«, sagt Joona.

»Was glauben Sie?«

»Ich glaube, dass Sie die Aufnahmen auf einer externen Festplatte speichern.«

Lächelnd bittet Ari Määtiläinen Joona in das winzige Büro neben dem Warenlager. Eine Bettcouch ist ausgezogen, auf dem Fußboden liegen ein paar Dosen Red Bull, und auf der Bank vor einem Fenster mit Milchglasscheibe steht ein Tetrapak Sauermilch. Auf einem Schulpult mit Deckel steht ein kleines Notebook, an das eine externe Festplatte angeschlossen ist. Ari Määtiläinen setzt sich auf einen knarrenden Bürostuhl und blättert rasch in den einzelnen, nach Datum und Zeit sortierten Dateien.

»Ich hatte im Radio gehört, dass alle nach einem Mädchen und einem kleinen Jungen suchten, und dann habe ich mitten in der Nacht das hier gesehen«, erläutert er und klickt eine Filmdatei an.

Joona lehnt sich zu dem fleckigen Bildschirm vor. In vier kleinen Fenstern sieht man den Außen- und Innenbereich der Tankstelle. Die Uhrzeit wird im digitalen Format eingeblendet. Auf den grauen Bildern rührt sich absolut nichts. Man sieht Ari hinter dem Tresen. Ab und zu blättert er in einer Tageszeitung und isst gedankenverloren einige Zwiebelringe.

»Dieser Lastzug hat drei Stunden hier gestanden«, erzählt Ari und zeigt auf einen der Filme. »Aber jetzt fährt er gleich …«

In der Fahrerkabine bewegt sich ein dunkler Schatten.

»Können Sie das Bild vergrößern?«, erkundigt sich Joona.

»Warten Sie kurz …«

Plötzlich leuchtet in einem weißen Lichtkegel ein Wäldchen auf, als der Lastwagen angelassen wird und die Batterie von Scheinwerfern angeht.

Ari klickt die zweite Außenkamera an, so dass sie den ganzen Bildschirm einnimmt.

»Jetzt sieht man sie gleich«, flüstert er.

Der Lastzug ist nun aus einem anderen Winkel zu sehen. Er setzt sich in Bewegung und rollt langsam vorwärts. Ari zeigt auf den unteren Rand des Bildschirms, auf die Rückseite der Tankstelle mit Mülltonnen, Glas- und Papiercontainern. Der Bereich liegt im Schatten, es rührt sich nichts. Plötzlich sieht man im schwarzen Glas des Tors zur Waschstraße jedoch eine Bewegung, und im nächsten Moment erkennt man dort einen schmalen Menschen an der Wand.

Das Bild ist körnig und flackert in dünnen Grautönen. Es ist unmöglich, das Gesicht oder andere Details auszumachen. Aber es handelt sich zweifelsfrei um einen Menschen.

»Lässt sich die Auflösung des Bildes verbessern?«, fragt Joona.

»Warten Sie«, antwortet Ari leise.

Der Lastwagen schwenkt herum und biegt in die Ausfahrt ein. Plötzlich fällt das Licht der Scheinwerfer auf das Garagentor neben der Gestalt. Das Glas wird für einige Sekunden vollkommen weiß. Die gesamte Rückseite der Tankstelle ist in Licht getaucht.

Joona sieht ganz kurz, dass es sich um ein hageres Mädchen und ein Kind handelt. Die beiden schauen dem Lastwagen hinterher, dann wird es wieder dunkel.

Ari zeigt auf den Bildschirm, als die zwei Gestalten an der dunkelgrauen Wand entlanggleiten, bevor sich ihre Konturen allmählich in der schwarzgesprenkelten Umgebung aufzulösen beginnen, um schließlich ganz aus dem Bild zu verschwinden.

»Haben Sie sie gesehen?«, fragt Ari.

»Gehen Sie noch einmal zurück«, sagt Joona.

Er muss nicht sagen, welche Sequenz er sich ansehen will. Einige Sekunden später lässt Ari das helle Filmfragment stark verlangsamt laufen.

Man erkennt kaum, dass sich der Lastwagen weiterbewegt, aber das Licht seiner Scheinwerfer fällt ruckend zwischen die Bäume, schwenkt über die Fassade der Tankstelle und lässt die Fensterscheiben weiß aufleuchten. Der Kopf des kleinen Kindes ist gesenkt und liegt im Schatten. Das schmale Mädchen ist barfuß und scheint in beiden Händen Plastiktüten zu halten. Das Licht wird schrittweise noch greller, während das Mädchen langsam die Hand hebt.

Joona erkennt, dass es sich nicht um Plastiktüten, sondern um Verbände handelt, die sich abgerollt haben. Er sieht die feuchten Stoffenden in dem hellen Licht pendeln und weiß, dass Vicky Bennet und Dante Abrahamsson nicht im Fluss ertrunken sind.

Laut der Zeitanzeige im Video ist es vierzehn Minuten nach zwei in der Nacht zum Sonntag.

Irgendwie haben sie es aus dem Auto heraus, durch die Strömung zum anderen Ufer und anschließend einhundertfünfzig Kilometer nach Süden geschafft. Die wirren Haare des Mädchens hängen in Strähnen herab. Seine dunklen Augen leuchten intensiv, und dann wird das Bild wieder fast schwarz.

Sie leben, denkt Joona. Die beiden leben noch.

79

CARLOS ELIASSON, Leiter der Landeskriminalpolizei, hat der Tür demonstrativ den Rücken zugewandt, als Joona sein Büro betritt.

»Setz dich«, sagt er, und seine Stimme klingt seltsam erwartungsvoll.

»Ich komme gerade mit dem Auto aus Sundsvall und...« Joona betrachtet Eliassons Rücken und setzt sich auf einen Stuhl mit hellbraunem Lederbezug. Er lässt den Blick über die glatte Fläche des unangetasteten Schreibtischs, den glänzenden Lack auf dem Holz und die Spiegeleffekte des Aquariums schweifen.

Carlos holt tief Luft und dreht sich endlich zu ihm um. Er sieht verändert aus, unrasiert. Spärlicher Flaum grau melierten Bartwuchses sammelt sich auf seiner Oberlippe und am Kinn.

»Was sagst du jetzt?«, fragt er mit einem breiten Grinsen.

»Du hast dir einen Bart stehen lassen«, erwidert Joona langsam.

»Einen Vollbart«, sagt Carlos zufrieden. »Nun ja... ich denke, dass er schon bald dichter sein wird. Ich werde mich nie mehr rasieren, den Rasierapparat habe ich weggeworfen.«

»Schön«, sagt Joona nur.

»Aber wir sind natürlich nicht hier, um über meinen Bart zu sprechen. Wenn ich es richtig sehe, haben die Taucher keine Leichen gefunden.«

»Nein«, sagt Joona und zieht einen Ausdruck des Bildes von der Überwachungskamera an der Tankstelle heraus. »Wir haben keine Leichen gefunden...«

»Jetzt kommt es«, murmelt Carlos in sich hinein.

»... weil es im Fluss keine gibt«, beendet Joona seinen Satz.

»Bist du sicher?«

»Vicky Bennet und Dante Abrahamsson leben noch.«

»Gunnarsson hat schon wegen des Films von der Tankstelle angerufen und ...«

»Leite eine neue landesweite Fahndung ein«, unterbricht Joona ihn.

»Eine landesweite Fahndung? Man kann nicht einfach so eine Fahndungsmeldung herausgeben und wieder zurückziehen und wieder herausgeben und ...«

»Ich weiß, dass das auf diesem Bild hier Vicky Bennet und Dante Abrahamsson sind«, sagt Joona mit Nachdruck und zeigt auf den Ausdruck. »Es wurde viele Stunden nach dem Autounfall aufgenommen. Sie leben, und wir müssen wieder landesweit nach ihnen fahnden.«

Carlos streckt ein Bein aus.

»Du kannst mir gerne eine Beinschraube anlegen, wenn du willst«, sagt er. »Aber ich werde kein zweites Mal nach ihnen fahnden lassen.«

»Sieh dir das Bild an«, erwidert Joona.

»Die Polizei des Westlichen Norrlands ist heute in dieser Tanke gewesen«, sagt Carlos und faltet den Ausdruck zu einem kleinen, harten Viereck zusammen. »Sie haben eine Kopie des Films an das Kriminaltechnische Labor geschickt, und zwei von deren Experten haben sich den Film angesehen und sind übereinstimmend zu der Auffassung gelangt, dass es völlig unmöglich ist, die Personen hinter der Tankstelle einwandfrei zu identifizieren.«

»Aber du weißt, dass ich recht habe«, sagt Joona.

»Okay«, sagt Carlos und nickt. »Von mir aus können wir ruhig sagen, dass du recht hast, das wird sich zeigen ... aber ich habe nicht vor, mich lächerlich zu machen und nach einer Person fahnden zu lassen, die in den Augen der Polizei längst tot ist.«

»Ich gebe keine Ruhe, bis ich ...«

»Warte, warte«, unterbricht Carlos ihn und atmet tief durch. »Joona, mittlerweile hat der Oberstaatsanwalt die Ermittlungsakten gegen dich auf dem Tisch.«

»Aber das ist...«

»Ich bin dein Chef und nehme diese Anzeige gegen dich sehr ernst. Ich möchte absolut sicher sein können, dass du Folgendes verstanden hast: Du leitest die Ermittlungen in Sundsvall nicht.«

»Ich leite die Ermittlungen nicht.«

»Und was macht ein Beobachter, wenn die Staatsanwaltschaft in Sundsvall entscheidet, den Fall zu den Akten zu legen?«

»Nichts.«

»Dann sind wir uns ja einig«, sagt Carlos lächelnd.

»Nein«, entgegnet Joona und verlässt den Raum.

80

FLORA LIEGT RUHIG IN IHREM BETT und starrt an die Decke. Ihr Herz schlägt immer noch schnell. Sie hat geträumt, dass sie sich mit einem Mädchen in einem kleinen Zimmer befunden hat, das sein Gesicht nicht zeigen wollte. Das Mädchen verbarg sich hinter einer Holzstiege. Irgendetwas, etwas Beängstigendes, stimmte nicht mit ihr. Sie trug nur einen weißen Baumwollslip, und Flora konnte ihre mädchenhaften Brüste sehen. Sie wartete darauf, dass Flora näher kommen würde und drehte sich dann weg, kicherte und verbarg ihre Augen mit den Händen.

Am Vorabend hatte Flora über die Morde an Miranda Ericsdotter und Elisabeth Grim in Sundsvall gelesen. Sie konnte einfach nicht aufhören, an den Geist zu denken, der sie besucht hatte. Es kommt ihr bereits vor wie ein Traum, obwohl sie weiß, dass sie das tote Mädchen im Flur gesehen hat. Es war nicht mehr als fünf Jahre alt gewesen, aber in Floras Traum war es genauso alt wie Miranda gewesen.

Flora liegt vollkommen still und lauscht. Jedes Knacken der Möbel und Fußböden lässt ihr Herz schneller schlagen.

Wer sich im Dunkeln fürchtet, ist nicht Herr im eigenen Haus, wer sich im Dunkeln fürchtet, schleicht, gibt gut acht auf seine Bewegungen.

Flora weiß nicht, wohin mit sich. Es ist Viertel vor acht. Sie setzt sich auf, geht zu ihrer Tür, öffnet sie und lauscht in die Wohnung hinein.

Noch ist niemand wach.

Sie schleicht sich in die Küche, um Hans-Gunnars Kaffee vorzubereiten. Die Morgensonne spiegelt sich in der zerkratzten Spüle. Flora holt eine ungebleichte Filtertüte heraus, knickt die Ränder um, steckt sie in den Filter und bekommt so furchtbare Angst, dass sie nach Luft ringt, als sie hinter ihrem Rücken klatschende Schritte hört.

Sie dreht sich um und sieht, dass Ewa in einem blauen T-Shirt und im Slip in der Tür zu ihrem Schlafzimmer steht.

»Was ist los?«, fragt sie, als sie Floras Gesicht sieht. »Hast du etwa geflennt?«

»Ich ... ich muss wissen ... ich glaube nämlich, dass ich einen Geist gesehen habe«, sagt Flora. »Hast du ihn nicht gesehen? Hier bei uns. Ein kleines Mädchen ...«

»Was stimmt mit dir bloß nicht, Flora?«

Sie wendet sich ab, um ins Wohnzimmer zu gehen, aber Flora legt die Hand auf ihren kräftigen Arm und hält sie auf.

»Aber ich meine es ernst, ganz ehrlich ... jemand hatte ihr mit einem Stein hier hinten auf den ...«

»Du hast es versprochen«, unterbricht Ewa sie schneidend.

»Ich will doch nur ... könnte es nicht wirklich Geister geben?«

Ewa packt ihr Ohr, hält es fest und zieht sie nach vorn.

»Ich begreife einfach nicht, warum du so viel Spaß am Lügen hast, aber das hast du einfach«, sagt Ewa. »Das war schon immer so und es wird ...«

»Aber ich habe gesehen, wie ...«

»Sei still«, faucht Ewa und dreht Floras Ohr um.

»Aua ...«

»Aber das dulden wir hier nicht«, sagt Ewa und dreht fester.

»Bitte, hör auf ... aua.«

Ewa dreht noch etwas und lässt Flora dann los. Sie bleibt mit Tränen in den Augen und der Hand auf dem brennenden Ohr stehen, während Ewa ins Badezimmer geht. Nach einer Weile schaltet sie die Kaffeemaschine ein und kehrt in ihr Zimmer zurück. Sie schließt die Tür hinter sich, schaltet die Lampe an und setzt sich aufs Bett, um zu weinen.

Sie ist immer davon ausgegangen, dass alle spiritistischen Medien nur so tun, als würden sie die Geister der Verstorbenen sehen.

»Ich verstehe das nicht«, murmelt sie.

Hatte sie den Geist etwa mit ihren Séancen angelockt? Vielleicht spielte es ja keine Rolle, dass sie nicht daran glaubte. Wenn sie die Geister rief und einen Kreis mit den Teilnehmern bildete, öffnete sich die Tür zur anderen Seite, und alle, die draußen warteten, konnten plötzlich einfach hereinkommen.

Denn ich habe wirklich einen Geist gesehen, denkt sie.

Ich habe das tote Mädchen als Kind gesehen.

Miranda wollte mir etwas zeigen.

Das ist nicht unmöglich, das muss passieren können. Sie hat irgendwo gelesen, dass die Energie von Toten nicht verschwindet. Zahlreiche Menschen haben behauptet, dass es Geister gibt, ohne deshalb für verrückt erklärt zu werden.

Flora versucht, sich zu sammeln und Revue passieren zu lassen, was in den letzten Tagen geschehen ist.

Das Mädchen ist im Traum zu mir gekommen, denkt sie. Ich habe von ihr geträumt, das weiß ich, aber als ich sie im Flur sah, war ich wach, das ist wirklich geschehen. Ich habe sie vor mir gesehen, sie sprechen gehört, ihre Gegenwart gespürt.

Flora legt sich ins Bett, schließt die Augen und denkt, dass sie fast ohnmächtig geworden wäre, als sie hinfiel und mit dem Kopf auf den Boden schlug.

Zwischen Toilette und Badewanne lag eine Jeans.

Ich habe Angst bekommen, bin zurückgeschreckt und hingefallen.

Auf einmal ist sie sehr erleichtert, als sie erkennt, dass sie auch beim ersten Mal vielleicht nur geträumt hat.

So ist es gewesen.

Sie schließt die Augen und lächelt in sich hinein, als sie plötzlich den seltsamen Geruch im Zimmer bemerkt, wie von verbranntem Haar.

Sie setzt sich auf, und ihre Arme bekommen eine Gänsehaut, als sie sieht, dass etwas unter ihrem Kissen liegt. Sie richtet die Bettlampe darauf und schlägt das Kissen zur Seite. Auf ihrem weißen Betttuch liegt der große, scharfkantige Stein.

»Warum schließt du nicht die Augen?«, fragt eine helle Stimme.

Das Mädchen steht im Dunkeln hinter der Bettlampe und sieht sie an, ohne zu atmen. Seine Haare sind klebrig und schwarz von eingetrocknetem Blut. Das Licht der Lampe blendet Flora, dennoch sieht sie, dass die schmalen Arme des Mädchens grau sind und die braunen Adern sich unter der toten Haut wie ein rostiges Netzwerk abzeichnen.

»Du darfst mich nicht ansehen«, sagt das Mädchen hart und schaltet die Lampe aus.

Es wird stockdunkel, und Flora fällt aus dem Bett. Vor ihren Augen bewegen sich hellblaue Flecken. Die Lampe kracht auf die Erde, die Bettbezüge rascheln, und schnelle Schritte von nackten Füßen sind auf Boden, Wänden und der Tür zu hören. Flora krabbelt fort, rappelt sich auf und tastet nach der Tür. Sie zwingt sich, nicht zu schreien. Sie wimmert nur leise und versucht, ruhig zu bleiben, geht in den Flur und stützt sich an der Wand ab, um nicht zu fallen. Keuchend greift Flora nach dem Telefon auf dem Tischchen im Flur, aber es fällt ihr hin. Sie geht auf die Knie und ruft die Polizei an.

81

ROBERT BIANCHI WAR HEREINGEKOMMEN und hatte Elin neben dem zerbrochenen Vitrinenschrank kniend gefunden.

»Elin, was ist hier los?«

Sie war aufgestanden, ohne ihn anzusehen. Blut lief ihren linken Arm herab und tropfte stetig von drei Fingerspitzen auf den Boden.

»Du blutest...«

Elin war über die Glassplitter auf ihr Schlafzimmer zugegangen, als er sie aufhielt und sagte, er werde ihren Hausarzt anrufen.

»Ich will nicht, es ist mir egal...«

»Elin«, rief er aufgewühlt. »Du blutest.«

Sie betrachtete ihren Arm und meinte, dass es vielleicht tatsächlich eine gute Idee sei, die Wunde zu verarzten. Sie ging in ihr Büro, wobei sie eine Blutspur hinterließ.

Dann setzte sie sich an den Computer, suchte nach der Nummer der Landeskriminalpolizei, rief die Zentrale an und bat darum, mit dem Beamten verbunden zu werden, der die Ermittlungen in den Mordfällen im Haus Birgitta leitete. Eine Frau verband sie weiter, und sie wiederholte ihre Frage, hörte ein langsames Luftholen und dass jemand an einem Computer tippte, seufzte und noch etwas schrieb.

»Die Ermittlungen unterstehen der Staatsanwaltschaft in Sundsvall«, erläuterte ein Mann mit einer hellen Stimme.

»Gibt es keine Polizisten, mit denen ich sprechen könnte?«

»Die Staatsanwaltschaft arbeitet mit der Polizei des Westlichen Norrlands zusammen.«

»Mich hat ein Kommissar der Landeskriminalpolizei aufgesucht, ein großer Mann mit grauen Augen und...«

»Joona Linna...«

»Ja.«

Elin griff nach einem Stift und notierte sich die Durchwahl auf dem Umschlag eines Hochglanzmodemagazins, bedankte sich und beendete das Gespräch.

Anschließend wählte sie schnell die Nummer des Kommissars, erfuhr jedoch lediglich, dass er auf Dienstreise war und erst am nächsten Tag zurückerwartet wurde.

Elin wollte gerade die Staatsanwaltschaft in Sundsvall anrufen, als ihr Arzt eintraf. Er stellte keine Fragen, und Elin saß schweigend da, als er ihre Wunden säuberte. Sie betrachtete das Telefon, das auf der Augustnummer der britischen Vogue lag. Zwischen den Brüsten Gwyneth Paltrows stand die Nummer Joona Linnas.

Als die Wunden versorgt waren und sie in den Salon zurückkehrte, hatte die Reinigungsfirma bereits sämtliche Scherben entfernt und den Fußboden gesäubert. Den Vitrinenschrank hatte man hinausgetragen, und Robert Bianchi hatte sich darum gekümmert, dass der zerbrochene Seder-Teller in die Obhut eines Konservators des Mittelmeermuseums gelangte.

82

ELIN FRANK LÄCHELT NIEMANDEN AN, als sie langsam den Flur hinuntergeht, der zu Joona Linnas Büro im Polizeipräsidium führt. Sie trägt eine schwarze Sonnenbrille, um ihre verweinten Augen zu verbergen. Der graphitgraue Trenchcoat von Burberry ist aufgeknöpft, und sie hat einen silberfarbenen Seidenschal um ihre Haare geschlungen. Die tiefen Schnitte an den Handgelenken schmerzen und pochen unablässig.

Ihre Absätze klackern über den zerkratzten Boden des Korridors. Ein Poster mit der Aufschrift »Wenn Du denkst, dass Du nichts wert bist, und blaue Flecken zu deinem Alltag gehören, solltest Du zu uns kommen« flattert, als sie vorübergeht. Einige Männer in dunkelblauen Polizeisweatern sind auf dem Weg zu den Räumen der Bereitschaftspolizei. Eine mollige Frau in einem orangen Angorajumper und einem engen schwarzen Rock tritt aus einem Büro und erwartet sie, die Hände hat sie in die Seiten gestemmt.

»Ich heiße Anja Larsson«, sagt die Frau.

Elin versucht zu sagen, dass sie mit Joona Linna sprechen möchte, aber ihre Stimme versagt. Die vollschlanke Frau lächelt sie an und sagt, dass sie Elin zu dem Kommissar bringen wird.

»Entschuldigen Sie«, sagt Elin leise.

»Das macht doch nichts«, erwidert Anja und begleitet sie zu Joonas Tür, klopft an und öffnet sie.

»Danke für den Tee«, sagt Joona und zieht für Elin einen Stuhl heran.

Sie lässt sich schwer auf den Stuhl fallen, und Anja und Joona werfen sich einen kurzen Blick zu.

»Ich hole Wasser«, sagt Anja und geht.

Es wird still im Raum. Elin versucht, sich so weit zu beruhigen, dass sie sprechen kann. Sie wartet kurz und sagt dann:

»Ich weiß, dass es zu spät ist, und ich weiß, dass ich Ihnen nicht geholfen habe, als Sie zu mir gekommen sind und ... und ich kann mir vorstellen, was Sie von mir halten, und ...«

Sie weiß nicht mehr weiter, ihre Mundwinkel senken sich, und Tränen schießen in ihre Augen und laufen hinter der Sonnenbrille die Wangen herab. Anja kehrt mit einem Glas Wasser und einer Rispe feuchter Weintrauben auf einem Dessertteller zurück und verlässt anschließend erneut den Raum.

»Ich möchte über Vicky Bennet sprechen«, sagt Elin mit gefasster Stimme.

»Dann höre ich Ihnen gerne zu«, erwidert Joona freundlich.

»Sie war sechs, als sie zu mir kam und ich hatte ... ich hatte sie neun Monate ...«

»Das weiß ich«, sagt er.

»Aber was Sie nicht wissen, ist, dass ich sie ... im Stich gelassen habe, wie man keinen Menschen im Stich lassen soll.«

»Manchmal tut man das«, erklärt Joona Linna.

Sie setzt mit zitternden Händen ihre Sonnenbrille ab und mustert nachdenklich den Kommissar ihr gegenüber, seine struppigen blonden Haare, das ernste Gesicht und die grauen, eigentümlich changierenden Augen.

»Ich kann mich selbst nicht mehr ausstehen«, sagt sie. »Aber ich ... ich möchte Ihnen einen Vorschlag machen ... ich bin bereit, alle Kosten zu übernehmen ... damit Sie die Leichen finden ... und die Ermittlungen ohne Einschränkungen weitergeführt werden.«

»Warum sollten Sie das tun wollen?«, fragt er.

»Auch wenn ich nichts wiedergutmachen kann, so kann ich doch ... Ich meine, was ist denn, wenn sie unschuldig war?«

»Es gibt nichts, was darauf hindeuten würde.«

»Mag sein, aber ich kann einfach nicht glauben, dass ...«

Elin verstummt, und ihre Augen füllen sich ein zweites Mal mit Tränen, die die Welt verschwimmen lassen.

»Weil sie ein süßes und liebes Kind war?«

»Das war sie die meiste Zeit nicht einmal«, antwortet Elin lächelnd.

»Das habe ich mir fast gedacht.«

»Werden Sie die Ermittlungen weiterführen, wenn ich bezahle?«

»Wir können kein Geld von Ihnen annehmen, um ...«

»Ich bin mir sicher, dass sich das juristisch irgendwie lösen lässt.«

»Schon möglich, aber das würde in der Sache nichts ändern«, erläutert Joona sanft. »Die Staatsanwältin ist dabei, die Ermittlungen einzustellen ...«

»Was soll ich nur tun?«, flüstert Elin verwirrt.

»Ich sollte Ihnen das eigentlich wohl nicht sagen, aber ich werde weitermachen, weil ich mir sicher bin, dass Vicky noch lebt.«

»Aber in den Nachrichten haben sie doch gesagt ...«, widerspricht Elin leise, steht auf und legt eine Hand auf ihren Mund.

»Der Wagen wurde in vier Metern Tiefe gefunden, und man hat Blut und Haare im Rahmen der zersplitterten Windschutzscheibe gefunden«, sagt er.

»Aber Sie glauben nicht, dass die beiden tot sind?«, fragt sie und wischt sich hastig die Tränen von den Wangen.

»Ich weiß, dass sie nicht im Fluss ertrunken sind«, antwortet er.

»Großer Gott«, flüstert Elin.

83

ELIN SETZT SICH WIEDER HIN und weint mit abgewandtem Gesicht. Joona lässt ihr Zeit, geht zum Fenster und blickt hinaus. Es nieselt, und die Bäume im Park schwanken im Wind an diesem Nachmittag.

»Haben Sie eine Ahnung, wo sie sich verstecken könnte?«, fragt er nach einer Weile.

»Ihre Mutter schlief immer in irgendwelchen Garagen ... ich bin Susie mal begegnet, als sie sich probehalber für ein Wochenende um Vicky kümmern sollte ... damals hatte man ihr eine Wohnung in Hallonbergen vermittelt, aber die Sache ging schief, sie schliefen in der U-Bahn, und Vicky wurde ganz allein im Tunnel zwischen den Haltestellen Slussen und Mariatorget aufgegriffen.«

»Es könnte schwierig werden, sie zu finden«, sagt Joona.

»Ich habe Vicky ja seit acht Jahren nicht mehr gesehen, aber das Personal im Haus Birgitta ... die Leute, die mit ihr gesprochen haben, die müssen doch irgendetwas wissen«, sagt Elin.

»Das ist richtig«, bestätigt Joona und verstummt anschließend.

»Aber?«

Er begegnet ihrem Blick:

»Die Einzigen, mit denen Vicky dort sprach, waren die ermordete Krankenschwester ... und ihr Mann, der dort als Therapeut arbeitet. Er müsste eigentlich eine Menge über sie wissen ... oder doch zumindest etwas, aber ihm geht es psychisch sehr schlecht, und sein Arzt lässt die Polizei nicht zu ihm. Da ist nichts zu machen, der Arzt glaubt, dass eine polizeiliche Vernehmung seine Genesung gefährden könnte.«

»Aber ich bin keine Polizistin«, sagt Elin. »Ich könnte mit ihm sprechen.« Sie begegnet Joonas Blick, und ihr wird klar, dass er genau das von ihr hören wollte.

Im Aufzug nach unten spürt sie die schwere Müdigkeit wie unter Drogen, die sich nach langem Weinen einstellt. Sie denkt an die Stimme des Kommissars, den sanften, finnischen Akzent. Seine grauen Augen waren schön und zugleich seltsam scharf.

Die untersetzte Frau, seine Mitarbeiterin, hatte das Regionalkrankenhaus in Sundsvall angerufen und ermittelt, dass der Therapeut Daniel Grim in die psychiatrische Abteilung verlegt worden ist, der behandelnde Arzt jedoch während der gesamten Genesungszeit ein ausdrückliches Besuchs- und Kontaktverbot für die Polizei erwirkt hat.

Elin verlässt das Gebäude des Landeskriminalamts, überquert die Straße, setzt sich in ihren BMW und wählt die Nummer des Krankenhauses in Sundsvall. Sie wird mit Station 52 B verbunden und erfährt, dass Daniel Grim keine eingehenden Anrufe annehmen darf, bis sechs Uhr jedoch noch Besuchszeit ist.

Sie gibt die Adresse in den Bordcomputer des Wagens ein und sieht, dass es dreihundertfünfundsiebzig Kilometer sind und sie das Krankenhaus um Viertel vor sieben erreichen wird, wenn sie auf der Stelle losfährt. Sie wendet auf der Polhemsgatan, fährt auf den Bürgersteig vor dem Eingang des Polizeipräsidiums, dann wieder auf die Straße, um schließlich der Fleminggatan zu folgen.

An der ersten Ampel ruft Robert Bianchi an und erinnert sie an den Termin mit dem Unternehmen Kinnevik und Sven Warg in zwanzig Minuten im Waterfront Expo.

»Das schaffe ich nicht«, sagt sie kurz angebunden.

»Soll ich ihnen sagen, dass sie ohne dich anfangen sollen?«

»Robert, ich weiß nicht, wann ich zurück sein werde, aber heute jedenfalls nicht mehr.«

Auf der Europastraße 4 stellt sie die Geschwindigkeit mit Hilfe des Tempomaten so ein, dass sie exakt neunundzwanzig Stundenkilometer über der erlaubten liegt. Bußgelder spielen keine Rolle, aber es wäre nicht gut, wenn man ihr den Führerschein abnehmen würde.

84

Joonas Gefühl sagt ihm, dass Vicky Bennet und der kleine Junge leben, er ist sich ganz sicher. Er kann sie jetzt nicht aufgeben.

Ein Mädchen, das zwei Menschen erschlagen hat und Gesichter mit einer abgeschlagenen Flasche zerfleischte, hat nun einer Mutter ihren kleinen Jungen weggenommen und versteckt sich irgendwo mit ihm.

Für alle anderen sind die beiden längst tot.

Keiner sucht mehr nach ihnen.

Joona erinnert sich daran, womit er beschäftigt war, als ihn seine Kollegin Sonja Rask aus Sundsvall anrief und ihm von dem Überwachungsvideo der Tankstelle erzählte. Er hatte mit einem der Mädchen aus dem Haus Birgitta gesprochen, das ihm erzählte, Vicky habe Zyprexa genommen.

Joona hatte sich von Åhléns Frau, einer Psychiaterin, über die Nebenwirkungen des Mittels aufklären lassen.

Es fehlen immer noch zu viele Komponenten, denkt er. Aber es erscheint ihm durchaus möglich, dass Vicky Bennet eine Überdosis Zyprexa eingenommen hatte.

Caroline meinte, dass es im ganzen Körper kribbelt, wenn man eine Tablette im Mund hat, und beschrieb plötzliche Attacken von Rastlosigkeit und Wut.

Er schließt die Augen und stellt sich Vicky vor, als sie die Schlüssel verlangte. Sie bedrohte Elisabeth mit dem Hammer, geriet außer sich vor Wut und schlug immer wieder zu. Anschließend nahm Vicky der Toten die Schlüssel ab und schloss die Tür zum Isolierzimmer auf. Miranda saß, die Decke um die Schultern geschlungen, auf dem Stuhl, als Vicky hereinkam und ihr mit einem Stein den Schädel einschlug.

Sie schleppte Miranda zum Bett und legte ihr die Hände aufs Gesicht.

Erst danach ebbte ihr Zorn ab.

Vicky war verwirrt, nahm die blutige Decke mit und verbarg sie unter dem Bett, woraufhin die beruhigende Wirkung des Medikaments einsetzte. Wahrscheinlich wurde sie furchtbar müde, trat bloß noch die Stiefel in den Schrank, verbarg den Hammer unter ihrem Kissen, legte sich hin und schlief ein. Nach einigen Stunden wachte sie auf und begriff, was sie getan hatte, bekam panische Angst, floh durchs Fenster und lief in den Wald.

Das Medikament kann ihre Wut und den Schlaf in den blutigen Laken erklären.

Aber was hatte sie mit dem Stein gemacht? Gab es überhaupt einen Stein?

Erneut empfindet Joona große Unsicherheit – zum zweiten Mal in seinem Leben fragt er sich, ob Åhlén sich vielleicht doch irrt.

85

Fünf Minuten vor sechs betritt Elin Abteilung 52 B, hält eine Hilfskrankenschwester auf und teilt ihr mit, dass sie Daniel Grim besuchen möchte.

»Die Besuchszeit ist vorbei«, erwidert die Frau und geht weiter.
»In fünf Minuten«, versucht Elin lächelnd einzuwenden.
»Wir lassen ab Viertel vor niemanden mehr herein, um mit unserer Arbeit weiterzukommen.«
»Aber ich bin extra aus Stockholm gekommen«, fleht Elin sie an.
Die Krankenschwester bleibt stehen und sieht sie misstrauisch an.
»Wenn wir für jeden eine Ausnahme machen, laufen hier rund um die Uhr Leute herum«, sagt sie barsch.
»Bitte, lassen Sie mich doch nur kurz...«
»Aber die Zeit reicht ja nicht einmal für eine Tasse Kaffee.«
»Das macht nichts«, beteuert Elin.
Die Krankenschwester scheint immer noch zu zögern, bedeutet Elin aber dann doch mit einem Kopfnicken, ihr zu folgen, biegt rechts ab und klopft kurz an die Tür eines Krankenzimmers.
»Danke«, sagt Elin und wartet, bis die Krankenschwester weitergeht, ehe sie den Raum betritt.
Am Fenster steht ein Mann mittleren Alters mit grauem Gesicht. Er hat sich am Morgen nicht rasiert, vielleicht auch am Vortag nicht. Er trägt eine Jeans und ein zerknittertes Hemd und sieht sie mit fragenden Augen an, dann streicht er sich mit der Hand durch die schütteren Haare.

»Ich heiße Elin Frank«, sagt sie sanft. »Ich weiß, dass ich störe und dafür bitte ich um Entschuldigung.«

»Nein, das ist ... das ...«

Sie bemerkt, dass er tagelang geweint haben muss. In einer anderen Situation hätte sie ihn richtig attraktiv gefunden. Die freundlichen Gesichtszüge, die reife Intelligenz.

»Ich muss mit Ihnen sprechen, aber ich könnte es sehr gut verstehen, wenn sie dazu nicht in der Lage sind.«

»Ist schon in Ordnung«, sagt er mit einer Stimme, die sich anhört, als würde sie jeden Moment brechen. »In den ersten Tagen ist die Presse hier gewesen, aber da konnte ich nicht sprechen, ich ertrug es nicht, es gab nichts zu sagen ... also, ich meine, ich würde wirklich gerne versuchen, der Polizei zu helfen, aber das ist leider ziemlich danebengegangen ... ich kann mich einfach nicht konzentrieren.«

Elin versucht einen Weg zu finden, das Gespräch auf Vicky zu bringen. Ihr ist klar, dass das Mädchen für Daniel ein Monster sein muss, das sein Leben zerstört hat. Es wird also nicht leicht sein, ihn dazu zu bewegen, ihr bei der Suche nach Vicky zu helfen.

»Darf ich einen Moment hereinkommen?«

»Ich weiß ehrlich gesagt nicht recht«, sagt er und reibt sich übers Gesicht.

»Daniel, was passiert ist, tut mir furchtbar leid.«

Er flüstert ein Danke und setzt sich, blickt dann auf und kommentiert sich selbst.

»Ich sage danke, aber im Grunde habe ich das alles noch gar nicht richtig verstanden«, sagt er bedächtig. »Das ist alles so unwirklich, weil ich mir doch Sorgen um Elisabeths Herz gemacht habe ... und ...«

Sein Gesicht erlischt, wird wieder grau und in sich gekehrt.

»Ich kann mir nicht vorstellen, was Sie durchgemacht haben müssen«, erwidert sie leise.

»Ich habe jetzt meinen eigenen Psychologen«, erklärt er mit einem gequälten Lächeln. »Ich hätte nie gedacht, dass ich einmal einen Psychologen brauchen würde... Er hört mir zu, sitzt da und wartet, während ich schluchze, ich fühle... Wissen Sie, er lässt nicht zu, dass die Polizei mich vernimmt... An seiner Stelle hätte ich wahrscheinlich genauso entschieden... andererseits, ich kenne mich, ich bin okay... ich sollte ihm vielleicht sagen, dass ich glaube, reden zu können... auch wenn ich gar nicht weiß, ob ich überhaupt von Nutzen sein kann...«

»Es ist sicher nicht verkehrt, auf seinen Psychologen zu hören«, sagt sie.

»Klinge ich so verwirrt?«, fragt er lächelnd.

»Nein, aber...«

»Manchmal fällt mir etwas ein, was ich vielleicht der Polizei sagen sollte, aber dann vergesse ich es wieder, weil ich... es ist seltsam, aber ich kann mich nicht richtig konzentrieren, es ist, als wäre ich unglaublich müde.«

»Das wird sicher besser werden.«

Er blickt zu ihr hoch.

»Habe ich Sie schon gefragt, für welche Zeitung Sie schreiben?«

Sie schüttelt den Kopf und sagt:

»Ich bin hier, weil Vicky Bennet bei mir gewohnt hat, als sie sechs Jahre alt war.«

86

Es wird still im Krankenhauszimmer. Durch die Tür dringen Geräusche von Schritten im Flur zu ihnen herein. Daniel Grim zwinkert hinter seiner Brille und kneift den Mund zusammen, als müsste er all seine Kraft mobilisieren, um zu begreifen, was sie gerade gesagt hat.

»Ich habe in den Nachrichten von ihr gehört... von dem Auto und dem Jungen«, flüstert er nach einer Weile.

»Ich weiß«, erwidert sie gedämpft. »Aber... wenn sie noch leben würde – was meinen Sie, wo würde sie sich dann verstecken?«

»Warum wollen Sie das wissen?«

»Ich weiß nicht... ich möchte einfach wissen, wem sie vertraut hat.«

Er sieht sie einige Zeit an, dann fragt er:

»Sie glauben nicht, dass sie tot ist?«

»Nein«, antwortet sie leise.

»Sie glauben es nicht, weil Sie es nicht glauben wollen«, sagt er. »Aber haben Sie auch einen Beweis dafür, dass sie nicht im Fluss ertrunken ist?«

»Haben Sie keine Angst«, sagt sie. »Aber wir sind uns ziemlich sicher, dass sie es ans Ufer geschafft hat.«

»Wir?«

»Ich und ein Kommissar der Kriminalpolizei.«

»Ich verstehe nicht ganz... warum sagen sie in den Nachrichten, dass Vicky ertrunken ist, wenn sie nicht...«

»Die Polizei glaubt daran, die meisten glauben nach wie vor, dass sie ertrunken ist, die Polizei hat die Suche nach ihr und dem kleinen Jungen eingestellt...«

»Aber Sie nicht?«

»Möglicherweise bin ich im Moment die Einzige, die sich für Vicky interessiert und der es dabei nur um sie geht«, sagt Elin.

Ihr fehlt die Kraft, ihn anzulächeln, sie schafft es einfach nicht mehr, ihre Stimme sanft und verbindlich klingen zu lassen.

»Und jetzt wollen Sie, dass ich Ihnen helfe, sie zu finden?«

»Sie könnte dem Jungen etwas antun«, versucht Elin es. »Sie könnte andere verletzen.«

»Mag sein, aber das glaube ich nicht«, entgegnet Daniel Grim und sieht sie mit einem vollkommen offenen Gesicht an. »Ich habe von Anfang an deutlich gemacht, wie sehr ich bezweifle, dass sie Miranda getötet hat, ich kann es immer noch nicht glauben...«

Daniel Grim verstummt, und sein Mund bewegt sich langsam, man hört kaum etwas.

»Was haben Sie gerade gesagt?«, fragt sie sanft.

»Was?«

»Sie haben etwas geflüstert«, sagt sie.

»Ich glaube nicht, dass Vicky Elisabeth getötet hat.«

»Sie glauben nicht...«

»Ich arbeite seit vielen Jahren mit verhaltensauffälligen Mädchen und ich... das kann einfach nicht sein.«

»Aber...«

»In meiner Laufbahn als Therapeut bin ich einigen wirklich finsteren Gestalten begegnet, die... die das Töten in sich hatten... die...«

»Aber Vicky gehört nicht dazu?«

»Nein.«

Elin lächelt breit und spürt, dass ihr Tränen in die Augen treten, ehe sie ihre Gefühle wieder unter Kontrolle hat.

»Das müssen Sie der Polizei sagen.«

»Das habe ich schon getan, sie wissen, dass Vicky meiner Einschätzung nach nicht gewalttätig ist. Aber ich kann mich natürlich auch irren«, sagt Daniel Grim und reibt sich fest die Augen.

»Können Sie mir helfen?«

»Haben Sie gesagt, dass Vicky sechs Jahre bei Ihnen gelebt hat?«

»Nein, sie war sechs, als sie bei mir wohnte«, antwortet sie.

»Was soll ich tun?«

»Ich muss sie finden... Sie haben sich viele Stunden mit ihr unterhalten, Sie müssen etwas über Kameraden, Freunde... oder was auch immer wissen.«

»Ja, vielleicht... Wir reden ziemlich viel über die Gruppendynamik und... ich kann mich einfach nicht konzentrieren, entschuldigen Sie.«

»Versuchen Sie es bitte.«

»Ich bin ihr ja fast täglich begegnet und habe... ich weiß es nicht genau, aber vielleicht fünfundzwanzig Einzelgespräche mit ihr geführt... Vicky ist... das Problem bei ihr ist, dass sie ziemlich oft verschwindet, in ihre Gedanken abdriftet, meine ich... deshalb würde ich mir vor allem Sorgen machen, dass sie den Jungen vielleicht einfach irgendwo, mitten auf der Straße, zurücklässt...«

»Wo versteckt sie sich? Gab es eine Familie, in der sie sich wohlfühlte?«

87

Die Tür zum Krankenzimmer geht auf, und die Krankenschwester kommt mit Daniel Grims Medikamenten herein. Sie bleibt abrupt stehen, erstarrt, als hätte sie etwas Unanständiges gesehen und wendet sich an Elin.

»Was geht hier vor?«, sagt die Krankenschwester. »Fünf Minuten hatten wir gesagt.«

»Ich weiß«, erwidert Elin. »Aber es ist wirklich sehr wichtig, dass ich...«

»Es ist fast halb sieben«, unterbricht die Schwester sie.

»Entschuldigen Sie«, sagt Elin und wendet sich erneut Daniel Grim zu. »Wo soll ich anfangen, nach ihr...«

»Raus hier«, schnauzt die Frau sie an.

»Bitte«, sagt Elin sanft und führt die Hände in einer flehenden Geste zusammen. »Ich muss wirklich mit...«

»Sind Sie schwer von Begriff?«, unterbricht die Schwester sie erneut. »Ich habe gesagt, dass Sie gehen sollen.«

Die Schwester stößt einen Fluch aus und verlässt den Raum. Elin packt Daniel Grims Oberarm.

»Vicky muss mit Ihnen über Orte oder Freunde gesprochen haben.«

»Ja, natürlich, aber ich kann mich an nichts erinnern, es fällt mir im Moment unheimlich schwer, mich...«

»Versuchen Sie es, bitte...«

»Ich weiß, dass ich völlig nutzlos bin, ich müsste mich natürlich an irgendetwas erinnern, aber...«

Daniel Grim kratzt sich heftig an der Stirn.

»Was ist mit den anderen Mädchen – müssten die nicht etwas über Vicky wissen?«

»Ja natürlich, das müssten sie ... Caroline vielleicht ...«

Ein Mann in weißer Kleidung betritt in Begleitung der Krankenschwester den Raum.

»Ich muss Sie bitten mitzukommen«, sagt er.

»Geben Sie mir noch eine Minute«, entgegnet Elin.

»Nein, Sie kommen jetzt mit«, sagt er.

»Es geht um meine Tochter ...«

»Geben Sie mir nur noch ein paar Minuten«, fleht Elin ihn an.

»Wir müssen Sie hinaustragen, wenn Sie ...«

»Nein, jetzt reicht es aber«, sagt Daniel Grim mit erhobener Stimme. Er greift Elin stützend unter den Arm.

Die Krankenschwester protestiert:

»Sie darf sich nach sechs Uhr nicht mehr auf der Station ...«

»Halten Sie den Mund«, fährt Daniel Grim sie an und führt Elin aus dem Zimmer. »Wir unterhalten uns unten im Foyer oder auf dem Parkplatz weiter.«

Sie gehen zusammen durch den Krankenhausflur, hören Schritte hinter sich, gehen aber dennoch weiter.

»Ich werde zu den Mädchen im Haus Birgitta fahren und mit ihnen sprechen«, sagt Elin.

»Sie wohnen da nicht mehr, man hat sie evakuiert«, erwidert Daniel.

»Wohin?«

Er hält eine Glastür für sie auf und folgt ihr anschließend.

»In ein altes Fischerdorf nördlich von Hudiksvall.«

Elin drückt auf den Aufzugknopf.

»Lässt man mich zu ihnen, wenn ich dorthin fahre?«, erkundigt sie sich.

»Nein, nur wenn ich Sie begleite«, sagt er, als sich die Aufzugtüren öffnen.

88

ELIN UND DANIEL sitzen im BMW schweigend nebeneinander. Als sie auf die E4 auffahren, greift Elin nach ihrem Handy und ruft Joona Linna an.

»Entschuldigen Sie bitte die Störung«, sagt sie und kann nicht verhindern, dass ihre Stimme zittert.

»Sie dürfen mich anrufen, so oft Sie wollen«, erwidert Joona freundlich.

»Neben mir sitzt Daniel Grim. Er glaubt nicht, dass Vicky diese furchtbaren Dinge getan hat«, berichtet Elin schnell.

»Alle Indizien sprechen gegen sie, genau wie...«

»Aber es stimmt einfach nicht, Daniel sagt, dass sie nicht gewalttätig ist«, unterbricht sie Joona empört.

»Sie kann sehr wohl gewalttätig werden«, widerspricht Joona.

»Sie kennen sie nicht«, schreit Elin ihn fast an.

Für einige Sekunden herrscht Stille, dann sagt Joona mit seiner ruhigen Stimme:

»Fragen Sie Daniel nach dem Medikament Zyprexa.«

»Zyprexa?«

Daniel sieht sie an.

»Fragen Sie ihn nach den Nebenwirkungen«, sagt Joona und beendet das Gespräch.

Sie fährt eine Weile schnell an der Küste entlang und in die schier endlosen Wälder hinein.

»Was sind das für Nebenwirkungen?«, fragt sie mit leiser Stimme.

»Wenn man zu viel davon nimmt, kann man sehr aggressiv werden«, antwortet Daniel sachlich.

»Hat Vicky dieses Medikament genommen?«

Er nickt, und Elin verstummt.

»Es ist ein gutes Medikament«, versucht Daniel zu erklären, schweigt dann jedoch wieder.

Fast das gesamte Licht der Scheinwerfer wird von den äußersten Stämmen des Waldsaums aufgefangen, dahinter überlappen sich die Schatten, bis nur noch Dunkelheit bleibt. »Haben Sie gemerkt, dass Sie gesagt haben, Vicky sei Ihre Tochter?«, fragt Daniel.

»Ja, ich weiß«, erwidert sie. »Eben im Krankenhaus. Das hat sich einfach so ergeben...«

»Sie war ja auch für kurze Zeit Ihre Tochter.«

»Ja, das war sie«, sagt Elin, den Blick auf die Straße gerichtet.

Sie kommen am Armsjön vorbei, und der große See glänzt in der Dunkelheit wie Gusseisen, als Daniel tief Luft holt:

»Mir ist gerade etwas eingefallen, was Vicky ganz am Anfang gesagt hat... aber jetzt ist es schon wieder weg«, sagt er und denkt eine Weile nach. »Ach ja, genau... sie sprach über chilenische Freunde, die ein Haus hätten...«

Er verstummt, senkt den Blick zum Seitenfenster und wischt sich Tränen von den Wangen.

»Elisabeth und ich wollten gerade nach Chile reisen, als dieses Erdbeben...«

Er atmet ein und schweigt mit in den Schoß gelegten Händen.

»Sie waren gerade dabei, von Vicky zu erzählen«, sagt Elin.

»Stimmt... was habe ich gesagt?«

»Dass sie chilenische Freunde hat.«

»Ja...«

»Und dass die irgendwo ein Haus hätten.«

»Habe ich das gesagt?«

»Ja.«

»Verdammt«, murmelt er. »Was ist nur mit mir los? Also wirklich... das ist doch nicht normal – ich wäre besser im Krankenhaus geblieben.«

Elin lächelt ihn schwach an:

»Ich bin froh, dass Sie mitgekommen sind.«

89

Die Schotterpiste windet sich durch den finsteren Wald, zwischen halb eingestürzten Scheunen und hälsingländischen Bauernhöfen hindurch. Wo die Straße endet, öffnet sich die Landschaft, und man sieht falunrote Häuser und das spiegelglatte Meer wie opalisierende Unendlichkeit. Behangen mit braunen Birkenblättern und verwelkten Blumen ragt noch die Mittsommerstange auf. In ihrer unmittelbaren Nähe steht ein großes Holzhaus mit einer schönen, zum Wasser hin gelegenen, verglasten Veranda. Das Haus war einmal ein Dorfladen, ist jedoch seit ein paar Jahren im Besitz des privaten Pflegedienstunternehmens Orre.

Das Auto rollt sanft zwischen den Torpfosten hindurch, und als Elin ihren Gurt löst, sagt Daniel ernst:

»Sie müssen darauf gefasst sein, dass ... also, diese Mädchen, sie haben es in ihrem Leben nie leicht gehabt«, sagt er und stupst seine Brille auf dem Nasenrücken hoch. »Sie testen Grenzen aus und werden Sie provozieren.«

»Damit komme ich schon zurecht«, erklärt Elin. »Ich bin auch einmal ein Teenager gewesen.«

»Das hier ist etwas völlig anderes – das verspreche ich Ihnen«, erwidert er. »Es ist nicht ganz leicht ... nicht einmal für mich, denn manchmal können sie sich wirklich verdammt schäbig aufführen.«

»Und wie sollte man reagieren, wenn sie anfangen, einen zu provozieren?«, fragt Elin und begegnet seinem Blick.

»Das Beste ist, ehrlich und geradlinig zu sein ...«

»Ich werde es mir merken«, sagt sie und öffnet die Autotür.

»Warten Sie, ich muss... bevor wir dort hineingehen«, sagt er. »Sie haben einen Wachmann im Haus, und ich möchte, dass er die ganze Zeit in Ihrer Nähe bleibt.«

Elin lächelt kurz:

»Ist das nicht ein bisschen übertrieben?«

»Ich weiß nicht, kann sein... ich meine nicht, dass Sie Angst haben müssen, aber ich... Es gibt zwei von ihnen, mit denen sollten Sie wirklich nicht alleine sein, nicht einmal für einen kurzen Moment.«

»Mit welchen?«

Daniel zögert kurz und antwortet dann:

»Almira und ein Mädchen namens Tuula.«

»Sind die beiden so gefährlich?«

Er hält die Hand hoch:

»Ich möchte nur, dass der Wachmann bei Ihnen ist, wenn Sie mit ihnen sprechen.«

»Okay.«

»Machen Sie sich keine Sorgen«, sagt er und lächelt sie beruhigend an. »Im Grunde sind sie alle unheimlich nett.«

Als sie aus dem Wagen steigen, merken sie, dass die Luft immer noch lau ist und nach Meer riecht.

»Irgendeines der Mädchen muss wissen, mit wem Vicky befreundet ist«, sagt Elin.

»Mag sein, aber es ist nicht gesagt, dass sie es uns auch erzählen wollen.«

Ein Weg aus schwarzen Schiefersteinen führt um das Haus herum zu einer Treppe, die zur Veranda und zur Eingangstür hinaufführt.

Elins hochhackige rote Sandaletten bleiben in dem nassen Gras zwischen den Steinplatten stecken. Es ist später Abend, aber eines der Mädchen sitzt noch auf einer Hollywoodschaukel gegenüber einem großen Fliederstrauch und raucht. Ihr ungeschminktes Gesicht und die tätowierten Arme leuchten in der Dunkelheit weiß.

»Daniel«, sagt das Mädchen lächelnd und schnippt die Zigarette ins Gras.

»Hallo, Almira. Das ist Elin«, sagt Daniel.

»Hallo«, grüßt Elin lächelnd.

Almira sieht sie an, erwidert ihr Lächeln aber nicht. Ihre dichten schwarzen Augenbrauen sind über der kräftigen Nase zusammengewachsen, und ihre Wangen sind voller dunkler Punkte.

»Vicky hat seine Frau erschlagen«, sagt Almira plötzlich und sieht Elin in die Augen. »Und als Elisabeth tot war, hat sie Miranda erschlagen ... ich glaube, sie hört erst auf, wenn wir alle tot sind.«

Almira geht die Treppe hinauf und ins Haus.

90

Elin und Daniel folgen Almira und gelangen in eine alte Bauernhausküche mit handgefertigten Kupfertöpfen, Flickenteppichen auf dem gebohnerten Fußboden und einer Speisekammer in der Ecke. An einem Fichtenholztisch sitzen Lu Chu und Indie, essen Eis direkt aus der Verpackung und blättern in alten Comics.

»Gut, dass du kommst«, sagt Indie, als sie Daniel sieht. »Du musst mit Tuula reden. Die ist echt total krank, ich glaube, sie sollte wieder Tabletten nehmen.«

»Wo ist Solveig?«, fragt er.

»Sie ist irgendwohin gefahren«, antwortet Almira und holt sich einen Löffel aus einer Schublade.

»Und wann ist sie gefahren?«, erkundigt sich Daniel skeptisch.

»Gleich nach dem Essen«, murmelt Lu Chu, ohne von ihrem Comic aufzublicken.

»Dann ist nur der Mann vom Wachdienst hier?«

»Anders«, sagt Almira und setzt sich auf Lu Chus Schoß. »Der war nur am ersten und zweiten Abend hier.«

»Was soll das heißen?«, fragt Daniel empört. »Was sagst du denn da? Seid ihr hier ganz allein?«

Almira zuckt mit den Schultern und beginnt, Eis zu essen.

»Ich muss das wissen«, fährt Daniel fort.

»Solveig wollte zurückkommen«, sagt Indie.

»Aber es ist doch verdammt nochmal schon acht«, erwidert Daniel und zieht sein Handy heraus.

Er ruft das Pflegedienstunternehmen an, wo man ihm die Nummer einer Hotline gibt. Als sich unter dieser Nummer niemand meldet, hinterlässt er gereizt eine Nachricht, dass immer ausgebildetes Personal vor Ort sein muss, dass man an manchen Dingen einfach nicht sparen kann, dass sie die Verantwortung haben.

Während Daniel telefoniert, mustert Elin die Mädchen. Almira isst Eis und sitzt auf dem Schoß eines niedlichen Mädchens mit ostasiatischen Zügen und Akne überall in ihrem runden Gesicht. Sie blättert in einer alten Ausgabe von Mad und küsst immer wieder Almiras Nacken.

»Almira«, sagt Elin. »Was denkst du, wo könnte Vicky sich verstecken?«

»Weiß nicht«, antwortet das Mädchen und leckt an ihrem Löffel.

»Scheiße, Vicky ist doch tot«, sagt Indie. »Habt ihr das nicht gehört? Sie hat sich selbst und einen kleinen Jungen umgebracht.«

»Shit«, platzt Lu Chu heraus und zeigt lächelnd auf Elin. »Ich hab dich schon mal gesehen... Bist du nicht irgendwie die reichste Frau Schwedens?«

»Hört auf«, sagt Daniel.

»Scheiße, ich schwör's«, fährt Lu Chu fort und trommelt auf dem Tisch, ehe sie losbrüllt: »Ich will auch Kohle haben!«

»Sprich bitte ein bisschen leiser.«

»Ich habe sie doch nur wiedererkannt«, sagt Lu Chu schnell. »Ich werde ja wohl noch sagen dürfen, dass ich weiß, wer sie ist.«

»Du darfst sagen, was du willst«, erwidert Daniel beruhigend.

»Wir wollen wissen, ob ihr eine Ahnung habt, wo Vicky sich verstecken könnte«, versucht Elin es noch einmal.

»Ich weiß, dass sie meistens alleine war«, sagt Daniel. »Aber ihr habt euch doch manchmal mit ihr unterhalten. Man muss schließlich nicht unbedingt dick befreundet zu sein, um einander zu kennen... ich meine, ich weiß doch zum Beispiel auch, wie dein Exfreund heißt, Indie.«

»Wir sind wieder zusammen«, sagt sie schmunzelnd.

»Seit wann?«, fragt er.

»Ich habe ihn gestern angerufen, und wir haben uns ausgesprochen«, erzählt sie.

»Toll«, sagt Daniel lächelnd. »Das freut mich.«

»In der letzten Zeit war Vicky nur mit Miranda zusammen«, bemerkt Indie.

»Und mit Caroline«, widerspricht Daniel.

»Ja, weil sie ADL zusammen hatten«, sagt Indie.

»Wer ist Caroline?«, fragt Elin.

»Eines der älteren Mädchen«, antwortet Daniel. »Sie hat zusammen mit Vicky ein Alltagstraining absolviert.«

»Ich kapier nicht, wer sich hier noch für Vicky interessieren sollte«, sagt Almira mit erhobener Stimme. »Sie hat Miranda abgeschlachtet wie ein Ferkel.«

»Das ist nicht sicher«, versucht Elin zu sagen.

»Nicht sicher«, wiederholt Almira schneidend. »Du hättest sie sehen sollen – sie war mausetot, das schwöre ich dir, und da war verdammt viel Blut...«

»Schrei nicht so«, fällt Daniel ihr ins Wort.

»Was denn? Scheiße, was sollen wir denn sagen? Sollen wir sagen, dass nichts passiert ist?«, mischt Indie sich mit lauter Stimme ein. »Sollen wir sagen, dass Miranda lebt, dass Elisabeth lebt...«

»Ich meine ja nur...«

»Du warst verdammt nochmal nicht da«, brüllt Almira. »Vicky hat Elisabeths Kopf mit einem verdammten Hammer zu Brei geschlagen, aber du glaubst, dass sie lebt.«

»Versucht bitte, einer nach dem anderen zu sprechen«, sagt Daniel und bemüht sich, ruhig zu bleiben.

Indie zeigt auf wie ein Schulmädchen.

»Elisabeth war ein verdammter Junkie«, sagt sie. »Ich hasse Junkies und ich...«

Almira grinst:

»Weil deine Alte mit einem zusammen war und ...«

»Einer nach dem anderen, Almira«, unterbricht Daniel sie und wischt hastig Tränen von seinen Wangen.

»Ich scheiße auf Elisabeth, von mir aus kann sie in der Hölle schmoren, ist mir doch egal«, beendet Indie ihren Satz.

»Wie kannst du nur so etwas sagen?«, fragt Elin.

»Wir haben sie in der Nacht gehört«, lügt Lu Chu. »Sie hat superlange um Hilfe gerufen, aber wir haben nur im Bett gesessen und zugehört.«

»Sie hat geschrien, immer weiter geschrien«, ergänzt Almira lächelnd.

Daniel hat sich umgedreht und das Gesicht der Wand zugewandt. Es wird still in der Küche. Daniel bleibt einen Moment regungslos stehen, wischt sich dann mit dem Ärmel über das Gesicht und dreht sich um.

»Ihr kapiert schon, dass es ziemlich gemein ist, so etwas zu sagen«, erklärt er.

»Aber es macht Spaß«, erwidert Almira.

»Findest du?«

»Ja.«

»Und du, Lu Chu?«

Sie zuckt mit den Schultern.

»Du weißt es nicht?«

»Nein.«

»Wir haben über Situationen wie diese gesprochen«, sagt er.

»Okay... entschuldige, es war gemein.«

Er versucht, sie beruhigend anzulächeln, sieht aber vor allem entsetzlich traurig aus.

»Wo ist Caroline?«, fragt Elin.

»In ihrem Zimmer«, antwortet Lu Chu.

»Kannst du uns hinbringen?«

91

EIN EISKALTER FLUR führt von der Küche zu einem Aufenthaltsraum mit offenem Kamin und zum Esszimmer mit der verglasten Veranda zur Seeseite. Auf der einen Seite des Korridors reihen sich die Türen zu den Zimmern der Mädchen aneinander. Lu Chu geht in einer schlabbrigen Jogginghose und Turnschuhen mit heruntergetretenen Fersen vor Elin her. Sie zeigt auf ihr eigenes Zimmer und das von Tuula, ehe sie vor einer Tür mit einer kleinen bunten Porzellanglocke um die Klinke stehen bleibt.

»Hier schläft Caro.«

»Danke«, sagt Elin.

»Es wird allmählich spät«, sagt Daniel zu Lu Chu. »Geh bitte Zähne putzen, und mach dich schon mal bettfertig.«

Sie zögert kurz, geht dann aber zum Badezimmer. Als Daniel anklopft, klirrt die Porzellanglocke. Die Tür wird geöffnet, und eine junge Frau sieht Daniel mit großen Augen an und umarmt ihn dann behutsam.

»Dürfen wir hereinkommen?«, fragt er sanft.

»Natürlich«, antwortet sie und hält Elin die Hand zum Gruß hin. »Caroline.«

Elin erwidert den Gruß und hält für einen kurzen Moment die dünne Hand in ihrer eigenen. Carolines helles Gesicht ist voller Sommersprossen und dezent geschminkt, die sandfarbenen Augenbrauen sind gezupft, die glatten Haare hat sie zu einem dicken, Zopf hochgebunden.

Die Tapete ist bunt, am Fenster steht eine abgebeizte Kommode, und an der Wand hängt ein Bild von einem alten Fischer mit Südwester und Stummelpfeife.

»Wir sind gekommen, um mit dir über Vicky zu sprechen«, sagt Daniel und setzt sich auf das gemachte Bett.

»Ich bin vor vielen Jahren Vickys Pflegemutter gewesen«, erläutert Elin.

»Als sie klein war?«

Elin nickt, und Caroline beißt sich auf die Lippe und schaut aus dem Fenster auf der Rückseite des Hauses.

»Du kennst Vicky ein bisschen«, sagt Elin nach einer Weile.

»Ich glaube nicht, dass sie sich getraut hat, anderen Menschen zu vertrauen«, erwidert Caroline lächelnd. »Aber ich mochte sie ... sie war ruhig und hatte einen echt kranken Humor, wenn sie müde wurde.«

Elin räuspert sich und fragt ohne Umschweife:

»Hat sie über Leute gesprochen, denen sie begegnet ist? Hatte sie vielleicht irgendwo einen Freund oder Freundinnen?«

»Man redet so gut wie nie über alten Mist, sonst fühlen sich alle nur beschissen.«

»Und was ist mit den guten Dingen – wovon träumte sie, was wollte sie machen, wenn sie rauskam?«

»Manchmal haben wir rumgesponnen, im Ausland zu jobben«, sagt Caroline. »Sie wissen schon, Rotes Kreuz, UNICEF, aber wer würde uns schon nehmen?«

»Wolltet ihr das zusammen machen?«

»Das war doch nur Gelaber«, erklärt Caroline geduldig.

»Mir ist da etwas durch den Kopf gegangen«, sagt Daniel und reibt sich die Stirn. »Ich war Freitag ja nicht hier, aber wenn ich es richtig verstanden habe, war Miranda im Isolierzimmer – weißt du, warum?«

»Sie hat Tuula geschlagen«, antwortet Caroline sachlich.

»Und warum?«, fragt Elin.

Das Mädchen zuckt mit den Schultern:

»Weil sie eine Tracht Prügel verdient hatte – dauernd klaut sie den anderen Sachen. Gestern hat sie meine Ohrringe mitgehen lassen, sie meinte, die wollten lieber bei ihr bleiben.«

»Und was hat sie Miranda abgenommen?«

»Als wir im See schwimmen waren, hat sie Vickys Tasche und am Abend Mirandas Halskette geklaut.«

»Sie hat Vickys Tasche gestohlen?«, fragt Elin mit angespannter Stimme.

»Sie hat sie ihr später wieder zurückgegeben, aber irgendetwas daraus behalten... ich habe nicht richtig kapiert, was es war, aber es war etwas, was Vicky von ihrer Mutter bekommen hatte.«

»Wurde Vicky wütend auf Tuula?«, fragt Elin.

»Nein.«

»Vicky und Caroline sind nie in irgendwelche Streitereien verwickelt«, sagt Daniel und tätschelt Carolines schlanken Arm.

»Daniel, wir brauchen dich hier«, sagt Caroline und sieht ihn mit schutzloser Miene an. »Du musst dich um uns kümmern.«

»Ich bin bald zurück«, erwidert er. »Ich möchte wirklich hier sein, aber ich... ich bin noch nicht in der Verfassung, um...«

Als Daniel seine Hand von ihrem Arm zurückzieht, versucht Caroline, sie festzuhalten:

»Aber du kommst zurück? Tust du das?«

»Ja, das tue ich.«

Sie gehen hinaus, und Caroline steht in ihrem Zimmer und wirkt sehr einsam.

92

Daniel klopft an Tuulas Tür. Sie warten eine Weile, aber es öffnet niemand, also gehen sie zum Aufenthaltsraum.

»Vergessen Sie nicht, worüber ich vorhin gesprochen habe«, sagt Daniel ernst.

Das Feuer im offenen Kamin ist erloschen. Auf dem Esstisch stehen noch ein paar Teller mit Essensresten. Durch die große Fensterfront der Veranda sieht man in der Dunkelheit den Hafen. Die silbrigen, von der Sonne ausgeblichenen Fischerschuppen stehen in einer Reihe und spiegeln sich im Wasser. Es ist eine herrliche Aussicht, aber das kleine rothaarige Mädchen hat seinen Stuhl zur Wand gedreht und starrt die weiß lackierten und verzierten Latten an.

»Hallo Tuula«, sagt Daniel leichthin.

Das Mädchen mit den blassen Augen dreht sich um. Ein gehetzter Gesichtsausdruck weicht einem anderen, schwer zu deutenden.

»Ich habe Fieber«, murrt sie und wendet sich wieder der Wand zu.

»Schöne Aussicht.«

»Nicht wahr«, entgegnet sie und starrt die Wand an.

Elin sieht, dass sie lächelt, ehe ihr Gesicht wieder ernst wird.

»Ich muss mit dir reden«, sagt Daniel.

»Wenn es sein muss.«

»Ich möchte dein Gesicht sehen, wenn wir uns unterhalten.«

»Soll ich es losschneiden?«

»Es wäre einfacher, den Stuhl umzudrehen.«

Sie seufzt schwer, dreht den Stuhl um und setzt sich mit verschlossener Miene.

»Du hast letzten Freitag Vickys Tasche geklaut«, sagt Elin.

»Was?«, fragt sie. »Was sagst du? Was zum Teufel hast du gesagt?«

Daniel versucht, Elins Worte abzuschwächen:

»Sie wollte nur wissen...«

»Halt's Maul!«, schreit Tuula.

Es wird still, und Tuula kneift die Lippen zusammen und kratzt sich Nagelhaut ab.

»Du hast Vickys Tasche geklaut«, wiederholt Elin.

»Das ist eine verdammte Lüge«, sagt Tuula leise und senkt den Blick.

Sie gibt keinen Ton mehr von sich, macht ein trauriges Gesicht und zittert. Elin lehnt sich vor, um ihr über die Wange zu streichen.

»Ich wollte dich nicht...«

Tuula packt Elins Haare, schnappt sich eine Gabel vom Tisch und versucht, sie Elin ins Gesicht zu stechen, aber Daniel gelingt es, ihre Hand aufzuhalten. Er hält Tuula fest, und sie windet sich und tritt und schreit:

»Du dreckige Fotze, ich schlag dich zu Brei, du...«

Tuula weint heiser, und Daniel hält sie ruhig in den Armen. Sie sitzt auf seinem Schoß, und nach einer Weile entspannt sich ihr Körper. Elin hat sich etwas zurückgezogen und tastet ihre schmerzende Kopfhaut ab.

»Ich weiß – du hast dir die Tasche nur geliehen«, sagt Daniel.

»Da war sowieso nur Krempel drin«, erwidert Tuula. »Ich hätte das ganze Zeug verbrennen sollen.«

»Dann gab es in der Tasche nichts, was bei dir bleiben wollte?«, fragt Daniel.

»Nur der Blumenknopf«, sagt das Mädchen und begegnet seinem Blick.

»Das klingt hübsch – darf ich ihn mal sehen?«
»Der wird von einem Tiger bewacht.«
»Oho.«
»Du kannst mich an die Wand nageln«, murmelt sie.
»Gab es noch etwas, was bei dir bleiben wollte?«
»Ich hätte Vicky abfackeln sollen, als wir im Wald waren...«
Während Tuula mit Daniel spricht, verlässt Elin die verglaste Veranda, durchquert den Aufenthaltsraum und kommt in den kalten Flur. Er ist dunkel und verwaist. Sie geht zu Tuulas Tür, dreht sich noch einmal zum Aufenthaltsraum um, vergewissert sich, dass Daniel weiter mit dem Mädchen spricht und betritt anschließend ihr kleines Zimmer.

93

Elin steht mit pochendem Herzen in einem kleinen Raum mit einem einzigen Fenster direkt unter dem Vorsprung eines niedrigen Dachs mit gewölbten Dachziegeln. Auf dem Fußboden liegt eine umgekippte Tischlampe, deren schwaches Licht das Zimmer von unten erhellt.

An der weißen Wand hängt ein gestickter Wandschmuck mit dem Text: »Das Wichtigste ist, dass wir uns haben.«

Elin denkt an Tuula, die sich die trockenen Lippen leckte und am ganzen Körper zitterte, bevor sie versuchte, ihr die Gabel ins Gesicht zu stechen.

Ein merkwürdiger süßlicher und stickiger Geruch hängt in der stehenden Luft des Zimmers.

Sie hofft, dass Daniel begriffen hat, wo sie hinwollte, und nun alles dafür tut, dass Tuula nicht in ihr Zimmer geht.

Auf dem Lattenrost des schmalen Betts ohne Decke und Matratze steht ein kleiner roter Koffer. Vorsichtig geht Elin hin und öffnet ihn. Als sie sich vorbeugt, wird ihr Schatten an die Decke geworfen. Der Koffer enthält ein Fotoalbum, wenige zerknitterte Kleider, Parfümflakons mit Disneyprinzessinnen und ein Bonbonpapier.

Elin schließt den Koffer wieder, schaut sich im Zimmer um und entdeckt, dass eine abgebeizte Kommode einen halben Meter von der Wand abgerückt worden ist. Dahinter liegen Bettzeug, Kissen und Laken. Statt in ihrem Bett hat Tuula dort geschlafen.

Elin geht vorsichtig, bleibt stehen, als eine Bodendiele knarrt, rührt sich nicht von der Stelle und lauscht, ehe sie sich weiterbewegt und die Schubladen der Kommode aufzieht, in denen sie allerdings nur gemangelte Betttücher und kleine Stoffbeutel mit getrocknetem Lavendel findet. Sie hebt die Laken an, findet aber nichts, schiebt behutsam die unterste Schublade wieder zu, richtet sich auf und hört im selben Moment Schritte im Flur. Sie steht still, versucht, lautlos zu atmen, und hört die kleine Porzellanglocke an Carolines Tür klirren. Danach wird es wieder still.

Elin wartet noch einen Moment und geht dann vorsichtig um die vorgeschobene Kommode herum und betrachtet das Bettzeug und das Kissen ohne Bezug in der Dunkelheit. Wieder steigt ihr dieser eigenartige Geruch in die Nase. Sie schlägt das Oberbett zurück und zieht eine graue Decke fort. Als sie die Matratze anhebt, steigt der Gestank von Fäulnis auf. Auf einer Zeitung auf dem Fußboden liegt altes Essen: schimmliges Brot, einige Hähnchenknochen, braune Äpfel, Würstchen und Bratkartoffeln.

94

Tuula murmelt, dass sie müde ist, windet sich aus Daniels Umarmung, geht zu den großen Fenstern und leckt am Glas.

»Hast du irgendwelche Sachen aufgeschnappt, die Vicky gesagt hat?«, fragt Daniel.

»Was denn so?«

»Ob sie Verstecke hat oder Plätze, die...«

»Nein«, antwortet Tuula und dreht sich zu ihm um.

»Aber du hörst den großen Mädchen doch immer zu.«

»Du aber auch«, entgegnet sie.

»Ich weiß, aber ich habe im Moment Probleme, mich an alles Mögliche zu erinnern, man nennt es Arousal«, erklärt er.

»Ist das gefährlich?«

Er schüttelt den Kopf, kann sich aber nicht zu einem Lächeln durchringen.

»Ich gehe zu einem Psychologen und bekomme Medikamente.«

»Du musst nicht traurig sein«, sagt sie und legt den Kopf schief. »Es war eigentlich gut, dass Miranda und Elisabeth ermordet wurden... es gibt nämlich viel zu viele Menschen.«

»Aber ich habe Elisabeth geliebt, ich habe sie gebraucht und...«

Tuula schlägt ihren Hinterkopf so hart gegen das Fenster, dass Glas und Sprossen klappern. Ein Riss zieht sich diagonal durch eine der Scheiben.

»Ich glaube, ich gehe besser in mein Zimmer und verstecke mich hinter der Kommode«, murmelt sie.

»Warte«, sagt Daniel.

95

Elin kniet in Tuulas Zimmer vor einem handbemalten Amerikakoffer am Fußende des Betts. Auf dem Deckel steht in verschnörkelter Schrift: Fritz Gustavsson 1861 Harmånger. Anfang des zwanzigsten Jahrhunderts ist mehr als ein Viertel der schwedischen Bevölkerung mit solchen Koffern nach Amerika ausgewandert, aber vielleicht ist Fritz ja niemals aufgebrochen. Elin versucht, den Deckel zu öffnen, rutscht ab und bricht sich einen Nagel ab, versucht es dann noch einmal, aber der Koffer ist abgeschlossen.

Von der Veranda dringt ein Geräusch zu ihr, als wäre eine Fensterscheibe zu Bruch gegangen, und kurz darauf hört sie Tuula mit brechender Stimme schreien.

Elins Arme bekommen eine Gänsehaut, und sie geht zum Fenster. In der Nische stehen sieben kleine Dosen, einige aus Blech, andere aus Porzellan. Sie öffnet zwei von ihnen. Die eine ist leer, und in der anderen liegen alte Paketschnüre.

Durch das kleine Fenster sieht man die dunkelrote Fassade des anderen Gebäudeflügels. In der Dunkelheit kann man das Gras auf der Rückseite nicht erkennen. Der Erdboden sieht eher aus wie ein schwarzer Abgrund, aber aus einem anderen Zimmer fällt Licht ins Freie und beleuchtet das Plumpsklo und die Brennnesseln.

Sie öffnet eine Porzellandose, sieht einige alte Kupfermünzen, stellt sie wieder zurück und greift stattdessen nach einer Blechdose mit einem bunten Harlekin auf der Seite. Sie nimmt den Deckel ab, kippt den Inhalt in ihre Hand und sieht gerade noch, dass es sich nur um ein paar Nägel und eine tote Hummel handelt, als sie aus den Augenwinkeln eine Bewegung vor dem Fenster wahrnimmt. Sie blickt erneut hinaus und spürt den schneller pochenden Puls in den Schläfen. Draußen ist alles still. Der schwache Lichtschein aus dem Nebenzimmer liegt auf den Nesseln. Außer ihren Atemzügen ist nichts zu hören. Plötzlich huscht eine Gestalt durchs Licht, Elin lässt die Dose fallen und schreckt zurück.

Das kleine Fenster ist schwarz, und ihr wird bewusst, dass in diesem Moment jemand direkt davorstehen und zu ihr hineinschauen könnte.

Elin beschließt, Tuulas Zimmer zu verlassen, als sie zufällig sieht, dass mitten auf der Tür eines Besenschranks ein kleiner Sticker klebt. Sie geht hin und stellt fest, dass es der Tiger aus Winnie der Puh ist.

Tuula hat gesagt, ein Tiger würde den Blumenknopf bewachen.

In dem Schrank hängt vor einem alten Staubsauger eine Öljacke. Mit zitternden Händen zieht sie den Staubsauger ins Zimmer, darunter liegen plattgedrückte Turnschuhe und ein schmutziger Kissenbezug. Sie greift nach einem Ende des Kissenbezugs, zieht ihn heraus und spürt sofort sein Gewicht.

Als sie den glitzernden Inhalt auf den Fußboden ausleert, klappert es. Münzen, Knöpfe, Haarspangen, Murmeln, die golden schimmernde SIM-Karte eines Handys, ein glänzender Kugelschreiber, Flaschenverschlüsse, Ohrringe und ein Schlüsselanhänger mit einem Metallplättchen, auf dem eine hellblaue Blume zu sehen ist. Elin betrachtet ihn, dreht ihn in der Hand und sieht, dass in das Metallplättchen der Name Dennis eingraviert ist.

Das muss der Gegenstand sein, von dem Caroline gesprochen hat, der Gegenstand, den Vicky von ihrer Mutter bekommen hat.

Elin steckt den Schlüsselanhänger in die Tasche, geht hastig die anderen Sachen durch und legt sie anschließend in den Kissenbezug zurück. Schnell räumt sie alles wieder in den Besenschrank, presst den Staubsauger hinein und hängt die Regenjacke so auf wie zuvor, dann schließt sie den Schrank. Sie eilt zur Zimmertür, horcht einen Moment, öffnet sie und verlässt den Raum.

Im Flur steht Tuula.

Das kleine rothaarige Mädchen wartet nur ein paar Schritte entfernt in dem dunklen Korridor und mustert Elin stumm.

96

Tuula tritt einen Schritt vor und hält ihre blutige Hand hoch. Ihr Gesicht ist leichenblass. Sie starrt Elin intensiv, erwartungsvoll an. Ihre weißen Augenbrauen sind nicht zu sehen. Die Haare umrahmen in roten Strähnen ihre Wangen.

»Geh ins Zimmer zurück«, sagt Tuula.

»Ich muss mit Daniel reden.«

»Wir können zusammen gehen und uns verstecken«, erklärt das Mädchen hart.

»Was ist passiert?«

»Geh in das Zimmer«, wiederholt Tuula und leckt sich die Lippen.

»Möchtest du mir etwas zeigen?«

»Ja«, antwortet sie schnell.

»Was denn?«

»Es ist ein Spiel ... Vicky und Miranda haben es vorige Woche gespielt«, sagt Tuula und hält sich die Hände vors Gesicht.

»Ich muss gehen«, sagt Elin.

»Komm mit, dann zeige ich dir, wie es geht«, flüstert Tuula.

Schritte hallen durch den Flur, und Elin sieht Daniel mit einem Verbandskasten in der Hand. Lu Chu und Almira kommen aus der Küche. Tuula tastet ihren Hinterkopf ab, und ihre Finger werden wieder blutig.

»Tuula, du solltest doch auf dem Stuhl sitzen bleiben«, sagt Daniel und führt sie in die Küche. »Wir müssen nachsehen, ob die Wunde genäht werden muss ...«

Elin bleibt stehen und wartet, bis ihr Herz wieder ruhiger schlägt. Sie nestelt an dem Schlüsselanhänger herum, den Vicky von ihrer Mutter bekommen hat.

Einige Zeit später geht die Küchentür erneut auf. Tuula geht mit langsamen Schritten und lässt die Hand über die brusthohe Holzvertäfelung des Korridors schleifen. Daniel geht neben ihr und spricht ruhig und ernst mit ihr. Sie nickt und verschwindet anschließend in ihrem Zimmer. Elin wartet, bis Daniel zu ihr kommt, und erkundigt sich dann, was passiert ist.

»Ihr fehlt nichts... sie hat nur den Kopf ein paarmal gegen das Fenster geschlagen, bis die Scheibe zerbrochen ist.«

»Hat Vicky irgendwann einmal jemanden erwähnt, der Dennis heißt?«, sagt Elin und zeigt ihm den Schlüsselanhänger.

Er betrachtet ihn, dreht ihn in der Hand und sagt leise »Dennis«.

»Also, es kommt mir vor, als hätte ich den Namen schon einmal gehört. Aber ich... Elin, ich schäme mich, ich komme mir so nutzlos vor, weil ich...«

»Du versuchst es...«

»Ja, aber es ist überhaupt nicht gesagt, dass Vicky mir jemals irgendetwas erzählt hat, was der Polizei weiterhelfen könnte... sie war generell nicht besonders gesprächig und...«

Als er schwere Schritte die Treppe hinaufkommen hört und die Haustür aufgeht, verstummt er. Eine korpulente Frau Anfang fünfzig tritt ein und will gerade die Tür abschließen, als sie die beiden sieht.

»Was haben Sie hier zu suchen?«, fragt sie und kommt auf sie zu.

»Ich heiße Daniel Grim, ich bin...«

»Ihnen dürfte ja wohl hoffentlich klar sein, dass die Mädchen um diese Uhrzeit keinen Besuch mehr empfangen dürfen«, unterbricht ihn die Frau.

»Wir gehen gleich wieder«, erwidert er. »Wir müssen nur kurz Caroline fragen, ob...«

»Sie fragen gar nichts.«

97

Im Aufzug zu seinem Büro im Polizeipräsidium mustert Joona den Schlüsselanhänger. Er liegt in einer kleinen Plastiktüte und ähnelt der Form nach einer großen Münze, einem Silberdollar, allerdings mit dem Namen Dennis im Relief auf der einen Seite und einer hellblauen Blume mit sieben Blütenblättern auf der anderen. In einem kleinen Loch an der Oberseite ist ein recht kräftiger Schlüsselring befestigt.

Am Vorabend hatte Elin Frank Joona noch zu später Stunde angerufen. Sie saß im Auto, wollte Daniel nach Hause fahren und sich anschließend in Sundsvall ein Hotelzimmer nehmen.

Elin erzählte, dass Tuula den Schlüsselanhänger am Freitagmorgen aus Vickys Tasche entwendet hatte.

»Er war Vicky offenbar wichtig. Sie hat ihn von ihrer Mutter bekommen«, erzählte Elin und versprach, ihm den Gegenstand per Kurier zukommen zu lassen, sobald sie im Hotel sein würde.

Joona dreht die Tüte im grellen Licht mehrmals hin und her, ehe er sie in seine Jacketttasche steckt und im fünften Stock aussteigt.

In Gedanken spielt er verschiedene Gründe dafür durch, dass das Mädchen von seiner Mutter einen Schlüsselanhänger mit dem Namen Dennis bekommen hatte.

Vicky Bennets Vater ist nicht bekannt, die Mutter brachte Vicky ohne ärztliche Hilfe zur Welt, und das Kind wurde erst im Alter von sechs Jahren behördlich erfasst. Wusste die Mutter vielleicht die ganze Zeit, wer der Vater war? War dies ihre Art, es Vicky mitzuteilen?

Joona geht zu Anja, um sich zu erkundigen, ob sie etwas herausgefunden hat. Doch noch bevor er den Mund öffnen kann, schießt sie bereits los:

»Es gibt in Vicky Bennets Leben nicht die geringste Spur von einem Dennis. Nicht im Haus Birgitta, nicht in dem Heim in Ljungbacken und in keiner der Familien, in denen sie gelebt hat.«

»Seltsam«, sagt Joona.

»Ich habe sogar Saga Bauer angerufen«, erzählt Anja und lächelt. »Der Staatsschutz hat ja seine eigenen Karteien.«

»Aber irgendjemand muss doch wissen, wer Dennis ist«, sagt er und setzt sich auf die Kante ihres Schreibtisches.

»Nein«, seufzt sie und trommelt mit ihren langen, rot lackierten Fingernägeln auf dem Tisch.

Joona sieht aus dem Fenster. Schwere Wolkenformationen jagen am Himmel vorüber.

»Ich stecke fest«, sagt er ohne Umschweife. »Ich kann die Laborberichte nicht anfordern, ich darf niemanden vernehmen, ich habe keine Spur, die ich verfolgen kann.«

»Vielleicht solltest du dir eingestehen, dass es noch nicht einmal dein Fall ist«, sagt Anja leise.

»Das kann ich nicht«, murmelt er.

Anja lächelt zufrieden und errötet.

»In Ermangelung von etwas anderem möchte ich, dass du dir etwas anhörst«, sagt sie. »Und diesmal geht es nicht um finnischen Tango.«

»Das habe ich auch nicht geglaubt.«

»Und ob du das getan hast«, meckert sie und klickt auf ihrem Bildschirm etwas an. »Das hier ist ein Telefongespräch, das ich heute angenommen habe.«

»Du nimmst deine Telefonate auf?«

»Ja«, antwortet sie ruhig.

Plötzlich ertönt aus den Lautsprechern des Computers eine dünne Frauenstimme:

»Entschuldigen Sie bitte, dass ich immer wieder anrufe«, sagt die Frau am Telefon fast atemlos. »Ich habe mit einem Polizisten in Sundsvall gesprochen, und er meinte, ein Kommissar namens Joona Linna könnte vielleicht interessiert sein...«

»Sprechen Sie mit mir«, hört man Anja sagen.

»Hauptsache, Sie hören mir zu, denn ich... Ich habe Ihnen etwas Wichtiges zu den Morden im Haus Birgitta mitzuteilen.«

»Dafür hat die Polizei eine Rufnummer für sachdienliche Hinweise eingerichtet«, hört man Anja erklären.

»Ich weiß«, erwidert die Frau schnell.

Auf Anjas Schreibtisch winkt unablässig eine japanische Katze. Joona hört das leise Klicken der Mechanik und lauscht gleichzeitig der Frauenstimme.

»Ich habe das Mädchen gesehen, es wollte sein Gesicht nicht zeigen«, sagt sie. »Dann war da noch ein großer blutiger Stein, Sie müssen nach dem Stein suchen...«

»Wollen Sie mir etwa sagen, dass Sie den Mord gesehen haben?«, fragt Anja.

Man hört die schnellen Atemzüge der Frau, ehe sie antwortet.

»Ich weiß nicht, warum ich das gesehen habe«, antwortet sie. »Ich habe Angst und bin sehr müde, aber ich bin nicht verrückt.«

»Meinen Sie, dass Sie den Mord gesehen haben?«

»Oder ich bin doch verrückt«, fährt die Frau mit zitternder Stimme fort, ohne auf Anjas Frage einzugehen.

Die Leitung wird unterbrochen.

Anja schaut von ihrem Computer auf und erklärt:

»Der Name dieser Frau ist Flora Hansen, gegen sie liegt eine Anzeige vor.«

»Und weswegen?«

Anja zuckt mit ihren rundlichen Schultern:

»Brittis von der Annahmestelle für Hinweise war es leid... Flora Hansen hat offenbar immer wieder angerufen, falsche Hinweise gegeben und versucht, Geld dafür zu bekommen.«

»Kommt es häufiger vor, dass sie anruft?«

»Nein, es geht nur um diesen einen Fall ... Ich fand, dass du dir das anhören solltest, bevor du sie an der Strippe hast, denn das wird mit Sicherheit geschehen. Sie hat ganz offensichtlich nicht die Absicht aufzugeben, sie ruft immer wieder an, obwohl sie angezeigt worden ist, und jetzt hat sie sich bis zu meinem Apparat durchtelefoniert.«

»Was weißt du über sie?«, fragt Joona nachdenklich.

»Brittis meinte, dass Flora ein hieb- und stichfestes Alibi für den Mordabend hat, da sie mit neun Personen in der Upplandsgatan 42 in Stockholm eine Séance abgehalten hat«, erzählt Anja amüsiert. »Flora bezeichnet sich anscheinend als Medium und behauptet, dass sie Verstorbenen Fragen stellen kann, wenn man sie dafür bezahlt.«

»Ich fahre hin«, sagt Joona und geht zur Tür.

»Joona, ich wollte dir damit doch nur sagen, dass die Leute von dem Fall wissen«, sagt Anja mit einem verunsicherten Lächeln. »Früher oder später bekommen wir schon einen Tipp ... wenn Vicky Bennet lebt, wird jemand sie sehen.«

»Ja«, sagt er und knöpft sein Jackett zu.

Anja will schon lachen, sieht dann aber in Joonas graue Augen und begreift plötzlich, worum es geht.

»Der Stein«, sagt sie mit leiser Stimme. »Stimmt das mit dem Stein?«

»Ja«, antwortet er und begegnet ihrem Blick. »Aber nur ich und die beiden Obduzenten wissen bisher, dass der Mörder einen Stein als Tatwaffe benutzt hat.«

98

In Schweden ist es ziemlich ungewöhnlich, aber in einigen Fällen hat die Polizei dennoch die Hilfe von Medien und Wahrsagern in Anspruch genommen. Joona ruft sich den Mord an Engla Höglund ins Gedächtnis. Damals engagierte die Polizei ein Medium, das eine ausführliche Personenbeschreibung von zwei Mördern lieferte. Die Beschreibung erwies sich später als völlig falsch.

Der wahre Täter wurde schließlich gefasst, weil jemand, der eine eben gekaufte Kamera ausprobieren wollte, zufällig das Mädchen und den Wagen des Mörders fotografiert hatte.

Vor einiger Zeit hatte Joona gelesen, dass in den USA eine unabhängige Untersuchung an dem Medium durchgeführt wurde, das weltweit am häufigsten von der Polizei beauftragt worden war. Der Bericht hält fest, dass die Frau in keinem der einhundertfünfzehn Ermittlungsverfahren, an denen sie beteiligt gewesen war, nützliche Informationen hatte beisteuern können.

Die kühle Nachmittagssonne ist im abendlichen Schatten versunken, und Joona fröstelt, als er aus dem Auto steigt und zu einem grauen Mietshaus mit Satellitenschüsseln auf den Balkonen geht. Das Schloss der Eingangstür ist aufgebrochen worden, und jemand hat den gesamten Eingangsbereich mit rosa Tags besprüht. Joona nimmt die Treppe in die erste Etage und klingelt an der Tür mit dem Namen Hansen auf dem Briefeinwurf.

Eine blasse Frau in abgetragenen grauen Kleidern öffnet die Tür und sieht ihn mit scheuen Augen an.

»Ich heiße Joona Linna.« Er zeigt der Frau seinen Dienstausweis. »Sie haben mehrfach bei der Polizei angerufen...«

»Entschuldigung«, sagt sie leise und senkt den Blick.

»Wenn man nichts mitzuteilen hat, soll man nicht anrufen.«

»Aber ich... ich habe angerufen, weil ich das tote Mädchen gesehen habe«, erwidert sie und begegnet seinem Blick.

»Darf ich kurz hereinkommen?«

Sie nickt und führt ihn durch einen dunklen Flur mit abgetretenem PVC-Boden in eine kleine, saubere Küche. Flora setzt sich auf einen der vier Stühle am Tisch und umarmt sich selbst. Joona geht zum Fenster und sieht hinaus. Die Fassade des gegenüberliegenden Hauses wird von Plastikplanen verdeckt. Das Thermometer, das an die Außenseite des Fensterrahmens geschraubt ist, zittert ein wenig im Wind.

»Ich glaube, dass Miranda zu mir kommt, weil ich ihr bei einer meiner Séancen einen Weg von der anderen Seite herüber geöffnet habe«, setzt Flora an. »Aber ich... ich weiß nicht, was sie will.«

»Wann war die Séance?«, fragt Joona.

»Die ist jede Woche... Ich lebe davon, mit den Toten zu sprechen«, sagt sie, und in ihrem rechten Auge beginnt ein Muskel zu zucken.

»In gewisser Weise tue ich das auch«, erwidert Joona ruhig.

Er setzt sich ihr gegenüber an den Tisch.

»Der Kaffee ist leider alle«, sagt sie leise.

»Das macht nichts«, beteuert er. »Bei Ihrem Anruf haben Sie einen Stein erwähnt...«

»Ich wusste nicht, was ich tun sollte, aber Miranda zeigt mir dauernd einen blutigen Stein...«

Sie deutet die Größe des Steins mit den Händen an.

»Sie haben also eine Séance abgehalten«, sagt Joona sanft, »und dann ist ein Mädchen zu ihnen gekommen und hat erzählt...«

»Nein, so ist es nicht gewesen«, unterbricht sie ihn. »Das war nach der Séance, als ich nach Hause kam.«

»Und was hat dieses Mädchen gesagt?«

Flora sieht ihm direkt in die Augen, und ihr Blick trübt sich, als sie sich in der Erinnerung verliert.

»Sie zeigt mir den Stein und sagt, dass ich die Augen schließen soll.«

Joona betrachtet sie mit grauen, unergründlichen Augen.

»Sollte Miranda wieder auftauchen, möchte ich, dass Sie sie fragen, wo sich der Mörder versteckt«, sagt er schließlich.

99

Joona zieht die kleine Plastiktüte mit Vickys Schlüsselanhänger aus der Tasche, öffnet die Tüte und lässt den Inhalt vor Flora auf den Tisch fallen.

»Der gehört unserer Mordverdächtigen«, sagt er.

Flora betrachtet den Gegenstand.

»Dennis?«, fragt sie.

»Wir wissen nicht, wer Dennis ist, aber ich frage mich ... vielleicht können Sie ja etwas herausfinden«, sagt er.

»Vielleicht, aber ich ... wissen Sie, das ist meine Arbeit.«

Sie lächelt verlegen, verbirgt den Mund hinter der Hand und murmelt etwas Entschuldigendes, was er nicht versteht.

»Selbstverständlich«, sagt Joona. »Was kostet das?«

Sie nennt ihm mit gesenktem Blick den Preis pro halbe Stunde für eine Einzelsitzung. Joona zieht sein Portemonnaie heraus und bezahlt für eine Stunde. Flora bedankt sich, holt ihre Tasche und schaltet die Deckenlampe aus. Draußen ist es immer noch hell, aber in der Küche wird es dunkel. Sie holt ein Teelicht und ein schwarzes Samttuch mit Goldrand. Dann zündet sie das Teelicht an, stellt es vor Joona auf den Tisch und legt anschließend das Tuch über den Schlüsselanhänger. Sie schließt die Augen und streicht vorsichtig mit der Hand über den Stoff.

Joona beobachtet sie vorbehaltlos.

Flora führt ihre linke Hand unter den Stoff, sitzt still, beginnt zu zittern und holt tief Luft.

»Dennis, Dennis«, murmelt sie.

Sie befühlt das Metallplättchen unter dem schwarzen Stoff. Durch die Wände hört man Stimmen aus dem Fernsehapparat des Nachbarn, und plötzlich schallt von der Straße das Hupen einer Autoalarmanlage herauf.

»Ich sehe seltsame Bilder ... noch nichts Deutliches.«

»Machen Sie weiter«, sagt Joona und sieht sie intensiv an.

Floras blonde, krause Haare liegen auf den Wangen. Sie errötet nervös gefleckt, und die gewölbten Lider zucken unter den Bewegungen der Augen.

»In diesem Gegenstand steckt eine furchtbare Kraft. Einsamkeit und Zorn. Ich verbrenne mich fast«, flüstert sie und zieht den Schlüsselanhänger an sich, hält ihn in ihrer flachen Hand und starrt ihn an. »Miranda sagt, dass ... er an einem Faden des Todes hängt ... Denn sie waren beide in Dennis verliebt ... oh ja, ich spüre die Eifersucht im Metall brennen ...«

Flora verstummt, hält den Schlüsselanhänger eine Weile in der Hand, murmelt, dass der Kontakt abgebrochen ist, schüttelt den Kopf und gibt ihn Joona zurück.

Joona steht auf. Er hat es zu eilig gehabt. Es ist Zeitverschwendung gewesen, zu ihr zu fahren. Er ist davon ausgegangen, dass sie tatsächlich etwas weiß, und zwar aus Gründen, über die sie aus Angst nichts sagen will. Aber Flora Hansen denkt sich ganz offensichtlich nur etwas aus, was man hören will. Dennis gehört zu einer Zeit, die weit vor dem Haus Birgitta liegt, denn den Schlüsselanhänger bekam Vicky bereits vor Jahren von ihrer Mutter.

»Ich finde es bedauerlich, dass Sie mir hier nur Lügen auftischen«, sagt Joona und nimmt den Schlüsselanhänger vom Tisch.

»Darf ich das Geld behalten?«, fragt sie mit schwacher Stimme. »Ich komme nicht über die Runden, ich sammele Pfanddosen in der U-Bahn und in allen Papierkörben ...«

Joona steckt den Schlüsselanhänger in die Tasche und geht den Flur hinab.

»Ich glaube wirklich, dass ich einen Geist gesehen habe«, sagt sie. »Ich habe ihn gezeichnet…«

Sie zeigt auf eine kindliche Zeichnung von einem Mädchen und einem Herzen und hält sie ihm vors Gesicht. Sie will, dass er sie sich ansieht, aber Joona schiebt ihre Hand fort. Das Blatt segelt zu Boden, und er macht einfach einen Schritt darüber hinweg, öffnet die Tür und verlässt die Wohnung.

100

Als Joona aus dem Auto steigt und das Treppenhaus in der Lützengatan am Karlaplan betritt, ist er immer noch gereizt.

Vicky Bennet und Dante Abrahamsson leben, sie verstecken sich irgendwo, und er hat fast eine Stunde damit vergeudet, mit einer geistesgestörten Frau zu sprechen, die einen gegen Bezahlung anlügt.

Disa sitzt mit ihrem dünnen Notebook im Schoß auf dem Bett. Sie trägt einen weißen Morgenmantel und hat ihre braunen Haare mit einem breiten, weißen Haarband zurückgebunden.

Er duscht unter sehr heißem Wasser. Dann legt er sich neben sie. Als er sein Gesicht an sie schmiegt, riecht er den Duft ihres Parfüms.

»Bist du wieder in Sundsvall gewesen?«, fragt sie geistesabwesend, als seine Hand über ihren Arm bis zu dem schmalen Handgelenk hinabstreicht.

»Heute nicht«, antwortet Joona leise und denkt an Floras blasses, hageres Gesicht.

»Ich bin letztes Jahr mal da oben gewesen«, erzählt Disa. »Wir haben das Frauenhaus in Högom ausgegraben.«

»Das Frauenhaus?«, fragt er.

»In der Gemeinde Selånger.«

Ihr Blick löst sich vom Computerbildschirm, und sie lächelt ihn an.

»Fahr hin, wenn du zwischen den Morden ein bisschen Zeit erübrigen kannst«, sagt sie.

Joona lächelt und berührt ihre Hüfte, folgt den Oberschenkelmuskeln bis zum Knie. Er will nicht, dass Disa verstummt und fragt deshalb:

»Warum wird der Ort Frauenhaus genannt?«

»Es ist ein Grabhügel, aber er wurde auf den Grundmauern eines abgebrannten Hauses errichtet. Man weiß nicht, was dort passiert ist.«

»Waren Menschen in dem Haus?«

»Zwei Frauen«, antwortet sie und stellt den Computer weg. »Ich habe persönlich Erde von ihren Kämmen und Schmuckstücken gepinselt.«

Joona legt den Kopf in ihren Schoß und fragt:

»Wo ist das Feuer ausgebrochen?«

»Ich weiß es nicht, aber man hat mindestens eine Pfeilspitze in der Wand gefunden.«

»Dann kam der Täter also von draußen?«, murmelt er.

»Vielleicht stand das ganze Dorf davor und ließ das Haus niederbrennen«, sagt sie und fährt mit den Fingern durch seine dichten, feuchten Haare.

»Erzähl mir mehr von dem Grab«, bittet Joona sie und schließt die Augen.

»Man weiß nicht sehr viel darüber«, erklärt sie und wickelt eine Locke um ihren Finger. »Aber die Hausbewohner saßen drinnen und webten, überall lagen ihre Webgewichte verstreut. Schon seltsam, dass es immer die kleinen Dinge sind wie Kämme oder Nadeln, die Jahrtausende überdauern.«

Joonas Gedanken wandern über Summas Brautkrone aus geflochtener Birkenwurzel zu dem alten jüdischen Friedhof am Kronobergspark, auf dem sein Kollege Samuel Mendel mutterseelenallein in seinem Familiengrab ruht.

101

Joona wird von einem sanften Kuss auf den Mund geweckt. Disa ist schon angezogen. Sie hat ihm eine Tasse Kaffee auf den Nachttisch gestellt.

»Ich bin eingeschlafen«, sagt er.

»Und du hast hundert Jahre geschlafen«, erwidert sie lächelnd und geht in den Flur.

Joona hört, wie sie die Tür hinter sich schließt. Er zieht sich die Hose an, steht neben dem Bett und denkt an Flora Hansen. Er hatte sich zu einem Besuch bei ihr verleiten lassen, weil sie bei dem Stein richtig geraten hatte. In der Psychologie wird dieses Phänomen Bestätigungsfehler genannt. Unbewusst tendiert jeder Mensch dazu, Ergebnissen, die eine Theorie bestätigen, weitaus mehr Beachtung zu schenken, als Resultaten, die ihr widersprechen. Flora hat mehrere Male bei der Polizei angerufen und von unterschiedlichen Mordwaffen berichtet, aber erst als sie den Stein erwähnte, hat er ihr zugehört.

Es gab keine anderen Spuren als die, die zu Flora führte.

Joona geht zu den großen Fenstern und zieht den dünnen weißen Vorhang zur Seite. Das graue Morgenlicht hat noch etwas von der Düsternis der Nacht. Der Springbrunnen auf dem Karlaplan pulsiert und schäumt mit schwermütiger Monotonie. Tauben bewegen sich langsam vor dem geschlossenen Eingang des Einkaufszentrums.

Einzelne Menschen sind auf dem Weg zur Arbeit.

Etwas in Flora Hansens Blick und Stimme war sehr verzweifelt, als sie sagte, dass sie in der U-Bahn Flaschen und Dosen sammelt.

Joona schließt für einen Moment die Augen, dreht sich zum Schlafzimmer um und nimmt das Hemd vom Stuhl.

Mit geistesabwesenden Bewegungen zieht er es an, und während er es zuknöpft, geht sein Blick ins Leere.

Fast hätte er einen logischen Zusammenhang zu fassen bekommen, aber im selben Moment hat sich der Gedanke schon wieder verflüchtigt. Er versucht, zu ihm zurückzukehren, spürt jedoch, dass er ihm nur immer weiter entgleitet.

Es ging um Vicky, den Schlüsselanhänger und ihre Mutter.

Er zieht das Jackett an und stellt sich erneut ans Fenster.

Ging es um etwas, was er gesehen hatte?

Er blickt wieder zum Karlaplan hinunter, wo ein Bus in den Kreisverkehr biegt und an der Haltestelle bremst, an der Fahrgäste einsteigen. Etwas weiter entfernt steht ein älterer Mann mit einem Rollator und beobachtet lächelnd einen Hund, der rund um einen Papierkorb schnüffelt.

Eine Frau mit roten Wangen und einer aufgeknöpften Lederjacke läuft zur U-Bahn-Station. Sie scheucht einen Schwarm Tauben auf dem Platz auf. Die Vögel heben ab und fliegen gemeinsam in einem Halbkreis, ehe sie wieder landen.

Die U-Bahn.

Es geht um die U-Bahn, denkt Joona und zieht sein Handy aus der Tasche.

Er ist sich fast sicher, dass er recht hat, muss nur noch ein paar Details überprüfen.

Schnell blättert er zu einer Nummer, und während es klingelt, geht er in den Flur und zieht seine Schuhe an.

»Holger Jalmert...«

»Hier spricht Joona Linna«, sagt er und verlässt die Wohnung.

»Guten Morgen, guten Morgen, ich habe ...«

»Ich muss Sie direkt etwas fragen«, unterbricht Joona ihn und schließt die Tür ab. »Sie haben doch die Tasche untersucht, die wir am Damm gefunden haben?«

Er läuft die Treppen hinunter.

»Ich habe Fotos gemacht und den Inhalt aufgelistet, ehe die Staatsanwältin anrief und meinte, der Fall sei nicht mehr so wichtig.«

»Ich darf Ihren Bericht ja nicht lesen«, sagt Joona.

»Da gab es ohnehin nichts Besonderes«, meint Holger Jalmert und raschelt mit Blättern. »Ich habe sicher das Messer erwähnt, das...«

»Sie haben von einem Fahrradwerkzeug gesprochen – sind Sie der Sache nachgegangen?«

Joona gelangt auf die Straße hinaus und eilt den Valhallavägen hinab zu seinem Auto.

»Ja«, antwortet Holger Jalmert. »Als typischer Nordschwede habe ich dafür natürlich ein bisschen länger gebraucht... Es war kein Werkzeug, sondern ein Schlüssel für die Fahrerkabinen in der U-Bahn...«

»Hat er früher an einem Schlüsselanhänger gehangen?«

»Woher zum Teufel soll ich...«

Plötzlich verstummt Holger Jalmert und betrachtet das Foto in seinem Bericht.

»Sie haben natürlich recht, die Innenseite der Öse ist blankgewetzt«, sagt er.

Joona bedankt sich für das Gespräch und ruft Anja an. Er läuft das letzte Stück und denkt daran, dass Elin Frank meinte, Tuula würde allen in ihrer Umgebung hübsche Sachen stehlen. Es ging um Ohrringe, glänzende Stifte, Münzen und Lippenstifthülsen. Tuula machte den schönen Schlüsselanhänger mit der hellblauen Blume los und legte den hässlichen Schlüssel in die Tasche zurück.

»Ghostbusters«, meldet sich Anja mit schriller und heiterer Stimme.

»Anja, kannst du mir bitte helfen und mit jemandem sprechen, der für das Stockholmer U-Bahn-System verantwortlich ist«, sagt Joona und fährt los.

»Ich könnte stattdessen die Geister befragen ...«

»Es eilt«, unterbricht Joona sie.

»Bist du mit dem falschen Fuß aufgestanden?«, murmelt sie beleidigt.

Joona fährt in Richtung Stadion.

»Weißt du eigentlich, dass alle Waggons der Stockholmer U-Bahn einen Personennamen haben?«, fragt er.

»Ich habe heute in Rebecka gesessen, sie ist wunderschön und ...«

»Ich glaube nämlich nicht, dass Dennis der Name eines Menschen ist, sondern der eines U-Bahn-Wagens, und ich muss herausfinden, wo sich dieser Wagen im Moment befindet.«

102

JEDER WAGEN IM U-BAHN-SYSTEM hat natürlich eine eigene Nummer, so wie überall sonst auf der Welt auch, aber seit vielen Jahren haben die Wagen in Stockholm zusätzlich auch einen Personennamen. Es heißt, die Tradition habe 1887 mit den Namen der Pferde begonnen, die damals die Straßenbahnen durch die Stadt zogen.

Joona ist sich ziemlich sicher, dass der Schlüssel, den Vicky von ihrer Mutter Susie bekommen hat, in das mechanische Schloss passt, das alle U-Bahn-Züge öffnet, der Schlüsselanhänger jedoch auf einen ganz bestimmten Wagen hindeutet. Vielleicht hat die Mutter in einer der Fahrerkabinen des Wagens persönliche Habe verwahrt, vielleicht hat sie dort manchmal geschlafen.

Vickys Mutter, die ihr gesamtes erwachsenes Leben obdachlos gewesen ist, wohnte zeitweise in der U-Bahn, auf Bänken in verschiedenen Stationen, in Zügen und in verlassenen Nischen entlang der Gleise, tief in den Tunneln.

Irgendwie muss ihre Mutter an diesen Schlüssel gekommen sein, denkt Joona am Steuer. Das kann nicht so einfach gewesen sein. In ihrer Welt muss er eine echte Kostbarkeit gewesen sein.

Trotzdem schenkte sie ihn ihrer Tochter.

Und sie besorgte einen Schlüsselanhänger mit dem Namen Dennis, damit das Mädchen nicht vergaß, welcher Wagen wichtig war.

Vielleicht wusste sie, dass Vicky weglaufen würde.

Sie ist viele Male weggelaufen und hat es zwei Mal geschafft, relativ lange unterzutauchen. Beim ersten Mal war sie erst acht, blieb sieben Monate verschwunden und wurde mit ihrer Mutter Mitte Dezember stark unterkühlt in einer Parkgarage gefunden. Beim zweiten Mal war sie dreizehn, blieb elf Monate verschwunden und wurde in der Nähe der Konzertarena Globen wegen schweren Ladendiebstahls verhaftet.

Es ist durchaus möglich, sich mit anderen Werkzeugen Zugang zu den Fahrerkabinen der Waggons zu verschaffen. Ein gewöhnlicher Steckschlüssel in der richtigen Größe würde ausreichen.

Auch wenn es unwahrscheinlich ist, dass Vicky sich ohne ihren Schlüssel in dem Wagen aufhält, könnte es dort Spuren aus ihren Phasen als Ausreißerin geben, irgendetwas, was zu ihrem jetzigen Versteck führt.

Joona hat das Präsidium fast erreicht, als Anja anruft und ihm sagt, dass sie mit den Stockholmer Verkehrsbetrieben gesprochen hat:

»Es gibt einen Wagen namens Dennis, aber er ist stillgelegt worden ... ein schwerer Schaden, hat der Mann gesagt.«

»Aber wo ist er?«

»Sie wussten es nicht genau«, antwortet sie. »Er könnte in einem Depot in Rissne stehen ... aber wahrscheinlich wurde er auf dem Gelände der Werkstätten draußen in Johanneshov abgestellt.«

»Stell mich durch«, sagt Joona und wendet.

Die Reifen prallen gegen eine Bremsschwelle, er fährt über eine rote Ampel und biegt in die Fleminggatan ab.

103

Joona fährt in Richtung Johanneshov südlich von Stockholm, als sich endlich ein Mann am Telefon meldet. Es klingt, als spräche er mit vollem Mund:

»U-Bahn-Betriebe, Werkstätten ... hier spricht Kjelle.«

»Joona Linna, Polizei. Können Sie bestätigen, dass sich ein Wagen namens Dennis in Johanneshov befindet?«

»Dennis«, schmatzt der Mann. »Haben Sie die Wagennummer?«

»Nein, leider nicht.«

»Warten Sie, ich sehe mal im Computer nach.«

Joona hört den Mann vor sich hin murmeln und dann raschelnd an den Hörer zurückkehren:

»Es gibt einen Denniz mit Z am Ende ...«

»Das spielt keine Rolle.«

»Okay«, sagt Kjelle und Joona hört ihn lautstark den großen Bissen herunterschlucken, den er im Mund hat. »Ich finde ihn nicht in der Kartei ... Es ist ein ziemlich alter Wagen, ich weiß nicht, aber den Angaben zufolge, die ich hier finde, ist er in den letzten Jahren nicht in Betrieb gewesen.«

»Und wo ist er?«

»Das müsste hier eigentlich stehen, aber ... Wir machen jetzt Folgendes, ich verbinde Sie mit Dick. Der weiß alles, was der Computer nicht weiß ...«

Kjelles Stimme weicht einem elektronischen Rauschen. Dann meldet sich ein älterer Mann, und es hallt, als befände er sich in einer Kathedrale oder einem Raum aus Metall:

»Hier spricht der dynamische Dick.«

»Ich habe gerade mit Kjelle gesprochen«, erläutert Joona. »Er meint, dass ein Wagen namens Denniz bei Ihnen steht.«

»Wenn Kjelle sagt, dass der Wagen hier steht, dann ist das sicher auch so – aber wenn es um Leben und Tod und das Vaterland geht, kann ich gerne mal nachschauen.«

»Das tut es«, antwortet Joona gedämpft.

»Sitzen Sie im Auto?«, fragt Dick.

»Ja.«

»Doch nicht etwa auf dem Weg hierher?«

Joona hört im Telefon, dass der Mann eine Metalltreppe hinabsteigt. Ein großes, schweres Tor quietscht, und der Mann ist etwas außer Atem, als er sich wieder meldet.

»Ich bin jetzt unten im Tunnel – sind Sie noch da?«

»Ja.«

»Hier haben wir jedenfalls schon mal Mikaela und Maria. Denniz müsste hier auch irgendwo stehen.«

Joona hört den älteren Mann mit hallenden Schritten gehen, während er selbst so schnell wie möglich auf die Centralbron in der Stockholmer Innenstadt fährt. Er denkt an die Phasen in Vickys Leben, in denen sie ausgerissen ist. Irgendwo muss sie geschlafen haben, irgendwo muss sie sich sicher gefühlt haben.

»Sehen Sie den Wagen?«, fragt er.

»Nein, das hier ist Ellinor... und da drüben steht Silvia... nicht einmal die Beleuchtung funktioniert richtig.«

Joona hört es unter den Füßen des Mannes rasseln, während er unter dem Industriegebiet mit seinen Flachbauten entlang durch den Tunnel geht.

»Hier unten bin ich schon ewig nicht mehr gewesen«, erzählt der Mann keuchend. »Ich will mal die Taschenlampe einschalten... am hintersten Ende natürlich... Denniz, rostig und schmutzig wie ein...«

»Sind Sie sicher?«

»Ich kann hingehen und ein Foto machen, wenn Sie … aber was zum Teufel? Da sind Leute, da sind Leute im …«

»Still«, sagt Joona schnell.

»Da ist jemand in dem Wagen«, flüstert der Mann.

»Gehen Sie nicht näher heran«, sagt Joona.

»Die haben eine verdammte Gasflasche in die Tür gestellt.«

Es raschelt laut, und Joona hört, dass sich der Mann mit großen Schritten bewegt und keuchend atmet.

»Da waren … ich habe in dem Wagen Leute gesehen«, flüstert der Bahnarbeiter erneut ins Telefon.

Joona glaubt, dass es sich höchstwahrscheinlich nicht um Vicky handelt, da sie den Schlüssel und das Metallplättchen nicht mehr hat.

Plötzlich hört Joona zwar fern, aber deutlich hörbar helle Schreie im Telefon.

»Da drinnen schreit eine Frau«, flüstert der Mechaniker. »Die flippt da anscheinend total aus.«

»Kommen Sie einfach wieder heraus«, sagt Joona und hört die Schritte und hechelnden Atemzüge des Mannes. Wieder hört er die Schreie, nun aber schwächer.

»Was haben Sie gesehen?«, erkundigt sich Joona.

»Die Tür wird von der großen Gasflasche eines Schweißgeräts blockiert.«

»Haben Sie Menschen gesehen?«

»Die Fenster sind voller Graffiti, aber dahinter waren ein größerer und ein kleinerer Mensch, vielleicht auch noch mehr, keine Ahnung.«

»Sind Sie sicher?«, fragt Joona Linna.

»Eigentlich sind diese Tunnel abgeschlossen, aber wenn man es unbedingt darauf anlegt … gibt es natürlich immer Möglichkeiten, sich Zugang zu ihnen zu verschaffen«, keucht der Mann.

»Hören Sie mir bitte gut zu … Ich bin Kriminalkommissar und möchte, dass Sie draußen auf die Polizei warten.«

104

Ein schwarzer Lieferwagen fährt mit hoher Geschwindigkeit durch das Tor zu den Werkstätten der Verkehrsbetriebe in Johanneshov. Trockener Schotter wird aufgewirbelt, und eine Staubwolke zieht zum Zaun. Das Auto schwenkt herum und hält vor einem grünen Metalltor.

Nach seinem Telefonat mit Dick hatte Joona den Polizeipräsidenten angerufen und ihm mitgeteilt, dass eine Geiselnahme nicht auszuschließen sei.

Die Nationale Eingreiftruppe ist eine Einheit mit Spezialausbildung innerhalb der Landeskriminalpolizei. Ihre Hauptaufgabe besteht in der Verhinderung und Bekämpfung von terroristischen Anschlägen, aber sie kann auch bei besonders schwierigen Einsätzen angefordert werden.

Die fünf Polizisten steigen mit einer Mischung aus Nervosität und Konzentration aus dem Wagen. Sie sind mit Stiefeln, dunkelblauen Overalls, keramischen Schutzwesten, Helmen, Schutzbrillen und Handschuhen ausgerüstet.

Joona geht der Gruppe entgegen und bemerkt, dass sie die Erlaubnis erhalten haben, schwere Waffen einzusetzen – drei von ihnen tragen jadegrüne Sturmgewehre mit Rotpunktvisieren von Heckler & Koch.

Es sind keine Spezialwaffen, aber sie sind leicht und können ein Magazin in weniger als drei Sekunden leerfeuern.

Die beiden anderen Männer der Gruppe tragen jeder ein Scharfschützengewehr.

Joona gibt dem Einsatzleiter, dem begleitenden Arzt und den anderen kurz die Hand, ehe er erklärt, dass die Situation sie seiner Ansicht nach zu schnellem Handeln zwingt:

»Ich möchte, dass wir sofort reingehen, so schnell es geht, aber da ich nicht weiß, welche Informationen Sie bekommen haben, muss ich betonen, dass wir keine positive Identifizierung von Vicky Bennet und Dante Abrahamsson haben.«

Bevor die Nationale Eingreiftruppe vor Ort eintraf, hatte Joona Dick Jansson befragt und ihn auf einer detaillierten Karte von dem Gelände die genaue Position der verschiedenen Wagen einzeichnen lassen.

Ein junger Mann mit einem Scharfschützengewehr 90 in einer Tasche zu seinen Füßen hebt die Hand.

»Gehen wir davon aus, dass sie bewaffnet ist?«, fragt der Scharfschütze.

»Wahrscheinlich nicht mit Schusswaffen«, antwortet Joona.

»Dann werden wir also wahrscheinlich auf zwei unbewaffnete Kinder stoßen«, sagt der junge Mann und schüttelt grinsend den Kopf.

»Wir wissen nicht, was uns erwartet, das weiß man nie«, sagt Joona und zeigt ihnen die Planskizze eines Wagens vom gleichen Modell wie Denniz.

»Wo gehen wir rein?«, erkundigt sich der Einsatzleiter.

»Die vordere Tür steht offen, wird aber von einer oder mehreren Gasflaschen blockiert«, erläutert Joona.

»Habt ihr gehört?«, fragt der Einsatzleiter und wendet sich an die anderen.

Joona legt die große Karte auf die Planskizze und zeigt ihnen die verschiedenen Seitengleise und die Position der einzelnen Wagen.

»Ich denke, bis zu diesem Punkt hier können wir kommen, ohne entdeckt zu werden. Es ist nicht ganz leicht abzuschätzen, aber zumindest bis hier.«

»Ja, das müsste hinkommen.«

»Der Abstand ist kurz, aber ich möchte trotzdem einen Scharfschützen auf dem Dach des nächststehenden Wagens haben.«

»Das übernehme ich«, sagt einer der Männer.

»Und ich kann mich hierhin legen«, ergänzt der jüngere Scharfschütze.

Mit großen Schritten folgen sie Joona zur Stahltür. Einer der Beamten überprüft ein letztes Mal seine Reservemagazine, und Joona zieht sich eine Schutzweste über.

»Unser wichtigstes Ziel ist es, den Jungen aus dem Wagen zu holen, das sekundäre Ziel besteht darin, die Verdächtige zu fassen«, erläutert Joona und öffnet die Tür. »Gezielte Schüsse sollten in erster Linie auf die Beine des Mädchens abgefeuert werden und erst danach auf Schultern und Arme.«

Eine lange, graubleiche Treppe führt zu den Gleisen unter dem Werkstattdepot hinunter, auf denen Züge abgestellt sind, bei denen größere Reparaturen anstehen.

Hinter Joona hört man nichts als das dumpfe Stampfen schwerer Stiefel und das Rascheln keramischer Schutzwesten.

105

Als die Gruppe in den Tunnel gelangt, bewegen sich die Männer vorsichtiger, langsamer. Die Geräusche ihrer Schritte auf Schotter und rostigen Schienen prallen wispernd gegen die metallverkleideten Schachtwände.

Sie nähern sich einem verbeulten Zug, von dem ein seltsamer Gestank ausgeht. Die Wagen stehen da wie dunkle Überreste einer untergegangenen Zivilisation. Die Lichtkegel der Taschenlampen flackern über die rauen Wände.

Sie bewegen sich schnell und fast lautlos in einer Reihe. Die Gleise verzweigen sich an einer manuellen Weiche. Eine rote Lampe mit gesprungenem Schirm leuchtet schwach. Im schwarzen Kies liegt ein schmutziger Arbeitshandschuh.

Joona gibt der Gruppe das Zeichen, die Lampen auszuschalten, bevor sie in die schmale Lücke zwischen zwei abgestellten Wagen mit zerbrochenen Scheiben vorrücken.

Ein Karton mit öligen Bolzen steht an einer Wand mit lose herabhängenden Kabeln, Steckdosen und verstaubten Armaturen.

Sie sind jetzt ganz in der Nähe und rücken vorsichtig vor. Joona zeigt dem ersten Scharfschützen seinen Wagen. Der Rest der Gruppe montiert Waffenleuchten und verteilt sich, während der Schütze lautlos auf das Dach klettert, das Zweibein ausklappt und beginnt, das Hensoldt-Visier zu justieren.

Die restliche Gruppe nähert sich dem Wagen am hinteren Ende des Tunnels. Den Atemzügen der Männer hört man den unterdrückten Stress an. Einer von ihnen kontrolliert zwanghaft ein ums andere Mal den Kinnriemen seines Helms. Der Einsatzleiter wechselt Blicke mit dem jüngeren Scharfschützen und deutet mit Gesten eine Schusslinie an.

Jemand stolpert im Kies, und ein loser Stein stößt klirrend gegen die Schiene. Eine grauschimmernde Ratte läuft an der Wand entlang und verschwindet in einem Loch.

Joona rückt neben den Schienen alleine vor. Er sieht, dass der Wagen mit dem Namen Denniz auf dem Rangiergleis an der Wand steht. Kabel oder Taue hängen von der Decke herab. Er bewegt sich seitlich und sieht hinter den schmutzigen, braun gestreiften Scheiben ein schwaches Licht flackern. Wie ein gelber Schmetterling flattert das Licht umher und lässt die Schatten abwechselnd schrumpfen und wachsen.

Der Einsatzleiter löst eine Schockgranate von seinem Gürtel.

Joona steht still und lauscht einen Moment, ehe er mit dem mulmigen Gefühl im Bauch weitergeht, sich in der Schusslinie zu befinden. Die Waffen der Scharfschützen sind in diesem Moment auf seinen Rücken gerichtet, er wird durch ihre Visiere beobachtet.

In der offenen Tür steht eine große Gasflasche aus grünem Metall.

Joona nähert sich vorsichtig, erreicht den Wagen und duckt sich in der Dunkelheit. Er legt das Ohr ans Blech und hört sofort, dass jemand über den Boden schlurft.

Der Einsatzleiter gibt zwei von seinen Männern ein Zeichen. Wie unförmige Dämonen huschen sie durch die Dunkelheit. Sie sind beide groß, bewegen sich jedoch fast lautlos. Man hört nichts als den dumpfen, wabernden Widerhall von Halftern, Schutzwesten und schweren Overalls, bis sie an Joonas Seite sind.

Joona hat nicht einmal seine Pistole gezogen, sieht aber, dass die Männer der Eingreiftruppe bereits ihre Finger an die Abzüge der Sturmgewehre gelegt haben.

Durch die Fenster des Wagens lässt sich kaum etwas erkennen.

Auf dem Boden liegt eine kleine Lampe. Ihr Licht fällt auf aufgerissene Kartons, leere Flaschen und Plastiktüten.

Zwischen zwei Sitzen liegt von einem Seil zusammengehalten ein großes Bündel.

Das Licht der kleinen Lampe beginnt zu zittern. Der ganze Wagen vibriert schwach. Vielleicht wird irgendwo in der Ferne das Gleis benutzt.

Durch Wände und Decke dringt ein Donnern.

Man hört ein schwaches Wimmern.

Joona zieht vorsichtig seine Pistole.

Weiter hinten im Gang des Wagens gleitet ein Schatten nach hinten. Ein dicklicher Mann in Jeans und schmutzigen Turnschuhen entfernt sich krabbelnd.

Joona führt die erste Patrone in das Patronenlager ein, dreht sich zum Einsatzleiter um, zeigt die Position des Mannes im Wagen an und gibt das Zeichen zum sofortigen Zugriff.

106

Es knallt kurz, als die mittlere Tür aufgebrochen wird und in den Schotter fällt und die Eingreiftruppe den U-Bahn-Wagen stürmt.

Fenster zerbersten, und Splitter regnen auf aufgeschlitzte Sitze herab und rasseln zu Boden.

Der Mann im Wagen schreit mit röchelnder Stimme.

Die Gasflasche kippt mit einem dumpfen Geräusch um, und Argon strömt aus, während sie unter den Wagen rollt. Alle Innentüren im Wagen werden mit harten Schlägen aufgebrochen.

Joona steigt über schimmlige Decken, Eierkartons und zertrampelte Zeitungen. In dem Wagen verbreitet sich beißender Gasgeruch.

»Liegen bleiben!«, brüllt jemand.

Die Lichtkegel von zwei Waffenleuchten suchen den Wagen Sektion für Sektion ab, leuchten zwischen Sitze und durch schmutziges Plexiglas.

»Nicht schlagen«, schreit ein Mann aus der anderen Sektion. »Ruhe!«

Das abgeschlagene Ventil der Gasflasche wird vom Einsatzleiter zugeklebt.

Joona eilt nach vorn, zur Fahrerkabine.

Vicky Bennet und Dante sind nirgendwo zu sehen.

Es stinkt nach Schweiß und verdorbenen Lebensmitteln. Wände und Fenster sind zerkratzt und mit Tags bemalt.

Jemand hat auf dem Fußboden ein gegrilltes Hähnchen in fettigem Papier gegessen und zwischen den Sitzplätzen liegen Bierdosen und Bonbonpapiere.

Auf dem Boden raschelt Zeitungspapier unter seinen Füßen.

Das Licht von außen wird gebrochen, als er die zerbrochenen Fensterscheiben passiert.

Joona geht zur Fahrerkabine, für die der Schlüssel mit dem Namen Dennis bestimmt ist.

Die Tür ist von der Eingreiftruppe aufgebrochen worden, und Joona tritt ein. Der enge Raum ist leer. Die Wände sind voller Kratzer und Gekritzel. Auf dem Armaturenbrett liegen eine Spritze ohne Nadel, rußiges Aluminiumpapier und leere Plastikkapseln. Auf dem schmalen Regalbrett vor den beiden Pedalen stehen eine Packung Kopfschmerztabletten und eine Tube Zahncreme.

Hier versteckte sich Vickys Mutter von Zeit zu Zeit, zu dieser Kabine passte der Schlüssel, den sie vor Jahren ihrer Tochter gab.

Joona sucht weiter und findet festgekeilt in der Federung unter dem Sitz ein rostiges Teppichmesser, Bonbonpapier und ein leeres Gläschen Babykost, in dem Dörrpflaumenpüree gewesen ist.

Durch das Seitenfester sieht er, dass die Eingreiftruppe den Mann in Jeans hinausschleift. Sein Gesicht ist sehr zerfurcht. Seine Augen schauen ängstlich. Er hustet Blut auf seinen Bart und schreit. Seine Arme sind mit Plastikfesseln auf dem Rücken fixiert. Er wird in Bauchlage auf den Schotter gepresst und die Mündung eines Sturmgewehrs auf seinen Hinterkopf gerichtet.

Joona schaut sich in dem engen Raum um. Sein Blick fliegt über Knöpfe und Schalter, das Mikrofon und den Schaltknüppel mit dem lackierten Holzgriff, aber er weiß nicht, wonach er suchen soll. Er sollte in den Wagen mit den Sitzreihen zurückkehren, zwingt sich aber, noch ein wenig länger zu verweilen, den Blick über das Armaturenbrett und den Fahrersitz schweifen zu lassen.

Warum hatten Vicky und ihre Mutter Schlüssel für diese Kabine?

Hier gibt es nichts.

Er richtet sich auf und untersucht die Schrauben, mit denen das Gitter vor der Lüftungsklappe befestigt ist, als sein Blick nach links gleitet und auf eines der Worte fällt, die an die Wand gekritzelt sind: *Mama*.

Er weicht einen Schritt zurück und erkennt im selben Augenblick, dass fast alles, was mit Farbe auf die Wände geschrieben und eingeritzt worden ist, Mitteilungen zwischen Vicky und ihrer Mutter sind. Dies muss ein Ort gewesen sein, an dem sie sich in Ruhe treffen konnten, und wenn sie sich verpassten, hinterließen sie Grüße.

MAMA, SIE WAREN GEMEIN,
ICH KONNTE DA NICHT BLEIBEN.

ICH FRIERE UND MUSS WAS ESSEN. MUSS JETZT
ZURÜCK, ABER KOMME AM MONTAG.

Sei nich traurig Vicky! die haben mich in ein Heim
gestekt deshalb hab ich dich verpast

DANKE FÜR DIE SÜSSIGKEITEN.

Kleines!! Ich schlafe jetzt hier ne Weile
Uffe is ein Schwein!!
Wenn du was Geld da lassen kannst wärs klasse.

FROHE WEIHNACHTEN, MAMA.

Du musst kapieren, dass ich grad nicht ständig
zurückrufen kann

MAMA BIST DU WEGEN WAS WÜTEND AUF MICH?

107

Als Joona wieder herauskommt, hat die Eingreiftruppe den bärtigen Mann umgedreht. Er sitzt mit dem Rücken an die Wand gelehnt, weint und wirkt sehr verwirrt.

»Ich suche nach einem Mädchen und einem kleinen Jungen«, sagt Joona, zieht die Schutzweste aus und geht vor ihm in die Hocke.

»Schlagen Sie mich nicht«, murmelt der Mann.

»Keiner wird Sie schlagen, aber ich muss wissen, ob Sie hier ein Mädchen gesehen haben, hier in dem Wagen.«

»Ich hab sie nicht angerührt, ich bin ihr nur gefolgt.«

»Wo ist sie jetzt?«

»Ich bin ihr nur gefolgt«, antwortet er und leckt Blut von seinen Lippen.

»War sie allein?«

»Keine Ahnung – sie hat sich in der Kabine eingeschlossen.«

»Hatte sie einen Jungen dabei?«

»Einen Jungen? Ja, kann sein … kann sein …«

»Antworten Sie ordentlich«, unterbricht ihn der Einsatzleiter.

»Sie sind ihr hierher gefolgt«, fährt Joona fort. »Was hat sie dann gemacht?«

»Sie ist wieder gegangen«, antwortet er mit ängstlichem Blick.

»Wohin? Wissen Sie das?«

»Dahin«, antwortet der Mann und nickt hilflos mit dem Kopf in Richtung des Gangs.

»Sie ist in dem Gang da – meinen Sie das?«

»Vielleicht nicht … vielleicht …«

»Jetzt antworten Sie schon«, brüllt der Einsatzleiter.

»Aber ich weiß es doch nicht«, schluchzt der Mann.

»Können Sie mir sagen, wann sie hier war?«, fragt Joona behutsam. »War das heute?«

»Gerade eben noch«, sagt er. »Sie fing an zu schreien und …«

Joona läuft parallel zum Rangiergleis los und hört hinter sich, dass der Einsatzleiter die Vernehmung übernimmt. Mit heiserer, barscher Stimme fragt er den Mann, was er mit dem Mädchen gemacht, ob er sie angerührt hat.

Joona rennt an einem rostigen Gleis entlang. Die Dunkelheit bewegt sich vor ihm in rauchigen Formationen.

Er steigt eine Treppe hoch und gelangt in einen Korridor, in dem unter der Decke freiliegend Rohre verlaufen.

Weit vor sich sieht er ein Tor. Lichtstrahlen fallen herein und blitzen auf dem feuchten Betonboden auf. Das Tor ist am Boden beschädigt, und es gelingt ihm, sich unter ihm hindurchzupressen. Plötzlich ist er im Freien. Er steht mitten auf einem Schotterhaufen neben etwa fünfzehn rostigen Gleisen, die sich weiter vorn wie ein Pferdeschwanz bündeln und sanft abbiegen.

In der Ferne geht auf dem Bahndamm eine schlanke Gestalt. Sie hat einen Hund dabei. Joona läuft ihr hinterher. Ein U-Bahn-Zug donnert mit hoher Geschwindigkeit an ihm vorbei. Das Erdreich bebt. Während er weiter durch das Unkraut neben dem Bahndamm läuft, sieht er sie flüchtig zwischen den Wagen. Die Erde ist von Glasscherben, Müll und benutzten Kondomen übersät. Es surrt elektrisch, und von Skärmarbrink kommend nähert sich ein neuer Zug. Joona hat die hagere Gestalt fast erreicht, er springt über das Gleis, packt ihren schmalen Arm und dreht sie um. Sie erschreckt sich und versucht, ihn zu schlagen, aber er dreht das Gesicht weg, verliert dabei ihren Arm aus dem Griff, hält weiter die Jacke fest, aber sie schlägt wieder nach ihm, befreit sich aus der Jacke, verliert ihre Tasche und fällt rücklings auf den Kies.

108

Joona drückt die Frau zwischen Disteln und verwelktem Wiesenkerbel auf den Bahndamm herab, packt ihre Hand, entwindet ihr einen Stein und versucht, sie zu beruhigen.

»Ich will doch nur mit Ihnen reden, ich will …«

»Lassen Sie mich los«, schreit sie und versucht, sich aus seinem Griff zu winden.

Sie tritt, aber er klemmt ihre Beine fest und hält sie am Boden. Sie atmet wie ein ängstliches Kaninchen. Ihre kleinen Brüste heben sich mit den keuchenden Atemzügen. Es ist eine sehr schlanke Frau mit einem zerfurchten Gesicht und aufgesprungenen Lippen. Ungefähr vierzig, vielleicht aber auch nur dreißig Jahre alt. Als es ihr nicht gelingt, sich zu befreien, beginnt sie, Entschuldigungen und leise Beteuerungen zu wispern, dass sie es wiedergutmachen wird.

»Jetzt beruhigen Sie sich erst einmal«, wiederholt Joona und lässt sie los.

Sie sieht ihn scheu an, als sie sich aufrichtet und ihre Umhängetasche vom Boden aufhebt. Ihre mageren Arme sind voller Injektionsnarben, und auf der Innenseite eines Unterarms sieht man ein zerschnittenes Tattoo. Das schwarze T-Shirt mit der Aufschrift »Kafkas Leben war auch kein Zuckerschlecken« ist sehr schmutzig. Sie streicht sich über die Mundwinkel, wirft einen Blick die Gleise hinab und bewegt sich tastend zur Seite.

»Sie brauchen keine Angst zu haben, aber ich muss mit Ihnen sprechen.«

»Ich habe keine Zeit«, entgegnet sie schnell.

»Haben Sie jemanden gesehen, als Sie in dem Wagen waren?«

»Ich weiß nicht, wovon Sie sprechen.«

»Sie waren in dem Tunnel in einem U-Bahn-Wagen.«

Sie bleibt stumm, presst die Lippen aufeinander und kratzt sich am Hals. Er hebt ihre Jacke auf, dreht sie wieder auf rechts und reicht sie ihr. Sie nimmt sie an, ohne ihm zu danken.

»Ich suche nach einem Mädchen, das...«

»Sie sollen mich in Ruhe lassen, ich habe nichts getan.«

»Das sage ich auch gar nicht«, erwidert Joona freundlich.

»Was zum Teufel wollen Sie dann von mir?«

»Ich suche nach einem Mädchen namens Vicky.«

»Was hat das mit mir zu tun?«

Joona hält das Fahndungsfoto von Vicky hoch.

»Kenne ich nicht«, behauptet sie automatisch.

»Schauen Sie bitte noch einmal hin.«

»Haben Sie Geld?«

»Nein.«

»Können Sie mir nicht mit ein bisschen Geld aushelfen?«

Auf der Brücke fährt kreischend und Funken sprühend ein U-Bahn-Zug vorbei.

»Ich weiß, dass Sie in der Fahrerkabine schlafen«, sagt Joona.

»Das war Susie, sie hat damit angefangen«, versucht sie, von sich abzulenken.

Joona zeigt ihr erneut das Foto von Vicky.

»Das hier ist Susies Tochter«, erklärt er.

»Ich wusste gar nicht, dass sie ein Kind hatte«, sagt die Frau und streicht sich über die Nase.

Die Starkstromleitung, die am Boden entlangführt, beginnt zu surren.

»Woher kannten sie Susie?«

»Wir hingen unten in den Schrebergärten herum, solange das noch erlaubt war... mir ging es am Anfang echt dreckig, ich hatte

Hepatitis, und Vadim war die ganze Zeit hinter mir her... scheiße, ich bin so oft verprügelt worden, aber Susie hat mir geholfen... sie war eine echt taffe Lady, verdammt, ohne sie hätte ich den Winter nicht überstanden, keine Chance... Aber als Susie gestorben ist, habe ich mir ihr Zeug geschnappt, um...«

Die Frau murmelt etwas und wühlt in ihrer Umhängetasche und zieht schließlich einen Schlüssel von der gleichen Art heraus, wie Vicky ihn in ihrer Tasche hatte.

»Warum haben Sie ihn an sich genommen?«

»Scheiße, das hätte echt jeder getan, so läuft das nun mal – ich hab ihn sogar genommen, bevor sie tot war«, bekennt die Frau.

»Was war in dem Wagen?«

Sie streicht sich über den Mundwinkel, murmelt »so eine Scheiße« und macht einen Schritt zur Seite.

Auf unterschiedlichen Gleisen nähern sich zwei Züge. Der eine kommt von Blåsut und der andere von der Station Skärmarbrink.

»Ich muss das wissen«, sagt Joona.

»Okay, was soll's«, erwidert sie und verdreht die Augen. »Da war ein bisschen Kohle und ein Handy.«

»Haben Sie das Handy noch?«

Das Donnern und das metallische Schaben werden lauter.

»Sie können nicht beweisen, dass es nicht meins ist.«

Der erste U-Bahn-Zug fährt mit hoher Geschwindigkeit vorbei. Unter ihren Füßen bebt der Erdboden. Lose Steinchen hüpfen den Bahndamm herab, und Unkraut raschelt im Luftzug. Ein leerer Becher von McDonald's rollt zwischen den Schienen des zweiten Gleises.

»Ich will es mir nur ansehen«, ruft er.

»Ja, sicher«, entgegnet sie lachend.

Ihre Kleider flattern im Luftzug. Der Hund bellt aufgeregt. Die Frau geht parallel zu den vorbeifahrenden U-Bahn-Wagen rückwärts, sagt etwas und läuft dann in Richtung der Depots. Es geschieht so unerwartet, dass Joona nicht mehr reagieren kann. Offenbar hat sie den Zug aus der entgegengesetzten Richtung nicht gesehen, der ohrenbetäubend laut herandonnert. Der Zug fährt bereits sehr schnell und seltsamerweise hört man es nicht, als die Frau frontal getroffen wird.

Sie verschwindet einfach unter den Wagen.

Mitten in den Sekunden kreischender Verzögerung sieht Joona kurz, dass sich in den trichterförmigen Blättern des Frauenmantels auf dem Bahndamm Blutstropfen gesammelt haben. Als er bremst, quietscht der Zug langgezogen und eigentümlich. Die Wagen stöhnen, als sie in ruckenden Schüben langsamer werden und schließlich stehen bleiben. Es wird still, und man hört wieder das leise Summen der Insekten im Graben. Der Zugführer bleibt auf seinem Platz sitzen, als wäre er zu einer Salzsäule erstarrt. Ein langgezogener Streifen Blut läuft über die Schwellen zwischen den Schienen zu einem dunkelroten Klumpen aus Stoff und Fleisch. Der Gestank der Bremsen verbreitet sich in der näheren Umgebung. Der Hund läuft mit eingezogenem Schwanz wimmernd parallel zu den Gleisen auf und ab und scheint nicht zu wissen, wo er stehen bleiben soll.

Joona entfernt sich langsam und holt die Umhängetasche der Frau von der Böschung. Als er den Inhalt auf den Bahndamm ausleert, kommt der Hund dazu und schnüffelt. Zusammen mit einigen Geldscheinen flattern Bonbonpapiere im Wind davon. Joona hebt nur das schwarze Handy auf und setzt sich damit auf einen Betonklotz neben dem Bahndamm.

Der Westwind trägt den Geruch von Stadt und Müll zu ihm.

Er klickt die Mailbox des Handys an, stellt die Verbindung her und erfährt, dass zwei neue Nachrichten vorliegen:

»Hallo, Mama«, hört man eine Mädchenstimme sagen und Joona weiß sofort, dass es Vickys sein muss. »Warum meldest du dich nicht mehr? Wenn du zur Entgiftung in eine Klinik gehst, will ich das vorher wissen. Jedenfalls gefällt es mir hier in der

Wohngruppe. Na ja, das habe ich beim letzten Mal vielleicht auch gesagt...«

»Eingegangen am ersten August, 23.10«, verkündet die automatische Stimme.

»Hallo, Mama«, sagt Vicky mit angespannter und keuchender Stimme. »Es ist was passiert, und ich muss dich unbedingt erreichen, ich kann jetzt nicht lange reden, ich hab mir das Handy nur geliehen... Mama, ich weiß nicht, was ich tun soll... ich kann nirgendwohin, schlimmstenfalls muss ich Tobias um Hilfe bitten.«

»Eingegangen gestern um vierzehn Uhr und fünf Minuten.«

Plötzlich bricht die Sonne durch den grauen Himmel. Die Schatten bekommen scharfe Konturen, und die blanken Oberseiten der Schienen glänzen.

109

Elin Frank erwacht in einem großen, fremden Bett. Die Uhr des Fernsehers verbreitet ein grünes Licht im Schlafzimmer der Präsidentensuite. Vor den Verdunkelungsvorhängen sieht man die farbenfrohen Ziervorhänge.

Sie hat lange geschlafen.

Der süße Duft der Schnittblumen im Salon führt dazu, dass ihr leicht übel wird, und die säuselnde Klimaanlage verbreitet eine ungleichmäßige Kühle, aber sie ist zu müde, um zu versuchen, sie abzustellen oder in der Rezeption anzurufen.

Sie denkt an die Mädchen in dem Haus an der Küste. Irgendeine von ihnen muss mehr wissen. Es muss einfach einen Zeugen geben.

Das kleine Mädchen namens Tuula sprach und bewegte sich, als würde es innerlich kochen. Vielleicht hat Tuula etwas gesehen und traut sich nur nicht, es zu erzählen.

Elin denkt daran zurück, wie das Mädchen an ihren Haaren gerissen und versucht hatte, ihr mit einer Gabel ins Gesicht zu stechen.

Eigentlich sollte ihr das mehr Angst machen, als es das tut.

Sie lässt die Hand unter das Kissen gleiten, spürt die brennende Wunde an ihrem Handgelenk und denkt darüber nach, wie die Mädchen sich verbündeten und Daniel provozierten, als sie seinen schwachen Punkt gefunden hatten.

Elin dreht sich herum und denkt an Daniels Gesicht, seinen schönen Mund und die empfindsamen Augen. Auch wenn es eigentlich lächerlich war, bis zu ihrem Fehltritt mit dem französischen Fotografen war sie Jack treu geblieben, was sie allerdings nicht bewusst getan hatte. Sie weiß, dass sie geschieden ist und er niemals zu ihr zurückkehren wird.

Nach der Dusche cremt Elin sich mit Lotion ein, wickelt neue Verbände um ihre Handgelenke und zieht zum ersten Mal in ihrem Leben dieselben Kleider an wie am Vortag.

Es gelingt ihr nur mit Mühe, die Ereignisse vom Vortag zu verstehen. Alles fing damit an, dass der sympathische Kommissar von der Landeskriminalpolizei erklärte, er sei sich sicher, dass Vicky noch lebe.

Ohne auch nur eine Sekunde zu zögern, war sie zum Krankenhaus in Sundsvall gefahren und hatte so lange gebettelt, bis sie mit Daniel Grim sprechen durfte.

Als Elin ihr Necessaire aus der Umhängetasche nimmt und anfängt, sich mit langsamen Bewegungen zu schminken, ist ihr Gesicht vor Aufregung rot gefleckt.

Er hatte sie nach Hårte begleitet, wo Elin Vickys Schlüsselanhänger gefunden hatte.

Auf der Rückfahrt hatte Daniel versucht, sich zu erinnern, ob Vicky jemals über Dennis gesprochen hatte. Es frustrierte und beschämte ihn, sich nicht erinnern zu können.

Wenn sie an Daniel Grim denkt, kribbelt es in ihrem Bauch. Als würde sie aus großer Höhe fallen – und es genießen.

Es war schon spät, als sie vor seinem Haus in Sundsvall hielt. Ein Kiesweg führte in einen alten Garten. Dunkle Laubbäume schwankten im Wind vor einem kleinen, dunkelroten Haus mit weißer Veranda.

Hätte er sie gefragt, ob sie noch mit hineinkommen wolle, hätte sie es wahrscheinlich getan und dann sicherlich mit ihm geschlafen. Aber er fragte nicht, er war zurückhaltend und freundlich, und als sie sich für seine Hilfe bedankte, erwiderte er nur, diese Reise sei für ihn besser gewesen als jede Therapie.

Sie fühlte sich furchtbar einsam, als sie ihn durch das niedrige Gartentor treten und zum Haus hinaufgehen sah. Sie blieb noch einen Moment im Auto sitzen und fuhr anschließend nach Sundsvall zurück, wo sie sich ein Zimmer im First Hotel nahm.

In der Tasche neben der Obstschale im Salon surrt ihr Handy, sie geht sofort hinüber und meldet sich. Es ist Joona Linna.

»Sind Sie noch in Sundsvall?«, fragt der Kriminalkommissar.

»Ich wollte gerade aus dem Hotel auschecken«, antwortet Elin und spürt Angst in sich aufsteigen. »Was ist passiert?«

»Nichts, machen Sie sich keine Sorgen«, sagt er schnell. »Ich bräuchte nur noch einmal Ihre Hilfe, wenn Sie Zeit haben.«

»Worum geht es?«

»Wenn es Ihnen keine Umstände bereitet, wäre ich Ihnen sehr verbunden, wenn sie Daniel Grim nach etwas fragen könnten.«

»Das kann ich gerne tun«, erwidert sie gedämpft, kann sich aber ein breites Lächeln nicht verkneifen.

»Fragen Sie ihn, ob Vicky jemals von einem Tobias gesprochen hat.«

»Dennis und Tobias«, sagt sie nachdenklich.

»Nur Tobias ... Das ist im Moment die einzige Spur von Vicky, die wir haben.«

Es ist Viertel vor neun, als Elin Frank an den Einfamilienhäusern vorbei durch den luftigen Sonnenschein in der Bruksgatan fährt. Sie parkt vor einer üppig wuchernden Hecke, steigt aus dem Wagen und tritt durch das niedrige Gartentor.

Das Haus ist gepflegt, das schwarze Satteldach sieht neu aus, und die Holzschnitzereien an der Veranda leuchten weiß. Bis zur Nacht von Freitag auf Samstag lebten hier Daniel und Elisabeth Grim. Elin fröstelt, als sie an der Haustür klingelt. Sie wartet eine ganze Weile und hört den Wind durch das Laub der großen Birken streichen. Auf einem Nachbargrundstück verstummt ein Motorrasenmäher. Sie klingelt noch einmal, wartet ein wenig und geht anschließend um das Haus herum.

Vom Rasen fliegen Singvögel auf. Vor ein paar hohen Fliedersträuchern steht eine dunkelblaue Hollywoodschaukel, auf der Daniel Grim liegt und schläft. Sein Gesicht ist leichenblass, und er liegt zusammengekauert, als würde er im Schlaf frieren.

Elin geht zu ihm, und er schreckt aus dem Schlaf auf, setzt sich auf und sieht sie mit fragenden Augen an.

»Es ist eigentlich zu kalt, um hier draußen zu schlafen«, sagt Elin sanft und setzt sich.

»Ich konnte einfach nicht ins Haus gehen«, erklärt er und rückt ein wenig, um ihr Platz zu machen.

»Die Polizei hat mich heute Morgen angerufen«, erzählt sie.
»Was wollten sie?«
»Hat Vicky jemals über einen gewissen Tobias gesprochen?«

Daniel runzelt die Stirn, und Elin will gerade um Entschuldigung dafür bitten, dass sie ihn unter Druck setzt, als er die Hand hebt.

»Warten Sie«, sagt er schnell, »das war doch der Typ mit der Dachgeschosswohnung in Stockholm, sie hat mal eine Zeitlang bei ihm gewohnt...«

Auf Daniels müdes Gesicht legt sich plötzlich ein großes, warmes Lächeln:

»Wollmar Yxkullsgatan 9.«

Elin stammelt erstaunt etwas Unverständliches und holt ihr Handy aus der Handtasche. Daniel schüttelt den Kopf.

»Wie zum Teufel konnte ich das wissen? Ich vergesse doch sonst alles. Ich erinnere mich nicht einmal mehr an alle Vornamen meiner Eltern.«

Elin steht von der Hollywoodschaukel auf, geht ein paar Schritte im Sonnenschein, ruft Joona an und erzählt ihm, was sie herausgefunden hat. Sie hört, dass der Kommissar bereits losrennt, während sie noch spricht, und bevor sie das Gespräch beendet haben, schlägt eine Autotür zu.

111

Elins Herz pocht schnell, als sie sich wieder neben Daniel auf die Hollywoodschaukel setzt und die Wärme seines Körpers an ihrem Oberschenkel spürt. Er hat einen alten Weinkorken zwischen den Polstern gefunden und liest kurzsichtig die Aufschrift.

»Wir haben einen Weinkurs gemacht und angefangen, Wein zu sammeln ... nichts Besonderes, aber einige Flaschen sind schon toll, ich habe sie zu Weihnachten bekommen ... aus Bordeaux, zwei Flaschen Château Haut-Brion 1970. Wir wollten sie trinken, wenn wir pensioniert werden, Elisabeth und ich ... man schmiedet ja so viele Pläne ... Wir haben sogar ein bisschen Marihuana aufbewahrt. Es war ein Scherz. Wir haben oft Witze darüber gemacht, dass wir wie Jugendliche sein würden, wenn wir alt sind. Denn dann lässt man laute Musik laufen und schläft morgens lange.«

»Ich sollte jetzt nach Stockholm fahren«, sagt sie.

»Ja.«

Sie schaukeln gemeinsam ein wenig, und die dicken, rostigen Federn knirschen.

»Ein schönes Haus«, sagt Elin leise.

Sie legt ihre Hand auf seine, er dreht sie um, und sie flechten ihre Finger ineinander. Schweigend bleiben sie so sitzen, während die Hollywoodschaukel langsam knarrt.

Die glänzenden Haare sind ihr ins Gesicht gefallen, und sie streicht sie fort und begegnet seinem Blick.

»Daniel«, murmelt sie.

»Ja«, erwidert er flüsternd.

Elin sieht ihn an. Sie spürt, dass sie nie zuvor die Zärtlichkeit eines anderen Menschen so sehr gebraucht hat wie jetzt. Etwas in seinem Blick, in seiner in Falten liegenden Stirn, berührt sie zutiefst. Sie gibt ihm einen sanften Kuss auf den Mund, lächelt und küsst ihn nochmals kurz, nimmt sein Gesicht zwischen ihre Hände und küsst ihn.

»Mein Gott«, sagt er.

Elin küsst ihn wieder, und ihre Lippen kratzen über seine Bartstoppeln, sie knöpft ihr Kleid oberhalb der Taille auf und führt seine Hand zu ihren Brüsten. Er fasst sie sehr behutsam an und berührt ganz leicht eine Brustwarze.

Daniel sieht sehr verletzlich aus, bevor sie ihn erneut küsst, eine Hand unter sein Hemd gleiten lässt und spürt, wie sein Bauch bei ihrer Berührung erzittert.

Sehnsuchtsvolle Wellen strömen durch ihren Schoß, ihre Beine sind schwach, am liebsten würde sie sich mit ihm ins Gras legen oder rittlings auf seine Hüften setzen.

Sie schließt die Augen und presst sich an ihn, und er sagt etwas, das sie nicht hören kann. Das Blut rauscht durch ihre Adern. Sie spürt seine warmen Hände auf ihrem Körper, aber plötzlich hält er inne und zieht sich zurück.

»Elin, ich kann nicht…«

»Entschuldige, das habe ich nicht gewollt«, sagt sie und versucht, ruhiger zu atmen.

»Ich brauche nur noch ein bisschen Zeit«, erklärt er mit Tränen in den Augen. »Das ist im Moment einfach alles zu viel für mich, aber ich möchte dich auch nicht abschrecken…«

»Das tust du nicht«, erwidert sie und versucht zu lächeln.

Elin verlässt den Garten, ordnet ihre Kleidung und setzt sich ins Auto.

Ihre Wangen sind gerötet und ihre Beine ganz weich, als sie Sundsvall verlässt. Nur fünf Minuten später biegt sie in einen Waldweg ein und hält mit heißem Schoß und pochendem Herzen an. Sie betrachtet ihr Gesicht im Rückspiegel. Ihre Augen sind ganz glasig und ihre Lippen geschwollen.

Ihr Slip ist durchnässt, schaumig. Sie kann sich nicht erinnern, je zuvor eine solche sexuelle Kraft empfunden zu haben.

Seltsamerweise scheint sich Daniel seines Aussehens nicht bewusst zu sein. Sie hat das Gefühl, dass er ihr direkt ins Herz sieht.

Sie versucht, ruhig zu atmen, wartet kurz, schaut sich dann auf dem schmalen Waldweg um, zieht ihr Kleid hoch, hebt den Po und zieht ihren Slip halb über die Hüften. Sie streichelt sich schnell und mit beiden Händen. Ihr Orgasmus kommt plötzlich und heftig. Elin Frank sitzt keuchend und verschwitzt und mit zwei Fingern in sich selbst im Auto und blickt durch die Windschutzscheibe auf die unwirklich schönen Sonnenstrahlen zwischen den Ästen der Kiefern.

Es DÄMMERT SCHON, als Flora zu den Containern hinter dem Supermarkt geht, um nach Pfandflaschen und -dosen zu suchen. Sie denkt unablässig an die Morde in Sundsvall und malt sich seit neuestem Miranda und ihr Leben im Haus Birgitta aus.

Sie stellt sich vor, dass Miranda sich verführerisch anzieht, raucht und Flüche ausstößt. Sie taucht aus ihren Fantasien auf, als sie an der Warenannahme des großen Lebensmittelgeschäfts vorbeikommt, stehen bleibt, in die Kartons unter der Laderampe schaut und anschließend weitergeht.

Dann stellt sie sich vor, dass Miranda mit ein paar Freunden vor einer Kirche Verstecken spielt.

Floras Herz schlägt schneller, als sie vor sich sieht, wie Miranda sich die Hände vors Gesicht hält und bis hundert zählt. Ein fünfjähriges Mädchen läuft zwischen den Grabsteinen davon und lacht aufgedreht, fast schon ein bisschen zu ängstlich.

Flora bleibt vor den Behältern für alte Tageszeitungen und Kartons stehen. Sie stellt ihre Plastiktüte mit leeren Plastikflaschen und Dosen ab, geht zu den großen Containern für Weißglas und leuchtet mit ihrer Taschenlampe hinein. Das Licht funkelt auf zerbrochenen und heilen Flaschen und blendet sie fast. Ganz hinten an der Seite entdeckt Flora eine Flasche, für die sie Pfandgeld bekommen kann. Sie streckt den Arm durch die Öffnung und tastet vorsichtig, ohne etwas sehen zu können. Ringsum herrscht vollkommene Stille. Flora streckt sich weiter hinein und spürt plötzlich eine Berührung. Sie fühlt sich an wie ein vorsichtiges

Streicheln über ihren Handrücken, und in der nächsten Sekunde schneiden ihre Finger sich an einer Glasscherbe, so dass sie den Arm herausreißt und zurückweicht.

In der Ferne bellt ein Hund, und als Nächstes hört sie ein langsam knirschendes Geräusch zwischen dem Glas in dem großen Behälter.

Flora läuft von den Containern weg, geht ein Stück mit pochendem Herzen und heftigen Atemzügen. Die verletzten Finger brennen. Sie schaut sich um und hat das Gefühl, dass der Geist sich unter den Glasscherben verborgen hat.

Ich sehe das tote Mädchen als Kind, denkt sie. Miranda verfolgt mich, weil sie mir etwas zeigen will, sie lässt mich nicht in Frieden, weil ich und kein anderer sie mit meinen Séancen angelockt habe.

Flora saugt Blut von den Fingerspitzen und stellt sich vor, dass das Mädchen versucht hat, ihre Hand zu packen und festzuhalten.

»Jemand ist dort gewesen und hat alles gesehen«, zischt das Mädchen in ihrer Vorstellung. »Es durfte keine Zeugen geben, aber es gibt sie trotzdem...«

Flora geht wieder schneller, wirft einen Blick über die Schulter und schreit auf, als sie mit einem Mann zusammenstößt, der sie anlächelt und nur »hoppla« murmelt, als sie weitereilt.

113

Joona tritt rasch durch die Tür des Mietshauses in der Wollmar Yxkullsgatan 9. Er läuft die Treppen in die oberste Etage hinauf und klingelt an der einzigen Tür dort. Während er wartet, beruhigt sich sein Puls. In das festgeschraubte Messingschild ist der Name Horáčková eingraviert, und auf einem Stück Klebeband darüber steht Lundhagen. Er klopft fest an, aber aus der Wohnung dringt kein Laut zu ihm heraus. Er öffnet den Briefeinwurf und schaut hinein. Es ist dunkel, aber er kann sehen, dass der Fußboden im Flur mit Post und Reklame übersät ist. Er klingelt noch einmal, wartet kurz und wählt dann Anjas Nummer.

»Könntest du bitte Informationen zu Tobias Horáčková suchen?«

»Gibt es nicht«, antwortet sie nach wenigen Sekunden.

»Horáčková in der Wollmar Yxkullsgatan 9.«

»Ja, Viktoriya Horáčková«, sagt sie und tippt weiter.

»Gibt es einen Tobias Lundhagen?«, erkundigt sich Joona.

»Ich kann dir nur sagen, dass Viktoriya Horáčková die Tochter eines tschechischen Diplomaten ist.«

»Gibt es einen Tobias Lundhagen?«

»Ja, er wohnt dort, entweder als Mitbewohner oder als Untermieter.«

»Danke.«

»Joona, warte«, sagt Anja schnell.

»Ja.«

»Drei kleine Details ... du darfst die Wohnung eines Diplomaten nicht ohne Gerichtsbeschluss betreten ...«

»Das war ein Detail«, sagt er.

»Du hast in fünfundzwanzig Minuten einen Termin mit den internen Ermittlern.«

»Ich habe keine Zeit.«

»Und um halb fünf hast du einen Termin bei Carlos.«

✢

Joona sitzt vollkommen still und gerade auf einem Lehnstuhl in der obersten Dienstaufsichtsbehörde. Der Leiter der Abteilung für interne Ermittlungen verliest mit monotoner Stimme die Abschrift der ersten Vernehmung von Joona und übergibt ihm anschließend die Blätter, damit er sie gutheißt und unterschreibt.

Mikael Båge zieht die Nase hoch, übergibt die Blätter an Chefsekretärin Helene Fiorine und geht dazu über, das Protokoll der Zeugenvernehmung mit Göran Stone vom Staatsschutz zu verlesen.

Drei Stunden später geht Joona über die Kungsbron und danach die kurze Wegstrecke zum Landespolizeiamt. Er nimmt den Aufzug in die siebte Etage, klopft an die Tür von Carlos Eliassons Büro und nimmt an dem Tisch Platz, an dem Petter Näslund, Benny Rubin und Magdalena Ronander bereits auf ihn warten.

»Joona, ich halte mich für einen vernünftigen Menschen, aber jetzt reicht es wirklich«, sagt Carlos, während er seine Paradiesfische füttert.

»Die Nationale Eingreiftruppe«, wirft Petter grinsend ein.

Magdalena sitzt stumm und mit gesenktem Blick am Tisch.

»Entschuldige dich«, sagt Carlos.

»Weil ich versuche, das Leben eines kleinen Jungen zu retten?«, fragt Joona.

»Nein, weil du weißt, dass du einen Fehler gemacht hast.«

»Entschuldigung«, sagt Joona.

Petter kichert und hat Schweiß auf der Stirn.

»Ich werde dich suspendieren«, fährt Carlos fort. »Solange die internen Ermittlungen laufen, bist du außer Dienst.«

»Und wer übernimmt den Fall?«, fragt Joona.

»Die Ermittlungen zu den Morden im Haus Birgitta liegen auf Eis und aller Wahrscheinlichkeit nach ...«

»Vicky Bennet lebt«, unterbricht Joona ihn.

»Und aller Wahrscheinlichkeit nach«, fährt Carlos unbeirrt fort, »wird die Staatsanwältin bereits morgen Nachmittag den Entschluss fassen, die Ermittlungen endgültig einzustellen.«

»Sie lebt.«

»Jetzt reiß dich mal zusammen«, sagt Benny. »Ich habe mir dieses Überwachungsvideo angesehen und ...«

Carlos bringt ihn mit einer Handbewegung zum Schweigen und sagt:

»Nichts deutet darauf hin, dass die Videokamera hinter der Tankstelle tatsächlich Vicky und den Jungen gefilmt hat.«

»Sie hat vorgestern eine Nachricht auf der Mailbox ihrer Mutter hinterlassen«, sagt Joona.

»Vicky hat kein Handy und ihre Mutter ist tot«, widerspricht Magdalena ernst.

»Joona, du arbeitest schlampig«, sagt Petter bedauernd.

Carlos räuspert sich, zögert, atmet dann aber tief durch:

»Das macht mir wirklich keinen Spaß«, erklärt er langsam.

Petter sieht Carlos erwartungsvoll an, Magdalena schaut mit geröteten Wangen auf den Tisch hinunter, und Benny kritzelt auf einem Blatt Papier herum.

»Ich nehme mir einen Monat frei«, sagt Joona.

»Gut«, keucht Carlos schnell. »Das löst ...«

»Wenn ich vorher Zutritt zu einer bestimmten Wohnung bekomme.«

»Einer Wohnung?«

Carlos' Gesicht verfinstert sich, und er setzt sich an seinen Schreibtisch, als hätten ihn alle Kräfte verlassen.

»Sie wurde vor siebzehn Jahren vom tschechischen Botschafter in Schweden gekauft... er überließ sie seiner zwanzigjährigen Tochter.«

»Vergiss es«, sagt Carlos seufzend.

»Aber die Tochter hat diese Wohnung in den letzten zwölf Jahren nicht mehr benutzt.«

»Das spielt keine Rolle... solange der rechtmäßige Besitzer eine Person mit diplomatischer Immunität ist, gilt Paragraph 21 nicht.«

Ohne anzuklopfen betritt Anja Larsson den Raum. Ihre blonden Haare sind zu einem strengen Dutt drapiert, und ihr Lippenstift glitzert. Sie geht zu Carlos, sieht ihn an und zeigt auf seine Wange.

»Dein Gesicht ist schmutzig«, sagt sie.

»Bart?«, erwidert Carlos schwach.

»Was?«

»Hab vielleicht vergessen, mich zu rasieren«, meint Carlos.

»Das sieht nicht gut aus.«

»Nein«, erwidert er mit gesenktem Blick.

»Ich muss mit Joona sprechen«, sagt sie. »Seid ihr fertig?«

»Nein«, antwortet Carlos mit zittriger Stimme. »Wir...«

Anja lehnt sich über den Schreibtisch. Die roten Plastikperlen ihrer Halskette pendeln in der großen Spalte zwischen ihren Brüsten. Carlos unterdrückt den Impuls zu bemerken, dass er verheiratet ist, als sein Blick unwillkürlich an Anjas Ausschnitt hängen bleibt.

»Stehst du kurz vor einem Nervenzusammenbruch?«, erkundigt sich Anja interessiert.

»Ja«, sagt er leise.

Die Kollegen starren ihn nur an, als Joona aufsteht und Anja in den Flur begleitet.

Sie gehen zum Aufzug, und Joona drückt auf den Knopf.

»Was wolltest du, Anja?«, fragt er.

»Jetzt bist du schon wieder so gestresst«, antwortet sie und bietet ihm ein Karamellbonbon in gestreiftem Papier an. »Ich wollte dir nur sagen, dass Flora Hansen mich wieder angerufen hat und…«

»Ich brauche einen Durchsuchungsbefehl.«

Anja schüttelt den Kopf, schält das Papier von einem Bonbon und füttert ihn damit.

»Flora möchte dir das Geld zurückgeben…«

»Sie hat mich angelogen«, unterbricht Joona sie.

»Jetzt will sie nur noch, dass wir ihr zuhören«, erklärt Anja. »Flora Hansen hat davon gesprochen, dass es einen Zeugen gibt… Sie klang wirklich verängstigt und wiederholte immer wieder, dass du ihr glauben musst, sie wolle kein Geld, sie wolle nur, dass wir ihr zuhören.«

»Ich muss in diese Wohnung in der Wollmar Yxkullsgatan kommen.«

»Joona«, seufzt Anja.

Sie befreit ein zweites Karamellbonbon vom Papier, hält es an Joonas Mund und spitzt ihre Lippen. Er nimmt das Bonbon in den Mund, Anja lacht entzückt und packt rasch ein weiteres aus. Sie beeilt sich, es an seinen Mund zu halten, aber es ist zu spät, er ist schon in den Aufzug gestiegen.

114

ÜBER EINER DER TÜREN IM ERDGESCHOSS des Hauses in der Wollmar Yxkullsgatan hängen Ballons. Im Innenhof singen helle Kinderstimmen. Joona öffnet die Tür mit der klappernden Scheibe und lässt den Blick über den Innenhof schweifen: ein kleiner Garten mit Rasen und einem Apfelbaum. In den letzten Strahlen der Abendsonne steht ein mit bunten Kuchentellern und Tassen, Ballons und Luftschlangen gedeckter Tisch. Eine schwangere Frau sitzt auf einem weißen Plastikstuhl. Sie ist geschminkt wie eine Katze und ruft den spielenden Kindern etwas zu. Der Anblick versetzt Joona einen sehnsuchtsvollen Stich. Plötzlich verlässt eines der Mädchen die Gruppe und läuft zu ihm.

»Hallo«, sagt sie, zwängt sich an ihm vorbei und rennt zu der Tür mit den Ballons.

Ihre nackten Füße hinterlassen auf dem weißen Marmorboden im Hauseingang Fußspuren. Sie öffnet die Tür, und Joona hört sie laut in die Wohnung hineinrufen, dass sie Pipi muss. Einer der Ballons löst sich, fällt herab und begegnet seinem rosa Schatten auf dem Boden. Joona sieht, dass das ganze Treppenhaus von den Spuren nackter Füße übersät ist: Bis zur Haustür und zurück, treppauf und treppab, am Müllschlucker vorbei und zur Kellertür.

Joona steigt zum zweiten Mal zu der Dachgeschosswohnung hinauf und klingelt an der Tür. Er betrachtet das Messingschild mit dem Namen Horáčková und das vergilbte Stück Klebeband mit dem Namen Lundhagen.

Gedämpft dringen die Stimmen der Kinder im Innenhof zu

ihm herauf. Er klingelt noch einmal und hat gerade ein Etui mit Dietrichen herausgezogen, als ein Mann mit struppigen Haaren, der zwischen dreißig und vierzig Jahre alt ist, die Tür öffnet. Die Sicherheitskette ist nicht vorgelegt, sie wippt klirrend gegen den Türrahmen. Alte Post und Reklame bedecken den Fußboden in dem engen Eingangsflur. Eine weißgestrichene Backsteintreppe führt in die Wohnung hinauf.

»Tobias Lundhagen?«

»Wer will das wissen?«, erkundigt sich der Mann.

Er trägt ein kurzärmliges Hemd und eine schwarze Jeans. Seine Haare sind starr von Gel, und sein Gesicht hat eine gelbliche Farbe.

»Landeskriminalpolizei«, antwortet Joona.

»No shit«, sagt der Mann und lächelt überrascht.

»Darf ich hereinkommen?«

»Das passt jetzt gar nicht, ich wollte gerade los, aber wenn...«

»Sie kennen Vicky Bennet«, unterbricht Joona ihn.

»Es wird vielleicht doch das Beste sein, wenn sie kurz hereinkommen«, sagt Tobias Lundhagen ernst.

Als Joona die kurze Treppe hinaufsteigt und in eine Dachgeschosswohnung mit Schrägen und Fenstergauben gelangt, wird ihm plötzlich das Gewicht seiner neuen Pistole im Schulterhalfter bewusst. Auf einem flachen Tisch steht eine Tonschüssel mit Süßigkeiten. An einer Wand hängt ein gerahmtes Plakat, auf dem eine Art Gothic Queen mit Engelsflügeln und großen Brüsten abgebildet ist.

Tobias Lundhagen setzt sich auf die Couch und versucht, eine schmutzige Reisetasche zu schließen, die neben seinen Beinen auf dem Fußboden liegt, gibt jedoch auf und lehnt sich zurück.

»Sie wollten über Vicky sprechen«, sagt er, streckt sich nach der Tonschüssel und nimmt eine Handvoll Süßigkeiten heraus.

»Wann haben Sie zuletzt von ihr gehört?«, fragt Joona und blättert in den ungeöffneten Briefen auf einem Sideboard.

»Tja, mal sehen«, antwortet Tobias seufzend. »Ich weiß es nicht. Das muss jetzt fast ein Jahr her sein, sie rief mich an aus... verdammt«, unterbricht er sich, als ihm Bonbons herunterfallen.

»Was wollten Sie sagen?«

»Nur, dass sie mich angerufen hat... aus Uddevalla, glaube ich, sie hat ziemlich rumgelabert, aber ich weiß ehrlich gesagt nicht, was sie eigentlich wollte.«

»Keine Gespräche im letzten Monat?«

»Nein.«

Joona öffnet eine kleine Holztür zur Kleiderkammer. Vier Tisch-Eishockeyspiele stehen dort in ihren Originalverpackungen, und auf einem Regalboden liegt ein verkratztes Notebook.

»Ich muss jetzt wirklich los«, sagt Tobias Lundhagen.

»Wann hat sie hier gewohnt?«

Tobias Lundhagen versucht erneut, die große Reisetasche zu schließen. Ein Fenster zum Innenhof steht auf Kippe, und die Kinder unten lassen gerade das Geburtstagskind hochleben.

»Das ist jetzt fast drei Jahre her.«

»Wie lange?«

»Sie hat hier nicht die ganze Zeit gewohnt, aber insgesamt waren es etwa sieben Monate«, antwortet Tobias Lundhagen.

»Wo hat sie denn sonst noch gewohnt?«

»Wer weiß...«

»Sie wissen es nicht?«

»Ich habe sie ein paar Mal rausgeworfen... also... Sie verstehen das nicht, sie war nur ein Kind, aber dieses Mädel kann in einem möblierten Zimmer verdammt anstrengend werden.«

»Wie meinen Sie das?«

»Na, das übliche... Drogen, Diebstähle und Selbstmordversuche«, sagt er und kratzt sich am Kopf. »Aber ich hätte nie gedacht, dass sie jemanden umbringen würde. Ich verfolge das Ganze in der Zeitung... ich meine, daraus ist ja eine Riesensache geworden.«

Tobias Lundhagen schaut auf die Uhr und begegnet anschließend dem ruhigen, grauen Blick des Kommissars.

»Warum?«, fragt Joona nach einer Weile.

»Was meinen Sie?«, sagt Tobias verlegen.

»Warum haben Sie Vicky hier wohnen lassen?«

»Ich hatte es als Kind auch nicht so leicht«, antwortet er mit einem Lächeln und versucht erneut, den Reißverschluss der Reisetasche auf dem Fußboden zuzuziehen.

Die große Tasche ist voller E-Book-Reader in eingeschweißten Originalverpackungen.

»Soll ich Ihnen helfen?«

Joona hält den Reißverschluss zusammen, während Tobias zieht und die Tasche schließt.

»Das hier tut mir leid«, sagt er und klopft auf die Tasche. »Aber ich schwöre Ihnen, das sind nicht meine Sachen, ich habe sie nur für einen Kumpel verwahrt.«

»Na dann«, sagt Joona.

Tobias Lundhagen lacht und spuckt dabei versehentlich ein Bonbon auf den Teppich. Er steht auf und schleppt die Tasche die Treppe zum Eingangsflur hinunter. Joona folgt ihm langsam zur Tür.

»Wie denkt Vicky? Wo versteckt sie sich?«, fragt er.

»Keine Ahnung – irgendwo.«

»Wem vertraut sie?«, fragt Joona.

»Niemandem«, antwortet er, öffnet die Wohnungstür und geht ins Treppenhaus hinaus.

»Vertraut sie Ihnen?«

»Das glaube ich nicht.«

»Dann besteht also keine Gefahr, dass sie hier auftaucht?«

Joona verweilt noch kurz in dem kleinen Wohnungsflur und öffnet lautlos das Schlüsselschränkchen an der Wand.

»Nein, aber vielleicht bei... nein, vergessen Sie das«, sagt Tobias Lundhagen und drückt auf den Aufzugknopf.

»Was wollten Sie sagen?«, fragt Joona und stöbert in den Schlüsseln.

»Jetzt habe ich es wirklich verdammt eilig.«

Joona nimmt vorsichtig die Ersatzschlüssel zur Wohnung vom Haken und steckt sie in die Tasche, ehe er die Wohnung verlässt, die Tür schließt und sich neben Tobias Lundhagen in den Aufzug stellt.

115

Sie steigen aus dem Aufzug und als sie das Haus verlassen, hören sie fröhliche Rufe vom Hof. Die Ballons an der Tür stoßen im Luftzug sanft gegeneinander. Sie treten auf den sonnenbeschienenen Bürgersteig hinaus. Tobias Lundhagen bleibt stehen, sieht Joona an und kratzt sich an der Augenbraue. Sein Blick geht die Straße hinunter.

»Sie wollten mir etwas darüber sagen, wohin Sie gehen könnte«, sagt Joona.

»Ich erinnere mich nicht einmal mehr an seinen Namen«, erklärt Tobias Lundhagen und beschattet seine Augen mit einer Hand. »Aber er ist der Stiefvater von Mickan, einem Mädchen, das ich kenne ... und ich weiß, dass Vicky, bevor sie bei mir eingezogen ist, auf einer Bettcouch in seiner Wohnung am Mosebacke torg geschlafen hat ... ich weiß wirklich nicht, warum ich Ihnen das erzähle.«

»Kennen Sie die Adresse?«

Tobias Lundhagen schüttelt den Kopf und stellt die schwere Tasche gerade hin.

»Es war das kleine weiße Haus gegenüber vom Theater.«

Joona sieht ihn mit dem schweren Diebesgut in der Tasche um die Straßenecke verschwinden und denkt darüber nach, mit dem Auto zum Mosebacke torg zu fahren und dort von Tür zu Tür zu gehen, aber gleichzeitig ist er von einer seltsamen inneren Unruhe erfüllt, so dass er sich nicht von der Stelle rührt. Urplötzlich friert er. Es ist schon Abend und lange her, dass er etwas gegessen oder geschlafen hat. Seine Kopfschmerzen machen es ihm immer schwerer, klar zu denken. Joona geht auf sein Auto zu, bleibt jedoch stehen, als er begreift, was hier nicht gestimmt hat.

Es ist nicht zu fassen, dass ihm das entgehen konnte, er muss wirklich sehr müde sein, wenn er das erst jetzt erkennt.

Vielleicht war es ein wenig zu selbstverständlich, wie das fehlende Glied in einem klassischen Whodunit.

Tobias Lundhagen meinte, dass er den Fall tagtäglich in der Zeitung verfolge, unterhielt sich aber die ganze Zeit mit Joona, als wüsste er, dass Vicky noch am Leben ist.

Dabei ist Joona im Prinzip der Einzige, der das glaubt.

Die schwedischen Journalisten schrieben bereits am Mittwoch, dass Vicky und Dante im Indalsälven ertrunken seien. Immer wieder hatten sie durchgekaut, wie sehr Dantes Mutter leiden musste, weil die Polizei so langsam reagiert hatte, und sie hatten versucht, sie zu einer Anzeige zu bewegen.

Tobias Lundhagen weiß dagegen, dass Vicky lebt.

Diese auf der Hand liegende Einsicht zieht automatisch eine andere Beobachtung nach sich.

Joona weiß plötzlich, was ihm aufgefallen ist, und so unternimmt er nichts, um Tobias Lundhagen einzuholen, sondern dreht sich abrupt um und kehrt hastig zur Wollmar Yxkullsgatan 9 zurück.

Sein Gehirn hat auf einmal die Erinnerung an den rosa Ballon aufgerufen, der sich von der Tür gelöst hatte. Fast schwerelos war er über den weißen Marmorboden im Treppenhaus gerollt.

Dort hatte es eine Menge Fußspuren von verschiedenen Kindern gegeben. Sie hatten auf der Treppe gespielt, waren einander auf den Hof hinaus und wieder ins Haus hinterhergerannt.

Joona wiederholt innerlich, dass Vicky nach wie vor barfuß unterwegs sein könnte, nachdem sie ihre Turnschuhe im Fluss verloren hat. Er öffnet die Tür, eilt in den Eingangsbereich und sieht, dass seine Erinnerung ihn nicht getrogen hat.

Einige der größeren nackten Fußspuren führen direkt zur Kellertür, aber nicht zurück.

116

Joona folgt den Fussspuren bis zu der Metalltür, zieht die Schlüssel aus der Tasche, die er bei Tobias Lundhagen entwendet hat und schließt auf. Seine Hand findet den Schalter für die Kellerbeleuchtung. Hinter ihm fällt die schwere Tür ins Schloss. Es wird kurz dunkel und danach flackernd wieder hell. Die Wände sind kühl, und durch eine Lüftungsöffnung steigt ihm aus dem Müllraum ein schaler Geruch in die Nase. Er bleibt für einen Moment vollkommen still stehen und lauscht, ehe er die steile Treppe hinuntersteigt.

Er gelangt in einen überfüllten Fahrradkeller, zwängt sich an Schlitten, Rädern und Kinderwagen vorbei und betritt dann einen niedrigen Flur. Unter der Decke verlaufen isolierte Wasserleitungen. Die Wände bestehen aus den Drahttüren zu den einzelnen Wohnungskellern.

Joona schaltete das Licht an und macht zwei Schritte in den Korridor hinein. Neben ihm setzt ein brummendes Geräusch ein, er dreht sich um und sieht, dass der Motor des Aufzugs angesprungen ist.

Ein intensiver Uringeruch hängt in der stehenden Luft.

Plötzlich hört er, dass sich im hinteren Bereich des Kellers jemand bewegt.

Joona denkt an das Fahndungsfoto von Vicky. Es ist schwer vorstellbar, dass dieses schüchterne, errötende Gesicht einen völlig anderen Ausdruck annehmen, von einer unkontrollierten Wut erfüllt sein könnte. Um den schweren Hammer schwingen zu können, muss sie ihn mit beiden Händen gepackt haben. Er versucht, sie vor sich zu sehen, wie sie schlägt und ihr das Blut ins Gesicht spritzt, wie sie weiterschlägt, sich mit der Schulter Blut aus dem Auge wischt und dann wieder zuschlägt.

Joona versucht, lautlos zu atmen, während seine linke Hand die Waffe zieht. Er hat sich noch nicht richtig an ihr Gewicht und die andersartige Balance der Pistole gewöhnt.

In einem Kellerverschlag steht ein braunes Schaukelpferd mit dem Maul zum Draht. Dahinter glänzen stahlkantige Skier, Skistöcke und eine Gardinenstange aus Messing.

Es hört sich an, als würde ein Mensch über den Betonboden schlurfen, aber er kann nichts erkennen.

Es schaudert ihn bei dem Gedanken, dass Vicky Bennet sich womöglich unter dem Haufen alter Schlitten versteckt hat, an dem er vorbeigekommen ist, und sich ihm nun von hinten nähert.

Es raschelt, und Joona dreht sich um.

Der Korridor ist leer.

In den Abflussrohren unter der Decke plätschert es.

Als er sich gerade wieder umdrehen will, schaltet sich das Kellerlicht automatisch aus, und es wird dunkel. Er sieht nichts, tastet mit der Hand und spürt das Gitter zu einem der Verschläge. Einige Meter voraus sieht er unter dem Plastikschutz des Stromschalters ein kleines Lämpchen glühen.

Ein gelbes, zitterndes Lämpchen, damit man den Lichtschalter im Dunkeln findet.

Joona wartet, bis sich seine Augen halbwegs an die Dunkelheit gewöhnt haben, ehe er sich wieder in Bewegung setzt.

Plötzlich erlischt das Lämpchen an dem Stromschalter.

Joona steht regungslos im Flur und lauscht intensiv.

Er braucht eine Sekunde, um zu begreifen, dass die Lampe verdeckt wird, dass sich jemand vor sie gestellt hat.

Er duckt sich vorsichtig, um nicht zur Zielscheibe für eine blinde Attacke zu werden.

Hinter einer Tür brummt die Aufzugmaschinerie, und plötzlich ist die Lampe wieder zu sehen.

Joona weicht zurück und hört jemanden geschmeidig über den Boden huschen.

Kein Zweifel, da ist jemand. In einem der Kellerverschläge vor ihm hält sich ein Mensch auf.

»Vicky«, sagt er in die Dunkelheit hinein.

Plötzlich geht die Kellertür auf, aus dem Treppenhaus dringen Stimmen zu ihm herab, und jemand steigt die Treppe zum Fahrradkeller hinunter, während blinkend die Neonröhren angehen.

Joona nutzt diesen Moment, rückt einige schnelle Schritte vor, sieht eine Bewegung in einem Kellerverschlag und zielt mit der Pistole auf eine zusammengekauerte Gestalt.

Träge Neonröhrenblitze spalten die Dunkelheit, dann ist es hell. Die Tür zum Fahrradkeller schlägt zu, und die Stimmen entfernen sich wieder.

Joona steckt die Pistole ins Halfter zurück, tritt das kleine Sicherheitsschloss auf und eilt hinein. Die Gestalt in dem Verschlag ist wesentlich kleiner, als er zunächst gedacht hatte. Ihr gekrümmter Rücken bewegt sich hastig im Takt der Atemzüge.

Es ist ganz zweifellos Vicky Bennet, die vor ihm steht.

Ihr Mund ist zugeklebt, und ihre schmalen Arme sind hinter ihrem Rücken stark angewinkelt an den Gitterdraht gefesselt.

Joona nähert sich ihr schnell, um ihre Fesseln zu lösen. Sie steht mit gesenktem Kopf und atmet keuchend. Ihre verfilzten Haare hängen in das schmutzige Gesicht herab.

»Ich mache dich los, Vicky...«

Als er sich bückt, tritt sie ihm hart und ansatzlos gegen die Stirn. Ihr Fußtritt ist so kräftig, dass er rückwärts taumelt. Sie hängt an den festgezurrten Armen und tritt ihn gegen die Brust. Wegen des Gewichts werden ihre Schultergelenke fast ausgekugelt. Sie tritt wieder, aber diesmal hält Joona den Fuß mit der Hand auf. Sie schreit hinter dem Klebeband, strampelt und wirft sich nach vorn, so dass ein ganzes Stück des Drahtzauns nachgibt. Vicky zerrt mit beiden Armen und versucht, nach einer scharfen Stahllatte zu greifen, als der körperlich überlegene Joona sie auf den Betonboden wirft. Er hält sie mit dem Knie am Boden und legt ihr Handschellen an, bevor er die Fesseln und das Klebeband entfernt.

»Ich bringe dich um«, schreit Vicky.

»Ich bin Kommissar bei der ...«

»Vergewaltige mich ruhig, tu es, es ist mir scheißegal, ich finde dich und bringe dich um und alles...«

»Vicky«, wiederholt Joona mit erhobener Stimme. »Ich bin Kriminalkommissar, und ich muss wissen, wo Dante ist.«

117

Vicky Bennet atmet gehetzt durch ihren halb geöffneten Mund und starrt ihn an. Blut und Schmutz haben Striemen auf ihrem Gesicht hinterlassen, und sie sieht unendlich müde aus.

»Wenn Sie Polizist sind, müssen Sie Tobias aufhalten«, sagt sie heiser.

»Ich habe gerade mit Tobias gesprochen«, erklärt Joona. »Er ist losgezogen um E-Book-Reader zu verkaufen, die er ...«

»Dieses Schwein«, sagt sie keuchend.

»Vicky, dir ist sicher. klar, dass ich dich ins Polizeipräsidium bringen muss.«

»Ja, na und, dann tun Sie das doch, ist mir doch egal ...«

»Aber erst ... erst musst du mir sagen, wo der Junge ist.«

»Tobias hat ihn, und ich habe ihm geglaubt«, sagt Vicky und wendet sich ab.

Ihr Körper beginnt zu zittern.

»Ich habe ihm wieder geglaubt, ich ...«

»Was versuchst du mir zu sagen?«

»Sie hören mir ja doch nicht zu«, entgegnet sie und sieht Joona mit feuchten Augen an.

»Ich bin ganz Ohr.«

»Tobias hat mir versprochen, Dante zu seiner Mutter zurückzubringen.«

»Das hat er nicht getan«, sagt Joona.

»Das weiß ich, aber ich habe ihm geglaubt ... ich bin echt dermaßen bescheuert, ich ...«

Ihre Stimme bricht, und in ihren dunklen Augen funkelt Panik:
»Kapieren Sie nicht? Er will den Jungen verkaufen, er will ihn verkaufen.«

»Was willst du mir...«

»Hören Sie nicht, was ich sage? Sie haben ihn gehen lassen«, schreit sie.

»Was meinst du mit verkaufen?«

»Dazu ist jetzt keine Zeit! Tobias ist... er wird Dante an Leute verkaufen, die ihn weiterverkaufen, und danach wird man ihn nie mehr finden.«

Sie eilen durch den Fahrradkeller und die steile Treppe hinauf. Joona hat mit einer Hand Vickys schmalen Unterarm gepackt, zieht mit der anderen sein Handy heraus und ruft die Einsatzzentrale an.

»Schicken Sie bitte einen Wagen in die Wollmar Yxkullsgatan 9, um eine Mordverdächtige ins Präsidium zu bringen«, sagt er schnell. »Außerdem benötige ich Hilfe bei der Fahndung nach einer Person, die des Menschenraubs verdächtigt wird...«

Sie treten durch die Haustür ins helle Sonnenlicht und gehen die Treppe hinunter auf den Bürgersteig. Joona deutet in die Richtung, in der sein Auto steht, und erklärt dem Diensthabenden:

»Der Verdächtige heißt Tobias Lundhagen und... einen Moment«, sagt Joona und wendet sich an Vicky. »Was hat er für ein Auto?«

»Ein großes, schwarzes.« Sie zeigt die Höhe mit der Hand an. »Wenn ich es sehe, erkenne ich es wieder.«

»Was für eine Marke?«

»Keine Ahnung.«

»Wie sieht es aus? Ist es ein SUV, ein Minibus, ein Lieferwagen?«

»Ich weiß es nicht.«

»Weißt du nicht, ob es...«

»Verdammt – Entschuldigung!«, schreit Vicky.

Joona bricht das Telefonat ab, packt sie an den Schultern und sieht ihr in die Augen.

»An wen verkauft er Dante?«, fragt er.

»Ich weiß es nicht, oh Gott, ich weiß es nicht...«

»Aber woher weißt du dann, dass er ihn verkaufen will? Hat er das gesagt? Hast du ihn das sagen hören?«, fragt Joona und begegnet ihrem verängstigten Blick.

»Ich kenne ihn... ich...«

»Was ist?«

Ihre Stimme ist dünn und bricht vor Anspannung, als sie antwortet:

»Das Schlachthofgelände, wir fahren zum Schlachthofgelände.«

»Steig ein«, sagt Joona kurz.

Sie laufen das letzte Stück. Joona ruft ihr zu, sich zu beeilen, sie setzt sich, ihre Hände sind auf dem Rücken gefesselt, er läuft herum, lässt den Wagen an und gibt Gas. Lose Steinchen rasseln unter den Reifen. Als Joona rasant in die Timmermansgatan einbiegt, fällt Vicky zur Seite.

Gelenkig zieht sie die gefesselten Hände unter Po und Beinen hindurch, so dass sie sich vor ihrem Körper befinden.

»Anschnallen«, sagt Joona.

Sie beschleunigen auf neunzig Stundenkilometer, bremsen, schleudern ein wenig auf kreischenden Reifen und biegen in die Hornsgatan.

Eine Frau bleibt mitten auf einem Zebrastreifen stehen und schaut sich etwas in ihrem Handy an.

»Idiot«, schreit Vicky.

Joona fährt auf der falschen Seite der Verkehrsinsel an der Frau vorbei, sieht einen Bus auf sich zukommen, schafft es gerade noch auf die richtige Spur, fährt am Mariatorget vorbei und gibt nochmals Gas. An der Kirche wühlt ein Dosensammler in einem Papierkorb und tritt dann mit seinem ausgebeulten Sack auf den Schultern geradewegs auf die Straße.

Vicky ringt erschrocken nach Luft und kauert sich zusammen. Joona muss abrupt auf den Fahrradweg ausweichen. Ein entgegenkommendes Auto hupt anhaltend. Joona erhöht hinter der Mauer nochmals die Geschwindigkeit, ignoriert die Ampeln, biegt rechts ab und fährt mit Vollgas in den Söder-Tunnel.

Das Licht der an den Wänden vorbeifliegenden Lampen blinkt monoton im Wageninneren. Vickys Gesicht ist starr, fast versteinert. Ihre Lippen sind aufgesprungen, und auf ihrer Haut liegt eine schmutzige Schicht aus eingetrocknetem Lehm.

»Warum das Schlachthofgelände?«, fragt Joona.

»Da hat Tobias mich verkauft«, antwortet sie.

118

DAS SCHLACHTHOFGELÄNDE südlich von Stockholm entstand im Zuge des Gesetzes zur Fleischkontrolle und der neuen Schlachthofverordnung aus dem Jahre 1897 und ist bis heute das landesweit größte Gelände zur Zerlegung und Verarbeitung von Fleisch.

Im Söder-Tunnel ist wenig Verkehr, und Joona fährt sehr schnell. Rund um die großen Ventilatoren schwebt trockenes Zeitungspapier in der Luft.

Neben ihm sitzt Vicky Bennet, und er sieht aus den Augenwinkeln, dass sie an ihren Nägeln kaut.

Das Funkgerät im Wagen knistert seltsam, als Joona Verstärkung und Krankenwagen anfordert. Er erläutert, dass er die Unterstützung wahrscheinlich auf dem Schlachthofgelände in Johanneshov brauchen wird, jedoch noch keine genaue Adresse angeben kann.

»Ich melde mich wieder«, sagt er, als der Wagen gerade über die Reste eines alten Reifens donnert.

Sie fahren durch den langen, geschwungenen Tunnel, auf den Betonwänden flimmern unter den orangen Lampen Streifen vorbei.

»Fahren Sie schneller«, sagt sie und drückt die Hände gegen die Klappe des Handschuhfachs, als wolle sie sich im Falle eines Unfalls schützen.

Auf ihrem blassen, schmutzigen Gesicht blinkt stroboskopisch das Licht.

»Ich habe ihm gesagt, dass ich das Doppelte zurückzahlen werde, wenn er mir Geld und Papiere besorgt... er hat mir versprochen, dass Dante zu seiner Mutter zurückkommt... und ich habe ihm geglaubt, können Sie das verstehen, nach allem, was er mir angetan hat...«

Sie schlägt sich mit den gefesselten Händen gegen den Kopf.

»Wie zum Teufel kann man nur so dämlich sein«, sagt sie leise. »Er wollte bloß Dante haben... er hat mich mit einem Rohr verprügelt und eingesperrt. Ich bin ja so blöd, ich habe kein Recht zu leben...«

Hinter dem Hammarbykanal fahren sie unter dem Viadukt des Nynäsvägens hindurch und um die Konzerthalle Globen herum. Die große, runde Arena erhebt sich wie ein schmutzig weißer Himmelskörper neben dem Fußballstadion.

Direkt hinter dem Einkaufszentrum werden die Häuser flach und funktionalistisch. Sie fahren in ein großes umzäuntes Gelände mit Industriebauten und abgestellten Sattelzügen. In der Ferne sieht man die Neonschilder über beiden Spuren der Straße. Auf rotem Grund leuchten kalte, weiße Buchstaben: SCHLACHTHOFGELÄNDE.

Die Schranken stehen offen, und sie fahren mit donnernden Reifen auf das Gelände.

»Wohin jetzt?«, erkundigt sich Joona, während sie an einer grauen Lagerhalle vorbeifahren.

Vicky beißt sich auf die Lippen, ihr Blick irrt umher:

»Ich weiß es nicht.«

119

Der Himmel ist dunkel, aber das labyrinthische Industriegebiet wird von Neonschildern und Straßenlaternen erhellt. Praktisch überall haben die Belegschaften Feierabend gemacht, aber am hinteren Ende einer Querstraße hebt ein Kranwagen mit einem knirschenden, schabenden Laut einen blauen Container auf eine Ladefläche.

Joona fährt an einem schmutzigen Haus mit einem zerbeulten Werbeschild für Steaks vorbei und nähert sich grünen Blechhallen mit geschlossenen Stahltoren vor einem Wendehammer.

Sie kommen an einem gelben Backsteingebäude mit Laderampe und rostigen Containern vorbei und umfahren die Fleischzentrale.

Es ist kein Mensch zu sehen.

Sie biegen in eine dunklere Straße mit großen Belüftungsschächten, Mülltonnen und alten Einkaufswagen.

Auf dem Parkplatz steht unter einem Schild mit der Aufschrift »Leckere Würste für Sie« ein Lieferwagen, auf dessen Seite ein pornographisches Motiv lackiert ist.

Als sie über ein schräg liegendes Abflussgatter fahren, scheppert es. Joona biegt links ab und fährt um ein verbogenes Geländer herum. Von einem Stapel Holzpaletten fliegen Möwen auf.

»Da! Da ist der Wagen!«, schreit Vicky. »Das ist sein Auto... Ich erkenne das Haus, sie sind da drin.«

Vor einem großen leberbraunen Gebäude mit schmutzigen

Fenstern und Aluminiumjalousien steht ein schwarzer Lieferwagen mit der amerikanischen Südstaatenflagge im Heckfenster. Auf der anderen Straßenseite parken am Straßenrand vier PKWs hintereinander. Joona fährt an dem Haus vorbei, biegt links ab und hält an einem Backsteingebäude. Drei Fahnenmaste mit Firmenwimpeln flattern im Wind. Er sagt nichts, zieht nur den Schlüssel heraus, befreit eine von Vickys Händen und schließt die Handschelle um das Lenkrad, ehe er das Auto verlässt. Sie sieht ihn mit dunklen Augen an, protestiert aber nicht.

Durch die Windschutzscheibe sieht sie den Kommissar im Licht einer Straßenlaterne loslaufen. Es ist windig, Sand und Staub fliegen durch die Luft.

Zwischen den geschlossenen Gebäuden verläuft eine schmale Gasse mit Laderampen, Eisentreppen und Containern für Fleischabfälle.

Joona erreicht die Tür, auf die Vicky gezeigt hat, schaut sich um und lässt den Blick über das verlassene Gelände schweifen. In der Ferne fährt ein Gabelstapler in einem hangarähnlichen Gebäude auf und ab.

Er steigt eine Metalltreppe hoch, öffnet die Tür, gelangt in einen Korridor mit knirschendem PVC-Boden und geht leise an drei Büros mit dünnen Wänden vorbei. In einem weißen Topf mit Pflanzgranulat steht ein verstaubter Zitronenbaum aus Plastik. Zwischen den Ästen kleben noch Reste von Lametta. An der Wand hängt eine gerahmte Schlachtlizenz aus dem Jahre 1943, ausgestellt von der Krisenbehörde in Stockholm.

Auf der Stahltür am Ende des Korridors klebt eine laminierte Tafel mit Regeln für Hygiene und Recycling. Jemand hat quer über die Anweisungen »Bearbeitung von Schwänzen« geschrieben. Joona öffnet die Tür einen Zentimeter, lauscht und hört ferne Stimmen.

Vorsichtig blickt er in eine große Halle zur Verarbeitung von Schweinehälften. Der gelbe Klinkerboden und die Arbeitsflächen aus rostfreiem Stahl schimmern matt. Unter dem Deckel einer Mülltonne lugt eine blutige Plastikschürze hervor.

Er zieht lautlos seine Waffe und spürt ein dumpfes Kribbeln im Herzen, als ihm der Geruch von Waffenfett in die Nase steigt.

120

MIT DER WAFFE IN DER HAND schleicht Joona sich geduckt an den großen Maschinen vorbei. Er nimmt den süßlichen Geruch wahr, der von den ausgespülten Bodenrillen und den Gummimatten aufsteigt. Gleichzeitig fällt ihm ein, dass er der Einsatzzentrale keine Adresse gegeben hat und die Verstärkung das Schlachthofgelände zwar wahrscheinlich schon erreicht hat, es aber etwas dauern könnte, bis man Vicky findet.

Die Erinnerung blitzt ebenso plötzlich wie unbarmherzig auf. Die Sekunden, in denen sich unser Leben entscheidet, sind ständig im Fluss. Die Zeitebenen gleiten ineinander. Joona war damals elf, und der Rektor holte ihn aus dem Klassenzimmer in den Schulflur und erzählte ihm, was geschehen war, ohne seine Tränen zurückhalten zu können.

Joonas Vater war Streifenpolizist und im Dienst getötet worden, als er eine Wohnung betrat und in den Rücken geschossen wurde. Obwohl es gegen die Vorschriften verstieß, war sein Vater allein in die Wohnung gegangen.

Jetzt hat Joona keine Zeit, auf Verstärkung zu warten.

Von der Decke mit Kettenförderern und Rohrleitungen hängen pneumatische, von schmutzigen Schichten bedeckte Schulterblattzieher herab.

Er bewegt sich lautlos vorwärts und hört immer deutlicher Stimmen.

»Nein, er muss erst aufwachen«, sagt ein Mann schleppend und röchelnd.

»Warte noch einen Moment.«

Joona erkennt Tobias' Stimme mit ihrem unschuldig jungenhaften Tonfall.

»Verdammt, was hast du dir nur dabei gedacht?«, fragt ein anderer.

»Dass er so ruhig bleiben würde«, antwortet Tobias sanft.

»Er ist ja fast tot«, erklärt der röchelnde Mann. »Ich werde erst bezahlen, wenn ich weiß, dass er okay ist.«

»Wir bleiben noch zwei Minuten«, sagt ein dritter Mann mit ernster Stimme.

Joona geht weiter, und als er das Ende einer Maschinenreihe erreicht, kann er das Kind plötzlich sehen. Der Junge liegt auf einer grauen Decke auf der Erde. Er trägt einen zerknitterten blauen Pullover, eine dunkelblaue Hose und kleine Turnschuhe. Sein schlaffes Gesicht ist gewaschen, Haare und Hände sind dagegen schmutzig.

Neben dem Jungen steht ein hochgewachsener Mann mit Lederweste und einem großen Bierbauch. Ihm läuft Schweiß über das Gesicht, während er auf und ab tigert, er kratzt sich an dem weißen Bart auf seiner Wange und seufzt gereizt.

Joona wird von Tropfen getroffen. Eine Schlauchmuffe sitzt lose. Wasser tropft herab und läuft über die Kacheln zu einem vor ihm gelegenen Bodenabfluss.

Der dicke Mann bewegt sich rastlos durch den Raum, sieht auf die Uhr, von seiner Nasenspitze fällt ein Schweißtropfen herab. Schnaufend geht er neben dem Jungen in die Hocke.

»Wir machen ein paar Bilder«, sagt ein anderer Mann, den Joona bisher nicht gehört hat.

Joona weiß nicht, was er tun soll, er geht von vier Männern aus, kann aber nicht einschätzen, ob sie bewaffnet sind.

Eigentlich bräuchte er eine Eingreiftruppe.

Das Gesicht des dicken Mannes glänzt, als er die Turnschuhe von Dantes Füßen abstreift.

Kleine, gestreifte Söckchen werden mitgezogen und fallen zu Boden. Die runden Fersen plumpsen auf die Decke.

Als die Pranken des Mannes anfangen, die Jeans des Jungen aufzuknöpfen, hält Joona es einfach nicht mehr aus. Er richtet sich auf.

Ohne sich zu verbergen, geht er an den Zerlegearbeitsplätzen mit ihren frisch geschliffenen Messern in unterschiedlichen Längen, Stärken und Klingenformen vorbei.

Er hält die Pistole nach unten gerichtet.

Sein Herz schlägt angsterfüllt.

Joona weiß, dass er sich nicht an die Vorschriften hält, aber er kann nicht länger warten und geht mit großen Schritten weiter.

»Was zum Teufel«, sagt der dicke Mann und blickt auf.

Er lässt den Jungen los, bleibt aber auf den Knien.

»Sie stehen unter dem Verdacht, an einem Menschenraub beteiligt zu sein«, sagt Joona und tritt dem Dicken gegen den Brustkorb.

Schweiß spritzt vom Gesicht des Mannes ab, als er von dem harten Schlag nach hinten geworfen wird. Er fällt hilflos zwischen die Eimer für Schlachtabfälle, rollt über das Bodengitter, reißt eine Kiste mit Kapselgehörschützern um und kracht gegen die schwere Enthaarungsmaschine.

Joona hört, dass eine Waffe entsichert wird und spürt unmittelbar darauf den Druck der Mündung in seinem Rücken, genau zwischen Rückgrat und Schulterblatt, schnell und exakt. Er rührt sich nicht von der Stelle, weil er weiß, dass die Kugel sein Herz durchschlagen würde, wenn sie in dieser Sekunde die Pistole verließe.

Von der Seite nähert sich ein Mann zwischen fünfzig und sechzig mit einem blonden Pferdeschwanz und einer hellbraunen Lederjacke. Er bewegt sich so geschmeidig wie ein Leibwächter und richtet eine abgesägte Schrotflinte auf Joona.

»Erschieß ihn«, ruft jemand.

Der fette Mann liegt auf dem Rücken und atmet keuchend. Er rollt herum und versucht aufzustehen, stolpert aber, stützt sich mit der Hand ab, rappelt sich zitternd auf und verschwindet aus Joonas Blickfeld.

»Wir können hier nicht noch länger bleiben«, flüstert Tobias.

Joona versucht, im spiegelnden Metall der Arbeitsfläche und in der blanken Stahlummantelung der herabhängenden Schulterblattzieher etwas zu erkennen, aber es lässt sich nicht ausmachen, wie viele Männer sich hinter ihm befinden.

»Gib die Waffe ab«, sagt eine ruhige Stimme.

Joona lässt zu, dass Tobias seine Waffe an sich nimmt und denkt, dass die Kollegen ihn bald finden müssen und es nicht der richtige Moment ist, etwas zu riskieren.

121

Vicky Bennet sitzt auf dem Beifahrersitz in Joonas Auto. Sie beißt auf ihre trockenen Lippen und starrt das rotbraune Haus an.

Sie hat die Hand auf das Lenkrad gelegt, damit die Handschelle ihr nicht ins Handgelenk schneidet.

Wenn sie wütend oder ängstlich gewesen ist, fällt es ihr hinterher oft schwer, sich zu erinnern. Es ist, als folgte man mit den Augen einem Sonnenreflex. Er hüpft umher und verharrt manchmal zitternd auf einem Detail, ehe er verschwindet.

Vicky schüttelt den Kopf, schließt ganz fest die Augen und schaut dann wieder hin.

Sie weiß nicht, wie viel Zeit vergangen ist, seit der Kriminalkommissar mit der schönen Stimme mit flatternden Jackettschößen davoneilte.

Vielleicht ist Dante schon verloren und in dem schwarzen Loch verschwunden, das Kinder, Mädchen wie Jungen, ansaugt.

Sie versucht, Ruhe zu bewahren, spürt aber, dass sie nicht im Auto bleiben kann.

Eine Ratte streicht langsam an einem feuchten Betonfundament entlang und lässt sich in einen Gulli rutschen.

Der Mann, der am hinteren Ende der Gasse einen Gabelstapler fuhr, hat die Arbeit eingestellt. Bevor er ging, hat er die hohen Tore des Hangars zugezogen und abgeschlossen.

Vicky betrachtet ihre Hand, das blanke Metall, das sie festhält, die klirrenden Kettenglieder.

Er hatte versprochen, Dante zu seiner Mutter zu bringen.

Vicky wimmert.

Wie konnte sie Tobias nur jemals wieder vertrauen? Wenn Dante verschwindet, ist das ihre Schuld.

Sie versucht, etwas durch das hintere Fenster zu sehen. Die Türen sind geschlossen, kein Mensch ist zu sehen, der gelbe Stoff einer eingerissenen Markise bewegt sich im Wind.

Sie zerrt mit beiden Händen am Lenkrad des Wagens, versucht, es abzureißen, aber es geht nicht.

»Verdammt...«

Sie atmet keuchend und schlägt den Kopf gegen die Nackenstütze.

Auf einem Plakat mit Werbung für frisches Fleisch und schwedische Nahrungsmittel hat jemand Augen und einen traurigen Mund in den Schmutz gezeichnet.

Der Kommissar hätte längst wieder zurück sein müssen.

Plötzlich hört man einen heftigen Knall, so laut wie eine Explosion.

Ein knatterndes Echo verhallt, dann wird es wieder still. Sie versucht, etwas zu sehen und dreht sich um, aber das Gelände ist verlassen.

Was tun sie?

Das Herz pocht ihr bis zum Hals.

Alles Mögliche kann dort geschehen.

Sie atmet schneller und denkt an ein einsames Kind, das in einem Raum voller unbekannter Männer verängstigt weint.

Das Bild ist einfach aufgetaucht – sie hat keine Ahnung, wie sie jetzt darauf kommt.

Vicky streckt sich, späht aus dem Fenster, spürt die Panik immer größer werden und versucht, ihr Gelenk aus der Handschelle zu winden, aber es geht nicht. Sie zieht fester und stöhnt vor Schmerzen auf. Das Metall rutscht ein kleines Stück den Handrücken hinauf und bleibt hängen. Sie atmet durch die Nase, lehnt sich zurück, setzt einen Fuß auf das Lenkrad und den zweiten auf den Rand der Handschelle und stößt sich mit voller Kraft ab.

Vicky Bennet schreit laut auf, als das Metall die Haut aufreißt und der Daumen gebrochen wird, als sich die Hand aus ihrer Fessel befreit.

122

Der Druck der Pistolenmündung verschwindet aus Joonas Rücken, schnelle Schritte entfernen sich ein wenig, und er dreht sich langsam um.

Ein kleiner Mann in einem grauen Anzug und mit Brille weicht noch etwas weiter zurück. Er zielt mit einer schwarzen Glock auf Joona, während seine linke Hand blass herabhängt. Im ersten Moment fragt sich Joona, ob die Hand verletzt ist, aber dann erkennt er, dass es sich um eine Prothese handelt.

Tobias steht hinter einer schmutzigen Arbeitsplatte und hält Joonas Smith & Wesson in der Hand, scheint jedoch nicht genau zu wissen, was er mit ihr anstellen soll.

Rechts steht der blonde Mann und richtet die abgesägte Schrotflinte auf Joona.

»Roger«, sagt der Kleine zu dem Mann mit der Schrotflinte. »Du und Micke, ihr kümmert euch um den Bullen, wenn ich gegangen bin.«

Tobias steht an der hinteren Wand und starrt ihn mit Augen an, die sich vor Stress verfinstert haben.

Ein junger Mann mit kurzgeschorenen Haaren, der eine Tarnhose trägt, nähert sich von vorn und richtet eine seltsame Knarre auf Joona. Es ist eine kleine, aus unterschiedlichen Waffenteilen zusammengeschmiedete Maschinenpistole. Joona trägt keine schusssichere Weste, und wenn er die Wahl hätte, würde er lieber von ein paar Kugeln aus dieser Waffe getroffen werden als von einer Ladung Schrot. So eine Knarre hat zwar manchmal die gleiche Feuerkraft wie eine gewöhnliche Waffe, aber oft handelt es sich auch um schlechte Fabrikate der Marke Eigenbau.

Ein roter Punkt zittert auf Joonas Brust.

Auf der Knarre sitzt das Laservisier eines Typs, den manche Polizisten einige Jahre zuvor benutzten.

»Auf den Boden und die Hände in den Nacken«, sagt Joona.

Der Mann mit den kurzgeschorenen Haaren grinst hemmungslos. Der rote Punkt rutscht zu Joonas Solarplexus hinab und fährt anschließend zum Schlüsselbein hinauf.

»Erschieß ihn, Micke«, sagt Roger und zielt weiter mit der abgesägten Schrotflinte auf Joona.

»Wir können uns keine Zeugen leisten«, stimmt Tobias zu und streicht sich nervös über den Mund.

»Leg den Kleinen ins Auto«, sagt der Mann mit der Prothese halblaut zu Tobias und verlässt die Maschinenhalle.

Tobias lässt Joona nicht aus den Augen, als er zu Dante geht und ihn schnell und rücksichtslos über den gekachelten Boden schleift.

»Ich komme gleich«, ruft Joona ihm hinterher.

Es sind etwa sechs Meter bis zu dem jungen Mann, der die Knarre hält und Micke genannt wird.

Joona nähert sich ihm ein bisschen, nur einen vorsichtigen Schritt.

»Stehen bleiben!«, schreit der Mann.

»Micke«, sagt Joona sanft. »Wenn Sie sich auf den Boden legen und die Hände im Nacken verschränken, kommen Sie hier mit heiler Haut heraus.«

»Erschieß den Bullen«, ruft der Mann namens Roger.

»Erschieß ihn doch selbst«, flüstert Micke.

»Was?«, fragt Roger und senkt die Schrotflinte. »Was hast du gesagt?«

123

Der junge Mann mit der Knarre atmet keuchend. Der rote Punkt des Laservisiers zittert auf Joonas Brust, verschwindet für eine halbe Sekunde und kehrt bebend wieder zurück.

»Ich sehe doch, dass Sie Angst haben«, sagt Joona und nähert sich ihm.

»Halt's Maul, halt einfach dein Maul«, sagt Micke und weicht zurück.

»Der Punkt zittert.«

»Jetzt schieß schon, verdammt nochmal«, brüllt Roger.

»Legen Sie die Waffe weg«, fährt Joona fort.

»Schieß!«

»Er traut sich nicht zu schießen«, entgegnet Joona.

»Aber ich traue mich«, sagt Roger und hebt die Schrotflinte. »Ich traue mich zu schießen.«

»Das glaube ich nicht«, sagt Joona lächelnd.

»Soll ich es tun? Kann ich machen!«, schreit der Mann und kommt näher. »Willst du, dass ich schieße?«

Roger geht mit großen Schritten auf Joona zu. An einer Kette um seinen Hals baumelt ein Thorshammer. Er streckt die abgesägte Schrotflinte vor, legt den Finger auf den Abzug und zielt auf Joona.

»Ich blas dir den Schädel weg«, faucht er.

Joona senkt den Blick und wartet, bis der Mann ganz nahe ist, ehe seine Hand hochschießt, den kurzen Lauf packt, die Flinte an sich reißt, sie herumschwingt und mit dem Kolben Rogers Wange trifft. Es klatscht, und der Kopf wird zur Seite gedreht. Der Mann stolpert in die Schusslinie der Knarre. Joona steht hinter ihm, zielt zwischen seinen Beinen hindurch und feuert die Schrotflinte ab. Der Knall ist ohrenbetäubend, die Waffe wird zurückgestoßen, und die Schrotkörner fliegen zwischen den Beinen des Mannes hindurch und treffen mit Wucht Mickes linken Fußknöchel. Die Garbe aus 258 Schrotkügelchen durchschlägt Schienbein und Wadenmuskel. Der Fuß wird vom Bein abgerissen und kullert unter das Fließband.

Aus dem zerfetzten Beinstumpf auf dem Boden spritzt Blut, und Micke feuert seine Knarre ab. Sechs Kugeln schlagen in Rogers Brustkorb und Schulter. Micke fällt schreiend. Die restlichen Schüsse verschwinden pfeifend Richtung Decke und sausen als Querschläger zwischen Rohren und Kettenbändern hin und her.

Bis das Magazin leer ist, knattert es metallisch, danach hört man nur noch Mickes gebrochene Schreie.

Der kleine Mann mit der Prothese kommt angerannt und sieht, wie Roger auf die Knie fällt und der Pferdeschwanz über seine Wange rutscht. Er stützt sich mit ausgestreckten Armen auf die Hände, und von seinem Brustkorb tropft Blut auf die Bodenrillen, die es zu der Rinne für Schweineblut führen.

Joona geht hinter einigen Maschinen in Deckung, mit denen man Schweineleiber aufbläst, um die Zerlegung zu erleichtern. Er hört, dass ihm der Mann mit der Glock folgt, einen scheppernden Wagen wegtritt und gestresst durch enge Nasengänge atmet.

Joona weicht zurück, öffnet die Schrotflinte und sieht, dass sie nur mit einer Patrone geladen war.

Der junge Mann ruft um Hilfe, ächzt und schreit.

Nur zehn Schritte entfernt sieht Joona die Türöffnung zu einem Kühlraum. Hinter den gelblich verfärbten Plastiklamellen erkennt man schemenhaft ausgenommene Schweine, die in dichten Reihen an Fleischerhaken hängen.

Er denkt, dass es am anderen Ende des Kühlraums eigentlich ein Tor zu der Straße mit der Laderampe geben müsste.

124

An der Kopfseite des braunroten Gebäudes befindet sich eine schwarze Metalltür, die von einer zusammengerollten Zeitung offen gehalten wird.

Ein weißes Blechschild verkündet: Larssons Fleischerei.

Vicky geht zu ihr, stolpert auf dem Abtrittgitter und öffnet die Tür. Als sie eintritt, tropft von ihrer verletzten Hand Blut auf die Zeitung.

Sie muss Dante finden. Mehr will sie nicht.

Sie schleicht nicht, geht einfach in einen Umkleideraum mit Holzbänken vor roten, verbeulten Blechschränken. An der Wand klebt ein Poster mit einem lächelnden Zlatan Ibrahimovic. In der Fensternische stehen einige Plastikhalter für Kaffeetassen auf einer Broschüre der Gewerkschaft Nahrung-Genuss-Gaststätten.

Durch die Wände dringt ein Schrei zu ihr. Ein Mann ruft um Hilfe.

Vicky schaut sich in der Umkleide um. Öffnet einen Schrank, reißt ein paar staubige Plastiktüten heraus, öffnet den nächsten, geht weiter, schaut in den Papierkorb, sieht, dass zwischen alten Tabakportionsbeuteln und Bonbonpapieren eine leere Limonadenflasche liegt.

Der Mann schreit wieder, diesmal jedoch schwächer.

»Verdammt«, flüstert Vicky, greift nach der Glasflasche, packt sie fest mit der rechten Hand, verlässt den Raum durch die zweite Tür und gelangt in einen kühlen Lagerraum mit Paletten und Packmaschinen.

Sie läuft möglichst leise auf ein großes Garagentor zu. Als sie an Paletten mit eingeschweißten Kartons vorbeikommt, erahnt sie aus den Augenwinkeln eine Bewegung und bleibt stehen.

Ihre Augen flackern suchend umher und sehen einen Schatten, der sich hinter einem orangen Gabelstapler bewegt. Sie atmet lautlos und schleicht sich an, stützt sich mit der Hand auf den Gabelstapler, geht um ihn herum und sieht einen Mann, der über ein Bündel auf einer Decke gebeugt steht.

»Mir ist schlecht«, sagt eine helle Kinderstimme.

»Kannst du aufstehen, Kleiner?«, fragt der Mann.

Sie macht einen Schritt auf die beiden zu. Der Mann dreht sich um, und Vicky sieht, dass es Tobias ist.

»Vicky? Was machst du denn hier?«, fragt er mit einem erstaunten Lächeln.

Sie nähert sich vorsichtig.

»Dante?«, fragt sie behutsam.

Der Junge sieht sie an, als könnte er in dem dunklen Raum ihr Gesicht nicht richtig sehen.

»Vicky, bring ihn zum Lieferwagen«, sagt Tobias. »Ich komme gleich nach...«

»Aber ich bin...«

»Tu einfach, was ich dir sage, dann wird alles gut«, unterbricht er sie.

»Okay«, antwortet sie tonlos.

»Jetzt beeil dich – schaff den Jungen in den Wagen.«

Das Gesicht des Jungen ist grau, er legt sich wieder auf die Decke. Seine Lider sind schwer, sie fallen zu.

»Du wirst ihn tragen müssen«, sagt Tobias seufzend.

»Ja«, erwidert Vicky, geht zu ihm und schlägt ihm die Glasflasche mit aller Kraft auf den Kopf.

Im ersten Moment sieht er nur überrascht aus, aber dann taumelt er und sinkt auf ein Knie. Verblüfft tastet er seinen Kopf ab, sieht Glassplitter und Blut in seinen Händen.

»Was zum Teufel machst du denn...«

Sie stößt mit den spitzen Resten der Flasche zu und trifft ihn seitlich am Hals, dreht und spürt sein warmes Blut auf den Fingern. Die Wut, die in ihr aufsteigt, ist so mächtig, dass sie sich wie berauscht fühlt. Ihr rasender Zorn glüht wie überhitzter Wahnsinn. Sie sticht von Neuem zu und trifft seine rechte Wange.

»Du hättest den Jungen nicht anrühren sollen«, schreit sie.

Sie zielt auf seine Augen und sticht zu. Seine Hände tasten nach ihr und bekommen ihre Jacke zu fassen, so dass er sie an sich ziehen und ihr mit der Faust ins Gesicht schlagen kann. Sie fällt nach hinten, ihr Blickfeld verengt sich, und ihr wird schwarz vor Augen.

Im Fallen entsinnt sie sich noch der Männer, die Tobias damals bezahlt hatten. Sie weiß noch, wie sie mit schrecklichen Schmerzen im Unterleib und verletzten Eierstöcken aufwachte.

Stöhnend schlägt sie mit dem Rücken auf den Boden, schafft es aber, den Kopf hochzuhalten. Sie blinzelt, kann wieder sehen, steht auf, schwankt, verliert aber nicht das Gleichgewicht. Von ihrem Mund läuft Blut herab. Tobias hat auf dem Boden ein Brett mit Nägeln gefunden und versucht, sich aufzurichten.

Die linke Hand mit dem gebrochenen Daumen brennt, aber in ihrer rechten Hand hält Vicky noch die abgebrochene Flasche.

Sie tritt vor und sticht auf Tobias' ausgestreckte Hand ein, dann läuft ihr eigenes Blut in die Augen, und sie sticht blind zu, trifft ihn an Brust und Stirn, die halbe Flasche zerspringt, und sie schneidet sich an der Hand, sticht aber trotzdem weiter auf ihn ein, bis er fällt und liegen bleibt.

VICKY KANN NICHT MEHR LAUFEN, geht mit Dante in den Armen aber dennoch immer weiter. Es kommt ihr vor, als müsste sie sich jeden Moment übergeben, sie hat jegliches Gefühl in den Armen verloren und fürchtet, den Jungen fallen zu lassen. Sie bleibt stehen und versucht, ihn anders zu fassen, gerät jedoch ins Taumeln und fällt auf die Knie. Vicky stöhnt auf und legt Dante vorsichtig auf den Boden. Er ist wieder eingeschlafen. Sein Gesicht ist leichenblass, sie hört seinen Atem kaum.

Sie müssen entweder schnell weg oder sich verstecken.

Sie sammelt sich, beißt die Zähne zusammen, packt seine Jacke und schleift ihn zu einem Müllcontainer. Vielleicht kann man sich hinter ihn zwängen. Dante wimmert und atmet plötzlich unruhig. Sie streichelt ihn und sieht, dass er die Augen kurz öffnet, dann aber wieder schließt.

Es sind vielleicht zehn Meter bis zu einer Glastür neben einem hohen Garagentor, aber sie hat nicht mehr die Kraft, ihn noch weiter zu tragen. Ihre Beine zittern von der Anstrengung. Sie würde sich gerne hinter Dante hinlegen und schlafen, weiß aber, dass sie das nicht tun darf.

Ihre Hände sind blutig, aber sie spürt nichts, sie hat kein Gefühl in den Armen.

Hinter der Glastür sieht man eine menschenleere Straße.

Sie sinkt auf die Hüfte herab, atmet schwer und versucht, sich zu konzentrieren, schaut ihre Hände und den Jungen an, streicht ihm die Haare aus dem Gesicht und beugt sich über ihn.

»Wach auf«, sagt sie.

Er blinzelt, sieht ihr blutiges Gesicht an und wirkt ängstlich.

»Das ist nicht schlimm«, sagt sie. »Es tut nicht weh. Hast du schon mal Nasenbluten gehabt?«

Er nickt und befeuchtet seinen Mund.

»Dante, ich kann dich nicht mehr tragen, das letzte Stück musst du selber gehen«, sagt Vicky und ist vor Erschöpfung den Tränen nah.

»Ich schlafe die ganze Zeit«, sagt er und gähnt.

»Jetzt geht es nach Haus, es ist vorbei…«

»Was denn?«

»Jetzt geht es nach Hause zu deiner Mama«, sagt sie und lächelt mit ihrem ganzen müden Gesicht. »Du musst nur noch ein bisschen gehen.«

Er nickt, streicht sich mit der Hand über den Kopf und setzt sich auf.

Weit entfernt in der großen Lagerhalle fällt etwas scheppernd zu Boden. Es hört sich an wie eine ganze Reihe von Stahlrohren, die erst rollen und dann liegen bleiben.

»Jetzt versuch mal, aufzustehen«, flüstert Vicky.

Sie rappeln sich beide auf und gehen auf die Glastür zu. Jeder Schritt fällt Vicky unerträglich schwer, und sie erkennt, dass sie es nicht schaffen wird, als sie auf einmal das Blaulicht des ersten Streifenwagens sieht. Weitere Wagen treffen ein, und Vicky denkt, dass sie gerettet sind.

»Hallo?«, ruft ein Mann mit rauer Stimme. »Hallo?«

Seine Stimme hallt zwischen den Wänden und der hohen Decke wieder. Vicky ist schwindlig, und sie muss stehen bleiben, aber Dante tapst weiter.

Sie stützt sich mit der Schulter auf das kalte Metall des Containers.

»Geh durch die Tür«, sagt sie mit gedämpfter Stimme.

Dante sieht sie an und will zu ihr zurückkehren.

»Nein, geh raus«, bittet sie ihn. »Ich komme gleich nach.«

Sie sieht drei uniformierte Polizisten in die falsche Richtung laufen, zu einem Haus auf der anderen Straßenseite. Dante geht zur Tür. Er drückt die Klinke herunter und zieht, aber es passiert nichts.

»Hallo«, ruft der Mann aus kürzerer Entfernung.

Vicky spuckt blutigen Speichel auf den Boden, beißt die Zähne zusammen, versucht, ruhiger zu atmen und geht weiter.

»Die klemmt«, sagt Dante und zerrt an der Klinke.

Ihre Beine zittern, und es kommt ihr vor, als würden ihre Knie jeden Moment nachgeben, aber sie zwingt sich, die letzten Schritte zu machen. Als sie die Klinke herunterdrückt und zieht, brennt ihre Hand vor Schmerz. Die Tür rührt sich keinen Millimeter. Vicky stemmt sich dagegen, aber sie ist abgeschlossen. Sie versucht, auf das dicke Glas einzuhämmern, aber davon ist kaum etwas zu hören. Draußen stehen vier Streifenwagen. Ihre Blaulichter laufen über Fassaden und spiegeln sich in Fenstern. Sie winkt, aber keiner der Beamten sieht sie.

Dann hört sie schwere Schritte auf dem Betonboden hinter ihnen, die schnell näher kommen. Vicky dreht sich um und sieht einen dicken Mann mit Lederweste und lächelndem Mund auf sich zukommen.

126

Unter der Decke verläuft eine elektrische Rohrbahn mit eng nebeneinanderhängenden Schweinen. Der süßliche Fleischgeruch wird von der niedrigen Temperatur des Kühlraums gedämpft.

Joona bewegt sich geduckt zwischen den Tierleibern immer tiefer in den Raum hinein und hält gleichzeitig Ausschau nach einer Schlagwaffe. Aus der Maschinenhalle sind gedämpfte Schreie zu hören, gefolgt von einem kurzen dumpfen Knall. Er versucht, seinen Verfolger durch die grobe Industrieplastikplane in der Türöffnung zu sehen. Vor den Zerlegeplätzen lässt sich schemenhaft eine Gestalt erkennen, erst breit wie vier Menschen und dann wieder schmal.

Der Mann kommt rasch näher.

In seiner rechten Hand hält er eine Pistole.

Joona weicht zurück, bückt sich und blickt unter den Schweineleibern hindurch. An der Wand steht ein weißer Eimer, neben dem ein Rohr und einige schmutzige Stofffetzen liegen.

Mit einem Rohr kann er etwas anfangen.

Vorsichtig versucht er, sich dorthin zu bewegen, muss aber stehen bleiben und sich zurückziehen, als der kleine Mann mit seiner Handprothese das schwere Plastik zur Seite schiebt.

Joona steht still und erahnt seinen Verfolger anhand der schmalen Spiegelungen, die er in den Leisten aus Chrom wahrnimmt. Er sieht den Mann in den Kühlraum kommen und mit gestrecktem Arm die Pistole halten, während sein Blick suchend umherschweift.

Lautlos macht Joona einige Schritt näher zur Wand und hinter ein Schwein, so dass er seinen Verfolger zwar nicht mehr im Auge behalten kann, jedoch weiter dessen Schritte und Atemzüge hört.

Fünfzehn Meter weiter befindet sich ein Tor, das wahrscheinlich zu einer Laderampe hinausführt. Joona könnte durch den Gang zwischen den hängenden Leibern laufen, aber kurz vor dem Tor würde sein Verfolger dann für mehrere Sekunden freie Sicht haben.

Das dürfte zu lange sein, denkt Joona.

Schnelle, schlurfende Schritte und ein dumpfer Knall sind zu hören. Eines der Schweine schaukelt, und die Verbindung der Kupplung zum Haken klirrt.

Joona macht die letzten Schritte zur Wand und sinkt neben einem Kühlkörper zu Boden. Der Schatten seines Verfolgers bewegt sich in zehn Metern Entfernung über den Betonboden.

Joona läuft allmählich die Zeit davon.

Der Mann mit der Prothese wird ihn bald finden. Joona rückt zur Seite und erkennt, dass das Rohr auf dem Fußboden aus Plastik ist. Als Schlagwaffe ist es nicht zu gebrauchen. Er will sich gerade weiterbewegen, als er entdeckt, dass in einem alten Eimer einige Werkzeuge liegen. Drei Schraubenzieher, eine Kneifzange und ein Messer mit einer kurzen kräftigen Klinge.

Vorsichtig zieht Joona das Messer aus dem Eimer, Metall schabt über Metall, die Klinge rutscht gegen die Schenkel der Zange.

Er versucht, die Bewegungen seines Verfolgers anhand der Schrittgeräusche abzulesen und weiß, dass er dort nicht bleiben kann.

Ein Schuss wird abgefeuert, und die Kugel schlägt mit einem schmatzenden Laut einen halben Meter von Joonas Kopf entfernt in einen Schweineleib.

Die Schritte seines Verfolgers kommen schnell näher, er läuft jetzt. Joona legt sich flach auf den Boden und rollt in den nächsten Korridor aus Fleisch.

127

Der Polizist ist unbewaffnet und hat Angst, denkt der Mann und streicht sich mit seiner Prothese die Haare aus dem Gesicht.

Er bleibt stehen, hält die Waffe schussbereit und versucht, zwischen den Tierleibern etwas zu erkennen.

Er muss Angst haben, wiederholt er innerlich.

Im Moment versteckt er sich, aber der Mann weiß, dass der Polizist bald versuchen wird, durch das Tor auf die Straße zu fliehen.

Sein eigener Atem geht schnell. Die Luft in seiner Lunge ist trocken und kalt. Er hüstelt schwach, dreht sich um, schaut kurz auf die Pistole und blickt wieder auf. Er muss blinzeln. Möglicherweise hat er etwas an der Wand gesehen – hinter dem Kühlkörper. Er läuft an den Schweineleibern entlang.

Es muss möglich sein, die Sache schnell zu erledigen. Er braucht den Polizisten nur zu stellen und aus nächster Nähe zu erschießen. Erst in den Bauch und dann in die Schläfe.

Er bleibt stehen und sieht, dass der Spalt an der Betonwand leer ist, bloß ein paar Stofffetzen auf dem Boden und ein weißer Eimer. Er macht auf dem Absatz kehrt und geht zurück, bleibt dann aber wieder stehen und lauscht, hört jedoch nur seine eigenen Atemzüge.

Er stößt mit der linken Hand ein Schwein an, aber es ist schwerer als erwartet. Er muss kraftvoll drücken, um es zum Schaukeln zu bringen. Der Schmerz im Arm kehrt zurück, als der Stumpf gegen die Prothese gedrückt wird.

Die Halterung des Hakens rasselt.

Das Schwein schwingt nach rechts, und er hat freien Blick auf den nächsten Gang.

Er kann nirgendwo hin, denkt der Mann. Er steckt hier fest wie in einem Käfig. Er muss nur die Tore in der Schusslinie halten, falls der Polizist einen Fluchtversuch unternehmen will, und gleichzeitig die Türöffnung mit den Plastiklamellen im Auge behalten, um einen Rückzug in dieser Richtung zu verhindern.

Sein Arm ist müde, und er senkt kurz die Pistole. Er weiß, dass er Gefahr läuft, wichtige Sekunden zu verlieren, aber wenn sein Arm zu sehr ermüdet, wird die Waffe zittern.

Langsam schleicht er sich vorwärts, glaubt, einen Rücken zu sehen, hebt schnell die Waffe und drückt ab. Er spürt den Rückstoß, Spritzer des Zündsatzes brennen auf den Knöcheln. Das Adrenalin im Blut lässt sein Gesicht ganz kalt werden.

Er bewegt sich seitwärts, und sein Herz schlägt schneller, als er erkennt, dass er sich getäuscht hat, dass es nur ein Schwein war, das ein bisschen schräg hing.

Die Sache geht schief, denkt er. Er muss diesen Polizisten stoppen, er kann ihn nicht entkommen lassen, jetzt nicht mehr.

Aber wo steckt er? Wo zum Teufel steckt er?

Es knackt unter der Decke, und er blickt zu Stahlbalken und Laufkränen hinauf. Nichts zu sehen. Er weicht zurück und stolpert, taumelt, stützt sich mit der Schulter auf einen Schweineleib und spürt durch sein Hemd die Feuchtigkeit des kalten Fleisches. Die Schwarte glitzert von den kleinen Tropfen Kondenswasser auf ihr. Ihm ist schlecht. Irgendetwas stimmt hier nicht. Allmählich macht sich der Stress bemerkbar, er kann hier nicht mehr lange bleiben. Der Mann geht weiter rückwärts, sieht einen flüchtigen Schatten an der Wand und hebt die Waffe.

Plötzlich erzittern alle Schweine im Kühlraum. Sie beben und werden unscharf. Unter der Decke surrt es elektrisch, der Kettenförderer rasselt, und die schweren Schlachtleiber setzen sich unter der Rohrbahn seitwärts in Bewegung und lassen einen eiskalten Windhauch heranwehen.

Der Mann mit der Pistole dreht sich um, späht und versucht, alle Richtungen gleichzeitig im Auge zu behalten und denkt, dass dies die Sache eigentlich nicht wert ist.

Eigentlich hätte es ein Kinderspiel sein sollen, einen schwedischen Jungen zu kaufen, den die Polizei für tot erklärt hat. In Deutschland und Holland würde er für ihn einen sehr guten Preis aushandeln können.

Doch jetzt ist die Sache es nicht mehr wert.

Die Schweine stoppen jäh und schaukeln träge. An der Wand leuchtet eine rote Lampe. Der Polizist hat die Notbremse betätigt.

Es ist wieder still geworden, und in ihm regt sich immer stärker ein ungutes Gefühl.

Was zum Teufel mache ich hier eigentlich?, fragt sich der Mann.

Er versucht, ruhiger zu atmen, nähert sich langsam dem roten Licht, geht in die Hocke, um etwas zwischen den Leibern zu sehen, und macht zwei Schritte nach vorn.

Die Tore zur Straße sind noch geschlossen.

Er dreht sich um und will den anderen Ausgang bewachen, als der großgewachsene Polizist plötzlich direkt vor ihm steht.

Der Mann spürt, wie ihm ein kalter Schauer über den Rücken läuft.

128

Joona sieht, dass der kleine Mann versucht, die Pistole auf ihn zu richten, verfolgt seine Bewegung, macht einen Schritt nach vorn und lenkt die Schussrichtung so ab, dass die Waffe fast senkrecht hochzeigt, packt das Handgelenk des Mannes, schlägt die Waffe gegen einen Schweineleib, so dass sie herunterfällt, und durchsticht mit aller Kraft den Handteller des Mannes. Die Klinge dringt zwischen den Rippen des Schweins tief ins Fleisch und der Mann schreit auf.

Joona lässt das Messer los und weicht zurück.

Der kleine Mann atmet heftig, tastet mit den leblosen Fingern seiner Prothese den Griff des Messers ab, gibt dann jedoch auf. Er sitzt fest und erkennt, dass er vollkommen still stehen muss, um den Schmerz ertragen zu können. Die Hand ist hoch über seinem Kopf fixiert. Blut läuft über das Handgelenk in den Ärmel seines Hemds.

Ohne ihm einen Blick zuzuwerfen, hebt Joona die Pistole auf und verlässt den Kühlraum.

Die Luft in der großen Maschinenhalle kommt ihm auf einmal warm vor, als er an der Wand entlang auf die Tür zuläuft, hinter der Tobias mit Dante verschwunden ist. Er kontrolliert hastig die Pistole, sieht, dass zumindest eine Patrone im Lauf ist und wahrscheinlich weitere Patronen im Magazin sind, öffnet die grüne Metalltür und gelangt in eine große Lagerhalle mit Waren auf Paletten und herumstehenden Gabelstaplern.

Durch schmutzige Fensterscheiben unter der Decke fällt Licht herein.

Er hört jemanden röcheln und stöhnen.

Joona erfasst die Richtung, aus der die Geräusche kommen, und rennt zu einem großen Müllcontainer. Kreiselndes Blaulicht fällt durch die Fenster auf den Boden. Er hebt die Pistole und eilt um den Container herum. Der fette Mann mit der Lederweste kniet mit dem Rücken zu Joona auf dem Boden. Er stöhnt schwer, als er Vickys Kopf auf den Boden schlägt. Wenige Meter von den beiden entfernt hat Dante sich zusammengekauert. Er weint verlassen und hell schluchzend.

Ehe sich der Mann aufrichten kann, ist Joona bei ihm. Mit einer Hand packt er unter dem Bart die Kehle des Mannes, reißt ihn hoch und von Vicky fort, bricht ihm mit der Pistole das Schlüsselbein, wirft ihn zurück, lässt den Hals los und tritt ihm so gegen die Brust, dass er durch die Glastür geschleudert wird.

Der dicke Mann fällt in einem glitzernden Regen aus Glassplittern rücklings auf die Straße und bleibt im blauen Licht liegen.

Drei Streifenpolizisten rennen mit gezogenen Waffen herbei und zielen auf den liegenden Mann, der seine Brust abtastet und sich aufzusetzen versucht.

»Joona Linna?«, fragt einer der Polizisten.

Sie starren den großen Kommissar an, der im Rahmen der zersplitterten Glastür steht, von deren oberen Rand immer noch Scherben herabfallen.

»Ich bin hier nur als Beobachter«, sagt Joona.

Er wirft die Glock von sich und fällt neben Vicky auf die Knie. Sie liegt auf dem Rücken und keucht schwer. Ihr Arm ist seltsam angewinkelt. Dante weint nicht mehr und schaut Joona verblüfft an, als dieser tröstend über Vickys Wange streicht und leise sagt, dass es nun vorbei ist. Aus ihrer Nase tropft Blut. Joona hockt neben ihr und hält ihren Kopf ganz still. Sie öffnet ihre Augen nicht und reagiert auch nicht auf seine Worte, obwohl ihre Füße zucken.

DER MANN, DER DURCH DIE GLASTÜR GESCHLEUDERT WURDE, blieb kurz auf dem Rücken liegen, setzte sich dann auf und versuchte, wegzukriechen, wurde jedoch von zwei Polizisten übermannt, auf den Bauch gedrückt und mit Handschellen gefesselt.

Die ersten Rettungssanitäter vor Ort stabilisierten Vickys Kopf mit einer Halskrause, ehe sie auf eine Trage gehoben wurde.

Joona informierte die Einsatzleitung über die Lage, während zwei Polizeitrupps aus verschiedenen Richtungen das Gebäude betraten.

Im Kühlraum stand ein schweigender und bleicher Mann, dessen rechte Hand mit einem Messer an einem Schweineleib hing. Der Polizist, der ihn fand, rief die Rettungssanitäter und musste sich anschließend von einem Kollegen helfen lassen, um das Messer herausziehen zu können. Die Klinge knirschte über die Rippen des Tiers und kam mit einem schmatzenden Laut frei. Der Mann senkte die Hand, presste sie mit der Prothese an seinen Bauch, taumelte und setzte sich auf den Boden.

Der Mann, der von der selbstgebauten Maschinenpistole in die Brust getroffen wurde, war tot. Der junge Mann, der die Waffe gehalten und krampfhaft abgedrückt hatte, als Joona ihm den Fuß abschoss, lebte noch. Er hatte sich vor dem Tod durch Verbluten gerettet, indem er sein Bein mit seinem Schal kurz unter dem Knie abband. Als die Beamten mit erhobenen Pistolen zu ihm kamen, zeigte er nur mit einer schwachen Hand auf den abgeschossenen Fuß, der in einer Blutlache unter der Schlachtbank lag.

Als Letzter wurde Tobias Lundhagen gefunden, der sich mit zerschnittenem Gesicht zwischen den Müllsäcken in dem dunklen Lager versteckt hatte. Er blutete stark, aber seine Wunden waren nicht lebensgefährlich, nur entstellend. Er versuchte, tiefer zwischen den Müll zu kriechen, und als die Polizisten ihn an den Beinen herauszogen, zitterte er vor Angst.

✢

Carlos Eliasson, der Leiter der Landeskriminalpolizei, ist über die Ereignisse auf dem Schlachthofgelände bereits unterrichtet worden, als Joona ihn aus dem Krankenwagen anruft.

»Ein Toter, zwei Schwerverletzte und drei leicht Verletzte«, liest Carlos ihm vor.

»Aber die Kinder leben, sie haben es geschafft…«

»Joona«, erwidert Carlos seufzend.

»Alle haben gesagt, dass sie ertrunken sind, aber ich…«

»Ich weiß. Du hattest recht, das steht außer Frage«, unterbricht Carlos ihn. »Aber gegen dich laufen interne Ermittlungen, und du hattest andere Anweisungen bekommen.«

»Dann hätte ich es einfach geschehen lassen sollen?«, fragt Joona.

»Ja.«

»Das konnte ich nicht.«

Die Sirenen verstummen, und der Krankenwagen biegt rechts ab und fährt durch das Tor der Notfallambulanz im Söder-Krankenhaus.

»Die Staatsanwältin und ihre Leute werden die Vernehmungen durchführen, und du bist hiermit krankgeschrieben und von allen Dienstangelegenheiten suspendiert.«

Joona nimmt an, dass sich die internen Ermittlungen verschärfen werden und man vielleicht sogar Anklage gegen ihn erheben wird, aber in diesem Augenblick ist er einfach nur erleichtert, dass der kleine Junge den Fängen der Wölfe entrissen wurde.

Als sie das Krankenhaus erreichen, steigt er ohne Hilfe aus dem Krankenwagen, wird dann jedoch gebeten, sich auf ein Bett zu legen. Die Sanitäter klappen die Seitenteile hoch und rollen ihn unverzüglich in ein Behandlungszimmer.

Während er untersucht und seine Wunden versorgt werden, versucht er, etwas über Vicky Bennets Zustand zu erfahren, und anstatt auf seine Röntgenuntersuchung zu warten, sucht er die behandelnde Ärztin auf. Doktor Lindgren ist eine sehr kleine Frau, die mit gerunzelter Stirn einen Kaffeeautomaten mustert.

Joona erklärt, dass er wissen muss, ob Vicky noch am selben Tag vernommen werden kann.

Die kleine Frau hört ihm zu, ohne seinem Blick zu begegnen. Sie drückt auf den Knopf, neben dem »Mokka« steht, wartet darauf, dass ihr Becher gefüllt wird, und sagt, dass sie eine Computertomographie von Vickys Gehirn veranlasst hat, um eventuelle intrakranielle Blutungen zu diagnostizieren. Vicky hat eine schwere Gehirnerschütterung erlitten, aber die Brückenvenen sind zum Glück intakt.

»Vicky Bennet muss zur Beobachtung im Krankenhaus bleiben, aber es spricht im Grunde nichts dagegen, dass sie schon morgen früh vernommen wird, wenn es wirklich wichtig ist«, erläutert die Frau und geht mit ihrem Becher davon.

✝

Staatsanwältin Susanne Öst reist aus Sundsvall an. Sie hat beschlossen, einen Haftbefehl für das gefasste Mädchen auszustellen. Um acht Uhr am nächsten Morgen möchte sie mit der Vernehmung Vicky Bennets beginnen, der Fünfzehnjährigen, die bei zwei Morden und einem Fall von Menschenraub unter dringendem Tatverdacht steht.

130

Joona Linna geht den Flur hinab, weist sich aus und grüßt den jungen Polizeibeamten, der vor Zimmer 703 im Söder-Krankenhaus in Stockholm Wache hält.

Vicky sitzt in ihrem Krankenhausbett. Die Vorhänge sind aufgezogen worden, und ihr Gesicht ist von dunklen Wunden und blauen Flecken übersät. Ihr Kopf ist bandagiert, und die Hand mit dem gebrochenen Daumen hat man mit einem Gips fixiert. Am Fenster steht Susanne Öst, die Staatsanwältin aus Sundsvall, mit einer anderen Frau. Ohne die beiden zu begrüßen geht Joona direkt zu Vicky und setzt sich auf den Stuhl vor ihrem Bett.

»Wir geht es dir?«, fragt er.

Sie wirf ihm einen trüben Blick zu und fragt:

»Ist Dante jetzt bei seiner Mutter?«

»Er ist noch im Krankenhaus, aber seine Mutter ist bei ihm, sie sitzt die ganze Zeit an seinem Bett.«

»Ist er verletzt?«

»Nein.«

Vicky nickt und starrt dann vor sich hin.

»Aber wie geht es dir?«, fragt Joona erneut.

Sie sieht ihn an, doch bevor sie antworten kann, räuspert sich die Staatsanwältin.

»Ich muss Joona Linna bitten, das Zimmer zu verlassen«, sagt sie.

»Das haben Sie hiermit getan«, entgegnet Joona, ohne Vicky aus den Augen zu lassen.

»Sie haben mit diesem Ermittlungsverfahren nichts zu tun«, sagt Susanne Öst mit erhobener Stimme.

»Sie werden dir eine Menge Fragen stellen«, erklärt Joona Vicky.

»Ich möchte, dass Sie dabei sind«, sagt sie leise.

»Ich kann nicht«, erwidert Joona.

Vicky murmelt vor sich hin und schaut dann Susanne Öst an: »Ich rede mit niemandem, wenn Joona nicht dabei ist«, sagt sie stur.

»Er kann bleiben, wenn er still ist«, entscheidet die Staatsanwältin.

Joona sieht Vicky an und versucht herauszufinden, wie man an sie herankommt.

Zwei Morde mit sich herumzuschleppen ist eine schwere Bürde.

Alle anderen in ihrem Alter wären längst zusammengebrochen, hätten geheult und alles gestanden, aber dieses Mädchen hat eine kristallisierte Oberfläche. Sie lässt niemanden wirklich an sich heran. Sie schmiedet schnelle Allianzen, bleibt aber selbst im Verborgenen und behält die Situation unter Kontrolle.

»Vicky Bennet«, beginnt die Staatsanwältin lächelnd. »Mein Name ist Susanne Öst, und ich werde mit dir sprechen, aber bevor wir anfangen, möchte ich dir sagen, dass ich alles aufnehme, was gesprochen wird, damit wir nichts vergessen ... und damit ich nicht alles aufschreiben muss, was ich ganz schön finde, weil ich ziemlich faul bin ... «

Vicky sieht sie nicht an und reagiert auch nicht auf ihre Worte. Susanne Öst wartet einen Moment, lächelt eisern weiter und referiert Uhrzeit, Datum und anwesende Personen.

»Das macht man so, bevor es richtig losgeht«, erläutert sie.

»Hast du verstanden, wer wir sind?«, fragt die zweite Frau. »Also ich heiße Signe Ridelman, ich bin dein Rechtsbeistand.«

»Signe ist hier, um dir zu helfen«, sagt die Staatsanwältin und fragt: »Weißt du, was ein Rechtsbeistand ist?«

Vicky nickt fast unmerklich.

»Ich benötige eine Antwort«, sagt Signe Ridelman geduldig.

»Ich verstehe es«, antwortet Vicky und grinst plötzlich breit.

»Was ist denn so komisch?«, fragt die Staatsanwältin.

»Das hier«, sagt Vicky, zieht langsam den schmalen Schlauch aus ihrer Armbeuge und betrachtet das dunkle Blut, das ihren blassen Arm herabläuft.

DAS LEISE SCHARREN EINES VOGELS, der auf dem Fensterblech landet, ist in der Stille deutlich zu hören. Die Neonröhre an der Decke surrt schwach.

»Ich werde dich bitten, mir von gewissen Situationen zu erzählen«, sagt Susanne Öst. »Und ich möchte, dass du die Wahrheit sagst.«

»Und nichts als die Wahrheit«, flüstert Vicky mit gesenktem Blick.

»Vor neun Tagen ... hast du mitten in der Nacht dein Zimmer im Haus Birgitta verlassen«, beginnt die Staatsanwältin, »erinnerst du dich?«

»Ich habe die Tage nicht gezählt«, sagt das Mädchen tonlos.

»Aber du erinnerst dich, dass du das Haus Birgitta mitten in der Nacht verlassen hast?«

»Ja.«

»Warum?«, fragt Susanne Öst. »Warum hast du mitten in der Nacht das Haus verlassen?«

Vicky zieht langsam an einem losen Faden des Verbands um ihre Hand.

»Hast du das vorher auch schon einmal getan?«, will Susanne Öst wissen.

»Was?«

»Mitten in der Nacht das Haus verlassen?«

»Nein«, antwortet Vicky gelangweilt.

»Warum hast du es dann in dieser Nacht getan?«

Als die Staatsanwältin darauf keine Antwort bekommt, lächelt sie nur geduldig und fragt dann in einem sanfteren Ton:

»Warum warst du mitten in der Nacht wach?«

»Ich erinnere mich nicht.«

»Wenn wir noch ein paar Stunden zurückgehen – weißt du noch, was da passiert ist? Alle gingen ins Bett, aber du warst wach – was hast du getan?«

»Nichts.«

»Du hast nichts getan, bis du plötzlich, mitten in der Nacht das Haus Birgitta verlassen hast – findest du nicht auch, dass das ein bisschen seltsam klingt?«

»Nein.«

Vicky starrt aus dem Fenster. Es ist windig, und die Sonne verschwindet hinter Wolken, die am Himmel vorüberziehen.

»Ich möchte, dass du mir erzählst, warum du das Haus Birgitta verlassen hast«, sagt die Staatsanwältin mit nachdrücklicherem Ernst in der Stimme. »Ich werde erst Ruhe geben, wenn du mir erzählt hast, was passiert ist. Verstehst du?«

»Ich weiß nicht, was ich Ihrer Meinung nach erzählen soll«, antwortet Vicky leise.

»Du findest das vielleicht schwierig, aber du musst es mir trotzdem erzählen.«

Das Mädchen blickt zur Decke hinauf, und ihr Mund bewegt sich ein wenig, als suche sie nach Worten, und sagt dann fragend:

»Ich habe getötet ...«

Sie verstummt und nestelt an dem Schlauch in ihrer Armbeuge.

»Sprich weiter«, sagt Susanne Öst angespannt.

Vicky befeuchtet ihren Mund und schüttelt den Kopf.

»Es ist besser, du erzählst es«, sagt die Staatsanwältin. »Du hast gesagt, du hast getötet ...«

»Ja, genau ... da war so eine lästige Fliege im Zimmer, die habe ich getötet und ...«

»Ach, verdammt ... entschuldige, ich bitte um Entschuldigung ...

aber ist es nicht ein bisschen seltsam, dass du dich erinnern kannst, eine Fliege getötet zu haben, aber nicht mehr weißt, warum du mitten in der Nacht das Haus Birgitta verlassen hast?«

132

Die Staatsanwältin und Signe Ridelman haben sich auf eine kurze Pause verständigt und das Zimmer für eine Weile verlassen. Graues Morgenlicht fällt durch das schmutzige Glas des Fensters herein, und der weiße Himmel spiegelt sich im Infusionsständer und dem Chrom der Bettstangen. Vicky Bennet sitzt in ihrem hohen Krankenhausbett und flucht leise vor sich hin.

»Wohl wahr«, kommentiert Joona und setzt sich auf den Stuhl am Bett.

Sie blickt zu ihm auf und lächelt kurz.

»Ich muss die ganze Zeit an Dante denken«, sagt sie schwach.

»Der wird wieder gesund.«

Sie will noch etwas sagen, unterlässt es aber, als die Staatsanwältin und ihr Rechtsbeistand hereinkommen.

»Du hast zugegeben, dass du mitten in der Nacht aus dem Haus Birgitta fortgelaufen bist«, sagt die Staatsanwältin energisch. »Schnurstracks in den Wald. Das macht man doch nicht einfach so. Du hattest einen Grund wegzulaufen – stimmt's?«

Vicky senkt den Blick, befeuchtet den Mund, sagt aber nichts.

»Antworte jetzt«, sagt Susanne Öst mit erhobener Stimme. »Es ist besser so.«

»Ja...«

»Warum bist du weggelaufen?«

Das Mädchen zuckt mit den Schultern.

»Du hast etwas getan, worüber du lieber nicht sprechen willst – oder?«

Vicky reibt sich fest über das Gesicht.

»Ich muss dir diese Fragen stellen«, sagt die Staatsanwältin. »Du findest das vielleicht lästig, aber ich weiß, dass es dir guttun wird, wenn du gestehst.«

»Wirklich?«

»Ja.«

Vicky zuckt mit den Schultern, schaut hoch, begegnet dem Blick der Staatsanwältin und fragt:

»Und was soll ich gestehen?«

»Was du an dem Abend getan hast.«

»Ich habe eine Fliege getötet.«

Die Staatsanwältin steht abrupt auf und verlässt wortlos den Raum.

133

Es ist Viertel nach acht, als Saga Bauer die Tür zum Büro des Oberstaatsanwalts bei der obersten Dienstaufsichtsbehörde öffnet. Mikael Båge, der für die internen Ermittlungen verantwortlich zeichnet, steht höflich aus einem der Lehnstühle auf.

Sagas Haare sind nach dem Duschen noch ein wenig feucht, und ihre langen, blonden Locken voller bunter Bändchen fallen glänzend auf Schultern und Rücken. Sie hat ein Pflaster auf der Nasenwurzel, ist aber auch so noch verblüffend schön.

Saga ist am Morgen zehn Kilometer gelaufen und trägt wie üblich ihre Kapuzenjacke vom Boxclub Narva, eine ausgeblichene Jeans und Turnschuhe.

»Saga Bauer?«, fragt der interne Ermittler mit einem breiten und seltsamen Lächeln.

»Ja«, bestätigt sie.

Er geht zu ihr, streicht sich mit den Händen über das Jackett und begrüßt sie.

»Entschuldigen Sie, bitte«, sagt er. »Aber ich ... egal, das hören Sie sicher nicht zum ersten Mal ... also wenn ich zwanzig Jahre jünger wäre ...«

Mikael Båge hat rote Wangen, setzt sich auf einen Stuhl und lockert seine Krawatte ein wenig, ehe er erneut zu Saga aufblickt.

Die Tür geht auf, und Oberstaatsanwalt Sven Wiklund tritt ein. Er begrüßt beide, bleibt vor Saga stehen, überlegt, ob er etwas sagen soll, nickt ihr aber nur zu und stellt eine Wasserkaraffe und drei Gläser auf den Tisch, bevor er sich setzt.

»Saga Bauer, Kommissarin beim Staatsschutz«, beginnt Mikael Båge und kann ein Lächeln nicht unterdrücken. »Sie sind hergebeten worden, um als Zeugin auszusagen«, fährt der interne Ermittler fort und klopft auf eine Mappe, »weil sie bei besagtem Einsatz dabei waren.«

»Was wollen Sie wissen?«, fragt Saga ernst.

»Bei der Anzeige gegen Joona Linna geht es um ... also, er wird verdächtigt, die Zielobjekte der Razzia gewarnt zu haben und ...«

»Ach verdammt, Göran Stone hat doch wirklich nicht mehr alle Tassen im Schrank«, unterbricht sie ihn.

»Sie brauchen nicht gleich wütend zu werden«, versucht Mikael Båge sie zu beschwichtigen.

Saga erinnert sich noch sehr gut, wie sie und Joona in das Hauptquartier der im Untergrund agierenden, linksextremistischen Gruppe eingedrungen sind. Daniel Marklund, Experte der Brigade für das Eindringen in Netzwerke und Abhöraktionen, gab ihnen Informationen, die dazu beitrugen, Penelope Fernandez das Leben zu retten.

»Dann sind Sie also nicht der Meinung, dass der Einsatz ein Misserfolg war?«

»Doch, aber ich habe die Brigade gewarnt.«

»Nun gilt diese Anzeige aber nicht ...«

»Joona ist der beste Polizist in diesem Land.«

»Ihre Loyalität in allen Ehren, aber wir werden Anklage ...«

»Sie können mich mal«, ruft Saga.

Sie steht auf, reißt Mikael Båge die Mappe aus den Händen, lässt die Papiere zu Boden segeln, geht und schlägt die Tür so krachend hinter sich zu, dass ein Fenster aufspringt.

Saga Bauer mag zwar wie eine Märchenfee aussehen, doch sie fühlt sich wie eine Kommissarin beim Staatsschutz. Schließlich gehört sie zu den besten Scharfschützen im Polizeicorps außerhalb der Spezialeinheiten und ist Boxerin auf höchstem sportlichem Niveau.

134

Als Saga die Kungsbron überquert, flucht sie immer noch vor sich hin. Sie zwingt sich, langsamer zu gehen, während sie darum ringt, sich zu beruhigen. In ihrem Kapuzenpullover klingelt ihr Handy. Sie bleibt stehen, wirft einen Blick auf das Display und meldet sich, als sie sieht, dass der Anrufer ihr Chef beim Staatsschutz ist.

»Wir haben eine Anfrage von der Landeskripo vorliegen«, sagt Verner mit seiner tiefen Bassstimme. »Ich habe Jimmy und Jan Pettersson gefragt, aber von den beiden kann keiner die Sache übernehmen ... Ich weiß auch nicht, ob Göran Stone der Richtige dafür ist, aber ...«

»Worum geht es denn?«, fragt sie.

»Um die Vernehmung eines minderjährigen Mädchens ... sie ist psychisch instabil, und die Ermittlungsleiterin braucht jemanden, der in Vernehmungstechniken ausgebildet ist und die nötige Erfahrung hat ...«

»Ich verstehe ja, dass du Jimmy ansprichst«, sagt Saga und hört, dass ihre Stimme vor Ärger hart wird. »Aber warum Jan Pettersson? Warum fragst du Jan Pettersson, bevor du mich fragst? Und dann Göran ... wie kannst du nur auf die Idee kommen, dass er ...«

Saga zwingt sich zu schweigen. Sie spürt noch die Nachwirkungen ihres Wutanfalls bei den internen Ermittlungen.

»Willst du dich jetzt mit mir streiten?«, fragt Verner seufzend.

»Ich war es verdammt nochmal, die nach Pullach gegangen ist und die Ausbildung beim BND absolviert hat und das ...«

»Bitte...«

»Ich bin noch nicht fertig«, unterbricht sie ihn. »Du erinnerst dich doch sicher, dass ich dabeisaß, als Muhammad al-Abdaly ins Kreuzverhör genommen wurde.«

»Aber du hast die Vernehmung nicht selbst geführt.«

»Nein, aber ich habe ihn dazu gebracht...ach, egal.«

Sie unterbricht die Verbindung, und als das Telefon erneut klingelt, denkt sie, dass sie am nächsten Tag kündigen wird.

»Okay, Saga«, sagt Verner bedächtig. »Du darfst einen Versuch machen.«

»Halt's Maul«, schreit sie und schaltet das Telefon aus.

✝

Carlos verschüttet Fischfutter auf seinem Schreibtisch, als Anja plötzlich mit Schwung die Tür öffnet. Er fegt die trockenen Flocken mit den Händen zusammen, und im selben Moment klingelt sein Telefon.

»Kannst du bitte mal auf die Freisprechfunktion umschalten«, bittet er sie.

»Das ist Verner«, sagt Anja und drückt auf den Knopf.

»Hallo«, sagt Carlos fröhlich und wischt sich über dem Aquarium die Hände ab.

»Hier ist nochmal Verner...entschuldige, dass es ein wenig gedauert hat.«

»Kein Problem.«

»Nun, Carlos, ich habe mich überall umgehört, aber meine besten Jungs sind leider alle an Alex Allen bei The Joint Intelligence Committee ausgeliehen«, sagt der Chef des Staatsschutzes und räuspert sich. »Aber wir haben hier eine Kollegin...du bist ihr übrigens schon einmal begegnet, sie heißt Saga Bauer...sie könnte zumindest dabeisitzen, wenn...«

Anja lehnt sich zu dem Telefon vor und schnauzt ihn an:

»Sie kann dabeisitzen und süß aussehen – was?«

»Hallo?«, fragt Verner. »Mit wem spreche ich…«

»Ruhe!«, faucht Anja. »Ich kenne Saga Bauer, und ich kann nur sagen, dass der Staatsschutz eine so kompetente Beamtin überhaupt nicht verdient…«

»Anja«, sagt Carlos, streicht sich schnell mit den Händen über die Hose und versucht, sich zwischen sie und das Telefon zu stellen.

»Setz dich«, fährt Anja ihn an.

Carlos setzt sich und hört Verner mit schwacher Stimme erklären:

»Ich sitze schon…«

»Sie rufen jetzt Saga an und entschuldigen sich bei ihr«, sagt Anja ernst in den Hörer.

135

Der vor dem Krankenhauszimmer postierte Polizist betrachtet Saga Bauers Dienstausweis. Er sagt, dass die Patientin bald zurück sein wird und hält ihr die Tür zu Zimmer 703 auf.

Saga geht ein paar Schritte ins Zimmer hinein und bleibt vor den zwei Personen stehen, die in dem leeren Raum warten. Das Bett ist fort, aber der Infusionsständer steht noch da.

»Entschuldigen Sie«, sagt eine Frau in einer grauen Kostümjacke.

»Ja«, erwidert Saga.

»Sind Sie eine Freundin von Vicky?«

Ehe Saga antworten kann, geht die Tür erneut auf und Joona Linna betritt den Raum.

»Joona«, sagt Saga erstaunt und gibt ihm lächelnd die Hand. »Ich dachte, du wärst suspendiert.«

»Das bin ich auch«, bestätigt er.

»Das hört man gern«, sagt sie.

»Die internen Ermittler machen einen guten Job«, erwidert er und lächelt so breit, dass er Grübchen bekommt.

Staatsanwältin Susanne Öst geht mit einem fragenden Blick auf Saga zu.

»Staatsschutz?«, fragt sie. »Ich hätte vielleicht gedacht... ich meine, ich bat um...«

»Wo ist Vicky Bennet?«, fragt Saga.

»Die Ärztin wollte eine weitere Computertomographie machen lassen«, sagt Joona, stellt sich ans Fenster und blickt hinaus.

»Wir haben heute Morgen beschlossen, Vicky Bennet vorläufig festzunehmen«, berichtet die Staatsanwältin. »Aber es wäre natürlich schön, noch vor dem Haftprüfungsverfahren ein Geständnis vorliegen zu haben.«

»Sie haben die Absicht, Anklage zu erheben?«, fragt Saga erstaunt.

»Wissen Sie«, antwortet Susanne Öst abgeklärt. »Ich war da, ich habe die Leichen gesehen. Vicky Bennet ist fünfzehn und gehört in eine ganz andere Kategorie als jemand, den man in eine geschlossene Einrichtung für Jugendliche steckt.«

Saga lächelt skeptisch:

»Aber eine Haftstrafe...«

»Verstehen Sie mich bitte nicht falsch«, unterbricht die Staatsanwältin sie, »aber ich hatte ehrlich gesagt mit einem erfahrenen Vernehmungsleiter gerechnet.«

»Verstehe«, sagt Saga.

»Aber Sie sollen natürlich eine Chance bekommen, das sollen Sie. Das finde ich nur richtig.«

»Danke«, erwidert Saga verbissen.

»Ich habe hier bereits einen halben Tag verbracht und kann Ihnen versichern, dass es sich um kein gewöhnliches Verhör handelt«, sagt Susanne Öst und atmet tief durch.

»Wie meinen Sie das?«

»Vicky Bennet hat keine Angst – sie scheint den Machtkampf vielmehr zu genießen.«

»Und Sie?«, fragt Saga. »Genießen Sie den Machtkampf?«

»Ich habe keine Zeit für Vickys Spielchen, und für Ihre auch nicht«, antwortet die Staatsanwältin kurz angebunden. »Morgen werde ich beim Amtsgericht ein Haftprüfungsverfahren beantragen.«

»Nachdem ich mir die einleitende Vernehmung angehört habe, bin ich nicht der Meinung, dass Vicky Bennet spielt«, sagt Saga.

»Es ist bloß ein Spiel«, beharrt die Staatsanwältin.

»Das glaube ich nicht, aber Morde können auch für den Mörder traumatische Erlebnisse sein, und wenn das so ist, nimmt die Erinnerung die Form von Inseln mit fließenden Grenzen an.«

»Und was lernt man beim Staatsschutz darüber, wie man dann vorgehen soll?«

»Der Vernehmungsleiter sollte davon ausgehen, dass jeder gestehen und verstanden werden will«, antwortet Saga, ohne Susanne Östs provokativem Ton Beachtung zu schenken.

»War das alles?«, fragt die Staatsanwältin.

»Ich denke immer daran, dass ein Geständnis mit dem Gefühl von Macht verbunden ist, weil der Geständige die Macht über die Wahrheit besitzt«, fährt Saga freundlich fort. »Genau deshalb funktionieren Drohungen nicht, während Freundlichkeit, Respekt und...«

»Vergessen Sie nur nicht, dass sie unter dem Verdacht steht, zwei sehr brutale Morde begangen zu haben.«

Im Flur nähern sich Schritte, und das Rollgeräusch des Betts wird lauter.

136

Vicky Bennet wird von zwei Krankenschwestern hereingeschoben. Ihr Gesicht ist stark angeschwollen. Wangen und Stirn sind voller schwarzer Wunden. Die Arme hat man verbunden, und der Daumen ist mit einem Gips fixiert worden. Das Bett wird abgestellt, und der Infusionsbeutel an den Ständer gehängt. Vicky liegt mit offenen Augen auf dem Rücken. Sie schert sich nicht um die tastenden Versuche der Krankenschwestern, ein Gespräch zu führen. Ihr Gesicht ist unverändert ernst.

Die Bettgitter sind hochgeklappt, aber alle Gurte liegen lose.

Bevor die Krankenschwestern den Raum verlassen und die Tür geschlossen wird, sieht Saga, dass inzwischen zwei Beamte im Flur Wache halten.

Saga geht erst zum Bett, als das Mädchen Augenkontakt zu ihr sucht.

»Ich heiße Saga Bauer und bin hier, um dir zu helfen, dich an die letzten Tage zu erinnern.«

»Sind Sie Psychologin oder so was?«

»Kommissarin.«

»Polizei?«

»Ja, beim Staatsschutz«, antwortet Saga.

»Sie sind der schönste Mensch, den ich jemals gesehen habe.«

»Nett, dass du das sagst.«

»Ich habe schöne Gesichter zerschnitten«, erwidert Vicky lächelnd.

»Das weiß ich«, sagt Saga ruhig.

Sie zieht ihr Handy heraus, aktiviert die Aufnahmefunktion und gibt schnell Datum, Zeit und Ort an. Sie nennt die Anwesenden, wendet sich anschließend Vicky zu und sieht sie eine Weile an, ehe sie spricht:

»Du hast furchtbare Dinge durchgemacht«, sagt sie ganz ehrlich.

»Ich habe in den Zeitungen gesehen…«, erwidert Vicky und schluckt zwei Mal. »Ich habe mein Gesicht und Dantes gesehen… und ich habe Dinge über mich gelesen.«

»Erkennst du dich darin wieder, was sie schreiben?«

»Nein.«

»Dann erzähl mir mit deinen eigenen Worten, wie es gewesen ist.«

»Ich bin gelaufen und gegangen und habe gefriert… gefroren.«

Vicky schaut Saga fragend in die Augen, befeuchtet ihren Mund und scheint in ihrem Inneren nach Erinnerungen zu suchen, die mit dem übereinstimmen, was sie gesagt hat, oder aber nach Lügen, mit denen sie sich herausreden kann.

»Ich habe keine Ahnung, warum du gelaufen bist, aber ich höre dir gerne zu, wenn du bereit bist, es zu erzählen«, sagt Saga langsam.

»Ich will nicht«, murmelt Vicky.

»Dann lass uns doch mal mit dem Tag davor beginnen«, fährt Saga fort. »Ich weiß das eine oder andere, zum Beispiel, dass ihr am Vormittag Unterricht hattet, aber ansonsten…«

Vicky schließt die Augen und antwortet:

»Es war wie immer, das übliche Einerlei und langweilige Aufgaben.«

»Unternehmt ihr nachmittags nicht immer etwas zusammen?«

»Elisabeth ist mit uns allen zum See gegangen… Lu Chu und Almira sind nackt schwimmen gegangen, das darf man zwar nicht, aber die beiden sind nun einmal, wie sie sind«, erzählt

Vicky plötzlich schmunzelnd. »Elisabeth wurde sauer auf sie, und daraufhin fingen alle an, sich auszuziehen.«

»Aber du nicht?«

»Nein ... und Miranda und Tuula auch nicht«, antwortet Vicky.

»Was habt ihr gemacht?«

»Ich habe kurz gefühlt, wie kalt das Wasser ist, und den Mädels beim Spielen zugesehen.«

»Was hat Elisabeth getan?«

»Sie hat sich auch ausgezogen und ist ins Wasser gegangen«, sagt Vicky lächelnd.

»Was haben Tuula und Miranda gemacht?«

»Sich mit Tannenzapfen beworfen.«

»Und Elisabeth war mit den Mädchen baden.«

»Sie ist so geschwommen, wie ältere Frauen es immer machen.«

»Und was ist mit dir? Was hast du getan?«

»Ich bin zum Haus zurückgegangen«, antwortet Vicky.

»Wie ging es dir an dem Abend?«

»Gut.«

»Dir ging es gut? Aber warum hast du dich dann selbst verletzt? Du hast dich an den Armen und am Bauch geritzt.«

137

DIE STAATSANWÄLTIN hat sich auf einen Stuhl gesetzt und lauscht konzentriert der Vernehmung. Saga betrachtet Vickys Gesicht, das sich für eine Weile verfinstert und hart wird. Sie sieht, wie sie die Mundwinkel ein wenig nach unten zieht und ihr Blick kühl wird.

»Es gibt eine Eintragung darüber, dass du dir die Arme geritzt hast«, erläutert Saga.

»Ja, aber das war gar nichts... Wir haben ferngesehen, und ich tat mir ein bisschen leid und habe mich mit einer scharfen Porzellanscherbe geritzt... Ich durfte mitkommen und mich verbinden lassen. Das gefällt mir, denn Elisabeth bleibt ruhig und weiß, dass ich weiche Mullbinden um die Hände brauche, ich meine die Handgelenke... Hinterher ekle ich mich nämlich immer, wenn ich an die offenen Adern denke...«

»Warum hast du dir denn leidgetan?«

»Ich sollte eigentlich mit Elisabeth sprechen dürfen, aber sie meinte, sie hätte keine Zeit.«

»Worüber wolltest du mit ihr sprechen?«

»Ich weiß nicht, nichts Bestimmtes, ich war einfach an der Reihe für ein Gespräch, aber die Zeit ging drauf, weil Miranda und Tuula sich gestritten haben.«

»Das klingt ungerecht«, sagt Saga.

»Jedenfalls habe ich mir leidgetan und mich geritzt und bin verbunden worden.«

»So konntest du doch noch ein bisschen Zeit mit Elisabeth verbringen.«

»Ja«, sagt Vicky lächelnd.

»Bist du Elisabeths Liebling?«

»Nein.«

»Wer ist ihr Liebling?«, fragt Saga.

Vicky schlägt schnell und völlig überraschend mit dem Handrücken zu, aber Saga weicht nur mit dem Kopf aus, ohne den Körper zu bewegen. Vicky begreift nicht, wie ihr geschieht, wie sie vorbeischlagen und es der Polizistin gleichzeitig gelingen konnte, eine Hand ganz sanft auf ihre Wange zu legen.

»Bist du müde?«, fragt Saga und lässt die Hand tröstend auf der Wange des Mädchens liegen.

Vicky sieht sie an und hält die Hand einen Augenblick fest, ehe sie sich plötzlich einfach abwendet.

»Du nimmst vor dem Schlafen immer dreißig Milligramm Zyprexa«, fährt Saga nach einer Weile fort.

»Ja.«

Die Stimme des Mädchens klingt jetzt monoton und abweisend.

»Um welche Uhrzeit?«

»Um zehn.«

»Konntest du danach einschlafen?«

»Nein.«

»Wenn ich es richtig verstanden habe, konntest du die ganze Nacht nicht schlafen.«

»Ich will nicht mehr reden«, sagt Vicky, legt den Kopf schwer ins Kissen und schließt die Augen.

»Das reicht für heute«, sagt ihr Rechtsbeistand und steht auf.

»Wir haben noch zwanzig Minuten«, widerspricht die Staatsanwältin.

»Meine Klientin muss sich ausruhen«, sagt Signe Ridelman und geht zu Vicky. »Du bist müde, stimmt's? Soll ich dir etwas zu essen besorgen?«

Die Frau spricht mit ihrem Schützling, und die Staatsanwältin steht am Fenster und hört mit ausdruckslosem Gesicht die Nachrichten in ihrer Mailbox ab.

Saga will die Aufnahme gerade beenden, als sie zufällig Joonas Blick begegnet und innehält.

Seine Augen wirken seltsam grau – wie Eis, wenn im Frühjahr der Schnee schmilzt – ehe er wortlos den Raum verlässt. Saga bittet Vickys Rechtsbeistand zu warten und folgt Joona an den Polizisten vorbei ein paar Meter den Flur hinab. Er erwartet sie an einer Stahltür zum Treppenhaus und den Notausgängen.

»Habe ich etwas übersehen?«, fragt sie.

»Vicky hat mit blutigen Kleidern in ihrem Bett geschlafen«, berichtet Joona leise.

»Was sagst du da?«

»Das steht nicht im Bericht über die Tatortuntersuchung.«

»Aber du hast es gesehen?«

»Ja.«

»Dann hat sie nach den Morden geschlafen?«, fragt Saga.

»Ich habe keinen Zugang zu den Laborergebnissen, aber mir ist der Gedanke gekommen, dass sie vielleicht eine Überdosis des Medikaments genommen hat, weil es ihr schlecht ging. Vielleicht hat sie angenommen, dass es hilft, aber das tut es nicht, man wird nur noch rastloser und am Ende rasend vor Wut. Wir wissen noch nichts, aber vielleicht wollte sie sich an Miranda rächen, weil sie ihr die Gesprächszeit gestohlen hatte, vielleicht war sie auch wütend auf Elisabeth, weil sie das zugelassen hatte, vielleicht geht es hier aber auch um etwas völlig anderes ...«

»Aber du hältst es für ein mögliches Szenario, dass sie Elisabeth erschlug, den Schlüssel nahm, die Tür zum Isolierzimmer aufschloss, Miranda erschlug und danach einschlief?«

»Ja, denn die Spuren im Isolierzimmer lassen auf zwei gegensätzliche Dinge schließen, eine unbändige Gewalt, aber auch eine fast schon melancholische Behutsamkeit.«

Joona sieht Saga direkt in die Augen, aber sein Blick ist nachdenklich und schwer.

»Als Miranda tot ist, klingt die Wut ab«, sagt er. »Sie versucht, Mirandas Körper zu arrangieren, legt sie aufs Bett und bedeckt die Augen mit den Händen. Danach kehrt sie in ihr eigenes Zimmer zurück, und zur gleichen Zeit wird sie von der beruhigenden Wirkung des Medikaments übermannt, es ist ein starkes Präparat... und wird wahnsinnig müde.«

138

ALS SAGA IN DAS KRANKENHAUSZIMMER ZURÜCKKEHRT, versucht die Staatsanwältin, sie davon zu überzeugen, dass die verbleibenden fünfzehn Minuten zu kurz sind, um noch etwas von Wert herauszufinden. Saga nickt nur, als würde sie ihr zustimmen und geht anschließend zum Fußende des Betts. Vickys Rechtsbeistand sieht sie fragend an. Saga wartet mit den Händen auf dem glänzenden Metall des Fußendes, bis Vicky ihr das verletzte Gesicht zuwendet und ihrem Blick begegnet.

»Ich dachte, du wärst die ganze Nacht wach gewesen«, beginnt Saga sehr langsam. »Aber Joona sagt, dass du in deinem Bett geschlafen hast, bevor du das Haus Birgitta verlassen hast.«

Vicky schüttelt den Kopf, und ihr Rechtsbeistand versucht, dazwischenzugehen: »Die Vernehmung ist für heute beendet und ...«

Vicky flüstert etwas und kratzt am Wundschorf auf ihrer Wange. Saga ist fest entschlossen, das Mädchen dazu zu bringen zu erzählen, was dann geschah. Es braucht nicht viel zu sein, nur ein paar ehrliche Worte über die Flucht durch den Wald und die Entführung des Jungen.

Sie weiß, je mehr ein Vernehmungsleiter dem Verdächtigen über die Ereignisse rund um das Verbrechen entlockt, desto wahrscheinlicher ist es, dass er alles erzählen wird.

»Joona irrt sich eigentlich nie«, sagt Saga und lächelt.

»Es war dunkel, und ich lag im Bett, als alle schrien und die Türen schlugen«, wispert Vicky.

»Du liegst im Bett und alle schreien«, sagt Saga und nickt. »Was denkst du, was machst du dann?«

»Ich habe Angst, das ist das Erste, mein Herz rast und ich liege ganz still unter meiner Decke«, sagt Vicky, ohne irgendwen im Raum anzusehen. »Es ist stockfinster ... aber dann spüre ich, dass ich nass bin ... ich glaube, dass ich ins Bett gemacht oder meine Tage bekommen habe oder so ... Buster bellt und Nina schreit etwas über Miranda und ich mache das Licht an und sehe, dass ich überall voller Blut bin.«

Saga zwingt sich, nicht nach dem Blut und den Morden zu fragen, kein Geständnis erzwingen zu wollen, stattdessen einfach dem Assoziationsstrom zu folgen.

»Schreist du auch?«, fragt sie neutral.

»Ich glaube nicht, ich weiß es nicht, ich konnte nicht denken«, fährt Vicky fort. »Ich wollte da bloß weg, verschwinden ... Ich schlafe in meinen Kleidern ... das habe ich immer getan ... also nehme ich nur meine Tasche, ziehe die Schuhe an, klettere aus dem Fenster und gehe in den Wald ... ich habe Angst und gehe, so schnell ich kann, und der Himmel wird heller und ein paar Stunden später fällt es leichter, zwischen den Bäumen etwas zu sehen. Ich laufe einfach weiter und sehe plötzlich ein Auto ... es ist fast neu, aber einfach stehen gelassen worden, und die Tür steht offen und die Schlüssel stecken ... Ich kann fahren, habe einen ganzen Sommer lang geübt ... und so stolpere ich einfach in den Wagen und fahre los ... Und dann merke ich, wie unheimlich müde ich bin, meine Beine zittern ... Ich denke, dass ich nach Stockholm fahren und versuchen werde, an Geld zu kommen, damit ich zu einer Freundin in Chile fahren kann ... Plötzlich gibt es einen Knall im Auto, es dreht sich und schlägt mit der Seite gegen etwas ... peng, und dann ist es still ... Ich wache auf, blute am Ohr und schaue hoch und überall sind kleine Glasstücke, ich bin gegen eine verdammte Ampel gefahren, ich kapiere nicht, wie das passieren konnte, alle Fenster sind weg. Es regnet direkt in das

Auto hinein ... der Motor läuft noch und ich lebe ... meine Hand bewegt sich zum Schaltknüppel, und ich setze zurück und fahre weiter ... Regen weht mir ins Gesicht, und dann höre ich jemanden weinen, drehe mich um und sehe, dass da in dem Kindersitz auf der Rückbank ein kleiner Junge sitzt. Das ist total krank, ich kapiere nicht, wie er dahin gekommen ist ... Ich schnauze ihn an, dass er still sein soll. Es gießt in Strömen. Man kann fast nichts sehen, aber als ich gerade abgebogen bin, um auf die Brücke zu fahren, sehe ich die Blaulichter am anderen Ufer ... Ich gerate ein bisschen in Panik und drehe am Lenkrad, und wir fahren von der Straße ab. Das geht zu schnell, geradewegs eine Uferböschung hinunter, ich bremse, rolle aber trotzdem ins Wasser und schlage mit dem Gesicht gegen das Lenkrad. Das Wasser schlägt über die Motorhaube und ins Auto und wir rutschen einfach in den Fluss, als wäre es nichts ... Es wird dunkel, wir sinken, aber unter der Decke gibt es noch Luft, und ich klettere nach hinten zu dem Jungen, mache den Gurt auf und reiße den ganzen Kindersitz mit durch die Windschutzscheibe, wir sind schon tief im Wasser, aber der Sitz schwimmt und zieht uns an die Oberfläche, wir treiben ein Stück mit dem Fluss und schaffen es auf die andere Seite ... wir sind klatschnass, meine Tasche und meine Schuhe sind weg, aber wir gehen los ...«

Vicky verstummt, um Luft zu holen. Saga erahnt eine Bewegung der Staatsanwältin, aber ihr Blick bleibt auf Vicky gerichtet.

»Ich habe Dante erzählt, dass wir seine Mama finden würden«, fährt Vicky mit bebender Stimme fort. »Ich habe ihn an der Hand gehalten, und wir sind gegangen und gegangen und haben ein Lied aus seinem Kindergarten gesungen, über einen alten Mann, der seine Schuhe verschlissen hat. Wir folgten einer großen Straße mit Masten an der Seite ... ein Auto hielt und wir durften auf der Rückbank mitfahren ... dieser Mann in dem Auto sah uns im Rückspiegel an und schaltete die Heizung ein und fragte uns, ob wir mitkommen und neue Kleider und etwas zu essen bekommen wollten... und wir wären bestimmt auch mitgegangen, wenn er uns im Spiegel nicht so angestarrt und gesagt hätte, dass wir auch ein bisschen Taschengeld bekommen würden... Aber als er zum Tanken hielt, haben wir uns lieber weggeschlichen und sind zu Fuß weiter... Ich weiß nicht, wie weit wir gekommen waren, aber auf einem Rastplatz an einem See parkte ein Lastwagen von IKEA und auf einem der Holztische dort fanden wir eine Thermoskanne und eine Plastiktüte mit einem echt großen Stapel Wurstbrote, aber bevor wir uns die Tüte nehmen können, kommt ein Typ um das Auto herum und fragt, ob wir hungrig sind... Er stammt aus Polen und wir dürfen bis Uppsala bei ihm mitfahren... Ich leihe mir sein Handy und rufe Mama an... Ein paar Mal denke ich, dass ich ihn umbringen werde, wenn er den Jungen anrührt, aber er lässt uns nur in Ruhe sitzen und schlafen... Er will nichts von uns. Er setzt uns einfach ab und wir fahren das letzte Stück bis Stockholm mit dem Zug, verstecken uns zwischen den Koffern... Ich habe den Schlüssel zur U-Bahn nicht mehr und kenne niemanden mehr, es ist so viel Zeit vergangen... Ich war mal einige Wochen bei einem Paar im Stadtteil Midsommarkransen, aber ich weiß nicht mehr, wie sie heißen, ich erinnere mich nur an Tobias, natürlich erinnere ich mich an ihn, ich weiß noch, dass er in der Wollmar Yxkullsgatan wohnt, dass ich immer bis zum Mariatorget gefahren bin und... ich bin so verdammt bescheuert, jemand wie ich sollte gar nicht leben.«

Sie verstummt, dreht das Gesicht ins Kissen und liegt still und atmet.

139

SAGA BLEIBT VOR DEM BETT STEHEN und betrachtet Vicky, die ganz ruhig auf dem Bauch liegt und mit dem Zeigefinger über das Seitengeländer des Betts streicht.

»Ich denke gerade an den Mann in dem Auto«, meint Saga. »Der wollte, dass ihr mit ihm kommt... Ich bin mir ziemlich sicher, dass du mit dem Gefühl, dass er gefährlich sein könnte, richtiggelegen hast.«

Vicky setzt sich auf und schaut unverwandt in Sagas hellblaue Augen.

»Meinst du, dass du mir helfen könntest, ihn zu finden, wenn wir hiermit fertig sind?«

Vicky nickt und schluckt hart, senkt dann den Blick und schlingt die Arme fröstelnd um sich, sie sitzt ganz still. Es fällt einem schwer, sich vorzustellen, dass dieses zarte, hagere Mädchen zwei Menschen den Schädel einschlagen konnte.

»Bevor wir weitermachen, möchte ich nur sagen, dass es wirklich ein gutes Gefühl ist, wenn man die Wahrheit erzählt«, sagt Saga.

Wie im Boxring ist sie von kribbelnder Ruhe erfüllt. Sie weiß, dass sie einem vollständigen und wahrheitsgemäßen Geständnis sehr nahe ist. Sie spürt den Stimmungsumschwung im Zimmer, er liegt in den Stimmen, in der Wärme und den feuchten Augen. Saga tut, als schreibe sie etwas in ihren Collegeblock, und wartet noch ein wenig, ehe sie das Mädchen ansieht, als hätte es die Morde bereits gestanden.

»Du hast in den blutigen Decken geschlafen«, sagt Saga sanft.

»Ich habe Miranda umgebracht«, flüstert Vicky. »Oder?«

»Erzähl es mir.«

Vickys Mund zittert, und die Wunden in ihrem Gesicht verdunkeln sich, als sie errötet.

»Ich werde manchmal so schrecklich wütend«, sagt sie leise und bedeckt ihr Gesicht.

»Warst du wütend auf Miranda?«

»Ja.«

»Was hast du getan?«

»Ich will nicht darüber reden.«

Ihr Rechtsbeistand kann es nicht lassen, zu Vicky zu gehen.

»Du weißt, dass du nichts erzählen musst, nicht wahr?«, sagt sie.

»Ich muss nicht«, wiederholt Vicky an Saga gewandt.

»Die Vernehmung ist beendet«, sagt Susanne Öst mit Nachdruck.

»Danke«, wispert Vicky.

»Sie braucht Zeit, um sich zu erinnern«, sagt Saga.

»Aber wir haben ein Geständnis«, erwidert die Staatsanwältin.

»Ich weiß nicht«, murmelt Vicky.

»Du hast gestanden, dass du Miranda Ericsdotter getötet hast«, erklärt Susanne Öst mit erhobener Stimme.

»Schreien Sie mich nicht an«, sagt Vicky.

»Hast du sie geschlagen?«, setzt Susanne Öst sie unter Druck. »Du hast sie geschlagen, stimmt's?«

»Ich will nicht mehr reden.«

»Diese Vernehmung ist beendet«, sagt Vickys Rechtsbeistand schneidend.

»Wie hast du Miranda geschlagen?«, beharrt die Staatsanwältin.

»Das spielt keine Rolle«, antwortet Vicky unter Tränen, die ihre Stimme brechen lassen.

»Deine Fingerabdrücke befinden sich auf einem blutigen Hammer, der …«

»Verdammte Scheiße, ich will nicht darüber reden – kapierst du das nicht?«

»Das brauchst du auch nicht«, sagt Saga. »Du hast das Recht zu schweigen.«

»Warum hat Miranda dich wütend gemacht?«, fragt die Staatsanwältin mit erhobener Stimme. »So wahnsinnig wütend, dass du...«

»Ich werde das zu Protokoll geben«, sagt Vickys Rechtsbeistand.

»Wie bist du in Mirandas Zimmer gekommen?«, fragt die Staatsanwältin.

»Ich habe es aufgeschlossen«, antwortet Vicky und versucht, aus dem Bett zu steigen. »Aber jetzt kann ich einfach nicht mehr darüber...«

»Wie bist du an die Schlüssel gekommen?«, unterbricht Susanne Öst sie.

»Ich weiß es nicht, ich...«

»War es nicht Elisabeth, die sie hatte?«

»Ich habe sie mir geliehen«, entgegnet Vicky und stellt sich auf.

»Wollte sie dir die Schlüssel ausleihen?«

»Ich habe ihr den Schädel zu Brei geschlagen!«, schreit Vicky und schleudert das Frühstückstablett in Richtung der Staatsanwältin.

Das Plastiktablett mit Joghurt und Cornflakes schlägt scheppernd auf den Boden, Orangensaft spritzt an die Wand.

»Fahrt zur Hölle«, schreit Vicky und stößt ihren Rechtsbeistand fort, so dass sie rücklings zwischen die Stühle fällt.

Bevor Saga und Joona bei ihr sind, reißt Vicky den Infusionsständer an sich und schlägt ihn mit aller Kraft auf Susanne Östs Schulter, so dass sich der Infusionsbeutel löst, gegen die Wand knallt und platzt.

140

Joona und Saga hatten sich zwischen Vicky und die anderen gestellt und versuchten, sie zu beruhigen. Infusionslösung war die Wand herabgelaufen. Vicky atmete keuchend und sah die beiden mit ängstlichen Augen an. Sie hatte sich an irgendetwas verletzt und blutete kräftig an einer Augenbraue. Polizisten und Pflegepersonal eilten herbei und zwangen sie zu Boden. Sie waren zu viert, und Vicky geriet in Panik und wand sich heftig, um sich frei zu machen, schrie und trat eine Pritsche um.

Vicky wurde auf den Bauch gezwungen, bekam eine Spritze in den Po, schrie heiser, beruhigte sich dann aber rasch. Zwei Minuten später hoben sie Vicky Bennet ins Bett. Das Mädchen weinte und versuchte, etwas zu sagen, lallte aber so, dass man nichts verstehen konnte. Eine der Krankenschwestern koordinierte das Anlegen der Riemen. Handgelenke und Fußknöchel wurden an die Seitenwände des Betts geschnallt, danach die Oberschenkel fixiert und schließlich stabile Gurte in einem sternförmigen Muster über ihren Brustkorb gezogen. Vickys Blut hatte das Betttuch und die weißen Kittel der Pfleger besudelt, und der Fußboden war voller Essen und Wasser.

Eine halbe Stunde später lag Vicky vollkommen still mit grauem, verschlossenem Gesicht und aufgesprungenen Lippen im Bett. Die Blutung an ihrer Augenbraue war gestillt und ein neuer Zugang in der Armbeuge gelegt worden. Ein Polizist wartete im Türrahmen, während die Putzfrau ein letztes Mal den Boden wischte.

Joona weiß, dass die Staatsanwältin ihn argwöhnisch beäugt und er sich nicht einmischen darf, aber es gefällt ihm nicht, wie die Dinge sich entwickelt haben. Jetzt wird es vor dem Haftprüfungsverfahren keine weiteren Vernehmungen mehr geben. Es wäre besser gewesen, mit den rechtlichen Schritten zu warten, bis die Vernehmungen abgeschlossen waren und die Laborergebnisse vorlagen. Aber Susanne Öst ist fest entschlossen, das gefasste Mädchen zu verhaften und schon am nächsten Tag Untersuchungshaft zu beantragen.

Wenn Saga Bauer nur etwas mehr Zeit gehabt hätte, dann hätte Vicky Bennet ihr die ganze Wahrheit erzählt. So haben sie ein Geständnis bekommen, das man für erzwungen halten kann.

Aber solange die Indizien eine eindeutige Sprache sprechen, spielt das vielleicht keine Rolle, überlegt er und verlässt das Zimmer mit dem schlafenden Mädchen.

Er geht den Korridor hinab, und aus einer offenen Tür schlägt ihm ein intensiver Geruch von Desinfektionsalkohol entgegen.

Irgendetwas an diesem Fall bereitet ihm weiterhin Kopfzerbrechen. Wenn er von dem Stein absieht, hat er keine Probleme, den Tathergang herauszulesen. Das Ganze hängt zusammen, ist aber alles andere als eindeutig. Nach wie vor strömt alles auf ihn ein wie in einer pulsierenden Schattenwelt. Das Geschehen ist immer noch schemenhaft und veränderlich.

Er bräuchte unbedingt die gesamten Ermittlungsunterlagen, die Obduktionsprotokolle, die Berichte der Kriminaltechniker und die detaillierten Laborergebnisse.

Warum waren Mirandas Augen mit den Händen bedeckt?

Er erinnert sich, wie das blutige Zimmer aussah, benötigt jedoch Zugang zu den Berichten vom Tatort, um tiefer in den Gang der Ereignisse einzudringen.

Susanne Öst kommt zu den Aufzügen und stellt sich neben Joona. Sie nicken einander zu, die Staatsanwältin wirkt zufrieden.

»Jetzt hassen mich natürlich alle, weil ich sie zu hart rangenommen habe«, sagt sie, betritt den Aufzug und drückt auf den Knopf. »Aber ein Geständnis hat verdammt großes Gewicht, auch wenn es ein paar Proteste geben wird.«

»Wie sieht die Indizienkette Ihrer Meinung nach aus?«, fragt Joona.

»Sie ist so stark, dass ich von einem dringenden Tatverdacht ausgehe.«

Der Aufzug hält im Erdgeschoss, und sie verlassen gemeinsam das Gebäude.

»Soll ich mir die Berichte mal anschauen?«, fragt Joona und bleibt stehen.

Susanne Öst sieht ihn erstaunt an und antwortet nach kurzem Zögern:

»Das ist doch nicht nötig.«

»In Ordnung«, sagt Joona und geht los.

»Sie glauben, dass es Lücken geben könnte?«, fragt die Staatsanwältin und versucht, mit ihm Schritt zu halten.

»Nein«, antwortet Joona kurz.

»Ich müsste den Bericht über die Tatortuntersuchung eigentlich dabeihaben«, sagt sie und öffnet ihre Aktentasche.

Joona tritt durch die Glastüren und hört die Staatsanwältin hinter sich in ihren Papieren wühlen und dann loslaufen. Er hat bereits sein Auto erreicht, als Susanne Öst ihn einholt.

»Es wäre toll, wenn Sie noch heute einen Blick darauf werfen könnten«, sagt sie atemlos und hält ihm eine dünne Ledermappe hin. »Ich lege noch die vorläufigen Ergebnisse aus dem Kriminaltechnischen Labor und die Bescheinigungen über die Todesursachen aus dem Obduktionsprotokoll dazu.«

Joona begegnet ihrem Blick, nickt und wirft die Mappe lässig auf den Beifahrersitz, ehe er sich ins Auto setzt.

JOONA SITZT ALLEINE IM HINTEREN RAUM des Il Caffè und liest die Kopien aus Susanne Östs Mappe. Ihre Provokationen während der Vernehmung waren ein schwerwiegender Fehler.

Er kann nicht glauben, dass Vicky Dante absichtlich entführt hat, das passt einfach nicht in das Bild, das er sich von ihr gemacht hat, aber aus irgendeinem Grund hat sie offenbar Miranda und Elisabeth getötet.

Aber warum?

Joona öffnet die Mappe und denkt, dass sie vielleicht die Antworten enthält.

Warum wird Vicky manchmal so unglaublich wütend und gewalttätig?

Das kann nicht nur an den Medikamenten liegen.

Die nimmt sie erst, seit sie ins Haus Birgitta gekommen ist.

Joona blättert weiter in den Unterlagen.

Tat- und Fundorte sind Spiegel, die den Täter reflektieren. Fragmente des Motivs existieren im Spritzmuster des Bluts auf Tapeten und Fußboden, zwischen den umgekippten Möbeln, den Stiefelspuren und den Positionen der Körper. Nathan Pollock würde vermutlich sagen, dass Einfühlungsvermögen für den Tatort weitaus wichtiger sein kann als die Spurensicherung. Denn der Täter weist dem Opfer und dem Ort spezifische Funktionen zu. Das Opfer spielt eine Rolle im inneren Drama des Mörders, und der Ort lässt sich als eine Bühne mit Bühnenbild und Requisiten betrachten. Vieles kann Zufall sein, aber es gibt immer auch Dinge, die zum inneren Drama gehören und sich mit dem Motiv verbinden lassen.

Zum ersten Mal liest Joona nun den Bericht über die Tatortuntersuchung. Er beschäftigt sich lange mit Dokumentation, Spurensicherung und Tatortanalyse.

Die Polizei hat einen wirklich guten Job gemacht, ist weitaus sorgfältiger gewesen, als man eigentlich hätte verlangen können.

Ein Kellner mit einer Strickmütze kommt mit einer großen Tasse Kaffee auf einem Tablett, aber Joona ist so in Gedanken versunken, dass er ihn gar nicht bemerkt. Im Nebenzimmer sitzt eine junge Frau mit einem Silberring in der Unterlippe. Lächelnd sagt sie dem verwirrten Kellner, dass sie gesehen habe, wie Joona den Kaffee bestellte.

Obwohl die Ergebnisse aus dem Kriminaltechnischen Labor in dem Bericht fehlen, erkennt Joona, dass die Ergebnisse eindeutig sind: Die Fingerabdrücke stammen von Vicky Bennet. Im Gutachten des Sachverständigen wird auf der Skala die höchste Ebene der Sicherheit, Grad + 4, angegeben.

Nichts in der Tatortanalyse widerspricht dem, was er selbst am Ort des Mordes beobachtet hat, auch wenn viele seiner eigenen Beobachtungen in dem Bericht fehlen – etwa, dass das immer mehr gerinnende Blut mindestens eine Stunde lang auf dem Betttuch verteilt wurde. Ebenfalls unerwähnt bleibt in dem Bericht, dass die Spuren der rückwärtigen Spritzer an den Wänden nach drei Schlägen den Winkel ändern.

Joona streckt die Hand aus, nimmt die Kaffeetasse, trinkt und studiert erneut die Fotos. Langsam blättert er den Stapel durch und betrachtet konzentriert jede einzelne Aufnahme. Danach wählt er zwei Fotos aus Vicky Bennets Zimmer aus, zwei aus dem Isolierzimmer, in dem Miranda Ericsdotter angetroffen wurde, und zwei aus der Waschküche, in der Elisabeth Grim gefunden wurde. Er räumt die Kaffeetasse und alles andere vom Tisch und legt anschließend die sechs Bilder auf die freie Fläche. Er steht auf und versucht, sie alle gleichzeitig zu sehen, um neue, überraschende Muster zu erkennen.

Nach einer Weile dreht Joona alle Fotos außer einem um. Er mustert eingehend das letzte Bild und versucht, in seiner Erinnerung zu dem Zimmer zurückzukehren. Er versetzt sich in das Gefühl und in die Düfte. Auf der Fotografie sieht man Miranda Ericsdotters schmalen Körper. Sie liegt in einem weißen Baumwollslip auf dem Bett, beide Hände bedecken das Gesicht. Das Licht des Kamerablitzes lässt den Körper und das Laken weiß leuchten. Das Blut aus ihrem zertrümmerten Schädel sieht man als dunkle Fläche auf dem Kissen.

Plötzlich sieht Joona etwas, womit er nicht gerechnet hat.

Er weicht einen Schritt zurück, und die leere Kaffeetasse fällt zu Boden.

Die junge Frau mit dem Silberring in der Lippe schmunzelt.

Joona lehnt sich über das Foto von Miranda und denkt an seinen Besuch bei Flora Hansen. Er hatte sich geärgert, weil er bei ihr seine Zeit vergeudet hatte. Als er gehen wollte, war sie ihm in den Flur gefolgt, hatte wiederholt, sie habe Miranda wirklich gesehen und ihm mitgeteilt, sie habe den Geist gezeichnet. Sie hatte ihm die Zeichnung gezeigt, sie jedoch fallen gelassen, als er ihre Hand zur Seite schob. Das Blatt war lautlos auf dem Fußboden gelandet. Joonas Blick war auf die kindliche Zeichnung gefallen, als er über sie hinwegstieg und zur Tür hinausging.

Als er nun das Foto von Mirandas bewusst arrangiertem Körper betrachtet, versucht er, sich an Flora Hansens Zeichnung zu erinnern. Sie war in zwei Etappen entstanden. Anfangs gab es nur ein Strichmännchen und danach waren die Glieder flächig gezeichnet und ausgemalt worden. Das Mädchen auf der Zeichnung hatte an manchen Stellen zittrige Konturen, während andere Teile des Körpers fadendünn dargestellt waren. Der Kopf war überproportional groß. Der gerade Mund ließ sich nur erahnen, da das Mädchen sich seine unfertigen Skeletthände vor das Gesicht hielt. Die Zeichnung passte ziemlich gut zu dem, was die Boulevardblätter beschrieben hatten.

Dagegen wussten die Zeitungen nicht, dass jemand Miranda auf den Kopf geschlagen hatte und Blut aus dem Bett gelaufen war. Es waren keine Bilder vom Tatort freigegeben worden. Die Presse hatte über die Hände vor dem Gesicht berichtet, man hatte spekuliert, von den Kopfverletzungen jedoch nichts gewusst. Während der gesamten Ermittlungen bis zur Haftprüfungsverhandlung war eine strikte Nachrichtensperre verhängt worden.

»Ihnen ist etwas Wichtiges aufgefallen, stimmt's?«, fragt die junge Frau im angrenzenden Raum.

Joona begegnet ihren leuchtenden Augen und nickt, ehe er den Blick erneut dem Farbfoto auf seinem Tisch zuwendet.

Als er Mirandas Körper auf dem Foto betrachtet hatte, war ihm klar geworden, dass Flora genau dort ein dunkles Herz am Kopf des Mädchens gezeichnet hatte, wo sich der dunkle Blutfleck auch in Wirklichkeit befunden hatte.

Dieselbe Größe, dieselbe Stelle.

Es kommt einem tatsächlich so vor, als hätte sie Miranda auf dem Bett gesehen.

Natürlich kann das auch ein Zufall sein, aber wenn er sich an Floras Zeichnung richtig erinnert, ist diese Übereinstimmung ziemlich frappierend.

142

DIE GLOCKEN DER GUSTAV-VASA-KIRCHE LÄUTEN, als Joona sich vor Antiquitäten Carlén in der Upplandsgatan mit Flora trifft. Sie sieht erbärmlich aus, müde und blass. Auf ihrer Wange leuchtet ein großer, verblassender blauer Fleck. Ihre Augen sind matt und schwer. An einer schmalen Tür neben dem Antiquitätengeschäft hängt ein kleines Schild, auf dem zu lesen ist, dass dort ein spiritistischer Abend abgehalten wird.

»Haben Sie die Zeichnung dabei?«, fragt Joona.

»Ja«, antwortet sie und schließt die Tür auf.

Sie gehen die Treppe zu den Souterrainräumen hinunter. Flora schaltet wie gewohnt die Deckenlampen ein und geht in den Raum zur Rechten, in dem sich unter der Decke ein kleines Fenster zur Straße befindet.

»Entschuldigen Sie, dass ich gelogen habe«, sagt Flora und wühlt in ihrer Tasche. »Bei dem Schlüsselanhänger habe ich nichts gefühlt, aber ich ...«

»Darf ich mir einfach nur die Zeichnung ansehen?«

»Ich habe Miranda gesehen«, sagt sie und gibt ihm das Blatt. »Ich glaube nicht an Geister, aber ... sie war da.«

Joona faltet das Papier auseinander und betrachtet die kindliche Zeichnung. Sie scheint ein Mädchen zu zeigen, das auf dem Rücken liegt. Sie hält sich das Gesicht zu, und ihre Haare sind offen. Es gibt weder ein Bett noch andere Möbel auf der Zeichnung. Er hat sich richtig erinnert. Neben dem Kopf des Mädchens sieht man ein dunkles Herz. Es ist genau dort platziert, wo

Mirandas Blut ausgetreten war und von Betttuch und Matratze aufgesogen wurde.

»Warum haben Sie dieses Herz dort gezeichnet?«

Er sieht Flora an, die den Blick senkt und rot anläuft.

»Ich weiß es nicht, ich erinnere mich nicht einmal, dass ich das getan habe ... ich hatte nur Angst und zitterte am ganzen Körper.«

»Haben Sie den Geist noch einmal gesehen?«

Sie nickt und wird krebsrot.

Joona versucht, die Zusammenhänge zu verstehen. Kann Flora das alles erraten haben? Als sie den Stein geraten hatte, muss sie begriffen haben, dass ihr ein Volltreffer gelungen war.

Es war nicht weiter schwer, die Reaktionen zu deuten.

Und wenn der Stein stimmte, war es eigentlich nur logisch anzunehmen, dass jemand Miranda den Kopf eingeschlagen hatte und es Blut im Bett geben musste.

Aber sie hatte kein Blut gezeichnet, sondern ein Herz, denkt er. Und das passt einfach nicht, wenn sie mich bloß täuschen will.

So kann es nicht gewesen sein.

Sie muss irgendetwas gesehen haben.

Die Zeichnung wirkt so, als hätte sie Miranda nur sehr verschwommen oder kurz in dem Bett gesehen und hinterher gezeichnet, woran sie sich erinnerte, ohne nachzudenken.

Das Bild von Miranda mit dem Blutfleck am Kopf blitzte auf.

Sie setzte sich und zeichnete, was sie gesehen hatte. Sie entsann sich des liegenden Körpers und der Hände vor dem Gesicht und dass es am Kopf des Mädchens etwas Dunkles gegeben hatte.

Ein dunkler Fleck.

Als sie die Zeichnung anfertigte, interpretierte sie diesen Fleck als ein Herz. Sie hat nie über einen Zusammenhang oder eine logische Erklärung nachgedacht.

Joona weiß, dass Flora sich weit entfernt vom Haus Birgitta aufhielt, als die Morde geschahen, und es keine Verbindung zwischen ihr und den Beteiligten oder dem Geschehen gibt.

Er sieht sich noch einmal die Zeichnung an und erprobt einen neuen Gedanken: Vielleicht hat Flora etwas von jemandem erfahren, der tatsächlich dort war.

Vielleicht hat ihr ein Zeuge der Morde erzählt, was sie zeichnen soll.

Ein kindlicher Zeuge, der das Blut als ein Herz deutete.

Wenn es sich so verhalten sollte, dann ist dieses Gerede über Geister nur Floras Art, die Identität dieses Zeugen zu schützen.

»Ich möchte, dass Sie versuchen, Kontakt zu dem Geist aufzunehmen«, sagt Joona.

»Nein, das kann ich nicht ...«

»Wie läuft es ab?«

»Es tut mir leid, aber ich kann das nicht tun«, sagt sie gefasst.

»Sie müssen den Geist fragen, ob sie oder er gesehen hat, was geschehen ist.«

»Ich will nicht«, sagt sie leise. »Ich kann nicht mehr.«

»Wir bezahlen Sie«, sagt er.

»Ich will kein Geld, ich will nur, dass Sie sich anhören, was ich gesehen habe.«

»Das tue ich«, versichert Joona ihr.

»Ich weiß es ehrlich gesagt nicht mehr so genau, aber ich glaube eigentlich nicht, dass ich verrückt bin.«

»Ich glaube auch nicht, dass Sie verrückt sind«, erwidert er ernst.

Sie sieht ihn an und wischt sich Tränen von den Wangen. Dann starrt sie vor sich hin und schluckt hart.

»Ich versuche es«, sagt sie leise, »aber ich glaube wirklich nicht an ...«

»Machen Sie trotzdem einen Versuch.«

»Sie müssen da drüben warten«, sagt sie und zeigt auf das kleine Nebenzimmer. »Miranda kommt nur, wenn ich allein bin.«

»Ich verstehe«, sagt Joona, steht auf und geht hinaus.

143

Flora sitzt vollkommen regungslos da und sieht den Kommissar die Tür hinter sich schließen. Der Stuhl vor der Küchenzeile knarrt, als er sich setzt, danach wird es still. Sie hört keinen Laut, weder von Autos noch Hundegebell und nichts aus dem Zimmer, in dem der Kommissar wartet.

Erst in diesem Moment spürt sie, wie müde sie ist.

Flora weiß nicht, was sie tun soll. Ob sie Kerzen oder Räucherstäbchen anzünden müsste. Sie bleibt einfach sitzen, schließt kurz die Augen und betrachtet die Zeichnung.

Sie erinnert sich, wie ihre Hand zitterte, als sie zeichnete, was sie gesehen hatte, und wie schwer es ihr gefallen war, sich zu konzentrieren. Immer wieder ließ sie den Blick durchs Zimmer schweifen, um zu sehen, ob der Geist zurückgekehrt war.

Nun schaut sie sich ihre Zeichnung von Neuem an. Sie kann nicht gut zeichnen, aber man sieht, dass das Mädchen auf dem Boden liegt. Sie sieht die kleinen Kreuze und erinnert sich, dass sie für die Fransen des Badezimmerteppichs stehen sollten.

Floras Hand hatte gezittert, und der eine Oberschenkel war ihr deshalb so dünn geraten wie ein nackter Beinknochen.

Die Finger vor dem Gesicht sind nur Striche. Hinter ihnen sieht man den geraden Mund.

Wieder knarrt der Stuhl neben der Küchenzeile.

Flora kneift die Augen zusammen und starrt die Zeichnung an.

Es sieht aus, als wären die Finger eine Spur auseinandergeglitten, denn Flora kann jetzt ein Auge sehen.

Das Mädchen sieht sie an.

Als es in den Rohren rauscht, zuckt Flora zusammen. Sie sieht sich in dem kleinen Raum um. Der Diwan liegt schwarz im Schatten, der Tisch steht in einer dunklen Ecke verborgen.

Als sie erneut auf die Zeichnung blickt, ist das Auge nicht mehr zu sehen. Eine Falte in dem karierten Blatt läuft über das Gesicht der gezeichneten Figur.

Floras Hände zittern, als sie versucht, das Blatt glattzustreichen. Die dünnen Finger des Mädchens verbergen die Augen. Nur ein Teil seines Mundes ist auf dem karierten Papier zu erkennen.

Plötzlich knarrt der Fußboden hinter ihr, und Flora schaut sich hastig um. Das Herz, das über dem Kopf des Mädchens hängt, hat fließende Ränder bekommen. Sie lässt den Blick über die zerzausten Haare wandern und kehrt zu den Fingern vor dem Gesicht zurück. Flora reißt instinktiv die Hände hoch, als sie sieht, dass der Mund kein gerader Strich mehr ist.

Er ist geformt wie bei einem Schrei.

Flora hat sich von ihrem Stuhl erhoben, atmet keuchend, starrt die Zeichnung an, den schreienden Mund hinter den Fingern, und will schon nach dem Kriminalkommissar rufen, als sie das Mädchen entdeckt.

Es hat sich in dem Schrank an der Wand verborgen und scheint zu versuchen, möglichst nicht entdeckt zu werden. Aber so, wie es dort steht, lässt sich die Tür nicht schließen. Das Mädchen steht vollkommen still und hält sich die Hände vors Gesicht. Dann gleiten die Finger auseinander, und es schaut Flora mit einem Auge an.

Flora starrt das Mädchen an.

Es sagt etwas hinter seinen Händen, aber die Worte sind nicht zu verstehen.

Flora tritt näher.

»Ich verstehe dich nicht«, sagt sie.

»Ich erwarte ein Kind«, erklärt das Mädchen und nimmt die Hände vom Gesicht. Fragend tastet es seinen Hinterkopf ab, zieht seine Hand nach vorn, betrachtet das Blut und taumelt. Aus seinem Hinterkopf rinnt Blut in einem dichten Strom, läuft seinen Rücken herab und auf den Boden.

Sein Mund öffnet sich, aber noch ehe es dazu kommt, etwas zu sagen, schüttelt es den Kopf, und seine dünnen Beine geben nach.

Joona hört ein Krachen und eilt ins Nebenzimmer. Flora liegt vor einem halboffenen Wandschrank auf dem Boden. Sie setzt sich auf und sieht ihn verwirrt an:

»Ich habe sie gesehen... sie ist schwanger...«

Joona hilft Flora auf.

»Haben Sie das Mädchen gefragt, was passiert ist?«

Flora schüttelt den Kopf und sieht zu dem leeren Schrank hinüber.

»Keiner darf etwas sehen«, flüstert sie.

»Was sagen Sie?

»Miranda hat mir erzählt, dass sie schwanger ist«, sagt Flora weinend und weicht zurück.

Sie wischt sich die Tränen ab, blickt zu dem umgestürzten Schrank hinüber und verlässt das Zimmer. Joona nimmt ihren Mantel vom Stuhl und folgt ihr, während sie bereits die Treppe zur Straße hinaufsteigt.

144

Flora sitzt auf der Treppenstufe vor Antiquitäten Carlén und knöpft ihren Mantel zu. Ihre Wangen haben wieder Farbe bekommen, aber sie sagt nichts. Joona steht mit dem Handy am Ohr auf dem Bürgersteig. Er ruft Chefobduzent Nils Åhlén von der Rechtsmedizinischen Abteilung des Karolinska-Krankenhauses an.

»Warte«, hört er Åhlén sagen. »Ich habe mir ein Smartphone gekauft.«

Es raschelt laut in Joonas Ohr.

»Ja?«

»Ich habe eine kurze Frage«, sagt Joona.

»Frippe ist verliebt«, entgegnet Åhlén mit seiner nasalen, gequetschten Stimme.

»Wie schön«, kommentiert Joona leise.

»Ich mache mir nur Sorgen, dass er traurig sein wird, wenn es aus ist«, fährt Åhlén fort. »Verstehst du, was ich meine?«

»Ja, aber...«

»Was wolltest du mich fragen?«

»War Miranda Ericsdotter schwanger?«

»Auf gar keinen Fall.«

»Du erinnerst dich an das Mädchen, das...«

»Ich erinnere mich an alle«, erwidert der Obduzent barsch.

»Tust du? Das hast du mir nie erzählt.«

»Du hast mich nie gefragt.«

Flora ist aufgestanden und lächelt ängstlich vor sich hin.

»Bist du sicher, dass ...«

»Ich bin mir absolut sicher«, unterbricht Åhlén ihn. »Sie konnte nicht einmal schwanger werden.«

»Sie konnte nicht?«

»Miranda hatte eine große Zyste am Eierstock.«

»Dann weiß ich Bescheid, vielen Dank ... und grüß Frippe.«

»Mache ich.«

Joona beendet das Gespräch und sieht Flora an. Ihr Lächeln verschwindet langsam.

»Warum tun Sie das?«, fragt Joona ernst. »Sie haben mir gesagt, dass das ermordete Mädchen schwanger war, aber sie konnte nicht einmal schwanger werden.«

Flora macht eine Geste in Richtung Kellertür.

»Ich erinnere mich, dass sie ...«

»Aber das stimmt doch einfach nicht«, unterbricht Joona sie. »Sie war nicht schwanger.«

»Ich meinte eigentlich«, flüstert Flora, »ich meinte eigentlich, dass sie gesagt hat, sie sei schwanger. Aber das stimmte gar nicht, sie war es nicht. Sie hat es nur geglaubt, sie dachte, sie wäre schwanger.

»*Jumala*«, seufzt Joona und geht die Upplandsgatan hinauf zu seinem Auto.

Das Essen ist etwas zu teuer und Daniel ist verlegen, als er die Weinkarte studiert. Er fragt Elin, ob sie eine Flasche aussuchen möchte, aber sie schüttelt nur lächelnd den Kopf. Er räuspert sich leise, fragt den Kellner nach der Hausmarke, überlegt es sich anders, bevor der Mann antworten kann, und erkundigt sich stattdessen, ob der Kellner einen Rotwein zum Essen empfehlen kann. Der junge Mann wirft einen Blick in die Weinkarte und stellt drei Weine in verschiedenen Preisklassen vor. Daniel wählt den billigsten und sagt, dass ein südafrikanischer Pinot Noir sicher eine gute Wahl sein wird.

Der Kellner bedankt sich und nimmt Wein- und Speisekarte mit. An einem anderen Tisch des Restaurants speist eine Familie.

»Es wäre doch nicht nötig gewesen, mich zum Essen einzuladen«, sagt sie.

»Ich hatte Lust dazu«, erwidert er lächelnd.

»Das ist sehr lieb von dir«, sagt sie und trinkt einen Schluck Wasser.

Eine Kellnerin tauscht Besteck und Weingläser aus, aber Elin spricht weiter, als wären sie alleine.

»Vickys Rechtsbeistand hat das Mandat niedergelegt«, sagt sie leise, »aber Johannes Grünewald, der Anwalt unserer Familie... er hat sich bereits in den Fall eingearbeitet.«

»Es wird sicher gut laufen«, beruhigt Daniel sie.

»Es wird keine weiteren Vernehmungen geben, sie sagen, sie

habe gestanden«, fährt Elin fort und räuspert sich vorsichtig. »Ich sehe doch selbst, dass Vicky genau ins Bild passt. Pflegefamilien, mehrfaches Weglaufen, Heime, Gewalt... alles spricht gegen sie. Aber ich glaube nach wie vor, dass sie unschuldig ist.«

»Ich weiß«, sagt Daniel.

Als die ersten Tränen fließen, senkt sie den Kopf. Daniel steht auf, geht um den Tisch herum und umarmt sie.

»Du musst entschuldigen, dass ich so viel über Vicky spreche«, sagt sie und schüttelt den Kopf. »Es ist nur, weil du gesagt hast, du glaubst, dass sie es nicht gewesen ist. Sonst hätte ich nie... aber es kommt mir vor, als wären du und ich die Einzigen, die nicht glauben, dass sie es getan hat...«

»Elin«, sagt er ernst. »Ich glaube im Grunde gar nichts, ich meine nur, die Vicky, die ich kennen gelernt habe, hätte das niemals tun können.«

»Darf ich dich etwas fragen? Tuula scheint Vicky und Miranda zusammen gesehen zu haben«, erzählt Elin.

»In jener Nacht?«

»Nein, das war früher...«

Elin verstummt, und Daniel hält ihre Schultern umfasst und versucht, ihr in die Augen zu sehen.

»Was ist?«

»Vicky und Miranda haben etwas gespielt... und sich die Hände vors Gesicht gehalten«, sagt Elin. »Ich habe der Polizei nichts davon gesagt, denn dann würden sie Vicky nur noch mehr verdächtigen.«

»Aber Elin...«

»Das muss nichts heißen«, sagt Elin schnell. »Ich frage Vicky danach, wenn ich die Chance dazu bekomme... sie kann mir sicher erklären, was sie da gemacht haben.«

»Und wenn sie das nicht kann?«

Als er sieht, dass der Kellner sich mit der Weinflasche nähert, schweigt er. Elin wischt ihre Tränen fort, und Daniel setzt sich wieder auf seinen Platz, legt die Serviette in den Schoß und probiert mit zitternder Hand den Wein.

»Gut«, sagt er etwas zu schnell.

Während der Kellner einschenkt, schweigen sie, bedanken sich nur leise und sehen sich erst wieder vorsichtig an, als er sich entfernt hat.

»Ich will wieder für Vicky da sein«, sagt Elin ernst.

»Du hast dich dazu entschieden?«, fragt er.

»Glaubst du, ich schaffe das nicht?«, entgegnet sie lächelnd.

»Elin, darum geht es doch gar nicht«, sagt er, »aber Vicky ist selbstmordgefährdet... Ihr Zustand hat sich gebessert, aber sie weist nach wie vor ein wirklich gravierendes selbstverletzendes Verhalten auf.«

»Ritzt sie sich? Tut sie das?«

»Ihr Zustand hat sich gebessert, aber sie ritzt sich und nimmt Tabletten... und meiner Einschätzung nach braucht sie jemanden, der sie rund um die Uhr betreut.«

»Dann würdest du mich also als Pflegemutter für sie nicht empfehlen?«

»Sie braucht professionelle Hilfe«, verdeutlicht Daniel behutsam. »Meiner Meinung nach ist ihr nicht einmal im Haus Birgitta ausreichend geholfen worden, dafür war kein Geld da, aber...«

»Was braucht sie?«

»Betreuung rund um die Uhr«, antwortet er knapp.

»Und Therapie?«

»Ich habe nur jeweils eine Stunde in der Woche mit den Mädchen arbeiten können, mit manchen auch mal zwei, aber das ist eigentlich natürlich viel zu wenig, wenn man...«

Elins Handy klingelt, und sie entschuldigt sich, schaut auf das Display, sieht, dass es Johannes Grünewald ist. Sie nimmt das Gespräch sofort an.

»Was gibt es?«, fragt sie schnell.

»Ich bin der Sache nachgegangen, und es stimmt, dass die Staatsanwältin beschlossen hat, die Untersuchungshaft ohne weitere Vernehmungen zu beantragen«, antwortet der Rechtsanwalt. »Ich werde mit dem Amtsgericht über den Termin sprechen, aber wir brauchen noch ein paar zusätzliche Stunden.«

»Nimmt Vicky unsere Hilfe an?«

»Ich habe mit ihr gesprochen, und sie hat erklärt, dass sie mich als ihren Rechtsbeistand akzeptiert.«

»Haben Sie mich erwähnt?«

»Ja.«

»Hat sie etwas gesagt?«

»Sie ist... sie haben ihr Medikamente verabreicht und...«

»Was genau hat sie gesagt, als Sie mich erwähnt haben?«, hakt Elin nach.

»Nichts«, antwortet Johannes Grünewald kurz.

Daniel sieht, wie ein plötzlicher Schmerz durch Elin Franks schönes, ebenmäßiges Gesicht zieht.

»Wir treffen uns im Krankenhaus«, sagt sie. »Es wird das Beste sein, sofort mit ihr darüber zu sprechen, bevor wir weitermachen.«

»Ja.«

»Wann können Sie in der Klinik sein, Johannes?«

»In etwa zwanzig Minuten, das müsste...«

»Bis dann«, sagt sie, drückt das Gespräch weg und begegnet Daniels fragendem Blick.

»Okay... Vicky hat meinen Anwalt als Rechtsbeistand akzeptiert. Ich muss hinfahren.«

»Jetzt? Was ist mit dem Essen?«

»Es ist bestimmt sehr gut«, sagt sie und steht auf, »aber wir können doch auch hinterher noch etwas essen.«

»Natürlich«, erwidert er leise.

»Magst du mich nicht ins Krankenhaus begleiten?«, fragt sie.

»Ich weiß nicht, ob ich das aushalte«, antwortet er.

»Ich meine nicht, dass du sie treffen sollst«, beteuert sie schnell.

»Ich denke nur an mich, ich würde mich ruhiger fühlen, wenn ich wüsste, dass du vor der Tür auf mich wartest.«

»Elin, es ist nur... Ich bin einfach noch nicht so weit, dass ich an Vicky denken kann... Ich brauche noch etwas Zeit. Elisabeth ist tot... und obwohl ich nicht glauben kann, dass Vicky das getan haben soll...«

»Ich verstehe«, sagt Elin. »Es wäre vielleicht keine so gute Idee, ihr zu begegnen.«

»Vielleicht wäre es andererseits aber auch gerade gut«, bemerkt er zögernd. »Vielleicht würde es mich dazu bringen, mich zu erinnern, ich habe nicht die geringste Ahnung, wie ich auf eine Begegnung reagieren würde.«

146

ALS SAGA DEN RAUM BETRITT, wendet Vicky sich ab. Weiße Gurte sind um Hand- und Fußgelenke sowie über ihre Brust gespannt.

»Nehmen Sie die Gurte ab«, sagt Saga.

»Dazu bin ich nicht befugt«, entgegnet die Krankenschwester.

»Es ist gut, dass sie Angst vor mir haben«, flüstert Vicky.

»Hast du die ganze Nacht so gelegen?«, erkundigt sich Saga und setzt sich auf einen Stuhl.

»Mm...«

Vicky liegt ganz still, mit abgewandtem Gesicht und schlaffem Körper.

»Ich treffe mich mit deinem neuen Rechtsbeistand«, sagt Saga. »Die Haftprüfungsverhandlung ist anscheinend für heute Abend angesetzt, und er benötigt das Vernehmungsprotokoll.«

»Ich werde manchmal einfach so wahnsinnig wütend.«

»Die Vernehmungen sind abgeschlossen, Vicky.«

»Darf ich nicht reden?«, fragt das Mädchen und sieht Saga in die Augen.

»Am besten fragst du deinen Anwalt um Rat, ehe du...«

»Aber ich will«, unterbricht Vicky sie.

»Natürlich darfst du sprechen, aber wir werden das Gespräch nicht aufzeichnen«, erwidert Saga ruhig.

»Es ist, als würde ein stürmischer Wind wehen«, erzählt Vicky. »Alles ist... es donnert in den Ohren, und ich gehe mit dem Wind, um nicht hinzufallen.«

Saga mustert die abgekauten Fingernägel des Mädchens und wiederholt in einem ruhigen und fast gleichgültigen Ton:

»Als würde es stürmen.«

»Ich kann es nicht erklären... es ist wie damals, als sie Simon wehtaten, einem kleinen Jungen, der... wir waren bei derselben Familie untergebracht«, erzählt Vicky mit zitterndem Mund. »Der große Junge in der Familie, er war ihr leibliches Kind... der war total gemein zu Simon und hat ihn immer gequält. Alle wussten Bescheid, ich hatte mit der Sozialarbeiterin darüber geredet, aber es interessierte niemanden...«

»Was ist passiert?«, fragt Saga.

»Ich kam in die Küche... der große Junge hatte Simons kleine Hände in kochendes Wasser gedrückt, und seine Mutter stand dabei und beobachtete die beiden mit ängstlichen Augen. Ich sah alles, und mir wurde ganz seltsam zumute, und auf einmal habe ich sie geschlagen und ihre Gesichter mit einer Glasflasche zerschnitten...«

Vicky reißt plötzlich an den Riemen, spannt den Körper an und beruhigt sich keuchend, als es an die Tür klopft.

Ein Mann mit grauen Haaren, der einen dunkelblauen Anzug trägt, betritt das Krankenhauszimmer.

»Ich bin Johannes Grünewald«, stellt er sich vor und gibt Saga die Hand.

»Hier ist das letzte Vernehmungsprotokoll«, erwidert Saga.

»Danke«, sagt der Anwalt, ohne einen Blick auf die Blätter zu werfen. »Das kann ich später noch lesen, ich habe mich mit dem Amtsgericht darauf geeinigt, dass die Verhandlung auf morgen früh verschoben wird.«

»Ich will nicht warten«, sagt Vicky.

»Das verstehe ich, aber ich muss mich noch ein wenig vorbereiten«, erwidert der Mann lächelnd. »Außerdem möchte ich, dass du jemanden triffst, bevor wir alle Fragen durchgehen.«

Vicky sieht mit großen hellen Augen die Frau an, die, ohne die

Polizisten zu grüßen, direkt zu ihr geht. Elin Franks Augen sind nervös und feucht. Ihre Lippen zittern, als sie das festgeschnallte Mädchen sieht.

»Hallo«, sagt sie.

Vicky wendet langsam das Gesicht ab und bleibt so liegen, während Elin die Gurte um ihren Körper löst. Mit zärtlichen und bedächtigen Bewegungen befreit sie das Mädchen nach zwanzig Stunden in Fesseln. »Darf ich mich setzen?«, fragt sie anschließend mit belegter Stimme.

Vickys Blick wird klar und hart, aber sie bleibt weiter stumm.

»Erinnerst du dich noch an mich?«, flüstert Elin.

Ihr Hals schmerzt von Worten, die ihr in der Kehle steckenbleiben, und die unterdrückten Tränen lassen ihre Adern anschwellen.

Irgendwo in der Stadt schlägt eine Kirchenglocke.

Vicky tippt Elins Handgelenk an und zieht den Finger sofort wieder zurück.

»Wir haben den gleichen Verband«, sagt Elin lächelnd, und ihre Augen füllen sich mit Tränen.

Vicky sagt immer noch nichts, schließt nur den Mund und wendet sich ab.

»Ich weiß natürlich nicht, ob du dich an mich erinnerst«, fährt Elin fort, »aber du hast bei mir gewohnt, als du klein warst, ich sollte dir nur vorübergehend beistehen, aber ich denke immer an dich...«

Sie atmet tief durch, und ihre Stimme bricht wieder:

»Ich weiß, dass ich dich im Stich gelassen habe, Vicky... Ich habe dich im Stich gelassen und...«

Elin Frank betrachtet das Kind im Bett, die verfilzten Haare, die bedrückte Stirn, die dunklen Ringe unter den Augen, die Wunden im Gesicht.

»Für dich bin ich nichts«, fährt sie mit schwacher Stimme fort. »Eine von vielen, die vorbeigezogen sind, die dich im Stich gelassen haben...«

Elin verstummt und schluckt hart, ehe sie weiterspricht:

»Die Staatsanwältin möchte, dass du ins Gefängnis kommst, aber ich glaube nicht, dass das gut für dich ist, ich glaube, es ist für niemanden gut, eingesperrt zu sein.«

Vicky schüttelt fast unmerklich den Kopf. Elin sieht es, und ihre Stimme wird lebhafter:

»Und deshalb ist es wichtig, dass du dir anhörst, was Johannes Grünewald und ich dir zu sagen haben.«

Das Stockholmer Amtsgericht benutzt für Haftprüfungsverhandlungen einen Raum im Erdgeschoss des Polizeipräsidiums. Es ist ein schlichtes Besprechungszimmer mit Stühlen und Tischen aus lackiertem Kiefernholz. Etwa zwanzig Journalisten haben sich bereits im Foyer des Landespolizeiamts versammelt, und in der Polhemsgatan davor stehen Übertragungsbusse des Fernsehens.

Die kräftigen Regenfälle der Nacht haben auf den dreifach verglasten Fenstern Striemen hinterlassen, nasse Blätter kleben auf weißem Fensterblech.

Staatsanwältin Susanne Öst trägt ihr neues Kostüm von Marella und flache, schwarze Pumps. Sie wirkt angespannt. Ein kräftig gebauter, uniformierter Polizist steht neben der Tür an der Wand. Hinter dem Schreibtisch des Vorsitzenden sitzt der Richter, ein älterer Mann mit großen, buschigen Augenbrauen.

Vicky sitzt vorgebeugt, als hätte sie Bauchschmerzen, auf einem Stuhl zwischen Elin Frank und ihrem Anwalt Johannes Grünewald. Sie sieht klein und mitgenommen aus.

»Wo ist Joona?«, flüstert sie.

»Es war nicht sicher, ob er kommen können würde«, antwortet Johannes Grünewald ruhig.

Die Staatsanwältin wendet sich ausschließlich an den Richter, als sie mit ernster Miene erklärt:

»Ich beantrage, Vicky Bennet in Untersuchungshaft zu nehmen wegen des dringenden Tatverdachts in den Mordfällen Elisabeth

Grim und Miranda Ericsdotter sowie wegen des dringenden Tatverdachts ... in einem Fall von Menschenraub, der Entführung von Dante Abrahamsson.«

Der Richter notiert sich etwas, und die Staatsanwältin legt einen spiralgehefteten Stapel Blätter vor und beginnt anschließend, die Ermittlungsergebnisse vorzutragen.

»Alle Indizien sprechen für Vicky Bennet als Täterin, für sie und niemanden sonst.«

Susanne Öst macht eine kurze Pause und geht danach die Berichte von der Tatortuntersuchung durch. Mit mühsam gebremstem Eifer berichtet sie langsam von den biologischen Spuren und Fuß- und Fingerabdrücken:

»Die Stiefel, die in Vicky Bennets Schrank gefunden wurden, passen zu den Fußspuren, die an den beiden Mordschauplätzen gesichert wurden, Blut von beiden Opfern ist im Zimmer der Verdächtigen und an ihren Kleidern gefunden worden, Vicky Bennets blutiger Handabdruck wurde am Fensterrahmen gefunden.«

»Warum müssen sie das alles sagen?«, flüstert Vicky.

»Ich weiß es nicht«, antwortet Elin.

»Wir kommen nun zu den Anhängen im Gutachten der Sachverständigen des Kriminaltechnischen Labors«, sagt Susanne Öst an den Richter gewandt. »Auf Bild 9 sieht man die Mordwaffe ... Vicky Bennets Fingerabdrücke wurden auf dem Griff gesichert, siehe Bild 113 und 114. Die Vergleichsanalysen zeigen, dass Vicky Bennet die Mordwaffe mit großer Sicherheit benutzt hat.«

Die Staatsanwältin räuspert sich und wartet, bis der Richter sich das Beweismaterial angesehen hat. Dann fährt sie fort, indem sie die Schlussfolgerungen aus der gerichtsmedizinischen Obduktion wiedergibt:

»Miranda Ericsdotter starb infolge von Gewalt mit einem stumpfen Gegenstand, das steht außer Zweifel ... Impressionsfrakturen am Schläfenbein und ...«

»Frau Öst«, unterbricht der Richter sie freundlich. »Wir sitzen hier in einer Haftprüfungsverhandlung, das ist nicht die Hauptverhandlung.«

»Das weiß ich«, sagt die Staatsanwältin kopfnickend, »aber angesichts des geringen Alters der Verdächtigen halte ich eine etwas umfangreichere Darlegung für berechtigt.«

»Solange diese im Rahmen des Vertretbaren bleibt«, sagt der Richter.

»Danke«, erwidert Susanne Öst lächelnd und fährt anschließend fort, die Verletzungen bei beiden Opfern zu beschreiben und wie sie den Totenflecken zufolge gelegen haben. Außerdem geht sie auf Elisabeth Grims schwere Abwehrverletzungen ein.

»Wo ist Joona?«, fragt Vicky wieder.

Johannes Grünewald legt beruhigend eine Hand auf ihren Arm und flüstert ihr zu, dass er versuchen wird, ihn anzurufen, falls Joona vor der Verhandlungspause nicht auftauchen sollte.

148

Als sie in den Gerichtssaal zurückkehren, um die Verhandlung nach der Pause wiederaufzunehmen, ist Joona immer noch nicht aufgetaucht. Als Johannes Grünewald Vickys fragendes Gesicht sieht, schüttelt er den Kopf. Sie ist sehr blass und sitzt stumm und zusammengekauert da. Die Staatsanwältin stützt sich auf die Rekonstruktion der Ereignisse durch die Polizei des Westlichen Norrlands, um wiederzugeben, wie Vicky Bennet Elisabeth Grim bis in die Waschküche verfolgte und sie dort umbrachte, um ihr die Schlüssel zum Isolierzimmer zu entwenden.

Vicky hat den Kopf gesenkt, Tränen tropfen in ihren Schoß.

Die Staatsanwältin beschreibt den zweiten Mord, die Flucht durch den Wald, den Diebstahl des Autos, den spontanen Menschenraub und schließlich die Ergreifung in Stockholm, den gewalttätigen Ausbruch der Verdächtigen bei den Vernehmungen und die Fixierung ans Bett.

Menschenraub wird mit einer Gefängnisstrafe von vier Jahren bis lebenslänglich geahndet, auf vorsätzlichen Mord stehen mindestens zehn Jahre.

Susanne Öst erhebt sich, als sie Vicky Bennet als extrem gewaltbereit und gefährlich beschreibt, aber nicht als Monster. Um der Verteidigung zuvorzukommen, achtet sie sorgsam darauf, mehrfach Vickys positive Seiten zu erwähnen. Der Vortrag der Staatsanwältin ist geschickt aufgebaut, und sie beendet ihn, indem sie aus dem Vernehmungsprotokoll zitiert.

»Während der dritten Vernehmung gestand die Verdächtige

beide Morde«, erklärt die Staatsanwältin und blättert im Vernehmungsprotokoll. »Ich zitiere, ›Ich habe Miranda getötet‹, und später antwortete die Verdächtige auf meine Frage, ob ... ob Elisabeth Grim ihr die Schlüssel ausleihen wollte: ›Ich habe ihr den Schädel zu Brei geschlagen‹.«

149

Mit müdem Gesicht wendet sich der Richter Vicky Bennet und Johannes Grünewald zu und fragt förmlich, ob sie Einwände gegen die Darstellung der Staatsanwältin erheben. Vicky starrt ihn aufgewühlt an. Sie schüttelt den Kopf, aber Johannes Grünewald unterdrückt ein Lächeln, als er sagt, dass er das Ganze gerne noch ein letztes Mal durchgehen würde, um sicherzugehen, dass dem Gericht auch nichts entgangen ist.

»Ich habe mir schon gedacht, dass wir mit Ihnen im Gerichtssaal nicht so einfach davonkommen würden«, erwidert der Richter ruhig.

In seiner Gegenrede entscheidet sich der Anwalt dafür, weder auf Indizien einzugehen, noch Vickys Schuld in Frage zu stellen. Dagegen wiederholt er die positiven Einschätzungen Susanne Östs und betont mehrfach Vickys geringes Alter.

»Obwohl Vicky Bennet und ihr früherer Rechtsbeistand die Vernehmung als sachlich richtig bezeichnet haben, hätte die Frau Staatsanwältin dies nicht tun dürfen«, erklärt Johannes Grünewald.

»Die Staatsanwältin?«

Der Richter sieht ihn verständnislos an, bis der Anwalt zu ihm geht und ihm Vicky Bennets Antwort in der Niederschrift der Tonaufnahme zeigt. Die Staatsanwältin hat die Worte »Ich habe Miranda getötet« mit gelbem Textmarker unterlegt.

»Lesen Sie ihre Antwort vor«, bittet Johannes den Richter.

»Ich habe Miranda getötet«, liest er.

»Nicht nur die markierten Worte.«

Der Richter zieht seine Brille an und liest:

»Ich habe Miranda getötet – oder?«

»Betrachten Sie das als Geständnis?«, fragt der Anwalt.

»Nein«, antwortet der Richter.

Susanne Öst erhebt sich.

»Aber die nächste Antwort«, versucht sie zu sagen. »Das nächste Geständnis ist ...«

»Still«, unterbricht der Richter sie.

»Lassen Sie die Staatsanwältin es bitte selbst vorlesen«, schlägt Johannes Grünewald vor.

Der Richter nickt, und auf Susanne Östs Stirn treten Schweißtropfen, als sie mit zittriger Stimme vorliest:

»Ich habe ihr den Schädel zu Brei geschlagen.«

»Das klingt für mich jetzt schon nach einem Geständnis«, sagt der Richter und wendet sich dem Anwalt zu.

»Schauen Sie sich doch bitte mal an, was kurz zuvor in der Niederschrift steht«, sagt Johannes Grünewald und zeigt auf die entsprechende Stelle.

»Die Vernehmung ist beendet«, liest der Richter.

»Wer sagt, dass die Vernehmung beendet ist?«, will der Anwalt wissen.

Der Richter streicht mit der Hand über das Protokoll und betrachtet die Staatsanwältin.

»Das habe ich gesagt«, antwortet die Staatsanwältin leise.

»Und was bedeutet das?«, fragt der Richter.

»Dass die Vernehmung beendet ist«, antwortet sie. »Aber ich wollte nur ...«

»Sie sollten sich schämen«, unterbricht der Richter sie schneidend.

»Dieses Material in einer Haftprüfungsverhandlung zu benutzen, verstößt gegen schwedisches Recht, Artikel 40 der UN-Kinderkonvention und die Vereinbarungen des Europarats«, erklärt Johannes Grünewald.

150

SUSANNE ÖST lässt sich schwer auf ihren Platz fallen, gießt Wasser in ihr Glas, verschüttet ein wenig, streicht die Tropfen mit dem Ärmel fort und trinkt mit zitternder Hand. Erst als sie hört, dass Johannes Grünewald Daniel Grim hereinruft, wird ihr endgültig klar, dass sie die Stufe des Verdachtsgrads senken müssen wird, wenn Vicky für die Morde überhaupt in Haft genommen werden soll.

Elin versucht, Vickys Blick zu begegnen, aber das Mädchen hält immer noch den Kopf gesenkt.

Johannes Grünewald stellt Daniel Grim mit warmer Stimme vor und berichtet über seine vielen Jahre als Therapeut im Haus Birgitta und in anderen Einrichtungen. Zum ersten Mal schaut Vicky auf und versucht, Daniels Blick zu begegnen, aber der starrt nur mit fest zusammengepressten Lippen vor sich hin.

»Herr Grim«, sagt Johannes Grünewald. »Ich möchte Sie fragen, wie gut Sie Vicky Bennet Ihrer Meinung nach kennen.«

»Kennen«, wiederholt Daniel fragend. »Nein, das…«

Er verstummt, und Vicky beginnt, sich an einer der schorfigen Wunden auf ihrem Arm zu kratzen.

»Gibt es einen Psychologen oder Therapeuten, der sie besser kennt als Sie?«

»Nein«, sagt Daniel leise.

»Nicht?«

»Nein, ich meine… das lässt sich natürlich schlecht messen, aber ich glaube, ich habe mehr Gespräche mit ihr geführt als jeder andere.«

»Liegt Ihr letztes Gespräch lange zurück?«

»Nein.«

»Bis zu ihrer Flucht hatte sie jede Woche eine Stunde kognitiver Therapie bei Ihnen, trifft das zu?«, sagt Johannes Grünewald.

»Das ist richtig ... außerdem habe ich sie bei All Day Lifestyle betreut.«

»Das ist ein Alltagstraining und erster Schritt, um zu einem normalen Leben in der Gesellschaft zurückzukehren«, erklärt Johannes Grünewald an den Richter gewandt.

»Ein großer Schritt«, bestätigt Daniel.

Der Anwalt wird nachdenklich, betrachtet Daniel eine Weile und sagt dann ernst:

»Ich werde Ihnen jetzt eine schwierige Frage stellen.«

»Okay.«

»Es heißt, dass viele Indizien darauf hindeuten, dass Vicky Bennet in den Mord an Ihrer Ehefrau verwickelt gewesen ist.«

Daniel nickt fast unmerklich, und die Stimmung in dem nüchternen Raum ist bedrückt.

Elin versucht, Daniels Blick zu lesen, aber er sieht sie nicht an. Vickys Augen sind rot unterlaufen, als kämpfte sie gegen Tränen an.

Der Anwalt steht mit unverändert ruhiger Miene vor Daniel und lässt ihn nicht aus den Augen.

»Sie sind Vicky Bennets Therapeut«, sagt er. »Glauben Sie, dass dieses Mädchen Ihre Frau ermordet hat?«

Daniel Grim blickt auf, sein Mund ist kreidebleich, und seine Hand zittert so stark, dass er die Brille verschiebt, als er versucht, Tränen fortzustreichen.

»Ich habe das nicht mit Kollegen diskutiert. Dazu fehlte mir bislang die Kraft«, sagt er schwach. »Aber meiner Einschätzung nach ... also ich kann einfach nicht glauben, dass Vicky Bennet das getan haben soll.«

»Wie kommen Sie zu dieser Beurteilung?«

»Vicky hat auf die Therapie und die Medikamente gut angesprochen«, fährt Daniel fort. »Aber vor allem, man lernt die Menschen ja kennen, mit denen man ... Sie hat keine Gewaltfantasien und ist nicht gewalttätig, jedenfalls nicht in dieser Weise.«

»Danke«, sagt Johannes Grünewald ruhig.

151

Nach der Mittagspause nehmen wieder alle im Gerichtssaal Platz. Johannes Grünewald kommt als Letzter herein. Er hält sein Handy in der Hand. Der Richter wartet, bis Ruhe eingekehrt ist, und fasst den ersten Teil der Verhandlung zusammen:

»Die Staatsanwältin hat den Verdachtsgrad für die beiden Mordfälle auf die zweitunterste Stufe gesenkt, beantragt jedoch nach wie vor, die Verdächtige wegen des dringenden Tatverdachts in einem Fall von Menschenraub in Haft zu nehmen.«

»Ja, denn wir können nicht darüber hinwegsehen, dass Vicky Bennet Dante Abrahamsson gekidnappt und den kleinen Jungen eine gute Woche in ihrer Gewalt gehabt hat«, sagt Susanne Öst verbissen.

»Ein Punkt nur«, sagt Johannes Grünewald.

»Ja?«, fragt der Richter.

Die Tür geht auf, und Joona Linna betritt den Raum. Sein Gesicht ist ernst, und seine lockigen blonden Haare stehen vom Kopf ab. Eine Frau und ein kleiner Junge mit Brille folgen ihm, bleiben jedoch an der Tür stehen.

»Joona Linna«, stellt der Anwalt ihn vor.

»Das weiß ich«, sagt der Richter und lehnt sich interessiert vor.

»Hier sind die Onkel, von denen ich gesprochen habe«, sagt Joona zu dem Jungen, der sich hinter den Beinen der Frau versteckt hat.

»Die sehen aber gar nicht so aus wie Trolle«, flüstert der Junge lächelnd.

»Findest du nicht? Na, schau dir doch den mal an«, sagt Joona und zeigt auf den Richter.

Der Junge schüttelt lachend den Kopf.

»Sagt Hallo zu Dante und seiner Mama«, sagt Joona.

Alle begrüßen die beiden, und als Dante Vicky sieht, winkt er ihr zu. Sie winkt auch und lächelt. Die Staatsanwältin schließt kurz die Augen und versucht, ruhig zu atmen.

»Du winkst Vicky zu – aber ist die nicht gemein?«, fragt Joona.

»Gemein?«

»Ich dachte, sie wäre supergemein«, sagt Joona.

»Sie hat mich Huckepack getragen, und ich durfte alle ihre Hubba Bubbas haben.«

»Aber du wolltest doch sicher zu deiner Mama zurück?«

»Das ging nicht«, antwortet Dante leise.

»Warum ging das nicht?«

Der Junge zuckt mit den Schultern.

»Erzähl mal, was du zu Hause gesagt hast«, fordert Pia Abrahamsson den Jungen auf.

»Was denn?«, flüstert er.

»Dass sie angerufen hat«, erinnert sie ihn.

»Sie hat angerufen«, sagt Dante.

»Sag es Joona«, meint Pia mit einem Kopfnicken.

»Vicky hat angerufen, aber sie durfte nicht zurückkommen«, sagt der Junge an Joona gewandt.

»Von wo aus hat sie angerufen?«, fragt Joona.

»Als wir in dem Lastwagen waren.«

»Durfte sie sich in dem Lastwagen ein Handy leihen?«

»Ich weiß nicht«, sagt Dante und zuckt mit den Schultern.

»Was hat sie denn am Telefon gesagt?«, fragt Joona.

»Dass sie gerne zurückkommen möchte.«

Seine Mutter hebt Dante auf den Arm und flüstert etwas an seiner Wange und lässt ihn dann wieder herunter, als er anfängt, sich ungeduldig zu winden.

»Was hat das alles zu bedeuten?«, erkundigt sich der Richter.

»Vicky Bennet hat sich das Handy des Fahrers eines IKEA-Lastzugs ausgeliehen, der Mann heißt Radek Skorża«, berichtet Johannes Grünewald. »Joona Linna hat das Gespräch zurückverfolgt. Vicky Bennet hat die Nummer von Haus Birgitta gewählt und wurde automatisch mit der Telefonzentrale des Pflegedienstunternehmens verbunden. Vicky sprach dort mit einer Frau namens Eva Morinder. Vicky bat sie um Hilfe und wiederholte mehrfach, dass sie zu ihrer Einrichtung zurückkehren wolle. Eva Morinder konnte sich an das Gespräch erinnern und hat inzwischen ausgesagt, dass sie dem Mädchen, ohne zu wissen, mit wem sie sprach, mittteilte, dass man sich in der Hauptgeschäftsstelle nicht um Einzelfälle kümmern könne.«

»Erinnerst du dich daran, Vicky?«, fragt der Richter.

»Ja«, antwortet Vicky unverstellt. »Ich wollte nur zurückkommen, ich wollte, dass sie Dante zu seiner Mutter bringen, aber sie sagten, ich sei dort nicht mehr willkommen.«

Joona tritt näher und stellt sich neben Johannes Grünewald.

»Es mag Ihnen vielleicht seltsam erscheinen, dass ein Kriminalkommissar sich der Meinung der Verteidigung anschließt«, sagt er. »Aber ich bin der festen Überzeugung, dass Vicky Bennet bei ihrer Vernehmung durch Saga Bauer die Wahrheit über den Ablauf der Flucht gesagt hat. Ich glaube nicht, dass wir es mit einem Fall von Menschenraub zu tun haben ... nur mit einem furchtbaren Zufall. Deshalb habe ich mit Dante und seiner Mutter gesprochen und deshalb bin ich hier ...«

Er lässt seine grauen, durchdringenden Augen über das ungeschminkte Gesicht, die blauen Flecken und die Wunden des Mädchens schweifen.

»Die Morde sind allerdings etwas völlig anderes, Vicky«, sagt er ernst. »Du glaubst vielleicht, dass du schweigen kannst, aber ich werde keine Ruhe geben, bis ich die Wahrheit kenne.«

152

DAS HAFTPRÜFUNGSVERFAHREN ist innerhalb von zwanzig Minuten beendet. Mit hochrotem Kopf sieht sich Staatsanwältin Susanne Öst gezwungen, ihren Antrag auf Untersuchungshaft wegen Menschenraubs zurückzuziehen.

Der Richter des Amtsgerichts lehnt sich auf seinem Stuhl zurück und erklärt, dass Vicky Bennet für die Morde an Elisabeth Grim und Miranda Ericsdotter nicht in Untersuchungshaft genommen wird und deshalb mit unmittelbarer Wirkung auf freien Fuß zu setzen ist, bis die Staatsanwaltschaft Anklage erhebt.

Elin sitzt mit geradem Rücken und unbewegtem Gesichtsausdruck da und lauscht. Vicky starrt auf den Tisch herab und schüttelt unmerklich den Kopf.

Die Verantwortung für Vicky Bennet wäre bis zur Hauptverhandlung erneut dem Pflegedienstunternehmen Orre übertragen worden, wenn die Staatliche Schwedische Fürsorge Elin Frank nicht als Bereitschaftspflegemutter akzeptiert hätte.

Als der Richter sich an Vicky wendet und erklärt, dass sie frei ist und gehen kann, muss Elin breit und dankbar lächeln, aber nach der Verhandlung nimmt Johannes Grünewald sie zur Seite:

»Auch wenn Vicky nicht in Untersuchungshaft kommt, steht sie immer noch unter dem Verdacht, zwei Morde begangen zu haben und ...«

»Ich weiß, dass ...«

»Und wenn die Staatsanwältin Anklage erhebt, werden wir vor

dem Amtsgericht wahrscheinlich gewinnen, aber das bedeutet lediglich, dass man sie nicht zur Rechenschaft ziehen wird«, fährt er fort. »Vicky kann trotzdem schuldig sein.«

»Aber ich weiß, dass sie unschuldig ist«, entgegnet Elin, und ihr läuft ein Schauer über den Rücken, als sie begreift, wie naiv sich das in seinen Ohren anhören muss.

»Es ist mein Job, Sie zu warnen«, sagt der Anwalt behutsam.

»Aber selbst wenn Vicky in die Morde verwickelt sein sollte … ich finde, dass sie noch zu jung ist, um im Gefängnis zu sitzen«, versucht Elin zu erklären. »Johannes, ich kann ihr die beste Betreuung der Welt bieten, ich habe bereits Pflegepersonal eingestellt und darüber hinaus Daniel gebeten mitzukommen, weil sie sich in seiner Gegenwart sicher fühlt …«

»Das ist gut«, sagt er sanft.

»Wir werden sorgfältig darüber nachdenken müssen, was das Beste für sie ist, denn das ist das Einzige, was mich interessiert«, erklärt sie und nimmt seine Hände in ihre. »Vielleicht sollte Daniel mit seiner kognitiven Verhaltenstherapie weitermachen, vielleicht sollten wir einen anderen Therapeuten beauftragen? Jedenfalls werde ich sie nie wieder im Stich lassen, das kann ich nicht.«

153

WÄHREND SICH JOHANNES GRÜNEWALD im Presseraum des Landespolizeiamts den Journalisten stellt, verlassen Elin und Vicky Stockholm in einem Stadtjeep mit Allradantrieb.

Im geräumigen Wageninneren hängt der Duft von exklusiven italienischen Kleidern. Elins linke Hand ruht auf dem Lenkrad, und das bernsteinfarbene Licht des Armaturenbretts beleuchtet ihre Finger.

Aus den Boxen ertönt wie ein stilles Herbstmärchen Bachs erste Cellosuite.

Die acht Spuren der Autobahn verlaufen zwischen dem Hagapark, in dem die Kronprinzessin in ihrem Schloss wohnt, und dem riesigen Friedhof, auf dem August Palm, der Begründer der schwedischen Sozialdemokratie, beerdigt liegt.

Elin wirft einen kurzen Blick auf Vickys ruhiges Gesicht und lächelt in sich hinein.

Um aufdringlichen Medien aus dem Weg zu gehen, hat sie beschlossen, die Zeit bis zur Verhandlung in ihrem Domizil in den Bergen zu verbringen. Es handelt sich um ein vierhundert Quadratmeter großes Haus am Hang des Tegelfjäll kurz vor dem Wintersportort Duved im Norden des Landes.

Elin hat alles so organisiert, dass Vicky rund um die Uhr betreut wird. Bella ist schon im Haus, Daniel folgt ihr in seinem eigenen Auto, und die Krankenschwester kommt am nächsten Tag.

Vicky hat sich im Krankenhaus gewaschen, und ihre Haare

riechen nach billigem Shampoo. Elin hat ihr eine Reihe von Jeans und Pullovern, Unterwäsche, Strümpfe, Turnschuhe und eine winddichte Jacke gekauft. Vicky trägt jetzt eine schwarze Jeans von Armani und einen unförmigen grauen Pullover von Gant. Die restlichen Kleider liegen in ihren Tüten auf der Rückbank.

»Woran denkst du?«, fragt Elin.

Vicky antwortet nicht. Sie starrt nur auf die Straße. Elin stellt die Musik ein wenig leiser.

»Man wird dich ohne Wenn und Aber freisprechen«, sagt Elin.

»Das weiß ich, da bin ich mir vollkommen sicher.«

Sie lassen die Vororte hinter sich und fahren zwischen Feldern und Wäldern hindurch.

Elin bietet Vicky Schokolade an, aber sie schüttelt nur kurz den Kopf.

Vicky sieht an diesem Tag etwas besser aus. Ihr Gesicht hat eine frischere Farbe bekommen, die Pflaster sind entfernt worden, nur der Verband um den gebrochenen Daumen ist geblieben.

»Ich bin wirklich froh, dass Daniel mitkommen kann«, sagt Elin.

»Er ist gut«, flüstert Vicky.

Daniel fährt in seinem eigenen Wagen und befindet sich irgendwo vor ihnen. Elin hat seinen goldfarbenen Kombi auf der Ausfallstraße aus der Stadt noch gesehen, ist dann aber zurückgefallen.

»Ist er besser als die Therapeuten, mit denen du früher zu tun hattest?«, fragt sie.

»Ja.«

Elin stellt die Musik noch etwas leiser.

»Dann willst du, dass er weiter mit dir arbeitet?«

»Wenn ich muss.«

»Ich denke, es könnte dir guttun, noch eine Weile eine Therapie zu machen.«

»Dann möchte ich Daniel haben.«

Je weiter sie nach Norden fahren, desto herbstlicher wird die Landschaft, als wechselten die Jahreszeiten in schneller Folge. Die grünen Blätter werden gelb und rot. Sie fallen wie leuchtende Seen um die Stämme der Bäume und wirbeln über die Fahrbahn.

»Ich brauche meine Sachen«, sagt Vicky plötzlich.

»Was denn für Sachen?«

»Mein Zeug, alles...«

»Ich glaube, was die Polizei nicht benötigt hat, ist in das Haus gebracht worden, in dem die anderen Mädchen jetzt wohnen«, erklärt Elin. »Ich kann es so einrichten, dass jemand deine Sachen holt...«

Sie schaut zu dem Mädchen hinüber und denkt, dass ihr die Sachen vielleicht wichtig sind.

»Oder wir fahren dort kurz vorbei, wenn du dich dann besser fühlst...«

Vicky nickt.

»Möchtest du das? Okay, dann rufe ich Daniel an«, sagt Elin. »Es liegt ohnehin auf dem Weg.«

154

Es dämmert schon zwischen den Nadelbäumen der Wälder, als Elin rechts nach Jättendal abbiegt und hinter Daniels Auto stehen bleibt. Er hat eine rosa Kühltasche herausgeholt und winkt ihnen zu. Sie steigen aus, vertreten sich die Beine, essen Käsebrote, trinken Limonade und blicken auf die Eisenbahnlinie und die Felder hinaus.

»Ich habe die Aushilfskraft da oben angerufen«, sagt Daniel zu Vicky. »Sie findet, dass es keine gute Idee wäre, wenn du zu den anderen Mädchen hineingehen würdest.«

»Aber was spricht denn dagegen?«, fragt Elin.

»Ich will sie ohnehin nicht sehen«, murmelt Vicky. »Ich will nur meine Sachen haben.«

Sie setzen sich wieder in die Wagen. Eine kurvenreiche Straße führt sie an Seen und falunroten Scheunen vorbei, durch den Wald und zur flachen Küste hinaus.

Sie fahren auf den Hof und halten vor dem Haus, in dem die Mädchen aus dem Haus Birgitta mittlerweile wohnen. Eine uralte schwarze Treibmine liegt neben einer alten Benzinpumpe, und auf den Telefonmasten hocken Sturmmöwen.

Vicky öffnet ihren Sicherheitsgurt, bleibt jedoch im Wagen sitzen. Sie sieht Elin und Daniel auf dem Kiesweg zu einem großen roten Haus gehen und hinter schwarzen Fliedersträuchern verschwinden.

Wo sich der Weg teilt, steht eine Mittsommerstange mit verdorrtem Laub. Vicky blickt auf die glatte Wasserfläche der Meeresbucht hinaus und greift nach dem Paket mit dem Handy, das Elin ihr geschenkt hat. Sie reißt das Siegel auf, hebt den Deckel ab, holt das Telefon heraus und zieht vorsichtig die Schutzfolie vom Display.

✥

Die Mädchen stehen an den Fenstern, als Daniel und Elin die Treppe zur großen Veranda hinaufgehen. Aushilfskraft Solveig Sundström von der Jugendeinrichtung Sävstagården steht bereits vor der Haustür. Es ist unübersehbar, dass sie über diesen Besuch nicht sonderlich erfreut ist. Sie stellt unverzüglich klar, dass die drei leider nicht zum Essen bleiben können.

»Können wir kurz hineingehen und den anderen Hallo sagen?«, fragt Daniel.

»Lieber nicht«, entgegnet Solveig. »Es wäre besser, wenn Sie mir sagen könnten, was Sie haben wollen, dann gehe ich ins Haus und suche es heraus.«

»Es sind eine Menge Sachen«, versucht Elin ihr zu erklären.

»Ich kann nichts versprechen...«

»Fragen Sie Caroline«, sagt Daniel. »Sie weiß eigentlich immer Bescheid.«

Während Daniel sich nach dem Befinden der Mädchen erkundigt und wissen will, ob bei einer von ihnen die Medikation geändert wurde, steht Elin daneben und betrachtet die Mädchen am Fenster. Sie stoßen sich gegenseitig an, und sie kann durch das Glas ihre Stimmen hören. Sie klingen so gedämpft wie Geräusche unter Wasser. Lu Chu drängt sich nach vorn und winkt. Elin winkt zurück, und dann stehen Indie und Nina nebeneinander. Die Mädchen schauen abwechselnd hinaus und winken. Nur von der kleinen, rothaarigen Tuula ist nichts zu sehen.

✥

Vicky setzt die SIM-Karte ins Handy ein und blickt auf. Ihr läuft ein Schauer über den Rücken. Es kommt ihr vor, als hätte sie aus den Augenwinkeln eine Bewegung gesehen. Vielleicht war es auch nur der Wind, der durch das Laub des Flieders fuhr.

Es ist dunkler geworden. Vicky betrachtet Daniels Auto, die Mittsommerstange, die Fichtenhecke, den Zaun und den Rasen vor dem dunkelroten Haus.

Eine einsame Lampe leuchtet an einem Mast am äußeren Ende des Piers, und ihr Licht spiegelt sich im schwarzen Wasser.

Altertümliche Gerüste zum Säubern von Fischernetzen stehen auf einer näher am Hafen gelegenen Wiese. Sie sehen aus wie Reihen zusammengefügter Fußballtore mit hunderten Eisenhaken unter den Latten.

Plötzlich sieht Vicky, dass ein roter Ballon über den Rasen vor dem Haus rollt, in dem die Mädchen wohnen.

Sie legt das Handy in den Karton zurück und öffnet die Autotür. Die Luft ist lau und riecht nach Meer. In der Ferne hört man eine einsame Sturmmöwe.

Der Ballon rollt über den Rasen.

Vicky geht vorsichtig zum Haus hinauf, bleibt stehen und lauscht. Aus den Fenstern fällt Licht auf die gelben Blätter der Birken.

Vor ihr ist leises Murmeln zu hören. Vicky fragt sich, ob da jemand in der Dunkelheit ist. Leise folgt sie dem Weg. Am Hausgiebel stehen verblühte Sonnenblumen.

Der Ballon rollt unter einem Volleyballnetz hindurch und bleibt an der Fichtenhecke hängen.

»Vicky?«, flüstert eine Stimme.

Sie dreht sich hastig um, sieht aber nichts.

Ihr Puls schlägt schneller, Adrenalin wird ausgeschüttet, und alle Sinne sind plötzlich geschärft.

Die Federn der Hollywoodschaukel knirschen und schaukeln langsam. Auf dem Dach dreht sich die alte Wetterfahne.

»Vicky!«, sagt eine schneidende Stimme ganz nahe.

Sie dreht sich nach rechts und starrt mit pochendem Herzen in die Dunkelheit hinein. Es dauert einige Sekunden bis sie das schmale Gesicht erkennt. Es ist Tuula. Wie sie so zwischen den Fliedersträuchern steht, ist sie fast unsichtbar. In ihrer rechten Hand hält sie einen Baseballschläger. Er ist schwer und so lang, dass er auf der Erde ruht. Tuula befeuchtet ihre Lippen und starrt Vicky mit rot unterlaufenen Augen an.

✢

Elin lehnt sich gegen das Geländer der Veranda und versucht zu sehen, ob Vicky noch im Auto sitzt, aber es ist zu dunkel. Solveig ist zu ihnen zurückgekehrt, nachdem sie Caroline um Hilfe gebeten hat. Daniel spricht mit ihr. Er versucht, ihr zu erklären, dass Almira therapiebedürftig ist und häufig negativ auf stärkere Antidepressiva reagiert. Er bittet ein weiteres Mal darum, hineingehen zu dürfen, aber Solveig erklärt, dass sie jetzt die Verantwortung für die Mädchen trägt. Die Haustür geht auf und Caroline tritt auf die Veranda hinaus. Sie umarmt Daniel und begrüßt Elin.

»Ich habe Vickys Sachen zusammengepackt«, sagt sie.

»Ist Tuula im Haus?«, fragt Elin mit angespannter Stimme.

»Ja, ich denke schon«, antwortet Caroline ein wenig erstaunt. »Soll ich sie holen?«

»Tu das, bitte«, sagt Elin und versucht, ruhig auszusehen.

Caroline geht ins Haus und ruft nach Tuula. Solveig mustert Elin und Daniel mit missgünstigen Augen.

»Wenn Sie Hunger haben, kann ich eines der Mädchen bitten, Ihnen ein paar Äpfel zu holen«, sagt sie.

Elin erwidert nichts. Stattdessen geht sie die Treppe hinunter und in den Garten. Hinter sich hört sie die Mädchen nach Tuula rufen.

Wenn man das Meer nicht mehr sieht, ist es dunkler. Bäume und Sträucher schirmen fast das gesamte Licht ab.

Die Hollywoodschaukel schwingt quietschend hin und her.

Elin versucht, leise zu atmen, aber ihre Absätze sind auf den Platten des Gartenwegs nicht zu überhören, als sie um die Ecke läuft.

Die Blätter des großen Fliederstrauchs rascheln auf einmal. Es hört sich an, als wäre ein Hase aufgeschreckt worden. Die Äste bewegen sich und plötzlich steht Elin direkt vor Vicky.

»Mein Gott«, keucht Elin.

Die beiden sehen sich an. Das Gesicht des Mädchens wirkt in dem schwachen Licht sehr blass. Elins Herz pocht so sehr, dass es in den Ohren pulsiert.

»Wir gehen zum Auto«, sagt sie und entfernt sich mit Vicky vom Haus.

Sie schaut über die Schulter, hält Abstand zu den dunklen Bäumen, hört schnelle Schritte hinter sich, verlässt aber unbeirrt mit Vicky den Garten. Erst auf dem Kiesweg dreht sie sich um und sieht, dass es Caroline ist, die ihnen mit einer großen Plastiktüte in der Hand hinterher eilt.

»Tuula habe ich nicht gefunden«, sagt sie.

»Trotzdem danke«, sagt Elin.

Vicky nimmt die Tüte an und schaut hinein.

»Das meiste müsste noch da sein, auch wenn Lu Chu und Almira um deine Ohrringe pokern wollten«, sagt Caroline.

Als Elin und Vicky in dem großen schwarzen Wagen davonfahren, bleibt Caroline stehen und sieht ihnen mit traurigem Gesicht hinterher.

AUF DER EUROPASTRASSE 14 kann Elin Daniels Auto die ganze Zeit im Rückspiegel sehen. Es fahren kaum Autos, nur einzelne Lastzüge, aber sie brauchen trotzdem drei Stunden, bis sie die Skiorte erreichen. In der Dunkelheit entlang der Berghänge sieht man stillstehende Schlepplifte und die hohen Masten von Åres großer Kabinenbahn. Sechs Kilometer vor Duved biegen sie in eine Straße ein, die geradewegs in die Berge hinaufführt. Laub und Kies wirbeln im Licht der Scheinwerfer auf. Die schmale Schotterpiste führt schräg das Tegefjäll hinauf.

Sie bremsen und fahren von der Straße nach Tegefors ab und zwischen zwei Torpfosten hindurch und rollen die letzten Meter zu einem großen, modernistischen Haus hinauf. Es ist aus Beton gegossen, hat Terrassen mit geraden Linien und riesige Fensterfronten, die hinter heruntergelassenen Aluminiumjalousien verborgen sind.

Sie fahren in eine Garage mit Platz für fünf Autos, in der bereits ein kleiner blauer Mazda steht. Daniel hilft Elin, das Gepäck ins Haus zu tragen, in dem bereits einige Lampen brennen, Elin drückt auf einen Knopf. Es surrt, und die Jalousien vor allen Fenstern knarren, als die Lamellen auseinanderklappen. Auf einmal sickert durch hunderte kleiner Schlitze das Licht vom Parkplatz herein, und die Metalljalousie fährt raschelnd hoch.

»Es ist wie ein Tresor«, sagt Elin.

Kurze Zeit später ist es wieder still, und durch die riesigen Fensterfronten lassen sich die Konturen einer mächtigen Bergwelt erahnen. Kleine flackernde Lichter von anderen Häusern tauchen wie schwebende Lichtpunkte in der Dunkelheit auf.

»Wow«, sagt Vicky, als sie hinausschaut.

»Erinnerst du dich noch an Jack, mit dem ich damals verheiratet war?«, fragt Elin und stellt sich neben sie. »Er hat das Berghaus gebaut. Na ja, gebaut … er hat es nicht selbst gebaut, aber … jedenfalls meinte er, er wolle einen Bunker mit Aussicht haben.«

Eine ältere Frau mit grüner Schürze kommt aus der oberen Etage herunter.

»Hallo Bella, es tut mir leid, dass es so spät geworden ist«, sagt Elin und umarmt sie.

»Besser spät als nie«, erwidert die Frau lächelnd und erklärt, dass sie in allen Zimmern die Betten bezogen hat.

»Danke.«

»Ich wusste nicht, ob Sie unterwegs einkaufen würden, deshalb habe ich das eine oder andere besorgt. Damit sollten sie jedenfalls ein paar Tage auskommen.«

Bella facht in dem großen offenen Kamin ein Feuer an, und danach begleitet Elin sie in die Garage und wünscht ihr eine gute Nacht. Als sich das Tor hinter dem blauen Wagen geschlossen hat, kehrt sie ins Haus zurück. Daniel kocht, und Vicky sitzt weinend auf der Couch. Elin läuft zu ihr und hockt sich vor sie.

»Vicky, was ist los? Warum bist du traurig?«

Das Mädchen steht wortlos auf und schließt sich in eines der Badezimmer ein. Elin rennt zu Daniel zurück.

»Vicky hat sich im Badezimmer eingeschlossen«, sagt sie.

»Möchtest du, dass ich mit ihr rede?«

»Beeil dich!«

Daniel begleitet sie zur Badezimmertür, klopft an und bittet Vicky aufzumachen.

»Keine abgeschlossenen Türen«, sagt er. »Daran erinnerst du dich doch noch, nicht wahr?«

Es dauert ein paar Sekunden, bis Vicky mit feuchten Augen

herauskommt und zur Couch zurückgeht. Daniel wechselt einen Blick mit Elin, geht zu Vicky und setzt sich neben sie.

»Als du ins Haus Birgitta kamst, warst du auch traurig«, sagt er nach einer Weile.

»Ich weiß... obwohl ich eigentlich froh sein sollte«, entgegnet sie, ohne ihn anzusehen.

»An einen Ort zu kommen... das ist auch der erste Schritt, ihn zu verlassen«, sagt er.

Vicky schluckt hart, neue Tränen treten in ihre Augen, und sie senkt die Stimme, damit Elin sie nicht hört, als sie sagt:

»Ich bin eine Mörderin.«

»Ich möchte nicht, dass du so etwas sagst, wenn du dir nicht absolut sicher bist, dass es wahr ist«, sagt er ruhig. »Und ich höre deiner Stimme an, dass du das nicht bist.«

156

Flora giesst kochend heisses Wasser in den Putzeimer, und obwohl sie den Gummigeruch der Putzhandschuhe hasst, zieht sie welche an. Die Schmierseife trübt das klare Wasser und löst sich in einer grüngrauen Wolke auf. In der kleinen Wohnung verbreitet sich der Geruch von Sauberkeit. Durch die offenen Fenster strömt kühle Luft herein, die Sonne scheint, und die Vögel zwitschern.

Nachdem der Kommissar sie vor dem Antiquitätengeschäft stehen gelassen hatte, war Flora einfach dort stehen geblieben. Sie hätte sich auf die Séance vorbreiten sollen, traute sich alleine aber nicht hinunter und wartete stattdessen auf die ersten Teilnehmer. Dina und Asker Sibelius kamen wie üblich eine Viertelstunde zu früh. Flora tat so, als hätte sie selbst sich ein bisschen verspätet, und die beiden begleiteten sie in die Souterrainräume und halfen ihr, die Stühle aufzustellen. Um fünf nach sieben waren insgesamt neunzehn Teilnehmer gekommen.

Flora machte länger als üblich, ließ ihnen Zeit, gab vor, liebe alte Geister, fröhliche Kinder und verzeihende Eltern zu sehen.

Behutsam hatte sie Dina und Asker den Grund für ihre regelmäßigen Besuche bei den Séancen entlockt. Ein erwachsener Sohn lag nach einem schweren Autounfall im Koma, und man hatte sie bedrängt, dem Rat der Ärzte nachzugeben, alle lebenserhaltenden Maßnahmen einzustellen und die notwendigen Papiere für Organspenden zu unterzeichnen.

»Was ist, wenn er nun nicht zu Gott kommt?«, flüsterte Dina.

Doch Flora sprach mit ihrem Sohn und versicherte den beiden, dass er sich im Licht befand und es sein innigster Wunsch war, Herz, Lunge, Hornhäute und alle anderen Organe weiterleben zu lassen.

Hinterher küsste Dina ihre Hände, weinte und wiederholte immer wieder, dass Flora sie zum glücklichsten Menschen auf der Welt gemacht habe.

Flora wischt den PVC-Boden mit kräftigen Zügen und spürt, dass die körperliche Anstrengung sie ins Schwitzen bringt.

Ewa ist mit ein paar Nachbarinnen zu einem Nähkränzchen gegangen, und Hans-Gunnar schaut sich eine Begegnung der italienischen Fußballliga an und hat den Ton sehr laut gestellt.

Sie taucht den Aufnehmer in den Putzeimer, wringt das Wasser heraus und streckt ihren schmerzenden Rücken, ehe sie weiterschrubbt.

Flora weiß, dass Ewa am Montagvormittag den Umschlag in ihrem Sekretär öffnen wird, um die monatlich anfallenden Rechnungen zu bezahlen.

»Nun gib doch endlich ab, Zlatan«, schreit Hans-Gunnar aus dem Wohnzimmer.

Als sie den schweren Eimer zu Ewas Schlafzimmer trägt, schmerzen ihre Schultern. Sie schließt die Tür, stellt den Eimer davor, geht zu dem Hochzeitsfoto, nimmt den Messingschlüssel, eilt zum Sekretär und schließt ihn auf.

Ein lauter Knall lässt Flora zusammenzucken.

Es ist nur der Schrubber, der umgekippt und auf den Boden geschlagen ist.

Flora lauscht einen Moment und klappt dann die schwere Platte des Sekretärs herunter. Mit zitternden Händen versucht sie, die kleine Schublade herauszuziehen, aber sie klemmt. Flora stochert zwischen Stiften und Büroklammern herum und findet ein Briefmesser. Vorsichtig schiebt sie es in den Schlitz über der Lade und hebelt versuchsweise.

Die Schublade gleitet langsam einen Zentimeter auf. In ihrer

Nähe ertönt ein Scharren, aber es ist nur eine Taube, die mit ihren Krallen über das Fensterblech rutscht.

Flora zwängt ihre Finger in die Lade und zieht sie heraus. Die Ansichtskarte von Kopenhagen ist zusammengedrückt worden. Sie nimmt den Umschlag mit dem Geld für die Rechnungen heraus, öffnet ihn und schiebt das fehlende Geld hinein.

Ihre Hände legen alles wieder ordentlich hin, versuchen die Postkarte glattzustreichen, drücken die Schublade zu, rücken die Stifte und das Messer gerade, klappen die Platte hoch und schließen ab.

Rasch geht sie zum Nachttisch und hat gerade das Hochzeitsfoto in die Hand genommen, als die Tür zu Ewas Schlafzimmer auffliegt. Der Eimer kippt um, und das Putzwasser ergießt sich über den Fußboden. Flora spürt ihre Füße nass und warm werden.

»Du verdammte Diebin«, schreit Hans-Gunnar und stiefelt mit nacktem Oberkörper herein.

Sie dreht sich zu ihm um. Seine Augen sind weit aufgerissen, und er ist so wütend, dass er einfach ziellos zuschlägt. Der erste Schlag trifft ihre Schulter und ist kaum zu spüren, aber dann packt er ihre Haare und schlägt sie mit der anderen Hand. Eine harte Ohrfeige, die Hals und Kinn trifft. Der nächste Schlag trifft ihre Wange. Sie fällt und spürt, dass ihr Haare ausgerissen werden. Das Hochzeitsfoto fällt zu Boden, und das Glas zerspringt. Sie liegt auf der Seite, und die Nässe vom Boden dringt durch ihre Kleider. Der intensive Schmerz am Auge und auf ihrer Wange verschlägt ihr den Atem.

Flora ist übel, sie rollt sich auf den Bauch, versucht jedoch, sich nicht zu übergeben. Vor ihren Augen blitzt es. Sie sieht, dass das Foto aus dem Rahmen gerutscht ist und mit der Vorderseite auf dem nassen Boden liegt. Auf der Rückseite steht: Ewa und Hans-Gunnar, Delsbo-Kirche.

Plötzlich erinnert sich Flora an die Worte, die ihr der Geist zugeflüstert hat. Nicht kürzlich, in den Souterrainräumen, sondern früher, in der Wohnung. Hat sie das vielleicht geträumt? Sie weiß es nicht mehr. Miranda hatte ihr etwas über einen Turm zugeflüstert, in dem wie in einer Kirche Glocken schlagen. Das kleine Mädchen hatte ihr das Hochzeitsfoto hingehalten, auf den schwarzen, freistehenden Glockenturm im Hintergrund gezeigt und geflüstert: Da versteckt sie sich, sie hat alles gesehen, sie versteckt sich im Turm.

Hans-Gunnar steht keuchend über ihr, als Ewa im Mantel ins Schlafzimmer kommt.

»Was ist hier los?«, fragt sie mit ängstlicher Stimme.

»Sie stiehlt unser Geld«, sagt er. »Ich wusste es!«

Er spuckt auf Flora, hebt den Messingschlüssel vom Boden auf und geht zum Sekretär.

157

Joona sitzt mit den gesamten Unterlagen des Haftprüfungsverfahrens vor sich in seinem Büro.

Das Material wird wahrscheinlich für einen Schuldspruch reichen.

Das Telefon klingelt, und wenn Joona einen Blick auf das Display geworfen hätte, wäre er wahrscheinlich nicht an den Apparat gegangen.

»Ich weiß, dass Sie mich für eine Lügnerin halten«, sagt Flora atemlos. »Aber bitte legen Sie nicht einfach auf. Sie müssen mir zuhören, ich bitte Sie, ich tue alles, was Sie wollen, wenn Sie mir zuhören...«

»Beruhigen Sie sich und erzählen Sie.«

»Es gibt eine Zeugin für die Morde«, sagt sie. »Eine richtige Zeugin, keinen Geist. Ich spreche von einer richtigen Zeugin, die sich versteckt...«

Joona hört, dass ihre Stimme vor Hysterie kaum trägt und versucht, sie zu beruhigen.

»Das ist gut«, sagt er ruhig. »Aber die Ermittlungen...«

»Ich muss da hinfahren«, unterbricht sie ihn.

Er weiß nicht, warum er dieser Frau eigentlich zuhört. Vielleicht, weil sie so verzweifelt klingt.

»Wo genau befindet sich diese Zeugin?«, fragt er.

»Es ist ein Kirchturm, ein schwarzer Kirchturm an der Delsbo-Kirche.

»Wer hat Ihnen erzählt, dass...«

»Bitte, sie ist da, sie hat Angst und versteckt sich dort.«
»Flora, Sie müssen es der Staatsanwaltschaft überlassen...«
»Keiner hört mir zu.«

Joona hört eine Stimme im Hintergrund, die ruft, dass sie von seinem Telefon wegbleiben soll, dann raschelt es.

»Schluss mit dem Plauderstündchen«, sagt ein Mann und legt auf.

Joona seufzt und legt das Telefon auf den Tisch. Er begreift einfach nicht, warum Flora ihm immer wieder diese Lügengeschichten auftischt.

Nach der Entscheidung, Vicky zu verhaften, haben die Ermittlungen keinen Vorrang mehr. Die Staatsanwaltschaft muss nur noch die Beweise für den Prozess zusammenstellen.

Dieser Fall ist an mir vorbeigelaufen, denkt Joona und fühlt sich seltsam verlassen.

Es war schon alles vorbei, als ich Zugang zu allen Berichten und Gutachten bekommen habe.

Joona weiß, dass er die Ermittlungen nie geleitet hat, eigentlich nie an ihnen teilgenommen hat.

Die Überdosis eines Antidepressivums könnte der Grund für Vickys Gewalttätigkeit und ihren plötzlichen Schlaf gewesen sein.

Trotzdem will ihm der Gedanke an den Stein nicht aus dem Kopf.

Åhlén erwähnt in seinem Bericht, dass die Mordwaffe ein Stein ist, aber keiner ist dieser Spur nachgegangen, weil seine Hypothese nicht zum Rest passt.

Joona erinnert sich, dass er Åhlén und Frippe in Sundsvall verließ, als sie gerade mit der inneren Besichtigung der Leiche beginnen wollten.

Er beschließt, diesen Fall noch nicht zu den Akten zu legen. Hartnäckig blättert er in den Untersuchungsergebnissen des Kriminaltechnischen Labors und liest anschließend das gerichtsmedizinische Protokoll.

Er hält bei der äußeren Besichtigung Elisabeth Grims inne und liest die Sätze über ihre verletzten Hände, ehe er weitergeht.

Langsam wandert das Licht über Joonas Pinnwand mit der Benachrichtigung über die Einleitung interner Ermittlungen gegen ihn und der letzten Postkarte von Disa: ein Bild von einem Schimpansen mit Lippenstift und herzförmigen Brillengläsern.

Während Joona liest, bewegt sich der Schatten der Topfpflanze im Fenster nach und nach bis zum Bücherregal.

Es gab keinen fremden Inhalt in Mirandas Bauchhöhle, und die Bauchfellblätter waren glänzend und glatt. Für das Brustfell galt das Gleiche. Die Blätter waren glänzend und glatt. Gleiches galt für den Herzbeutel.

84. Das Herz ist normal konfiguriert und wiegt 198 Gramm. Der Überzug des Herzens ist glänzend und glatt. Die Klappen und Mündungen sind ohne Befunde. An den Wänden der Herzkranzgefäße sind keine Ablagerungen erkennbar. Die Herzmuskulatur ist graurot und gleichmäßig.

Joona hält einen Finger in den Obduktionsbericht, blättert in den Ergebnissen des Labors und liest, dass Miranda Blutgruppe A hatte und sich in ihrem Blut Spuren von Venalfaxin nachweisen ließen, einem in vielen Antidepressiva enthaltenen Stoff, ansonsten war es jedoch ohne Befund.

Joona kehrt zum Obduktionsbericht zurück und liest, dass das Gewebe der Schilddrüse graurot war und einen normalen Kolloidgehalt aufwies und die Nebennieren normal groß waren und ihre Rinde gelb war.

104. Die ableitenden Harnwege zeigen ein normales Aussehen.

105. In der Harnblase sind etwa 100 Milliliter klarer Urin zu sehen. Die Schleimhaut ist blass.

Joona blättert erneut in den Ergebnissen des Labors und sucht die Analyse der Urinprobe heraus. In Mirandas Urin fanden sich Spuren der in Schlafmitteln vorhandenen Substanz Nitrazepam. Außerdem war der HCG-Wert ungewöhnlich hoch.
Joona steht schnell auf, greift nach dem Telefon auf dem Tisch und ruft Åhlén an.
»Ich schaue mir gerade die Laborergebnisse an und sehe, dass man in Mirandas Urin einen hohen HCG-Wert nachgewiesen hat«, sagt er.
»Ja, natürlich«, erwidert Åhlén. »Die Zyste an den Eierstöcken war so ...«
»Warte mal kurz«, unterbricht Joona ihn. »Ist der HCG-Wert nicht auch bei schwangeren Frauen sehr hoch?«
»Sicher, aber ich habe dir doch schon gesagt ...«
»Aber gesetzt den Fall, Miranda hätte einen gewöhnlichen Schwangerschaftstest gemacht, hätte sie dann nicht geglaubt, dass sie schwanger ist?«
»Das stimmt«, bestätigt Åhlén. »Er wäre positiv gewesen.«
»Dann könnte Miranda also geglaubt haben, sie wäre schwanger?«

☩

Joona verlässt sein Büro, eilt den Flur entlang, wählt Floras Telefonnummer, hört, dass Anja ihm etwas hinterherruft, läuft aber einfach die Treppen hinunter. Sie meldet sich nicht. Joona ruft sich noch einmal ins Gedächtnis, dass Flora sich korrigierte und erklärte, das Mädchen, das sie heimsuche, glaube in Wahrheit nur, schwanger zu sein.
»Ich meinte eigentlich, dass sie gesagt hat, sie sei schwanger«,

hatte Flora verdeutlicht. Aber das stimmte nicht, sie war es nicht, sie glaubte nur, dass sie schwanger war.

Joona drückt auf Wahlwiederholung und lässt es klingeln, während er durch das Foyer mit seinen Glaswänden läuft und an Sitzgruppen vorbeieilt. Als er durch die Drehtür tritt, meldet sich im selben Moment eine keuchende Stimme:

»Hans-Gunnar Hansen.«

»Hallo, ich heiße Joona Linna, ich arbeite für die Landeskriminalpolizei und…«

»Habt ihr das Auto gefunden?«

»Ich möchte gerne Flora Hansen sprechen.«

»Verdammt, was soll denn das«, schreit der Mann. »Wenn Flora hier wäre, würde ich ja wohl kaum nach meinem Auto fragen – sie hat es doch gestohlen, und wenn die Polizei nicht in der Lage ist, ihre Arbeit zu…«

Joona unterbricht die Verbindung und rennt die letzten Schritte zu seinem schwarzen Volvo.

158

Elin hat bei offenen Türen im Zimmer neben Vickys geschlafen. Sie ist bei jedem leisesten Mucks aufgewacht, hat gelauscht, ist aufgestanden und hat in das Zimmer hineingeschaut. Am Morgen bleibt sie eine Weile in der Tür stehen und betrachtet das tief und fest schlafende Mädchen, bevor sie in die Küche geht.

Daniel steht am Herd und bereitet Rührei zu. Es riecht nach Kaffee und frisch gebackenem Brot. Durch die riesigen Fensterfronten hat man eine in ihrer Monumentalität beinahe beängstigende Aussicht. Berge mit abgerundeten Gipfeln, spiegelblanke Bergseen und Täler mit gelb und rot leuchtenden Bäumen.

»Ich kann kaum hinsehen«, sagt er lächelnd. »Es tut mir sozusagen im Herzen weh.«

Sie umarmen sich, und er küsst sie mehrere Male leicht auf den Kopf. Sie steht einfach still, atmet seinen Duft ein und spürt, wie ihr vor plötzlich aufwallendem Glück ganz warm wird.

Auf der Arbeitsfläche piepst eine Küchenuhr, und Daniel macht sich los, um das Brot aus dem Ofen zu holen.

Sie setzen sich an den großen Esstisch, frühstücken und streichen einander ab und zu über die Hände.

Die atemberaubende Aussicht verschlägt ihnen die Sprache. Schweigend trinken sie Kaffee und schauen aus dem Fenster.

»Ich mache mir solche Sorgen um Vicky«, sagt Elin schließlich mit leiser Stimme.

»Es wird schon alles gutgehen.«

Sie stellt ihre Tasse ab.

»Versprichst du mir das?«

»Ich muss sie nur dazu bringen, darüber zu sprechen, was geschehen ist«, antwortet er. »Sonst befürchte ich, dass ihre Schuldgefühle zu selbstzerstörerischen Handlungen führen könnten… Wir müssen sie wirklich im Auge behalten.«

»Die Krankenschwester trifft in einer Stunde mit dem Bus in Åre ein, ich fahre hinunter und hole sie ab. Soll ich Vicky fragen, ob sie mitkommen will – was meinst du?«

»Ich weiß nicht, ich glaube, es ist besser, sie bleibt hier«, erwidert er.

»Okay, wir sind ja auch gerade erst angekommen«, stimmt Elin ihm zu. »Aber ich mache mir Sorgen… Du musst wirklich die ganze Zeit bei ihr bleiben.«

»Sie weiß, dass sie nicht einmal die Tür zumachen darf, wenn sie auf Toilette geht«, sagt Daniel ernst.

Im selben Moment sieht Elin das Mädchen durch das Fenster. Vicky geht alleine auf dem Rasen umher und tritt in die roten Blätterhaufen. Ihre langen Haare hängen zerzaust auf den Rücken herab, und der schmale Körper scheint zu frieren. Elin nimmt ihre Strickjacke vom Stuhlrücken, geht hinaus und gibt sie Vicky.

»Danke«, flüstert das Mädchen.

»Ich werde dich nie wieder im Stich lassen«, sagt Elin.

Wortlos nimmt Vicky ihre Hand und drückt sie. Elins Herz pocht vor Glück, und sie kann vor Rührung nicht sprechen.

Der Himmel ist eigentümlich dunkel, als Joona von der Europastraße 4 abfährt und die Landstraße 84 Richtung Delsbo nimmt. Er geht davon aus, dass Flora den Wagen genommen hat, um zur Kirche von Delsbo in Hälsingland zu fahren.

Er hat noch ihre erregte Stimme im Ohr, als sie ihm mitteilte, im Glockenturm halte sich eine Zeugin versteckt.

Joona wird einfach nicht schlau aus ihr. Es kommt ihm vor, als würde sie Lügen und Wahrheiten mischen, ohne sich dessen bewusst zu sein.

Trotz Floras vieler Lügen hat er die ganze Zeit nicht das Gefühl abschütteln können, dass sie mehr über die Morde im Haus Birgitta weiß als alle anderen.

Vielleicht ist diese Zeugin nur wieder eine ihrer Lügen, aber falls es wahr sein sollte, dann ist das von solchem Gewicht, dass er es nicht ignorieren darf.

Die tief hängenden Regenwolken färben die Äcker grau und die Nadelbäume fast blau. Er biegt in eine schmale, nicht asphaltierte Straße ein. Herbstblätter wirbeln über die Fahrbahn, und es ist schwierig, das hohe Tempo zu halten. Die Straße ist voller Schlaglöcher und kurvenreich.

Dann biegt er in eine Allee ein, die zur Kirche von Delsbo führt. Zwischen den Bäumen sieht er weitgestreckte Felder. In der Ferne bewegt sich ein einsamer Mähdrescher. Seine Klingen wischen wie eine Sense über den Erdboden. Es staubt von Spreu und Ähren. Vögel heben und senken sich in der staubigen Luft.

Als er die Kirche schon fast erreicht hat, sieht er ein Auto, das gegen einen Baum geprallt ist. Die Motorhaube ist eingedrückt, ein Kotflügel liegt im Gras, und ein Fenster ist zersplittert.

Der Motor läuft noch, die Fahrertür steht offen, und die Rücklichter beleuchten das Gras im Straßengraben.

Joona bremst, aber als er sieht, dass der Wagen leer ist, fährt er vorbei. Flora muss weitergerannt sein, denkt er und fährt bis zur Kirche.

Joona steigt aus dem Wagen und eilt den geharkten Kiesweg hinauf. Der geteerte Glockenturm steht auf einer Anhöhe unweit der Kirche.

Der Himmel ist dunkel, und es sieht aus, als könnten jeden Moment die ersten Tropfen fallen.

Unter der schwarzen Zwiebelkuppel hängt die riesige, stumpfe Glocke. Hinter dem Turm sieht man das schnell fließende, schwarz schäumende Wasser des Flusses.

Die Tür zu dem Gebäude steht einen Spaltbreit offen.

Joona geht das letzte Stück, und als er dem Glockenturm ganz nahe gekommen ist, steigt ihm ein intensiver Teergeruch in die Nase.

Der breite Sockel ist mit dunklen, schuppenartigen Holzschindeln verkleidet. Im Inneren führt eine steile Treppe zur Glocke hinauf.

»Flora?«, ruft Joona.

160

FLORA TRITT AUS DEM SCHATTEN und bleibt in der dunklen Türöffnung des Glockenturms stehen. Ihr Gesicht ist traurig, und die großen Augen sind müde und feucht.

»Hier ist niemand«, sagt sie und beißt sich auf die Lippe.

»Sind Sie sicher?«

Sie bricht in Tränen aus, und ihre Stimme bricht:

»Entschuldigung, aber ich habe wirklich gedacht ... ich war mir so sicher ...«

Sie steigt herunter und flüstert »Entschuldigung«, ohne ihn anzusehen, hält sich eine Hand vor den Mund und geht langsam zum Auto zurück.

»Wie haben Sie hierhergefunden?«, fragt Joona und folgt ihr. »Warum haben Sie geglaubt, dass die Zeugin hier ist?«

»Das Hochzeitsfoto meiner Pflegeltern ... der Turm steht im Hintergrund.«

»Aber was hat das mit Miranda zu tun?«

»Der Geist hat gesagt, dass ...«

Flora verstummt und bleibt stehen.

»Was ist?«, fragt Joona.

Er denkt wieder daran, dass Flora Miranda mit den Händen vor dem Gesicht und dem dunklen Blut um den Kopf gezeichnet hat. Aber sie zeichnete das Blut nicht wie eine Betrügerin, sondern wie jemand, der wirklich etwas gesehen hatte, sich aber nicht mehr an die genauen Umstände erinnern konnte.

Vor dem Antiquitätengeschäft sprach Flora von diesem Geist

wie von einer Erinnerung. Sie versuchte, ihm zu sagen, was der Geist ihrer Erinnerung nach gesagt hatte.

Zwischen regenschweren Wolkenbänken dringen schmale Sonnenstrahlen hindurch.

Wie eine Erinnerung, wiederholt er innerlich und betrachtet Floras blasses Gesicht.

Gelbe Herbstblätter wirbeln durch die Luft, und plötzlich erkennt Joona, wie alles zusammenhängen muss. Als würde ein Vorhang zur Seite gezogen und Licht in einen großen Raum fluten. Er weiß, dass er den Schlüssel gefunden hat, mit dem er das ganze Rätsel lösen kann.

»Das sind Sie«, flüstert er, und es schaudert ihn bei seinen Worten.

Er begreift jetzt, dass Flora die Zeugin ist, die sich im Glockenturm aufhalten sollte.

Sie selbst ist die Zeugin, aber sie hat nicht gesehen, wie Miranda ermordet wurde.

Es geht um ein anderes Mädchen.

Um jemanden, der genauso getötet wurde.

Es geht um ein anderes Mädchen, aber um denselben Mörder.

Die Erkenntnis erscheint ihm auf einmal ganz selbstverständlich und zieht einen stechenden Migräneschmerz nach sich. Für eine langgezogene Sekunde hat er das Gefühl, eine Pistolenkugel würde seinen Kopf durchschlagen. Er tastet nach einem Halt und hört Floras besorgte Stimme die Dunkelheit durchdringen, ehe der Schmerz wieder verschwunden ist.

»Sie haben alles gesehen«, sagt er.

»Sie bluten«, erwidert sie.

Aus seiner Nase rinnt ein wenig Blut, und er sucht und findet in seiner Tasche eine Serviette.

»Flora«, sagt er. »Sie selbst sind die Zeugin, die sich in dem Turm aufhalten soll...«

»Aber ich habe doch gar nichts gesehen.«

Er presst die Serviette gegen seine Nase.

»Sie haben es nur vergessen.«

»Aber ich war nicht da, das wissen Sie, ich bin nie im Haus Birgitta gewesen.«

»Sie haben etwas anderes gesehen ...«

»Nein«, flüstert Flora und schüttelt den Kopf.

»Wie alt ist der Geist?«, fragt Joona.

»Wenn ich träume, ist Miranda ungefähr fünfzehn ... aber wenn sie richtig zu mir kommt, wenn es ist, als stünde sie wirklich im Raum, ist sie klein.«

»Wie alt?«

»Fünf.«

»Wie alt sind Sie jetzt, Flora?«

Sie bekommt Angst, als sie seinen seltsam grauen Augen begegnet.

»Vierzig«, antwortet sie leise.

Joona denkt, dass Flora einen Mord beschrieben hat, dessen Zeuge sie als Kind wurde, aber sie hat die ganze Zeit geglaubt, sie würde über die Morde im Haus Birgitta sprechen.

Als Joona sein Handy in die Hand nimmt und Anja anruft, weiß er, dass er recht hat. Durch einen Tunnel aus Zeit sah Flora plötzlich, was sie verdrängt hatte. Deshalb sind diese Erinnerungsbilder so mächtig und verwirrend gewesen.

»Anja«, fällt er seiner Assistentin sofort ins Wort, als sie sich meldet. »Sitzt du am Computer?«

»Sitzt du an einer besseren Stelle?«, fragt sie amüsiert.

»Kannst du bitte mal recherchieren, ob vor ungefähr fünfunddreißig Jahren etwas in Delsbo passiert ist.«

»Etwas Bestimmtes?«

»Es geht um ein fünfjähriges Mädchen.«

Während Anja auf ihrer Tastatur tippt, sieht Joona, dass Flora zur Kirche tritt, mit der Hand über die Fassade streicht und um die Kirchenvorhalle herumgeht. Er geht ihr nach, um sie nicht aus den Augen zu verlieren. Ein Igel verschwindet watschelnd zwischen einigen Grabsteinen.

Hinter der Allee bewegt sich der Mähdrescher von einer Staubwolke umgeben über ein Feld.

»Ja«, sagt Anja und atmet durch die Nase. »Es gab einen Todesfall ... Vor sechsunddreißig Jahren wurde an der Kirche von Delsbo ein fünfjähriges Mädchen gefunden. Mehr steht hier nicht. Die Polizei kam zu dem Schluss, dass es ein Unfall war.«

Joona sieht, dass Flora sich umdreht und ihn mit einem schweren, seltsamen Blick ansieht.

»Wie hieß der Polizist, der damals die Ermittlungen leitete?«

»Torkel Ekholm«, antwortet Anja.

»Kannst du bitte versuchen, seine Adresse herauszufinden?«

161

Zwanzig Minuten später parkt Joona seinen Wagen auf einem schmalen Kiesweg. Flora und er öffnen ein Eisentor, gelangen in einen schattigen Garten und gehen zu einem roten Holzhaus mit weißen Fensterrahmen und Eternitplatten auf dem Dach. Das herbstliche Grün ist voller surrender Insekten, der Himmel trübgelb von drohendem Regen und Donner. Joona klingelt, und ein ohrenbetäubender Klingelton schallt in den Garten hinaus.

Man hört ein Schlurfen, dann wird die Tür von einem Greis in einer Strickweste mit Hosenträgern und Pantoffeln geöffnet.

»Torkel Ekholm?«, fragt Joona.

Der Mann stützt sich auf einen Rollator und sieht sie mit den wässrigen Augen eines alten Mannes an. Hinter dem großen und faltigen rechten Ohr lugt ein Hörgerät heraus.

»Wer fragt?«, sagt er mit kaum hörbarer Stimme.

»Joona Linna, Kommissar bei der Landeskriminalpolizei.«

Der Mann mustert blinzelnd Joonas Dienstausweis und kann sich ein kurzes, eigentümliches Lächeln nicht verkneifen.

»Landeskriminalpolizei«, sagt er leise und bittet Joona und Flora mit einer schwachen Geste einzutreten. »Kommen Sie herein, dann trinken wir einen Kaffee.«

Sie setzen sich an den Küchentisch, während Torkel zum Herd geht, nachdem er an Flora gewandt erklärt hat, dass er ihr leider keine Kekse anbieten könne. Er spricht sehr leise und scheint fast taub zu sein.

An der Wand tickt laut eine Uhr, und über der Küchenbank

hängt ein dunkel glänzender Elchstutzen, eine gepflegte Remington. Der gestickte Wandschmuck mit den Worten »Genügsamkeit ist jedes trauten Heimes Glück« hat sich von den Heftzwecken gelöst und hängt dort mit umgeknickten Ecken wie eine schmutzige Postkarte aus einem anderen Schweden.

Der Mann kratzt sich am Kinn und sieht Joona im Zwielicht der Küche an.

Als das Wasser kocht, stellt Torkel Ekholm drei Tassen und ein Glas Instantkaffee auf den Tisch.

»Man wird ein bisschen faul«, sagt er mit einem Schulterzucken, als er Flora den Teelöffel reicht.

»Ich bin hier, um Sie nach einem sehr alten Fall zu fragen«, sagt Joona. »Vor sechsunddreißig Jahren wurde an der Kirche von Delsbo ein Mädchen tot aufgefunden.«

»Ja«, erwidert der alte Mann, ohne Joonas Blick zu begegnen.

»Ein Unfall?«, fragt Joona.

»Ja«, antwortet der Mann verbissen.

»Das glaube ich aber nicht«, sagt Joona.

»Es freut mich, das zu hören«, erwidert der Greis.

Sein Mund beginnt zu zittern, und er stupst die Schale mit Würfelzucker zu dem Kommissar hinüber.

»Sie erinnern sich an den Fall?«, fragt Joona.

Der Löffel klirrt, als der alte Polizist Kaffeepulver in seine Tasse gibt und umrührt. Als er wieder aufschaut und Joonas Blick begegnet, sind seine Augen rot unterlaufen:

»Ich wünschte, ich könnte ihn vergessen, aber manche Fälle ...«

Torkel Ekholm steht auf, geht zu einer dunklen Kommode an der Wand und schließt die oberste Schublade auf. Er erklärt mit gebrochener Stimme, dass er seine Aufzeichnungen zu dem Fall all die Jahre über aufbewahrt hat.

»Ich wusste doch, dass ihr irgendwann wieder zu mir kommen müsst«, sagt er so leise, dass man es kaum hört.

162

IN DER KLEINEN KÜCHE surrt eine schwere Herbstfliege gegen die Fensterscheibe. Torkel nickt zu den Papieren hin, die vor ihnen auf dem Tisch liegen.

»Das tote Mädchen hieß Ylva, sie war die Tochter des Vorarbeiters auf Rånne... Als ich hinkam, hatte man sie schon auf ein Laken gelegt... Sie sei vom Kirchturm gefallen, sagte man mir...«

Der alte Polizist lehnt sich so weit auf seinem Stuhl zurück, dass das Holz knarrt:

»Auf dem Fries des Turms war Blut... Sie zeigten es mir, und ich schaute es mir an, aber ich sah natürlich gleich, dass da etwas nicht stimmte.«

»Warum haben Sie die Ermittlungen eingestellt?«

»Es gab keine Zeugen, ich hatte nichts. Ich stellte Fragen, kam aber nicht voran. Mir wurde untersagt, die Herrschaften auf Rånne noch weiter zu belästigen. Sie gaben dem Vorarbeiter frei und... es war... Ich habe ein Bild, das Janne gemacht hat, er arbeitete für die Zeitung *Arbetarbladet* und fotografierte gelegentlich die Tatorte für uns.«

Der alte Polizist zeigt ihnen eine Schwarzweißaufnahme. Auf einem Laken im Gras liegt ein kleines Mädchen mit offenen Haaren. Neben ihrem Kopf sieht man einen schwarzen Blutfleck genau wie auf Mirandas Bett, an der gleichen Stelle.

Der Fleck hat fast die Form eines Herzens.

Das Gesicht des kleinen Mädchens ist weich, seine Wangen sind kindlich rund, und der Mund ist wie bei einer Schlafenden.

Flora starrt das Bild an, tastet sich mit der Hand übers Haar und wird leichenblass.

»Ich habe nichts gesehen«, wimmert sie und beginnt, mit offenem Mund zu weinen.

Joona legt das Foto weg und versucht, Flora zu beruhigen, aber sie steht auf und nimmt Torkel das Bild ab. Sie wischt die Tränen von den Wangen und starrt das Bild an, stützt sich mit der Hand auf die Spüle und merkt nicht, dass sie eine leere Bierflasche ins Spülbecken fegt.

»Wir haben ›Augen zu‹ gespielt«, sagt sie gedämpft.

»Augen zu?«

»Wir sollten die Augen zumachen und uns die Hände vors Gesicht halten.«

»Aber Sie haben geguckt, Flora«, sagt Joona. »Sie haben gesehen, wer das kleine Mädchen mit einem Stein schlug.«

»Nein, ich habe die Augen zugemacht... ich...«

»Wer hat sie geschlagen?«

»Was haben Sie gesehen?«, fragt Torkel.

»Die kleine Ylva... sie sah so fröhlich aus, hielt sich die Augen mit den Händen zu und dann schlug er...«

»Wer?«, fragt Joona.

»Mein Bruder«, flüstert sie.

»Sie haben keinen Bruder«, widerspricht Joona.

Torkel zittert so, dass seine Kaffeetasse auf der Untertasse umkippt.

»Der Junge«, murmelt er. »Es war doch wohl nicht der Junge?«

»Welcher Junge?«, fragt Joona.

Floras Gesicht ist kreideweiß, Tränen laufen ihre Wangen herab. Der alte Polizist reißt Papier von der Küchenrolle ab und erhebt sich schwerfällig von seinem Stuhl. Joona sieht, wie Flora den Kopf schüttelt, aber ihr Mund bewegt sich ein wenig.

»Was haben Sie gesehen?«, fragt Joona. »Flora?«
Torkel nähert sich Flora und gibt ihr das Papier.
»Sind Sie etwa die kleine Flora? Die stille kleine Schwester?«, fragt er behutsam.

163

Die frühe Kindheitserinnerung kommt in Flora hoch, als sie mit einer Hand auf der Spüle in der Küche des alten Polizisten steht. Als ihr wieder einfällt, was sie damals sah, hat sie das Gefühl, ihre Beine könnten jeden Moment nachgeben.

Die Sonne spielte auf dem Gras neben der Kirche. Sie hielt sich die Hände vors Gesicht. Das Licht schien zwischen ihren Fingern hindurch und verlieh den beiden Menschen orangefarbene Ränder.

»Großer Gott«, wimmert sie und sinkt zu Boden. »Großer Gott…«

In dem flammenden Licht erinnert sie sich, dass sie ihren Bruder mit einem Stein auf das kleine Mädchen einschlagen sah.

Die Erinnerungsbilder sind so greifbar, als stünden die Kinder in der Küche.

Sie hört den dumpfen Knall und sieht Ylvas Kopf erzittern.

Flora entsinnt sich, wie das Mädchen ins Gras fiel. Ihr Mund öffnete und schloss sich, die Lider zuckten, sie murmelte verwirrte Worte, und er schlug wieder zu.

Er schlug so fest, wie er nur konnte, und schrie, dass sie die Augen zumachen sollten. Ylva wurde still, und er legte ihre Hände auf das Gesicht und wiederholte, dass sie die Augen schließen solle.

»Aber ich habe meine Augen nicht zugemacht…«

»Sind Sie Flora?«, fragt der alte Polizist ein zweites Mal.

Zwischen ihren Fingern hindurch sah Flora, dass ihr Bruder sich mit dem Stein in der Hand aufrichtete. Vollkommen ruhig sagte er, Flora solle die Augen schließen, dass sie das Augen-zu-

Spiel spielen wollten. Er näherte sich ihr von der Seite und hob den blutigen Stein. Als er zuschlug, schreckte sie zurück. Der Stein schürfte ihre Wange auf und stieß schwer gegen ihre Schulter. Sie fiel auf die Knie, rappelte sich aber auf und lief los.

»Sind Sie die kleine Flora, die auf Rånne wohnte?«

»Ich erinnere mich an fast nichts«, antwortet sie.

»Wer ist ihr Bruder?«, fragt Joona.

»Die Leute nannten sie die Heimkinder, obwohl die vornehmen Herrschaften sie adoptiert hatten«, erzählt der alte Polizist.

»Heißen Sie Rånne?«

»Holzbaron Rånne ... aber wir nannten sie immer nur die Herrschaften«, antwortet Torkel Ekholm. »Es stand sogar in der Zeitung, als sie zwei Kinder adoptierten, eine edle und barmherzige Tat, schrieben sie ... aber nach dem Unfall gaben sie das Mädchen weg ... Nur der Junge blieb bei ihnen.«

»Daniel«, sagt Flora. »Er heißt Daniel.«

Als Joona vom Tisch aufsteht und wortlos das Haus verlässt, scharrt der Stuhl über den Boden. Mit dem Handy am Ohr läuft er durch den Garten, in dem zwischen gelben Blättern Fallobst unter den Bäumen liegt, zu seinem Auto.

»Anja, hör zu, du musst mir helfen, es ist dringend«, sagt Joona und setzt sich auf den Fahrersitz. »Recherchier doch bitte mal, ob es eine Verbindung zwischen Daniel Grim und einer Familie namens Rånne in Delsbo gibt.«

Joona hat gerade erst das Funkgerät des Wagens eingeschaltet, um die Landeseinsatzzentrale anzurufen, als Anja ihm auch schon antwortet.

»Ja, es sind seine Eltern.«

»Finde alles über ihn heraus«, sagt Joona.

»Worum geht es?«

»Mädchen«, antwortet Joona.

Er beendet das Gespräch, und noch bevor er die Polizei alarmiert, wählt er hastig Elin Franks Nummer.

164

Elin fährt vorsichtig die steile Schotterpiste Richtung Åre hinunter, um Vickys Krankenschwester zu holen. Ein Seitenfenster steht offen, und frische Luft strömt ins Wageninnere. Der länglich schmale See schimmert dunkel. Die Berge liegen nebeneinander wie gigantische Wikingergräber, sanft gewölbt und bewachsen.

Sie denkt daran, dass Vicky ihre Hand genommen und gedrückt hat. Die Dinge wenden sich zum Besseren, und es wird alles wieder gut werden.

Die schmale Straße führt sie unter einen Felsvorsprung, als das Handy in ihrer Handtasche klingelt. Langsam rollt sie einige Meter weiter, fährt an einer Ausweichstelle rechts heran und hält. Erfüllt von innerer Unruhe holt sie das Handy heraus. Es klingelt in ihrer Hand. Es ist Joona Linna. Sie will eigentlich nicht hören, was er zu sagen hat, klappt das Telefon aber dennoch mit zitternden Fingern auf.

»Hallo?«, meldet sich Elin.

»Wo ist Vicky?«, fragt der Kriminalkommissar.

»Sie ist hier, bei mir«, antwortet sie. »Ich habe ein Haus in Duved, das…«

»Ich weiß, aber sehen Sie Vicky in diesem Moment?«

»Nein, ich…«

»Ich möchte, dass Sie Vicky sofort holen, sich mit ihr ins Auto setzen und nach Stockholm fahren. Nur Vicky und Sie. Tun Sie es jetzt, nehmen Sie nichts mit, gehen Sie einfach nur zum Auto und…«

»Ich sitze schon im Auto«, ruft Elin und spürt Panik in sich aufsteigen. »Vicky ist mit Daniel im Haus.«

»Das ist nicht gut«, sagt Joona, und sie hört den Ton in seiner Stimme, einen Ton, der ihr vor Angst ganz schlecht werden lässt.

»Was ist passiert?«

»Hören Sie mir zu... Es war Daniel Grim, er hat Miranda und Elisabeth ermordet.«

»Das darf nicht sein«, flüstert sie. »Er wollte sich um Vicky kümmern, während ich zum Busbahnhof hinunterfahre.«

»Dann ist sie wahrscheinlich schon nicht mehr am Leben«, sagt Joona. »Sehen Sie zu, dass sie selbst dort wegkommen. Das ist mein Rat als Polizist.«

Elin starrt durch die Windschutzscheibe in den Himmel. Er ist nicht mehr weiß. Die Wolken hängen tief und schmiegen sich über die Berggipfel – schwarz und voller Regen und Herbst.

»Ich kann sie nicht zurücklassen«, hört sie sich sagen.

»Die Polizei ist unterwegs, aber es dauert noch etwas, bis sie da ist.«

»Ich fahre zurück«, erklärt sie.

»Das verstehe ich«, sagt Joona. »Aber seien Sie vorsichtig... Daniel ist sehr, sehr gefährlich, und bis die Polizei kommt, werden Sie ganz alleine mit ihm sein...«

Aber Elin denkt nicht mehr, sie wendet einfach und fährt so schnell die steile Straße hinauf, dass der Schotter unter dem Wagen prasselt.

165

Vicky sitzt auf dem weissen Ledersessel in ihrem Zimmer und lädt Apps für ihr Handy herunter, als Daniel hereinkommt und sich neben sie auf das Bett setzt.

Draußen rundet sich sanft die Gebirgslandschaft, und das Tal und die Gipfel der Åreskutan strecken sich grau und uralt gen Himmel.

»War das ein blödes Gefühl gestern?«, fragt Daniel. »Ich meine … im Auto sitzen bleiben und warten zu müssen, als wir deine Sachen geholt haben?«

»Nein … ich kapier schon, dass mich keiner treffen will«, antwortet sie und beschäftigt sich weiter mit dem Telefon.

»Als ich ins Haus gegangen bin, habe ich gesehen, dass Almira und Lu Chu gerade spielten, sie würden die Augen zumachen«, behauptet Daniel. »Ich weiß, dass Miranda dir das Spiel beigebracht hat …«

»Ja«, erwidert sie.

»Weißt du, wo Miranda es gelernt hat?«, erkundigt sich Daniel.

Vicky nickt und greift nach dem Ladekabel ihres Handys.

»Ich benutze das Augen-zu-Spiel manchmal in der Therapie«, erzählt Daniel. »Es geht darum, gegenseitiges Vertrauen zu erlernen.«

»Miranda hat mich mit Schokolade gefüttert«, sagt Vicky lächelnd. »Und dann hat sie ein Herz auf meinen Bauch gemalt und …«

Vicky verstummt jäh. Sie denkt daran, was Tuula in Hårte zu

ihr gesagt hat, als sie aus der Dunkelheit neben den Fliedersträuchern auftauchte.

»Hast du jemandem von dem Spiel erzählt?«, fragt Daniel und sieht sie an.

»Nein«, antwortet sie.

»War nur so eine Frage...«

Vicky senkt den Blick und denkt wieder an Tuula, die mit dem Baseballschläger in der Hand in der Dunkelheit stand und meinte, der Mörder töte nur Schlampen. Nur Schlampen müssen Angst haben, dass man ihnen den Schädel zermatscht, flüsterte sie. Das war typisch für Tuula, dauernd sagte sie solche schrecklichen und überdrehten Sachen. Vicky hatte versucht, einfach zu lächeln, aber Tuula meinte, sie habe in Mirandas Tasche einen Schwangerschaftstest gefunden, als sie ihr die Kette klaute. Vicky hatte angenommen, dass Miranda mit einem der Typen geschlafen hatte, denen sie beim Alltagstraining begegnet waren.

Nun aber begreift sie schlagartig, dass es Daniel gewesen sein muss.

Vicky hatte gespürt, dass etwas nicht stimmte, als Miranda ihr zeigte, wie das Spiel ging, denn Miranda hatte nur so getan, als würde es Spaß machen. Sie kicherte und brach Schokoladenstücke ab, wollte eigentlich aber wohl nur herausfinden, ob Vicky die gleichen Dinge erlebt hatte wie sie, ohne zu verraten, was vorgefallen war.

Vicky erinnert sich an Mirandas Versuch, unbeteiligt zu klingen, als sie fragte, ob Daniel zum Spielen in ihr Zimmer gekommen war.

»Miranda hat nichts gesagt«, versucht Vicky zu erklären und begegnet für einen kurzen Moment Daniels Blick. »Sie hat irgendwie nichts davon erzählt, was du in der Therapie machst...«

Vickys Wangen laufen rot an, als sie plötzlich erkennt, dass alles zusammenhängt. Daniel muss Miranda und Elisabeth getötet haben. Die Morde haben nichts mit Schlampen zu tun. Daniel hat Miranda umgebracht, weil sie schwanger war.

Vielleicht hatte Miranda Elisabeth ja schon alles erzählt.

Vicky versucht, ruhig zu atmen, weiß nicht, was sie sagen soll, knibbelt an ihrem Gips und zieht ein wenig an dem krümeligen Gewebe.

»Das war ja …«

Daniel lehnt sich vor, nimmt das Handy aus ihrem Schoß und steckt es in seine Tasche.

»Die Therapie … bei der ging es doch nur darum, den Mut zu haben, sich gegenseitig zu vertrauen«, fährt Vicky fort, obwohl ihr bewusst ist, dass Daniel sie längst durchschaut hat.

Er weiß, dass sie weiß: Er hat Miranda und Elisabeth mit einem Hammer erschlagen und ihr die Schuld in die Schuhe geschoben.

»Ja, das ist ein wichtiger Schritt in der Therapie«, sagt Daniel und beobachtet sie genau.

»Ich weiß«, flüstert sie.

»Wir könnten das jetzt eigentlich mal üben, du und ich. Nur zum Spaß …«, sagt er.

Sie nickt und denkt voller Panik, dass er beschlossen hat, sie zu töten. In ihren Ohren rauscht das Blut, und aus ihren Achselhöhlen läuft Schweiß. Er hat zu ihrer Freilassung beigetragen und ist zu Elins Haus mitgekommen, um herauszufinden, was sie weiß, um sicherzugehen, dass man ihn nicht entlarven kann.

»Schließ die Augen«, sagt er lächelnd.

»Jetzt?«

»Es macht Spaß.«

»Aber ich …«

»Tu es einfach«, sagt er streng.

Sie schließt die Augen und hält sich die Hände vors Gesicht. Ihr Herz rast vor Angst. Er macht irgendetwas im Zimmer. Es klingt, als würde er das Betttuch abziehen.

»Ich muss mal pinkeln«, sagt sie.

»Gleich.«

Sie bleibt mit den Händen vor dem Gesicht sitzen und zuckt zusammen, als er einen Stuhl über den Boden zieht. Sie hört ein schlurfendes Geräusch, und ihre Beine zittern, dennoch hält sie sich weiter die Hände vors Gesicht.

166

Elin fährt so schnell sie kann den steilen Hang hinauf. In der Ablage hinter dem Schaltknüppel klirrt ein Schlüsselbund. Zweige schleifen über Blech und Fenster. Sie bremst in einer engen Kurve und gerät ins Schleudern. Die Räder rutschen über den losen Kies, aber sie kuppelt aus, bekommt die Kurve und kann wieder Gas geben.

Der Wagen wird heftig erschüttert und donnert. Schmelzwasser hat tiefe Furchen in die Schotterpiste gezogen, die nach Tegefors führt.

Sie fährt bergauf, ist zu schnell. Als sie sich der Einfahrt zum Haus nähert, geht sie ein wenig vom Gas. Sie lenkt jäh nach rechts, der linke Seitenspiegel wird vom Torpfosten abgeschlagen, und die Seite des Wagens schrammt an ihm entlang. Sie gibt Gas und hat das Gefühl, dass der Wagen vom Boden abhebt, als sie über die Kuppe schießt. Im Kofferraum kippt krachend ein Kasten Mineralwasser um.

Sie fährt die letzte Gerade zum Haus hinauf, tritt auf die Bremse und wirbelt eine Staubwolke auf. Elin verlässt das Auto, lässt den Motor laufen, rennt zur Haustür und hinein. Die Jalousien sind heruntergelassen. Es ist stockfinster, und sie stolpert im Dunkeln über Stiefel und Skischuhe, als sie in das große Wohnzimmer eilt.

»Vicky!«, ruft sie.

Elin schaltet die Lampen an, läuft die Treppe hinauf, stolpert und stößt sich das Knie an einer Stufe, rappelt sich wieder auf und rennt zu Vickys Zimmer. Sie drückt die Klinke herunter, aber die Tür ist abgeschlossen. Elin hämmert gegen die Tür und hört die Hysterie in ihrer Stimme, als sie losschreit:

»Aufmachen!«

Aus dem Zimmer dringt kein Ton, und Elin bückt sich und schaut durch das Schlüsselloch. Auf dem Fußboden liegt ein Stuhl, flackernd bewegen sich Schatten über die Wände.

»Vicky?«

Sie weicht zurück und tritt gegen die Tür. Man hört nur einen matten Laut. Sie tritt erneut zu und läuft anschließend ins Nebenzimmer, aber der Schlüssel steckt nicht im Schloss. Sie läuft zur nächsten Tür und zieht mit fahrigen Bewegungen den Schlüssel heraus. Sie eilt zurück und kippt dabei eine Glasskulptur um, die krachend auf dem Fußboden zerbirst. Ihre Hände zittern so sehr, dass sie Probleme hat, den Schlüssel ins Schloss zu stecken. Sie benutzt beide Hände, schafft es beim zweiten Versuch und reißt die Tür auf.

»Oh, mein Gott«, haucht sie.

Vicky hängt an einem zum Seil gezwirbelten Laken von einem weißen Leimholzbalken herab. Ihr Mund ist weit aufgerissen und das Gesicht leichenblass. Ihre Füße bewegen sich schwach. Sie lebt noch. Ihre Zehenspitzen tasten nach dem Fußboden einen halben Meter unter ihr, und sie hält die Finger unter die Schlinge.

Elin denkt nicht. Sie rennt nur zu Vicky und hebt sie so hoch sie nur kann.

»Versuch, dich freizumachen«, sagt sie weinend und hält Vickys schmale Beine umschlungen.

Das Mädchen kämpft mit dem gezwirbelten Stoff, ihr Körper bewegt sich wie in Krämpfen, sie muss unbedingt Luft holen und ist in Panik, sie zieht und zerrt, um die Schlinge zu weiten.

Plötzlich hört Elin, dass Vicky Luft holt und hustet. Sie keucht schwer und spannt ihren Körper an.

»Ich bekomme sie nicht ab«, sagt Vicky hustend.

Elin steht auf den Zehenspitzen und bietet all ihre Kraft auf, um sie noch höher zu heben.

»Versuch zu klettern!«

»Ich kann nicht ...«

Die Schlinge zieht sich wieder zu. Vicky bekommt nicht genug Luft und beginnt in panischen Konvulsionen zu zittern. Unter der Kraftanstrengung, Vicky hochzuhalten, beginnen Elins Arme zu zittern. Sie kann jetzt nicht aufgeben. Sie versucht, mit dem Fuß den umgekippten Stuhl zu erreichen, um auf ihn zu klettern, aber es gelingt ihr nicht. Vicky ist schweißnass und zittert krampfhaft am ganzen Leib. Elin versucht, den Griff zu ändern, aber auch das ist zu schwierig. Schleichend nähert sich eine betäubende Schwäche, aber es gelingt ihr dennoch, mit einer Hand etwas tiefer zu greifen und die Beine besser zu packen, damit sie Vicky noch etwas höher heben kann. Vicky kämpft mit letzter Kraft und zieht sich schließlich die Schlinge über den Kopf. Sie hustet, und die beiden sinken gemeinsam zu Boden.

Vickys Hals ist blau angelaufen, sie atmet kurz und pfeifend, aber sie atmet, sie lebt. Elin küsst ihre Wangen, streicht zitternd Haare aus ihrem verschwitzten Gesicht und flüstert ihr zu, still zu sein.

»Das war Daniel ...«

»Ich weiß, die Polizei ist unterwegs«, wispert Elin. »Du musst hierbleiben. Ich schließe die Tür ab, aber du musst ganz still sein.«

167

ELIN SCHLIESST DIE TÜR hinter Vicky ab und spürt, dass sie am ganzen Körper zittert, als sie die Treppe hinuntergeht. Arme und Beine sind vor Anstrengung taub. Ihr Handy surrt kurz, und sie sieht, dass sie eine SMS von Vickys Telefon bekommen hat:

Entschuldige, aber ich kann einfach nicht mehr lügen.
Sei nicht traurig. Kuss V

Elin ist übel, und ihr Herz pocht vor Angst. Ihre Gedanken bewegen sich viel zu schnell. Sie versteht nicht, was vorgeht. Daniel muss ihr in diesem Moment von Vickys Handy aus gesimst haben. Vorsichtig geht sie in das Halbdunkel des Wohnzimmers. Im ganzen Haus sind die Jalousien heruntergelassen.

Plötzlich fällt ein Schatten auf den Fußboden. Es ist Daniel. Er steht auf der Treppe zum Untergeschoss, muss aus der Garage heraufgekommen sein. Sie weiß, dass sie ihn aufhalten muss, bis die Polizei kommt.

»Sie hat es getan«, sagt Elin. »Vicky hatte die Tür zu ihrem Zimmer abgeschlossen, es dauerte zu lange, ich begreife nicht...«

»Was sagst du da?«, fragt er bedächtig und sieht sie mit blanken Augen an.

»Sie lebt nicht mehr... können wir nicht einfach rausgehen? Wir müssen jemanden anrufen«, sagt sie leise.

»Ja«, erwidert er und nähert sich ihr.

»Daniel... Ich begreife das nicht.«

»Tust du das nicht?«

»Nein, ich ...«

»Nachdem sie dich getötet hatte ... ging Vicky in ihr Zimmer und erhängte sich«, sagt er.

»Warum sagst du ...«

»Du hättest nicht so schnell zurückkommen sollen.«

Elin sieht auf einmal, dass er hinter seinem Rücken eine Axt verbirgt. Sie läuft Richtung Haustür, aber ihr bleibt nicht genug Zeit, er ist direkt hinter ihr. Also ändert sie plötzlich die Richtung und läuft nach rechts, wobei sie hinter sich einen Stuhl umreißt. Er stolpert, so dass sie sich ein Stück absetzen kann. Sie läuft an der Küche vorbei in den Flur. Seine Schritte kommen näher. Sie kann sich nirgendwo verstecken. Schnell rennt sie in Jacks altes Schlafzimmer, schließt die Tür hinter sich ab und drückt auf den Knopf für die Jalousie.

Ich schaffe es nicht nach draußen, denkt sie. Das dauert viel zu lange.

Der Motor surrt, und es knackt, als die Aluminiumlamellen quer gestellt werden und durch schmale Schlitze Licht hereinsickert.

Als der erste Axthieb die Tür trifft, schreit Elin auf. Das Blatt durchschlägt das Holz neben dem Schloss, wird zur Seite gebogen und wieder herausgezogen.

Langsam und quietschend hebt sich die Jalousie. Zehn Zentimeter des Fensters sind sichtbar, als die Axt ein zweites Mal zuschlägt.

Sie kann nicht warten, muss weiter und rennt in Jacks Badezimmer, als Daniel die Schlafzimmertür eintritt. Es knallt und knirscht. Rings um das Schloss zersplittert das Holz in langen Spänen, und die Tür springt auf.

Elin sieht sich in dem großen Spiegel, als sie durchs Badezimmer läuft, an Badewanne, Dusche und Sauna vorbei, und durch die hintere Tür Jacks Büro betritt. Es ist so dunkel darin, dass sie über einen Schubladencontainer stolpert. Alte Aktenordner fallen zu Boden. Sie tastet suchend über den Schreibtisch, zieht eine Schublade heraus, kippt die Stifte aus und greift nach dem Briefmesser.

Als die Jalousien im Schlafzimmer ganz hochgezogen sind, verstummen sie. Sie hört etwas in die große Badewanne fallen. Daniel folgt ihr. Elin streift ihre Schuhe ab, schleicht barfuß in den Flur und schließt die Tür hinter sich.

Sie denkt, dass sie Daniel vielleicht folgen und durch die zerbrochene Tür erneut Jacks Schlafzimmer betreten und versuchen könnte, das Fenster zu öffnen.

Sie geht ein paar Schritte, überlegt es sich dann jedoch anders und läuft den Flur weiter hinunter.

»Elin«, brüllt er hinter ihr.

Die Tür zum großen Gästezimmer ist abgeschlossen. Sie dreht den Schlüssel, aber das Schloss klemmt. Sie schaut sich um und sieht Daniel näher kommen. Er läuft nicht, macht aber große Schritte. Sie zerrt an der Klinke und nimmt den Geruch seines Schweißes wahr. Ein Schatten huscht schnell über die Tür, und sie wirft sich zur Seite und schlägt mit der Wange gegen ein Bild.

Die Axt verfehlt ihren Kopf. Das Blatt dringt schräg in die Betonwand dahinter ein. Mit einem scharfen Klang ändert sie so jäh die Richtung, dass Daniel die Axt fallen lässt. Klappernd schlägt sie auf den Boden.

168

Das Schloss klickt und Elin stößt die Tür mit der Schulter auf. Sie stolpert in das Zimmer. Daniel folgt ihr und versucht, sie zu packen. Sie dreht sich um und sticht mit dem Briefmesser zu, trifft seine Brust, verletzt ihn aber nur oberflächlich. Er packt ihre Haare und reißt sie mit solcher Kraft seitlich zu Boden, dass sie gegen den Fernsehschrank schlägt und die Tischlampe umkippt.

Er schiebt die Brille auf seiner Nase hoch, geht zurück und holt die Axt. Elin kriecht unter das breite Bett.

Elin hofft, dass Vicky sich weiterhin versteckt, dann schafft sie es vielleicht, bis die Polizei eintrifft.

Sie sieht Daniels Beine und Füße, die um das Bett herumgehen. Sie rutscht weg und spürt, dass er auf das Bett steigt. Es knirscht in Matratze und Latten. Sie weiß nicht, in welche Richtung sie sich bewegen soll und versucht deshalb, möglichst in der Mitte zu bleiben.

Auf einmal hat er ihren Fuß zu fassen bekommen. Sie schreit, aber er ist schon neben dem Bett und zieht sie heraus. Sie versucht, sich festzuhalten, aber es gelingt ihr nicht. Er hält ihren Knöchel fest und hebt die Axt. Sie tritt ihm mit dem anderen Fuß ins Gesicht. Er verliert die Brille und lässt sie los, taumelt zurück, stößt mit dem Rücken gegen das Bücherregal, hält sich ein Auge mit der Hand zu und sieht sie mit dem anderen an.

Sie springt auf und rennt zur Tür. Aus den Augenwinkeln sieht sie, dass er sich bückt und die Brille aufhebt. Sie läuft an Jacks

Zimmer vorbei in die Küche und hört Daniels schwere Schritte im Flur.

Gedanken flimmern durch ihren Kopf. Die Polizei müsste jetzt eigentlich hier sein – Joona meinte doch, sie sei schon unterwegs.

Als sie an der Küchenzeile vorbeikommt, reißt Elin eine Stielkasserolle an sich, läuft durchs Wohnzimmer, öffnet die Tür zur Garage und wirft die Kasserolle die Treppe hinunter.

Sie hört sie scheppern, während sie selbst sich nach oben schleicht.

Daniel ist an der Tür zur Garage, lässt sich jedoch nicht täuschen. Er hat ihre Schritte in den oberen Stockwerken gehört. So langsam gehen ihr die Fluchtmöglichkeiten aus. Elin ist völlig außer Atem, sie eilt an der Etage vorbei, auf der sich Vicky verbirgt, und geht langsamer die nächste Treppe hoch, um Daniel in die oberste Etage und fort von dem Mädchen zu locken.

Elin weiß, dass sie nur überleben muss, bis die Polizei kommt, dass sie Daniel bis dahin aufhalten muss, damit er nicht in Vickys Zimmer geht.

Die Treppe hinter ihr knarrt unter Daniels Schritten.

Sie gelangt in das oberste Stockwerk, in dem es fast völlig dunkel ist. Mit schnellen Schritten geht sie zum Kachelofen und nimmt den Feuerhaken aus dem Eisengestell. Die anderen Werkzeuge schlagen klirrend gegeneinander. Elin stellt sich mitten in den Raum und zerschlägt mit einem einzigen Schlag die Deckenlampe. Die große Krone aus Milchglas fällt zu Boden und zersplittert krachend. Scherben schlittern über den Boden, dann ist es still.

Die schweren Schritte auf der Treppe sind das einzige Geräusch.

Elin versteckt sich im Schatten neben einem Bücherregal rechts von der Türöffnung.

Daniel schnauft, als er die letzten Treppenstufen hinaufsteigt. Er hat es nicht eilig, denn er weiß, dass sie aus der obersten Etage nicht fliehen kann.

Elin versucht, möglichst leise zu atmen.

Daniel steht mit der Axt in der Hand auf dem Treppenabsatz, starrt in das dunkle Zimmer hinein und drückt auf den Schalter der Deckenlampe.

Es klickt, aber es passiert nichts. Der Raum bleibt dunkel.

169

Elin steht in der Dunkelheit verborgen und hält den Feuerhaken mit beiden Händen. Das Adrenalin in ihrem Blut lässt sie zittern, aber zugleich fühlt sie sich seltsam stark.

Daniel atmet sanft und bewegt sich sehr vorsichtig in den Raum hinein.

Sie kann ihn nicht sehen, aber unter seinen Schuhen knirscht Glas.

Plötzlich klickt es und einem elektrischen Surren folgt ein knackender Laut. Licht sickert durch die vielen Schlitze zwischen den Lamellen der Jalousie in den Raum. Daniel steht noch an der Tür und wartet, während die Jalousien langsam hochgleiten und Tageslicht den Raum erhellt.

Sie kann sich nirgendwo verstecken.

Er starrt sie an, und sie weicht, den Feuerhaken auf ihn gerichtet, zurück.

Daniel hält die Axt in der rechten Hand, wirft einen kurzen Blick auf sie und kommt dann näher. Sie schlägt nach ihm, aber er weicht ihr aus. Sie atmet keuchend und richtet erneut den Feuerhaken auf ihn. Ihr Fuß brennt, als sie in eine Glasscherbe tritt, trotzdem lässt sie Daniel nicht aus den Augen.

Die Axt wippt in seiner Hand.

Sie schlägt wieder zu, aber er weicht aus.

Seine Augen ruhen unergründlich auf ihr.

Plötzlich macht er eine schnelle Bewegung mit der Axt. Unerwartet und hart. Die flache Seitenfläche des Blatts trifft den

Feuerhaken. Als Metall gegen Metall schlägt, hört man einen dumpfen Ton. Der Feuerhaken erzittert so heftig, dass er ihr aus der Hand geschlagen wird und zu Boden fällt.

Sie kann sich nicht mehr verteidigen, bewegt sich lediglich rückwärts und erkennt gleichsam verblüfft, dass die Sache für sie nicht gut ausgehen wird. Angst durchströmt ihren Körper und macht sie seltsam unbeteiligt, distanziert.

Daniel folgt ihr.

Sie sieht ihm in die Augen, und er begegnet ihrem Blick, aber in seinem Inneren scheint sie nichts auszulösen.

Schließlich steht sie mit dem Rücken zu der großen Fensterfront. Hinter ihr fällt die glatte Betonfassade dreieinhalb Stockwerke zu einem Steinboden mit Gartenmöbeln und Grill ab.

Elins Füße bluten und hinterlassen auf dem hellen Holzfußboden rote, schlurfende Spuren.

Sie kann nicht mehr, steht einfach nur still und denkt, dass sie verhandeln, ihm etwas versprechen, ihn zum Reden bringen sollte.

Daniel atmet schwerer, betrachtet sie einen kurzen Moment, benetzt seine Lippen und geht dann rasch die letzten Schritte auf sie zu, schwingt die Axt und schlägt zu. Instinktiv zieht sie den Kopf weg und die Axt kracht ins Fenster. Sie spürt das dicke Glas hinter ihrem Rücken vibrieren und hört das schneidende Geräusch, als die Scheibe reißt. Daniel hebt erneut die Axt, aber bevor er zuschlagen kann, lehnt Elin sich zurück. Sie presst sich mit ihrem ganzen Gewicht gegen das große Fenster und spürt, dass es nachgibt. Es kribbelt im Bauch. Umgeben von Glas und glitzernden Splittern fällt sie rückwärts durch die Luft. Elin Frank schließt die Augen und spürt nicht einmal, als sie auf der Erde aufschlägt.

Daniel stützt sich mit einer Hand auf den Fensterrahmen und schaut hinab. Immer noch fallen Glassplitter vom Fensterblech. Tief unter ihm liegt Elin. Überall ist Glas. Von ihrem Kopf läuft dunkles Blut auf die Steinplatten.

Daniels Atemzüge werden ruhiger. Sein Hemd ist am Rücken schweißnass. Die Aussicht aus der obersten Etage ist grandios. Ganz in der Nähe erhebt sich der Berg Tyskhuvudet und die Åreskutan mit ihrer Gipfelstation liegt in herbstlichen Dunst gehüllt. Auf der von Åre heraufführenden Straße sieht er plötzlich die Blaulichter einer Reihe von Einsatzfahrzeugen, aber die Straße nach Tegefors ist frei.

170

Als Flora den Namen ihres Bruders aussprach, hatte Joona im selben Moment die richtigen Schlüsse gezogen. Auf dem Weg aus Torkels Haus wählte er Anjas Nummer, und sie meldete sich, während er durch den Garten lief. Als er sich ins Auto setzte, konnte sie ihm bestätigen, dass es sich bei Daniel Grim um den Jungen handelte, der von dem Holzbaron auf Gut Rånne adoptiert worden war.

Daniel Grim war der Junge, der sechsunddreißig Jahre zuvor in Delsbo vor Floras Augen ein kleines Mädchen tötete.

Joona hatte sich in den Wagen gesetzt und Elin Frank angerufen – Daniel hatte sie und Vicky nach Duved begleitet.

Während er darauf wartete, dass Elin sich meldete, verstand er plötzlich, warum Elisabeth Abwehrverletzungen auf der falschen Seite ihrer Hände hatte.

Sie hatte sich die Hände vors Gesicht gehalten.

Daniel hinterlässt keine Zeugen – niemand darf sehen, was er tut.

Nachdem er Elin gewarnt hatte, alarmierte er die Landeseinsatzzentrale und forderte Streifen- und Krankenwagen nach Duved an. Die Hubschrauber waren in Kiruna im Einsatz, und die Einsatzfahrzeuge würden mindestens eine halbe Stunde benötigen, um das Haus zu erreichen.

Joona hatte keine Möglichkeit, selbst rechtzeitig dort zu sein, es lagen mehr als dreihundert Kilometer zwischen Delsbo und Duved.

Er schloss die Autotür und ließ den Wagen an, als sein Chef

Carlos Eliasson anrief und von ihm hören wollte, welche Gründe er dafür hatte, urplötzlich Daniel Grim zu verdächtigen.

»Vor sechsunddreißig Jahren hat er auf exakt dieselbe Art getötet wie bei dem Mädchen im Haus Birgitta«, antwortete Joona und fuhr langsam den Kiesweg hinab.

»Anja hat mir die Bilder von dem Unfall in Delsbo gezeigt«, sagte Carlos seufzend.

»Das war kein Unfall«, widersprach Joona hartnäckig.

»Was bringt dich dazu, eine Verbindung zwischen den beiden Fällen zu sehen?«

»Beide Opfer hielten sich die Hände vors Gesicht, als sie ...«

»Ich weiß, dass Miranda das getan hat«, unterbrach Carlos ihn. »Aber ich sitze hier verflixt nochmal mit den Bildern aus Delsbo. Das Opfer liegt auf einem Laken und ihre Hände sind....«

»Die Körperhaltung wurde verändert, bevor die Polizei eintraf«, sagte Joona.

»Woher weißt du das?«

»Ich weiß es einfach«, antwortete er.

»Ist das jetzt deine übliche Sturheit oder hat dir das diese Hellseherin eingeflüstert?«

»Sie ist eine Augenzeugin«, entgegnete Joona mit einem dunklen finnischen Unterton.

Carlos hatte müde gelacht und dann nur gemeint:

»Es ist sowieso alles verjährt, wir haben eine Staatsanwältin, die für die Ermittlungen gegen Vicky Bennet verantwortlich ist und gegen dich laufen interne Ermittlungen.«

Als Joona schließlich auf die Landstraße 84 eingebogen war und Richtung Sundsvall fuhr, hatte er Kontakt zur Polizei des Westlichen Norrlands aufgenommen und Streifenwagen und Kriminaltechniker angefordert, die sich um Daniel Grims Haus kümmern sollten. Über das Funkgerät hörte er, dass die Polizei von Jämtland damit rechnete, Elin Franks Haus zehn Minuten später zu erreichen.

171

Der erste Streifenwagen hält vor Elin Franks Haus am Hang des Tegefjäll. Einer der Polizisten geht zu dem großen Auto und schaltet den Motor aus, während der zweite seine Waffe zieht und sich der Haustür nähert. Ein weiterer Streifenwagen biegt gefolgt von einem Krankenwagen auf den Kiesplatz.

Das Blaulicht des nächsten Krankenwagens ist bereits auf der steilen Schotterpiste zu sehen. Das große Haus wirkt seltsam verschlossen. Die Fenster werden von matten Metalljalousien verdeckt.

Es herrscht eine beängstigende Stille.

Mit gezogener Waffe gehen zwei Polizisten ins Haus. Ein dritter bleibt davor stehen, während der vierte sich um das Haus herum bewegt. Wachsam steigt er eine breite Treppe aus weißem Beton hinauf.

Das Haus macht einen unbewohnten Eindruck, es ist, als befände man sich in einer abgeschlossenen Schatulle.

Der Polizist gelangt auf eine Terrasse, geht an einer Gruppe Gartenmöbel vorbei und sieht dann das Blut, die Glassplitter und die beiden Menschen.

Er hält inne.

Ein Mädchen mit bleichem Gesicht, gesprungenen Lippen und verfilzten Haaren sieht ihn an. Ihr Blick ist fast schwarz. Sie kniet neben einer leblosen Frau. Um die beiden hat sich eine Blutlache gebildet. Das Mädchen hält die Hand der Frau in ihren beiden Händen. Ihr Mund bewegt sich, aber der Polizist hört erst, was sie sagt, als er näherkommt.

»Sie ist noch warm«, flüstert Vicky. »Sie ist noch warm...«

Der Polizist senkt die Waffe, greift nach dem Funkgerät und ruft die Rettungssanitäter zu sich.

Die Wolken sind grau und kalt, als die Sanitäter schweigend zwei Tragen zu den Verletzten rollen. Sie stellen bei der Frau sofort eine Schädelfraktur fest und heben sie behutsam auf eine Trage, obwohl das Mädchen sie nicht loslässt.

Es hält die Hand der Frau, Tränen kullern seine Wangen herab.

Das Mädchen ist selbst schwer verletzt, blutet stark an Knien und Beinen, nachdem es zwischen den Glasscherben gesessen hat. Ihr Hals ist geschwollen und bläulich schwarz, und ihre Nackenwirbel sind wahrscheinlich auch verletzt, aber sie will sich nicht auf eine Trage legen und hat ganz offensichtlich nicht vor, Elin zu verlassen.

Die Zeit drängt, und die Sanitäter beschließen in aller Hast, dass das Mädchen bei Elin Frank sitzen und ihre Hand halten darf, während sie zunächst nach Östersund fahren, um die Verletzte von dort mit dem Rettungshubschrauber zum Karolinska-Krankenhaus in Stockholm zu transportieren.

172

Joona überquert gerade rostige Eisenbahnschienen, als der Einsatzkoordinator in Duved endlich ans Telefon geht. Er klingt erschüttert und spricht parallel mit jemandem, der sich mit ihm im Einsatzbus aufhält.

»Hier geht es gerade ziemlich drunter und drüber ... aber wir sind vor Ort«, sagt er und hustet.

»Ich muss wissen, ob ...«

»Nein, verdammt ... vor Trångsviken und Strömsund«, brüllt der Einsatzkoordinator jemanden an.

»Leben die beiden?«

»Entschuldigung, aber ich muss dafür sorgen, dass Straßensperren errichtet werden.«

»Ich warte«, sagt Joona und überholt einen Sattelschlepper.

Er hört, dass der Einsatzkoordinator das Telefon weglegt, mit dem Einsatzleiter spricht, sich die Orte für die Sperren bestätigen lässt, zur Kommunikationszentrale zurückkehrt und Streifenwagen dirigiert, um Straßensperren zu errichten.

»Da bin ich wieder«, sagt er schließlich ins Telefon.

»Leben sie?«, wiederholt Joona.

»Das Mädchen ist außer Gefahr, aber die Frau ist ... ihr Zustand ist kritisch, man bereitet eine Notoperation im Krankenhaus von Östersund und die anschließende Verlegung ins Karolinska vor.«

»Und Daniel Grim?«

»Es war sonst keiner mehr im Haus ... wir errichten gerade

Straßensperren, aber wenn er eine der kleineren Straßen nimmt, fehlen uns die nötigen Mittel...«

»Was ist mit Hubschraubern?«, fragt Joona.

»Wir verhandeln mit der Jägertruppe in Kiruna, aber das dauert zu lange«, erwidert der Koordinator mit vor Müdigkeit rauer Stimme.

Joona erreicht die Vororte Sundsvalls und denkt, dass Elin Frank trotz seiner Warnung zu ihrem Haus zurückgefahren ist. Es ist kaum vorstellbar, was sie getan hat, aber sie ist offensichtlich rechtzeitig zurückgekommen.

Elin ist schwer verletzt, aber Vicky lebt noch.

Jetzt besteht die Möglichkeit, dass Daniel Grim an einer der Straßensperren gestoppt wird. Vor allem, falls ihm nicht bewusst sein sollte, dass nach ihm gefahndet wird. Aber wenn er ihnen durch die Finger schlüpft, kann er frühestens in zwei Stunden zu Hause sein, und bis dahin muss die Polizei ihm eine Falle gestellt haben.

Außerdem muss vorher eine erste kriminaltechnische Untersuchung des Hauses durchgeführt worden sein, denkt Joona.

Er geht vom Gas und hält in der Bruksgatan hinter einem Streifenwagen. Die Tür zu Daniel Grims Haus steht weit offen, zwei Schutzpolizisten erwarten ihn im Flur.

»Das Haus ist leer«, berichtet der eine. »Nichts Ungewöhnliches.«

»Ist der Kriminaltechniker unterwegs?«

»Geben Sie ihm noch zehn Minuten.«

»Ich schaue mich mal um«, sagt Joona und geht an ihnen vorbei.

Joona dreht rasch eine Runde durchs Haus, allerdings ohne zu wissen, wonach er eigentlich sucht. Er schaut in Kleiderschränke, zieht Schubladen heraus, öffnet hastig die Tür zu einer Kammer voller Weinflaschen, geht in die Küche, untersucht den Besenschrank, Schubladen, Kühl- und Gefrierschrank, läuft in die obere

Etage hinauf und reißt die Tagesdecke im Tigermuster herunter, wälzt die ganze Matratze fort, öffnet die Kleiderkammer, schiebt Elisabeths Kleider zur Seite und klopft gegen die Wand, tritt alte Schuhe fort und zieht einen Karton mit Weihnachtsschmuck heraus, geht ins Badezimmer, schaut in den Schrank zwischen Rasierwasser, Pillendosen und Make-up, geht bis in den Keller hinunter, sieht die Werkzeuge an der Wand durch, drückt die Klinke der abgeschlossenen Tür zum Heizungskeller herunter, zieht den Rasenmäher fort, hebt den Deckel des Bodenabflusses an, schaut hinter die Säcke mit Blumenerde und geht anschließend wieder hoch.

Er bleibt mitten im Haus stehen und blickt durch das Fenster zum Garten und zur Hollywoodschaukel hinaus. In der anderen Richtung steht die Haustür offen, und Joona sieht, dass die beiden Polizisten am Auto warten.

Joona schließt die Augen und denkt an die Luke in der Decke des Schlafzimmers, die zum Speicher hinaufführte, an die abgeschlossene Tür zum Heizungskeller und daran, dass das Weinlager unter der Treppe größer hätte sein müssen.

Auf der schmalen Tür unter der Treppe hängt ein altes Schild mit der Aufschrift »Ernst und Scherz«. Er öffnet sie und blickt in das Weinlager. Etwa hundert Flaschen liegen in kleinen Fächern in einem hohen Holzregal. Man erkennt deutlich, dass sich dahinter ein Hohlraum befindet. Mindestens dreißig Zentimeter zwischen der Rückseite des Regals und der Hauswand. Er zieht an dem Regal, räumt an den Seiten Flaschen weg und findet links unten und oben einen Riegel. Vorsichtig lässt er das schwere Regal auf seinen Scharnieren aufschwingen. Der Geruch von Staub und Holz schlägt ihm entgegen. Der Raum dahinter ist praktisch leer, aber auf dem Boden steht ein Schuhkarton mit einem aufgemalten Herzen auf dem Deckel.

Joona zieht sein Handy heraus, fotografiert den Karton und zieht sich anschließend saubere Latexhandschuhe an.

173

Als Joona vorsichtig den Deckel von dem Karton hebt, sieht er als Erstes ein Foto von einem Mädchen mit rotblonden Haaren. Es ist nicht Miranda. Es ist ein anderes, ungefähr zwölf Jahre altes Mädchen.

Sie hat sich dem Fotografen zugewandt und hält sich die Hände vors Gesicht.

Es ist nur ein Spiel – ihr Mund ist fröhlich, und man sieht die leuchtenden Augen zwischen den Fingern.

Joona hebt die Aufnahme vorsichtig hoch und findet eine getrocknete Hagebuttenblüte.

Auf dem nächsten Bild sitzt ein Mädchen auf einer braunen Couch und isst Chips. Sie schaut mit fragendem Blick in die Kamera.

Joona dreht einen Glanzbildengel um und sieht, dass jemand mit einem Goldstift auf die Rückseite Linda S geschrieben hat.

Auf einem Stapel Fotografien, der von einem Gummi zusammengehalten wird, liegt eine hellbraune Locke, eine Seidenbandschleife und ein billiger Ring mit einem Plastikherzen.

Er blättert in den Bildern von verschiedenen Mädchen, die in irgendeiner Weise alle an Miranda erinnern, wenngleich die meisten wesentlich jünger sind. Auf manchen Fotos haben sie die Augen geschlossen oder halten sich die Hände vor die Augen.

Ein kleines Mädchen in einem rosa Ballettkleid und rosa Stulpen bedeckt sein Gesicht.

Joona dreht das Foto um und liest »Geliebte Sandy«. Rund um die beiden Worte sind mit rotem und blauem Stift eine Menge Herzen gezeichnet.

Ein Mädchen mit kurzen Haaren blickt unverwandt in die Kamera und schneidet eine schlecht gelaunte Grimasse. In die glänzende Fläche des Fotos hat jemand ein Herz und den Namen Euterpe geritzt.

Auf dem Boden des Kartons liegen ein geschliffener Amethyst, einige getrocknete Blütenblätter einer Tulpe, Bonbons und ein Zettel, auf den ein Kind geschrieben hat: Daniel + Emilia.

Joona zieht sein Handy heraus, hält es eine Weile in der Hand, betrachtet die Fotos und ruft Anja an.

»Ich habe nichts«, sagt sie. »Ich weiß ja nicht einmal, wonach ich suche.«

»Todesfälle«, erwidert Joona, den Blick auf ein Mädchen mit Händen vor dem Gesicht gerichtet.

»Ja, aber es tut mir leid... Daniel Grim hat als Therapeut in sieben verschiedenen Einrichtungen für problematische Jugendliche im Westlichen Norrland und in den Provinzen Gävleborg und Jämtland gearbeitet. Er ist nicht vorbestraft und wurde nie eines Verbrechens beschuldigt. Es liegen keine internen Anzeigen gegen ihn vor... nicht einmal Abmahnungen.«

»Verstehe«, sagt Joona.

»Bist du sicher, dass du den richtigen Mann hast? Ich habe mal verglichen... In seiner Zeit ist die Sterblichkeit in den Einrichtungen sogar niedriger als im Durchschnitt.«

Joona betrachtet erneut die Fotos, die vielen Blumen und Herzen. Das alles könnte so schön sein, wenn ein kleiner Junge den Karton versteckt hätte.

»Gibt es irgendetwas Seltsames oder Unerwartetes?«

»In den verschiedenen Einrichtungen hat er im Laufe der Jahre mit etwas mehr als zweihundertfünfzig Mädchen gearbeitet.«

Joona atmet tief durch.

»Ich habe sieben Vornamen«, erklärt er. »Der ungewöhnlichste ist Euterpe. Findest du jemanden namens Euterpe?«

»Euterpe Papadias«, sagt Anja. »Selbstmord in einer Kurzzeitunterbingung in Norrköping. Aber Daniel Grim hatte keine Verbindung zu der Einrichtung...«

»Bist du sicher?«

»Vor der Verlegung in die Einrichtung Fyrbyl steht hier nur kurz gefasst etwas über ihr bipolares Krankheitsbild, ihr selbstverletzendes Verhalten und zwei ernstzunehmende Selbstmordversuche.«

»Ist sie aus dem Haus Birgitta dorthin gekommen?«, fragt Joona.

»Ja, sie wurde im Juni 2009 verlegt... und am zweiten Juli desselben Jahres, also nur zwei Wochen später, wurde sie mit aufgeschnittenen Pulsadern in der Dusche gefunden.«

»Aber Daniel Grim arbeitete dort nicht?«

»Nein«, antwortet Anja.

»Hast du ein Mädchen, das Sandy heißt?«

»Ja, zwei... vor sieben Jahren als vermisst gemeldet, nachdem sie in Sollefteå wieder ganz normal in die Schule ging...«

»Alle sterben an anderen Orten«, sagt Joona mit Nachdruck.

»Aber... hat er das etwa getan?«, sagt Anja leise.

»Ja, ich glaube schon«, antwortet Joona.

»Großer Gott...«

»Findest du etwas über ein Mädchen namens Emilia?«

»Ich... ich habe hier eine Emilia Larsson, die das Haus Birgitta verließ... Es gibt ein Foto... ihre Arme sind von den Handgelenken bis zu den Armbeugen aufgeschnitten... er muss ihre Arme aufgeschnitten und sie daran gehindert haben, um Hilfe zu rufen, die Tür blockiert und einfach zugesehen haben, wie sie verblutete.«

Joona geht hinaus und setzt sich ins Auto. Die Welt hat ihm wieder ihre finstere Seite gezeigt, und in seinem Inneren weht große Trauer heran wie ein eisiger Wind.

Er sieht die schönen Bäume, atmet tief durch und denkt, dass die Polizei Daniel Grim jagen wird, bis er gefasst ist.

Auf der Europastraße 4 spricht Joona mit dem Einsatzkoordinator in Duved und erfährt, dass die Straßensperren noch zwei Stunden Bestand haben werden, die Polizei jedoch kaum noch Hoffnung hat, Daniel Grim mit ihrer Hilfe stellen zu können.

Joona denkt an den Karton mit Fotografien von Mädchen, die Daniel Grim ausgewählt hat. Er scheint kindliche Liebe für sie empfunden zu haben. Zwischen den Bildern lagen Herzen, Blumen und kleine Nachrichten.

Seine kleine Sammlung war rosa und hell, die Wirklichkeit dagegen ein Albtraum.

Die Mädchen in den Betreuungseinrichtungen und Jugendheimen waren eingeschlossen, möglicherweise auch mit Gurten fixiert oder nahmen starke Medikamente, als er sich ihnen aufzwang.

Er war der Einzige, mit dem sie reden konnten.

Keiner hörte ihnen zu, und keiner würde sie vermissen.

Er hat Mädchen mit selbstverletzendem Verhalten und so vielen Selbstmordversuchen ausgewählt, dass die Angehörigen aufgegeben hatten und sie bereits als tot betrachteten.

Miranda bildete eine Ausnahme. Sie tötete er vor Ort, in Panik. Kam es zu dem Mord, weil sie glaubte, schwanger zu sein?

Joona denkt an die Mädchennamen, denen Anja nachgegangen ist. Mit dieser Verbindung wird die Polizei ihm eine Reihe von Morden nachweisen können. Es wird endlich möglich sein, diese abgeschriebenen Todesfälle aufzuklären und die Mädchen zu rehabilitieren.

DIE ERINNERUNGEN AN TORKEL EKHOLMS EHEFRAU werden sichtbar in den Stoffen, in den handgefertigten Stickereien, in der abgewetzten Tischdecke. Mittlerweile sind die gestickten Säume der Vorhänge jedoch schmutzgrau und Torkels Hosen an den Knien fadenscheinig geworden.

Der alte Polizist hat sein Medikament aus einer Dosierungsbox genommen und ist anschließend mit Hilfe des Rollators langsam zur Küchenbank gegangen.

Die Wanduhr tickt scharrend und schwerfällig. Auf dem Tisch vor Flora liegen Torkels gesammelte Notizen, der Zeitungsausschnitt über den Unfall und die kleine Todesanzeige.

Der alte Mann erzählt Flora möglichst viel über Holzbaron Rånne, das Gut der Familie, die Waldwirtschaft und Äcker, über die Kinderlosigkeit des Paars und die Adoption von Flora und ihrem Bruder Daniel. Er erzählt von Ylva, der Tochter des Vorarbeiters, die tot unter dem Glockenturm gefunden wurde, und von dem Schweigen, das in Delsbo um sich griff.

»Ich war damals noch so klein«, sagt Flora. »Ich habe nicht geglaubt, dass es Erinnerungen waren, ich dachte, diese Kinder wären Fantasievorstellungen...«

Flora erinnert sich, dass sie glaubte, allmählich wahnsinnig zu werden, nachdem sie von den Morden im Haus Birgitta gehört hatte. Immer wieder musste sie daran denken, was dort geschehen war, an das Mädchen, das sein Gesicht hinter den Händen verbarg. Sie träumte von ihr und sah sie überall.

»Aber Sie waren da«, sagt er.

»Ich versuchte zu erzählen, was Daniel getan hatte, aber alle wurden nur furchtbar wütend auf mich ... Als ich sagte, was passiert war, nahm Vater mich in sein Büro mit und meinte, dass alle Lügner in einem See aus Feuer brennen werden.«

»Endlich habe ich meine Zeugin gefunden«, sagt der alte Polizist ruhig.

Flora entsinnt sich, wie sehr sie sich davor fürchtete zu verbrennen, und dass ihre Haare und Kleider Feuer fangen würden. Sie glaubte, dass ihr ganzer Körper schwarz und trocken wie das Brennholz im Kamin werden würde, wenn sie erzählte, was Daniel getan hatte.

Torkel wischt mit der Hand bedächtig Krümel vom Tisch.

»Was ist mit dem Mädchen passiert?«, fragt er.

»Ich weiß, dass Daniel Ylva mochte ... er wollte immer ihre Hand halten, schenkte ihr Himbeeren ...«

Sie verstummt und sieht erneut die seltsamen gelben Erinnerungsfetzen schimmern, als würden sie gerade Feuer fangen.

»Wir haben Augen zu gespielt«, fährt sie fort. »Als Ylva die Augen schloss, küsste er sie auf den Mund ... sie machte die Augen auf, lachte und sagte, jetzt würde sie ein Kind bekommen. Ich lachte, aber Daniel wurde ... er meinte, dass wir nicht gucken dürften ... und ich hörte, dass seine Stimme ganz seltsam klang. Ich habe zwischen den Fingern hindurchgespinkst, wie ich es immer machte, und sah, dass Daniel einen Stein aufhob und sie schlug und schlug ...«

Torkel seufzt schwer und legt sich auf die schmale Küchenbank: »Ich sehe Daniel manchmal, wenn er auf Rånne zu Besuch ist ...«

Als der alte Polizist eingeschlafen ist, geht Flora zu ihm, hebt vorsichtig den Elchstutzen von der Wand und verlässt das Haus.

FLORA GEHT MIT DEM SCHWEREN GEWEHR im Arm die schmale Allee zum Gutshof Rånne hinauf. In den gelblich verfärbten Baumwipfeln sitzen schwarze Vögel.

Es kommt ihr so vor, als ginge Ylva neben ihr. Sie erinnert sich, dass sie hier mit Daniel herumlief.

Flora dachte, es wäre ein Traum gewesen. Das schöne Haus, in das sie kommen durften, mit eigenen Schlafzimmern und geblümten Tapeten. Sie weiß jetzt wieder alles. Die Erinnerungen sind aus der Tiefe aufgestiegen, sie sind in der schwarzen Erde begraben gewesen, stehen ihr nun jedoch wieder klar und deutlich vor Augen.

Der alte Hof mit seinem Kopfsteinpflaster hat sich kaum verändert. In der Garageneinfahrt stehen einige glänzende Autos. Sie geht die große Eingangstreppe hinauf, öffnet die Tür und tritt ein.

Es ist ein seltsames Gefühl, sich mit einer geladenen Waffe in den Händen durch das vertraute Haus zu bewegen.

Unter riesigen Kronleuchtern, über dunkle, persische Teppiche zu gehen.

Noch hat sie keiner gesehen, aber aus dem Esszimmer dringen gedämpfte Stimmen zu ihr hinaus.

Sie durchquert die vier hintereinanderliegenden Salons und sieht bereits von Weitem, dass sie am Tisch sitzen.

Sie ändert den Griff, legt den Lauf der Waffe in die Armbeuge, umfasst den Kolben und platziert den Finger auf dem Abzug.

Ihre frühere Familie speist, macht Konversation und schaut nicht in ihre Richtung.

In hohen Vasen in den Fensternischen stehen frische Schnittblumen. Sie erahnt aus den Augenwinkeln eine Bewegung, fährt mit erhobener Waffe herum und sieht ihr eigenes Spiegelbild. Da steht sie in einem riesigen, unebenen Spiegel, der vom Boden bis zur Decke geht und zielt auf sich selbst. Ihr Gesicht ist fast grau und der Blick roh und wüst.

Das Gewehr nach vorn gerichtet, geht sie durch den letzten Salon und betritt das Esszimmer.

Der Tisch ist mit Erntegaben geschmückt: kleine Weizengarben, Traubenrispen, Pflaumen und Kirschen.

Flora fällt ein, dass es der Tag des Dankfests ist.

Die Frau, die einmal ihre Mutter war, sieht hager und kläglich aus. Sie isst langsam und zitternd, mit einer auseinandergefalteten Serviette im Schoß.

Zwischen den Eltern sitzt ein Mann in ihrem Alter. Sie erkennt ihn nicht wieder, begreift aber, wer er sein muss.

Flora bleibt vor dem Tisch stehen, und der Fußboden knarrt unter ihren Füßen.

Der Vater sieht sie als Erster.

Als der alte Mann sie entdeckt, überkommt ihn eigentümliche Ruhe. Er lässt sein Besteck sinken und richtet sich auf, als wollte er sie eingehend mustern.

Die Mutter folgt dem Blick des Vaters und blinzelt einige Male, als die Frau mittleren Alters mit dem glänzenden Gewehr aus der Dunkelheit tritt.

»Flora«, sagt die alte Frau und lässt ihr Messer fallen. »Bist du das, Flora?«

Sie steht mit dem Gewehr vor dem gedeckten Tisch und bekommt keine Antwort heraus, schluckt nur hart, sieht der Mutter flüchtig in die Augen und wendet sich dem Vater zu.

»Warum kommst du mit einer Waffe zu uns?«, fragt er.

»Du hast mich zu einer Lügnerin gemacht«, antwortet sie.

Der Vater lächelt kurz und freudlos. Die Falten in seinem Gesicht wirken verbittert.

»Wer lügt, wird in einen See aus Feuer geworfen«, sagt er müde.

Sie nickt und zögert einige Sekunden, ehe sie ihre Frage stellt: »Wusstest du, dass es Daniel war, der Ylva getötet hat?«

Der Vater wischt sich mit der weißen Stoffserviette bedächtig den Mund ab.

»Wir sahen uns damals gezwungen, dich fortzuschicken, weil du so schrecklich gelogen hast«, sagt er. »Und jetzt kommst du zurück und lügst wieder.«

»Ich lüge nicht.«

»Du hast es damals zugegeben, Flora ... du hast mir gegenüber zugegeben, dass du dir das Ganze nur ausgedacht hast«, sagt er leise.

»Ich war vier, und du hast mich angeschrien, meine Haare würden verbrennen, wenn ich nicht zugäbe, dass ich lüge, du hast mich angeschrien, dass mein Gesicht schmelzen und das Blut kochen würde ... also habe ich gesagt, ich hätte gelogen, und dann habt ihr mich fortgeschickt.«

176

Flora blinzelt ihren Bruder an, der am Esszimmertisch im Gegenlicht sitzt. Es lässt sich nicht erkennen, ob er ihrem Blick begegnet, seine Augen sind wie gefrorene Brunnen.

»Geh jetzt«, sagt der Vater und isst weiter.

»Nicht ohne Daniel«, entgegnet sie und zeigt mit dem Gewehr auf ihn.

»Das war nicht seine Schuld«, sagt die Mutter schwach. »Ich war es, die…«

»Daniel ist ein guter Sohn«, unterbricht der Vater sie.

»Ich sage auch gar nichts anderes«, entgegnet die Mutter. »Aber er… Du erinnerst dich nicht, aber an dem Abend, bevor das alles passierte, saßen wir zusammen und sahen eine Theatervorstellung im Fernsehen. Es lief Strindbergs Fräulein Julie, sie verzehrt sich doch so fürchterlich nach diesem Knecht… und da habe ich gesagt, dass es besser wäre…«

»Was ist denn das für dummes Zeug«, unterbricht der Vater sie.

»Ich denke jeden Tag daran zurück«, fährt die alte Frau fort. »Es war meine Schuld, denn ich sagte, dass es für das Mädchen besser wäre zu sterben, als schwanger zu werden.«

»Jetzt hör aber auf.«

»Und als ich das sagte, da… da sah ich, dass der kleine Daniel gerade hereingekommen war und mich anstarrte«, erklärt sie mit Tränen in den Augen. »Aber ich habe doch über Strindbergs Stück gesprochen…«

Sie hebt mit heftig zitternden Händen ihre Serviette an.

»Nach der Sache mit Ylva ... seit dem Unglück war eine ganze Woche vergangen, es war Abend, und ich wollte mit Daniel das Abendgebet sprechen ... Da erzählte er mir, dass Ylva schwanger geworden war. Er war doch erst sechs und konnte es nicht verstehen.«

Flora sieht ihren Bruder an, der seine Brille auf der Nase hochschiebt und seine Mutter anstarrt. Es ist ihm nicht anzusehen, was in ihm vorgeht.

»Du wirst mich jetzt zur Polizei begleiten und die Wahrheit sagen«, erklärt Flora an Daniel gewandt und zielt mit dem Gewehr auf seinen Brustkorb.

»Wozu soll das gut sein?«, fragt die Mutter. »Es war ein Unglück.«

»Wir haben gespielt«, sagt Flora, ohne sie anzusehen. »Aber es war kein Unglück ...«

»Er war nur ein Kind«, herrscht der Vater sie an.

»Das stimmt, aber jetzt hat er wieder getötet ... er hat im Haus Birgitta zwei Menschen umgebracht. Das Mädchen war erst vierzehn und wurde mit den Händen vor dem Gesicht gefunden und ...«

»Du lügst«, schreit der Vater und schlägt mit der Faust auf den Tisch.

»Ihr lügt«, sagt Flora leise.

Daniel steht auf. In seinem Gesicht regt sich etwas. Vielleicht ist es Grausamkeit, aber es sieht eher aus wie Ekel und Angst. Gemischte Gefühle. Ein Messer hat zwei Seiten, aber nur eine ist scharf.

Seine Mutter fleht und versucht, Daniel festzuhalten, aber er nimmt ihre Hände fort und sagt etwas, was Flora nicht hören kann.

Es klingt, als würde er über sie fluchen.

»Wir gehen«, sagt Flora zu Daniel.

Vater und Mutter starren sie an. Es gibt nichts mehr zu sagen. Sie verlässt mit ihrem Bruder das Esszimmer.

177

Flora und Daniel verlassen das Gutshaus, steigen die breite Steintreppe hinunter, überqueren den Hof, gelangen auf den Kiesweg und gehen an einem freistehenden Gebäudeflügel vorbei zu einigen Wirtschaftsgebäuden.

»Geh weiter«, murmelt sie, als er ihr zu langsam wird.

Sie bewegen sich auf dem Kiesweg um die große rote Scheune herum und erreichen das Feld. Flora hält das Gewehr auf Daniels Rücken gerichtet und denkt daran, dass sie begonnen hat, sich an Fragmente aus ihren zwei Jahren auf dem Gutshof zu erinnern, es aber auch eine Zeit davor gegeben hat, die vollkommen schwarz ist und in der sie mit Daniel in einem Kinderheim lebte.

Ganz am Anfang muss es jedoch auch eine Zeit gegeben haben, in der sie bei ihrer Mutter waren.

»Willst du mich erschießen?«, fragt Daniel sanft.

»Das könnte ich durchaus tun«, antwortet sie. »Aber ich möchte, dass wir zur Polizei gehen.«

Zwischen den schweren Regenwolken kommt die Sonne heraus und blendet sie für einen Moment. Als die weißen Reflexe spärlicher werden, spürt sie, dass ihre Hände verschwitzt sind. Am liebsten würde sie die Handflächen an ihrer Hose trocken reiben, traut sich aber nicht, das Gewehr anders zu greifen.

In der Ferne krächzt eine Krähe.

Sie kommen an zwei Traktorreifen und einer alten Badewanne im Gras vorbei, folgen dem Kiesweg, der in einer weiten Kurve um die große, leere Scheune herumführt. Schweigend gehen sie an hohen Nesseln und verblühtem Feuerkraut entlang um eine Mauer herum, an der Säcke mit Blähtonkugeln gestapelt stehen.

Es ist ein weiter Umweg, um den riesigen Acker zu erreichen.

Als sie die Rückseite der großen Scheune erreichen, verschwindet die Sonne hinter ihr.

»Flora«, murmelt er erstaunt.

Ihre Arme werden langsam müde, und die Muskeln zittern.

Weit voraus erahnt man die Straße nach Delsbo als Bleistiftstrich über die gelben Felder.

Flora stößt Daniel mit dem Gewehrlauf zwischen die Schulterblätter, und sie gehen gemeinsam auf den trockenen Platz an der Scheune.

Sie wischt sich hastig den Schweiß von der Hand und legt den Finger wieder auf den Abzug.

Daniel bleibt stehen und wartet auf die Berührung des Laufs, ehe er an einem Betonfundament mit eingegossenen Ringen aus rostigem Eisen vorbei weitergeht.

Entlang der rissigen Kante wächst Unkraut.

Daniel hinkt inzwischen und wird immer langsamer.

»Schön weitergehen«, sagt Flora.

Er streckt die Hand aus und lässt sie durch das hohe Unkraut gleiten. Ein Schmetterling fliegt auf und tänzelt durch die Luft.

»Ich habe mir gedacht, dass wir hier stehen bleiben könnten«, sagt er und wird langsamer. »Hier war nämlich der alte Schlachtplatz, als wir noch Vieh hatten ... erinnerst du dich an das Bolzenschussgerät und wie sie die Tiere schlugen?«

»Wenn du stehen bleibst, schieße ich«, sagt sie und spürt, dass ihr Finger am Abzug zittert.

Daniel greift nach einer rosafarbigen, glockenförmigen Blüte und zieht sie vom Stängel ab, bleibt stehen, dreht sich zu Flora um und will ihr die Blume geben.

Sie weicht zurück, denkt, dass sie schießen muss, kommt aber nicht mehr dazu. Daniel hat bereits den Lauf gepackt und reißt das Gewehr an sich.

Flora ist so verblüfft, dass sie nicht einmal rechtzeitig zurückspringt, als er ihr mit dem Kolben gegen die Brust schlägt, so dass sie auf den Rücken fällt. Sie ringt nach Luft, hustet, tastet mit der Hand um sich und steht wieder auf.

Sie stehen sich gegenüber. Daniel betrachtet sie mit verträumten Augen.

»Du hättest vielleicht lieber nicht gucken sollen«, sagt er.

Mit einer schlaffen Bewegung senkt er das Gewehr, so dass der Lauf nach unten zeigt. Sie weiß nicht, was sie erwidern soll. Als ihr bewusst wird, dass sie an diesem Ort wahrscheinlich sterben wird, wird ihr vor Angst ganz flau.

Über dem Unkraut fliegen kleine Insekten.

Daniel hebt das Gewehr wieder an und begegnet ihrem Blick. Er setzt die Mündung auf ihren rechten Oberschenkel, und es wirkt fast absichtslos, als er die Waffe plötzlich abfeuert.

Der Knall ist so laut, dass die Ohren hinterher klingeln.

Das Vollmantelgeschoss durchschlägt Floras Oberschenkelmuskel, und sie spürt im Grunde keinen Schmerz, nur eine Art Krampf.

Der Rückstoß lässt Daniel einen Schritt zurückweichen, und er sieht Flora fallen, als sie sich nicht mehr auf das Bein stützen kann.

Sie versucht, den Sturz abzufedern, schlägt jedoch mit Hüfte und Wange auf, bleibt einen Moment auf der Seite liegen und riecht den Geruch von Grashalmen und Schießpulver.

»Jetzt halt dir die Hände vors Gesicht«, sagt er und richtet das Gewehr auf ihr Gesicht.

Flora bleibt auf der Seite liegen, aus ihrem Oberschenkel pulsiert Blut. Sie richtet den Blick auf die große Scheune. Ihr wird kurz schwarz vor Augen, und ihr ist schlecht, die Landschaft mit den gelben Feldern und der hohen roten Scheune dreht sich um sie, als führe sie Karussell.

Ihr Herz schlägt so schnell, dass ihr das Atmen schwerfällt. Sie hustet und muss tief Luft holen.

Daniel steht im Gegenlicht über ihr. Er presst das Gewehr gegen ihre Schulter, so dass sie auf den Rücken fällt. Ein fürchterlicher Schmerz im Oberschenkel lässt sie unwillkürlich wimmern. Er betrachtet sie und sagt etwas, was sie nicht versteht.

Sie versucht, den Kopf zu heben, und ihr Blick schweift über den Erdboden, über das Unkraut und das Betonfundament mit den eisernen Ringen.

Daniel bewegt das Gewehr über ihren Körper. Richtet es auf ihre Stirn, folgt der Nase zum Mund hinab.

Sie spürt das warme Metall auf Lippen und Kinn. Ihr Atem geht sehr schnell. Warmes Blut strömt aus dem pochenden Oberschenkel. Sie blickt in den hellen Himmel hinauf, zum First der Scheune hinüber, blinzelt und versucht zu verstehen, was sie dort sieht. Ein Mann läuft in der großen Scheune, hinter der von Schlitzen durchbrochenen Bretterwand, durch das gestreifte Licht.

Sie versucht, etwas zu sagen, aber ihre Stimme versagt.

Die Mündung des Gewehrs ist jetzt auf ihr Auge gerichtet und sie schließt beide, spürt den prüfenden Druck auf Lid und Augapfel und hört den lauten Knall nicht einmal.

178

Joona ist in südlicher Richtung von Sundsvall nach Hudiksvall gefahren und hat anschließend die Landstraße 84 Richtung Delsbo genommen. In diesen vierzig Minuten sind ihm Daniel Grim und sein Karton nicht eine Sekunde aus dem Kopf gegangen.

Auf den ersten Blick erscheint der Inhalt fast unschuldig. Vielleicht hat die Anfangsphase nur an eine Schwärmerei mit kurzen Küssen, Blicken und sehnsuchtsvollen Worten erinnert.

Wenn die Mädchen jedoch woanders hinkamen, hat Daniel ohne zu zögern seine andere Seite gezeigt. Er hat gewartet, sie dann heimlich aufgesucht und ermordet. Ihr Tod ist selten unerwartet gekommen. Er hat ihnen eine Überdosis Schlafmittel verabreicht, wenn es ins Gesamtbild passte, und denen die Schlagadern aufgeschnitten, die sich zuvor geritzt hatten.

Die Betreuungseinrichtungen für Jugendliche privater Träger werden gewinnorientiert betrieben und sind wahrscheinlich darauf bedacht gewesen, die Todesfälle unter den Teppich zu kehren, um Nachforschungen der Jugendämter zu verhindern.

Kein Mensch hat jemals eine Verbindung zum Haus Birgitta und Daniel Grim hergestellt.

Bei Miranda ist es jedoch anders gewesen. Bei ihr wich er von seinem Handlungsmuster ab, was wahrscheinlich daran lag, dass er in Panik geriet, weil Miranda glaubte, schwanger zu sein.

Vielleicht drohte sie ihm, ihn bloßzustellen.

Das hätte sie nicht tun sollen, denn den Gedanken an Zeugen

erträgt Daniel nicht. Er hat stets dafür gesorgt, die Mädchen loszuwerden, eine nach der anderen.

Mit großem Unbehagen ruft Joona Torkel Ekholm an, sagt ihm, dass er in zehn Minuten da sein wird und erkundigt sich, ob Flora bereit ist, mit ihm heimzufahren.

»Mein Gott, ich bin wohl eingeschlafen«, sagt der alte Polizist. »Geben Sie mir eine Sekunde.«

Joona hört Torkel das Telefon weglegen, husten und durchs Zimmer schlurfen. Er fährt bereits über die Brücke bei Badhusholmen, als der alte Mann wieder nach dem Telefon greift.

»Flora ist verschwunden«, sagt er. »Und die Büchse ist fort...«
»Wissen Sie, wo sie hin ist?«

Es wird kurz still am anderen Ende der Leitung. Joona denkt an das kleine Häuschen und den Küchentisch mit den Bildern und Notizen.

»Vielleicht zum Gutshof«, antwortet Torkel.

Statt geradeaus nach Ovanåker und zu Torkels Haus zu fahren, biegt Joona jäh rechts auf die Straße 743 und gibt Gas. Er nimmt Kontakt zur Einsatzzentrale auf und fordert Verstärkung und einen Krankenwagen an. Auf der kurzen Strecke parallel zum Wasser beschleunigt er den Wagen auf einhundertachtzig Stundenkilometer, ehe er abbremsen, rechts abbiegen und zwischen den Torpfosten hindurch auf die schmale Straße fahren muss, die zum Gut Rånne führt.

Der Kies prasselt unter dem Auto, und die Reifen donnern über Schlaglöcher hinweg.

In der Ferne sieht das große weiße Gebäude aus wie eine verschnörkelte Skulptur aus Eis, doch je näher er kommt, desto dunkler wirkt es.

Joona macht eine Vollbremsung und lässt den Wagen auf dem Hof vor dem Gutshaus stehen. Er ist von aufgewirbeltem Staub umgeben und läuft zum Hauseingang hinauf, als er in der Ferne plötzlich zwei Gestalten sieht, die gerade um eine

Mauer herumgehen und hinter einer großen roten Scheune verschwinden.

Obwohl er sie nur für Sekundenbruchteile sehen konnte, begreift Joona sofort, was er gesehen hat: Flora, die hinter Daniel ging und das Gewehr auf seinen Rücken gerichtet hielt. Sie hat vor, ihn über den Acker zu führen, um so den kürzesten Weg zur Straße nach Delsbo zu nehmen.

Joona läuft den Kiesweg hinunter, an dem Gebäudeflügel vorbei und die Böschung linker Hand des Schuppens hinab.

Flora kommt Daniel viel zu nah, denkt er. Ihr Bruder wird ihr problemlos das Gewehr abnehmen können. Sie ist nicht bereit zu schießen, sie will nicht schießen, sie will nur, dass die Wahrheit ans Licht kommt. Joona springt über die Reste einer alten Feldmauer, stolpert in dem losen Untergrund der Grasböschung, verliert aber nicht das Gleichgewicht.

Er versucht, durch die roten Wände der Scheune zu sehen. Die schwarzen Tore stehen offen. Sonnenlicht flimmert zwischen den Brettern.

Er läuft gerade an einem rostigen Benzintank vorbei auf die riesige Scheune zu, als er den Schuss hört. Das Echo wird zwischen den Wänden der Gebäude hin und her geworfen und verliert sich über den Äckern.

Daniel muss Flora übermannt haben.

Der Weg um die Scheune und die Mauer herum ist zu lang. Die Zeit ist zu knapp. Vielleicht ist es sogar schon zu spät.

179

Joona zieht seine Pistole und läuft in die leere Scheune. Die lückenhaften Bretterreihen flirren, Licht rieselt von allen Seiten herein. Bis zum First sind es ungefähr sieben Meter. Die Schlitze leuchten und formen einen riesigen Käfig aus Licht.

Joona läuft über den trockenen Erdboden der Scheune, sieht das gelbe Feld zwischen den Brettern aufblitzen und die beiden Gestalten auf der Rückseite des Gebäudes.

Flora liegt vollkommen regungslos auf der Erde, und Daniel steht über ihr und hat das Gewehr auf ihr Gesicht gerichtet.

Joona bleibt stehen und hebt mit gestrecktem Arm seine Pistole. Die Distanz ist eigentlich zu groß. Durch die Spalten zwischen den Brettern sieht er Daniel, als dieser den Kopf schieflegt und die Gewehrmündung auf Floras Auge presst.

Es geht alles furchtbar schnell.

Das Korn der Pistole zittert vor Joonas Blick. Er zielt auf Daniels Rumpf, folgt seiner Bewegung und drückt ab.

Es knallt, der Rückstoß fährt durch seinen Arm, Pulverspritzer brennen auf seiner Hand.

Die Pistolenkugel fliegt genau zwischen zwei Brettern hindurch. Im Licht des Schlitzes wirbelt eine kleine Staubwolke auf.

Joona bleibt nicht stehen, um sich zu vergewissern, ob er getroffen hat, sondern läuft weiter durch die Scheune. Er kann die beiden Gestalten nicht mehr sehen. Das Licht zwischen den Brettern huscht vorbei. Joona tritt eine schmale Hintertür auf, rennt mit großen Schritten in das taillenhohe Unkraut und stolpert auf den Platz hinter der Scheune.

Daniel hat das Gewehr fallen lassen, er konnte die Waffe kein zweites Mal abfeuern. Die Kugel aus Joonas Pistole traf seinen Körper, bevor er schießen konnte.

Daniel geht über den Platz auf das riesige Feld zu und hält eine Hand gegen seinen Bauch gepresst. Zwischen seinen Fingern fließt Blut auf seine Hose herab. Er hört Joona hinter sich, dreht sich taumelnd um und macht eine Geste zu Flora hin, die auf dem Rücken liegt und keuchend atmet.

Joona geht unbeirrt weiter auf Daniel zu und hält die Pistole auf seinen Brustkorb gerichtet.

Als Daniel sich auf die Erde setzt, blitzt das Sonnenlicht in seiner Brille auf. Er stöhnt und schaut hoch.

Wortlos tritt Joona das Gewehr fort, packt Daniel am Arm und schleift ihn einige Meter über den Platz. Er fesselt ihn mit Handschellen an einen der Eisenringe im Betonfundament und eilt anschließend zu Flora.

Sie ist nicht bewusstlos, sieht ihn jedoch mit einem seltsam starren Blick an. Ihr Oberschenkel blutet stark. Das Gesicht ist blass und verschwitzt. Sie steht kurz davor, durch den Blutverlust einen Schock zu erleiden und atmet schnell und keuchend.

»Muss trinken«, wispert sie.

Floras Hosenbein ist von Blut durchtränkt, und es pulsiert ständig mehr heraus. Ihr einen Druckverband anzulegen, würde zu lange dauern, so dass Joona mit beiden Händen ihren Oberschenkel umfasst und die Daumen oberhalb der Wunde direkt auf die Pulsader presst. Der warme Blutstrom wird sofort kleiner. Er drückt noch fester zu und wirft einen Blick auf Floras Gesicht. Ihre Lippen sind weiß und ihre Atemzüge sehr flach. Die Augen haben sich geschlossen, und er spürt ihren schnellen Puls.

»Der Krankenwagen ist gleich da«, sagt er. »Es wird alles gut werden, Flora.«

Joona hört, dass Daniel hinter seinem Rücken etwas zu sagen versucht. Er dreht sich zu ihm um und sieht einen alten Mann näher kommen. Der Greis trägt einen schwarzen Mantel über einem schwarzen Anzug, und seine Schritte sind seltsam schwer. Das strenge Gesicht des Manns ist grau, und seine Augen sind todtraurig, als er Joonas Blick begegnet.

»Lassen Sie mich nur kurz meinen Sohn umarmen«, bittet er mit heiserer Stimme.

Joona kann den Druck auf Floras Oberschenkel nicht verringern. Er muss bei ihr bleiben, um ihr Leben zu retten.

Als der Mann an ihm vorbeigeht, steigt Joona Benzingeruch in die Nase. Der Mantel des Mannes ist durchnässt. Er hat seine Kleider in Benzin getränkt, hält bereits eine Streichholzschachtel in der Hand und bewegt sich mit betäubter Langsamkeit.

»Tun Sie das nicht«, ruft Joona.

Daniel starrt seinen Vater an und will fortkriechen, zerrt und versucht, seine Hand aus der Schelle zu ziehen.

Der alte Mann betrachtet Daniel, der alles daransetzt, zu entkommen. Seine Finger zittern, als er zwischen den Streichhölzern stochert, die Schachtel wieder schließt und den Zündkopf an die Reibefläche hält.

»Sie lügt«, wimmert Daniel.

Kaum hat sein Vater das Holz über die Zündfläche gezogen, als er auch schon mit einer Verpuffung in Flammen aufgeht. Ein hellblauer Feuerball schließt sich um ihn. Joona spürt die Hitze auf seinem Gesicht. Der brennende alte Mann wankt, beugt sich dann über seinen Sohn und umarmt ihn mit seinem Feuer. Um sie herum entflammt das Gras. Der alte Mann hält sich fest. Daniel kämpft vergeblich gegen ihn an. Knisternd schließen sich die Flammen um beide. Wenn das Feuer hochschlägt, klingt es wie eine Flagge im Wind. Eine Säule aus schwarzem Rauch und glühendem Ruß steigt gen Himmel.

180

Als das Feuer hinter der großen Scheune gelöscht war, blieben nur zwei verkohlte Leichen zurück. Schwarze Knochen, schwelend ineinander geflochten.

Die Rettungssanitäter fuhren mit Flora ins Krankenhaus, als die alte Frau auf den Hof hinaustrat. Dort blieb die Gutsherrin von Rånne vollkommen regungslos stehen, als wäre sie in der Sekunde, unmittelbar bevor der Schmerz sie übermannte, erstarrt.

Joona fährt nach Stockholm zurück, hört eine Büchersendung im Radio und denkt dabei wieder an den Hammer und den Stein. Die Mordwaffen, die ihn so verblüfft haben. Jetzt erscheint ihm alles glasklar. Elisabeth wurde nicht getötet, weil der Mörder an ihre Schlüssel herankommen wollte. Daniel besaß einen eigenen Schlüssel zum Isolierzimmer. Dort muss Elisabeth ihn gesehen haben. Er verfolgte und ermordete Elisabeth, weil sie eine Zeugin des ersten Mordes war, und nicht, weil er ihre Schlüssel haben wollte.

Regen, hart wie Glas, schlägt gegen die Windschutzscheibe und auf das Autodach. Die Abendsonne leuchtet durch die Tropfen hindurch, vom Asphalt steigt weißer Dampf auf.

Wahrscheinlich kam Daniel immer zu Miranda, sobald Elisabeth ihre Schlaftabletten genommen hatte. Sie tat, was er wollte, sie hatte keine Wahl. Sie zog sich aus und saß mit der Decke um die Schultern auf dem Stuhl, um nicht zu frieren. Doch in dieser Nacht ging etwas schief.

Vielleicht erzählte Miranda ihm, dass sie schwanger war, vielleicht fand er auf der Toilette einen Schwangerschaftstest.

Jedenfalls geriet er in Panik, in seine alte Panik.

Daniel wusste nicht, was er tun sollte, er fühlte sich gehetzt, zog die Stiefel an, die immer im Eingangsflur bereitstanden, ging hinaus, suchte sich auf dem Hof einen Stein, kehrte zurück, verlangte, dass sie die Augen schloss, und schlug zu.

Sie durfte ihn nicht sehen, sie sollte die Hände vor das Gesicht legen wie das kleine Mädchen Ylva.

Nathan Pollock interpretierte das verdeckte Gesicht so, dass der Mörder beabsichtigte, ihr das Gesicht zu nehmen, sie zu einem totalen Objekt zu machen.

Aber in Wahrheit war Daniel verliebt in Miranda und wollte, dass sie die Hände vor das Gesicht legte, damit sie keine Angst bekam.

Den Tod der anderen Mädchen hatte er rechtzeitig geplant, den Mord an Miranda beging er dagegen im Affekt. Er erschlug sie, ohne zu wissen, wie er aus dieser Situation wieder herauskommen sollte.

Irgendwann während dieser Ereignisse – als er Miranda zwang, sich die Hände vors Gesicht zu halten, sie erschlug, auf das Bett legte und erneut ihr Gesicht bedeckte – wurde er von Elisabeth überrascht.

Vielleicht hatte er den Stein schon in den Ofen, vielleicht weit in den Wald geworfen.

Daniel rannte Elisabeth hinterher, sah sie in die Waschküche gehen, nahm einen Hammer aus der Besenkammer, folgte ihr, befahl ihr, sich die Hände vor das Gesicht zu halten und schlug zu.

Erst als Elisabeth tot war, kam ihm die Idee, dem neuen Mädchen Vicky Bennet die Schuld in die Schuhe zu schieben. Er wusste, dass sie auf Grund der starken Medikamente in der ersten Nachthälfte tief schlafen würde.

Daniel hatte es eilig, er fürchtete, dass jemand aufwachen könnte. Er nahm Elisabeths Schlüssel, kehrte ins Haus zurück, steckte ihn ins Schloss des Isolierzimmers, beeilte sich, die Beweise in Vickys

Zimmer zu deponieren und verschmierte Blut auf ihrem schlafenden Körper, ehe er den Hof verließ.

Wahrscheinlich saß er im Auto auf einem Müllsack oder einer Zeitung, als er zu seinem Haus zurückfuhr und die Kleider in seinem gusseisernen Kamin verbrannte.

Danach blieb er in der Nähe, um zu kontrollieren, ob jemand etwas wusste oder ahnte. Er spielte den hilfsbereiten Therapeuten und das Opfer.

Joona nähert sich Stockholm. Die Diskussionsrunde zu Büchern ist fast vorbei. Die Teilnehmer sprechen über Selma Lagerlöfs Roman *Die Geschichte von Gösta Berling*.

Joona schaltet das Radio aus und beendet seinen Gedankengang zu den Ermittlungen.

Als Vicky verhaftet wurde und Daniel zu Ohren kam, dass Miranda ihr vom Augen-zu-Spiel erzählt hatte, begriff er, dass man ihn entlarven würde, falls Vicky die Chance bekommen sollte, das Geschehen zu verarbeiten. Es hätte schon gereicht, wenn sie einem Psychologen begegnet wäre, der die richtigen Fragen stellte. Deshalb tat Daniel alles, damit Vicky auf freien Fuß gesetzt wurde, um anschließend ihren Selbstmord arrangieren zu können.

Viele Jahre hat Daniel Grim mit wehrlosen Mädchen gearbeitet, Kindern, denen Geborgenheit und Eltern fehlten. Bewusst oder unbewusst suchte er dieses Milieu und verliebte sich in Mädchen, die dem allerersten ähnelten. Daniel nutzte die Mädchen aus, und wenn sie in andere Einrichtungen kamen, sorgte er dafür, dass sie niemals die Wahrheit würden erzählen können.

Joona bremst vor einer Ampel vorsichtig ab und spürt, wie ihm ein Schauer über den Rücken läuft. Er ist in seinem Leben einer ganzen Reihe von Mördern begegnet, aber als Joona darüber nachdenkt, dass Daniel schon lange bevor er seine Opfer schließlich aufsuchte, Berichte und Gutachten über sie schrieb und ihren Tod genau plante, fragt er sich, ob Daniel nicht der Zweitschrecklichste von ihnen allen ist.

Als Joona Linna von seinem Auto aus quer über den Karlaplan zu Disas Wohnung geht, hängt kalter Nebel in der Luft.

»Joona?«, sagt Disa, als sie die Tür öffnet. »Ich habe fast nicht mehr mit dir gerechnet. Ich habe den Fernseher an. Auf allen Kanälen reden sie darüber, was in Delsbo passiert ist.«

Joona nickt.

»Du hast den Mörder gefasst«, sagt Disa mit einem kurzen Lächeln.

»Wenn man es so nennen will«, erwidert Joona und denkt an die Feuerumarmung des Vaters.

»Was ist mit dieser armen Frau, die dich ständig angerufen hat? Sie sagen, dass sie durch einen Schuss verletzt wurde.«

»Flora Hansen«, sagt Joona und tritt in den Flur.

Er streift die Deckenlampe mit seinem Kopf, das Licht rollt über die Wände, und Joona muss wieder an die Bilder der jungen Mädchen in Daniel Grims Schuhkarton denken.

»Du bist müde«, stellt Disa sanft fest und zieht ihn an der Hand mit sich.

»Floras Bruder hat ihr ins Bein geschossen und...«

Er merkt nicht, dass er verstummt. Er hat versucht, sich an einer Tankstelle zu waschen, aber seine Kleider sind immer noch voller Flecken von Floras Blut.

»Leg dich in die Badewanne, ich hole uns an der Ecke was zu essen«, schlägt Disa vor.

»Danke«, sagt Joona lächelnd.

Als sie durchs Wohnzimmer gehen, zeigt ein Nachrichtensender gerade ein Bild von Elin Frank. Sie halten beide inne. Ein junger Journalist berichtet, dass Elin Frank in der Nacht operiert wurde und die Ärzte sehr optimistisch sind. Elins Ratgeber Robert Bianchi ist im Bild zu sehen. Er wirkt erschöpft, lächelt jedoch und hat Tränen in den Augen, als er der Presse mitteilt, dass Elin überleben wird.

»Was ist passiert?«, fragt Disa leise.

»Sie hat alleine gegen den Mörder gekämpft und das Mädchen gerettet...«

»Großer Gott«, flüstert Disa.

»Ja, Elin Frank ist... sie ist wirklich... außergewöhnlich«, sagt Joona und berührt Disas schmale Schultern.

182

Joona sitzt in eine Decke gehüllt an Disas Küchentisch, und sie essen Hähnchen Vindaloo und Lamm Tikka Masala.

»Lecker...«

»Mamas finnisches Rezept, mehr sage ich dazu nicht«, erwidert sie lachend.

Sie reißt einen Bissen von einem Naan-Brot ab und reicht Joona den Rest. Er sieht sie mit lächelnden Augen an, trinkt einen Schluck Wein und erzählt weiter von dem Fall. Disa hört zu und stellt Fragen, und je länger er erzählen darf, desto ruhiger wird er innerlich.

Er fängt ganz vorne an und erzählt Disa von den Geschwistern Flora und Daniel, die sehr früh in ein Kinderheim kamen.

»Dann sind die beiden tatsächlich Geschwister?«, fragt sie und füllt die Gläser.

»Ja...und es war damals eine ziemlich große Sache, als die reichen Eheleute Rånne sie adoptierten.«

Sie waren nur kleine Kinder, die mit der Tochter des Vorarbeiters auf dem Gut spielten, auf dem Land und auf dem Friedhof rund um den Glockenturm. Daniel schwärmte für das kleine Mädchen Ylva. Joona sieht vor sich, wie Flora mit weit aufgerissenen Augen erzählte, dass Daniel Ylva ein Küsschen gegeben hatte, als sie Augen zu spielten.

»Das Mädchen lachte und sagte, jetzt bekomme sie ein Kind«, sagt Joona. »Daniel war erst sechs und geriet aus irgendeinem Grund in Panik...«

»Sprich weiter«, flüstert Disa.

»Er befahl den beiden Mädchen, die Augen zu schließen, hob einen schweren Stein von der Erde auf und erschlug Ylva.«

Disa isst nicht mehr und lauscht nur noch mit blassem Gesicht, als er beschreibt, wie Flora floh und ihrem Vater erzählte, was passiert war.

»Aber ihr Vater liebte Daniel und verteidigte ihn«, sagt Joona. »Er verlangte, Flora solle ihre Anschuldigungen zurücknehmen. Er drohte ihr damit, dass alle Lügner in einen See aus Feuer geworfen würden.«

»Und daraufhin hat sie alles zurückgenommen?«

»Sie sagte, sie habe gelogen, und weil sie so eine schreckliche Lüge aufgetischt hatte, wurde sie für immer fortgeschickt.«

»Flora nahm zurück, was sie gesehen hatte... und log, als sie behauptete, sie habe gelogen«, sagt Disa nachdenklich.

»Ja«, bestätigt Joona und berührt ihre Hand auf dem Tisch.

Er denkt an Flora, die damals ein kleines Kind war und ziemlich schnell ihr früheres Leben, ihre ersten Adoptiveltern und ihren Bruder vergaß.

Joona hält sich vor Augen, wie Flora sich ein ganzes Leben auf Lügen aufbaute. Sie log, damit andere zufrieden waren. Erst als sie im Radio von den Morden im Haus Birgitta hörte, von dem Mädchen mit den Händen vor dem Gesicht, erwachte ihre Vergangenheit zu neuem Leben.

»Aber wie war das mit Flora Hansens Erinnerungsbildern?«, fragt Disa und fordert Joona mit einer Geste auf, sich zu bedienen.

»Auf dem Weg zu dir habe ich Britt-Marie angerufen und mit ihr darüber gesprochen«, antwortet Joona.

»Mit Åhléns Frau?«

»Ja... sie ist Psychiaterin und schien den Fall nicht weiter ungewöhnlich zu finden...«

Er referiert Britt-Maries Worte, dass es eine Menge verschiedener Erklärungsmodelle zum Gedächtnisverlust in Verbindung mit einer Posttraumatischen Belastungsstörung gibt. Der extrem hohe Ausstoß von Adrenalin und stressbezogenen Hormonen beeinflusst das Langzeitgedächtnis. Bei schwer traumatisierenden Erlebnissen kann die Erinnerung fast vollkommen intakt im Gehirn gespeichert werden. Sie wird jedoch verdrängt und bleibt gefühlsmäßig unangetastet, weil sie nie verarbeitet wird. Durch den richtigen Auslöser kann die Erinnerung jedoch plötzlich in Form von körperlichen Wahrnehmungen und Bildern auftauchen.

»Erst war Flora bloß erschüttert, als sie von den Morden im Radio hörte, sie wusste nicht, warum, dachte aber, dass sie vielleicht Geld damit verdienen könnte, Hinweise zu geben«, erklärt Joona. »Als dann jedoch die wirklichen Erinnerungsbilder auftauchten, glaubte sie, Geister zu sehen.«

»Vielleicht waren es ja wirklich Geister?«, schlägt Disa vor.

»Ja«, sagt er nickend. »Jedenfalls begann sie, die Wahrheit zu sagen, und so ist Flora zu der Zeugin geworden, die das ganze Rätsel löste.«

Joona richtet sich auf und bläst die Kerzen auf dem Tisch aus. Disa geht zu ihm, schiebt ihre Hände unter die Decke, in die er gehüllt ist und umarmt ihn. Lange bleiben sie so stehen und umarmen sich. Er atmet ihren Duft ein und spürt die Ader, die an ihrem schlanken Hals pulsiert.

»Ich habe solche Angst, dass dir etwas zustoßen könnte. Darum ist es immer gegangen, deshalb habe ich mich von dir zurückgezogen«, sagt er.

»Was soll mir denn schon zustoßen?«, fragt sie lächelnd.

»Du könntest verschwinden«, antwortet er ernst.

»Joona, ich verschwinde doch nicht.«

»Ich hatte einmal einen Freund namens Samuel Mendel«, sagt er leise, verstummt dann jedoch.

183

Joona Linna nimmt vom Polizeipräsidium aus den steilen Fußgängerweg durch den Kronobergspark und geht über den Hügel zum alten jüdischen Friedhof. Mit geübten Händen löst er den Stahldraht auf der Innenseite des Zauns, öffnet das Tor und geht hinein.

Mitten unter den dunklen Grabsteinen gibt es ein neueres Familiengrab mit der Inschrift: Samuel Mendel, Ehefrau Rebecka und die Söhne Joshua und Ruben.

Joona legt einen kleinen runden Stein auf die Oberkante des Grabsteins und bleibt anschließend mit geschlossenen Augen stehen. Er riecht den Duft, der von der feuchten Erde aufsteigt, und hört die Blätter im Park rauschen, als der Wind durch die Wipfel streicht.

Samuel Mendel war ein direkter Nachfahre Koppel Mendels, der diese Grabstelle gegen den Widerstand Aaron Isaacs 1787 kaufte. Obwohl der Friedhof eigentlich bereits seit 1857 nicht mehr genutzt wurde, blieb er in all den Jahren die letzte Ruhestätte für Koppel Mendels Familie.

Samuel Mendel war Kriminalkommissar und Joonas erster Partner bei der Landeskriminalpolizei.

Joona und er waren sehr eng befreundet.

Samuel Mendel wurde nur sechsundvierzig Jahre alt, und Joona weiß, dass er einsam in seinem Familiengrab liegt, obwohl der Grabstein etwas anderes behauptet.

Joonas und Samuel Mendels erster großer gemeinsamer Fall wurde auch zu ihrem letzten.

✢

Nur eine Stunde später befindet sich Joona in den Räumlichkeiten der obersten Dienstaufsichtsbehörde. Er sitzt in einem Zimmer mit Mikael Båge, dem Leiter der internen Ermittlungen, Chefsekretärin Helene Fiorine und Oberstaatsanwalt Sven Wiklund.

Das gelbe Licht, das durch die Fenster hereinfällt, leuchtet auf lackierten Möbeln und spiegelt sich in den Glastüren vor den prächtig eingebundenen Gesetzestexten, den Polizeiverordnungen und den Bänden mit Gesetzessammlungen und wegweisenden Urteilen des Höchsten Gerichts.

»Ich werde nun entscheiden, ob ich Anklage gegen Sie erhebe, Joona Linna«, sagt der Oberstaatsanwalt und streicht mit der Hand über einen Stapel Blätter. »Das sind meine Akten, und in ihnen gibt es nichts, was für Sie sprechen würde.«

Die Rückenlehne knarrt, als er sich zurücklehnt und Joonas ruhigem Blick begegnet. Die einzigen Geräusche im Raum sind das Kratzen von Helene Fiorines Stift und ihre kurzen Atemzüge.

»Wie ich die Sache sehe«, fährt Sven Wiklund trocken fort, »ist Ihre einzige Chance, um eine Anklage herumzukommen, eine richtig gute Erklärung für alles.«

»Joona hat eigentlich immer ein Ass im Ärmel«, flüstert Mikael Båge.

Am hellen Himmel löst sich langsam der weiße Kondensstreifen eines Flugzeugs auf. Stühle knarren, und man hört Helene Fiorine schlucken und den Stift weglegen.

»Sie müssen uns bloß erzählen, was passiert ist. Vielleicht hatten Sie ja wirklich gute Gründe, der Razzia des Staatsschutzes zuvorzukommen.«

»Ja«, erwidert Joona.

»Wir wissen doch alle, dass Sie ein guter Polizist sind«, sagt Mikael Båge verlegen.

»Ich dagegen bin ein richtiger Paragraphenreiter«, erklärt der

Oberstaatsanwalt. »Ich bin ein Mann, der Leute fertigmacht, die gegen die Regeln verstoßen. Sie sollten Acht geben, dass ich Sie nicht hier und jetzt fertigmache.«

Helene Fiorine hat noch nie gehört, dass Sven Wiklund einer Bitte so nahegekommen wäre.

»Ihre ganze Zukunft hängt an einem seidenen Faden, Joona«, sagt der Leiter der internen Ermittlungen leise.

Joona begegnet dem Blick des Oberstaatsanwalts und ergreift endlich das Wort:

»Die Sache war allein meine Entscheidung, wie Sie sicher verstanden haben«, setzt er an. »Aber ich kann Ihnen tatsächlich eine Antwort geben, die Sie vielleicht …«

Als sein Handy plötzlich surrt, verstummt Joona. Er wirft unwillkürlich einen Blick auf das Display, und seine Augen werden so dunkel wie nasser Granit.

»Ich bitte vielmals um Entschuldigung«, sagt er sehr ernst. »Aber ich muss dieses Gespräch unbedingt annehmen.«

Die drei betrachten den Kommissar erstaunt, als er sich meldet und der Stimme am Telefon lauscht.

»Ja, ich weiß«, sagt er leise. »Ja … Ich komme sofort.«

Joona beendet das Gespräch und wirft dem Oberstaatsanwalt einen zögernden Blick zu, so als hätte er völlig vergessen, wo er sich befindet.

»Ich muss gehen«, sagt Joona und verlässt ohne ein weiteres Wort den Raum.

184

Eine Stunde und zwanzig Minuten später landet der Linienflug auf dem Airport Härjedalen Sveg, und Joona nimmt ein Taxi zu dem Altersheim, in dem er Rosa Bergman aufgespürt hatte, die Frau, die ihm vor der Adolf-Fredriks-Kirche gefolgt war, die Frau, die ihn fragte, warum er sich so verhalte, als wäre seine Tochter tot.

Rosa Bergman hat als alte Frau ihren zweiten Taufnamen und den Mädchennamen ihrer Mutter angenommen und nennt sich jetzt Maja Stefanson.

Joona steigt aus dem Taxi, geht schnurstracks zu der gelben Häusergruppe, betritt das Foyer und eilt zu Majas Station.

Die Krankenschwester, mit der er beim letzten Mal gesprochen hat, winkt ihm von der Rezeption aus zu. Das Licht zwischen den Jalousien lässt ihre lockigen Haare leuchten wie Kupfer.

»Das ging aber schnell«, zwitschert sie. »Ich habe an Sie gedacht, und Ihre Visitenkarte hängt ja auch immer noch hinter der Spüle, also habe ich angerufen...«

»Man kann mit ihr sprechen?«, unterbricht Joona sie.

Sein Ton verwirrt die Frau, sie streicht mit den Händen über ihren hellblauen Kittel:

»Unsere neue Ärztin ist vorgestern hier gewesen, ein blutjunges Mädchen, aus Algerien, glaube ich. Sie hat Maja ein neues Medikament verordnet und ... Ich hatte schon davon gehört, es aber nie mit eigenen Augen gesehen. Das alte Mädchen ist heute

Morgen aufgewacht und hat vollkommen klar mehrfach wiederholt, dass sie mit Ihnen sprechen muss.«

»Wo ist sie?«

Die Krankenschwester begleitet Joona zu dem engen Zimmer mit den zugezogenen Vorhängen und lässt ihn mit der alten Frau allein. Über einem schmalen Schreibtisch hängt ein gerahmtes Foto von einer jungen Frau, die neben ihrem Sohn sitzt. Die Mutter hat ernst und beschützend einen Arm um die Schultern des Jungen gelegt.

Einige schwere Möbel aus einem gutbürgerlichen Heim stehen entlang der Wände auf dem PVC-Boden. Ein dunkler Sekretär, ein Kosmetiktisch und zwei goldglänzende Piedestale.

Auf einem Diwan mit purpurroten Polstern sitzt Rosa Bergman.

Ihr Äußeres ist gepflegt, und sie trägt Bluse, Rock und Strickjacke. Ihr Gesicht ist aufgedunsen und faltig, aber ihr Blick hat eine völlig neue Festigkeit.

»Ich heiße Joona Linna«, sagt er. »Sie wollten mir etwas sagen.«

Die Frau auf der Couch nickt und steht mühsam auf. Sie öffnet eine Schublade in ihrem Nachttisch und holt eine Gideons-Bibel heraus. Sie hält den Einband so, dass die Seiten sich über dem Bett auffalten. Ein kleiner, zusammengefalteter Zettel fällt auf die Tagesdecke.

»Joona Linna«, sagt sie und nimmt den Zettel. »Sie sind also Joona Linna.«

Er bleibt stumm, spürt bloß, dass sich die Migräne wie eine glühende Nadel durch seine Schläfe brennt.

»Wie können Sie nur so tun, als wäre Ihre Tochter tot?«, fragt Rosa Bergman.

Der Blick der alten Frau wandert zu der Fotografie an der Wand.

»Wäre mein Junge noch am Leben … Wenn Sie wüssten, wie es ist, sein Kind sterben zu sehen … Nichts hätte mich jemals dazu bewegen können, ihn zu verlassen.«

»Ich habe meine Familie nicht verlassen«, sagt Joona verbissen. »Ich habe ihr Leben gerettet.«

»Als Summa zu mir kam«, fährt Rosa Bergman fort, »erzählte sie mir nicht von Ihnen, aber sie war am Boden zerstört... am schlimmsten war es jedoch für Ihre Tochter, sie hörte auf zu sprechen, zwei Jahre sagte sie kein Wort.«

Joona läuft ein Schauer über den Rücken.

»Hatten Sie Kontakt zu den beiden?«, fragt er. »Sie sollten eigentlich keinen Kontakt zu ihnen haben.«

»Ich konnte sie nicht einfach verschwinden lassen«, sagt sie. »Sie taten mir so furchtbar leid.«

Joona weiß, dass Summa niemals seinen Namen erwähnen würde, wenn nicht irgendetwas furchtbar schiefgelaufen wäre. Es durfte keine Verbindung zwischen ihnen geben. Niemals. Das war ihre einzige Chance zu überleben.

Er stützt sich auf die Kommode, schluckt hart und sieht erneut die alte Frau an.

»Wie geht es ihnen?«, fragt er.

»Die Sache ist ernst, Joona Linna«, sagt Rosa. »Ich treffe Lumi in der Regel ein, zwei Mal im Jahr. Aber... ich... ich bin in letzter Zeit so vergesslich und verwirrt.«

»Was ist passiert?«

»Ihre Frau hat Krebs, Joona Linna«, sagt Rosa langsam. »Sie rief mich an und erzählte mir, dass sie operiert werden müsse und es wahrscheinlich nicht schaffen würde... sie wollte Sie wissen lassen, dass Lumi in die Obhut des Jugendamts kommen würde, falls Sie...«

»Wann war das?«, fragt Joona mit angespannten Kiefern und weißen Lippen. »Wann hat sie angerufen?«

»Ich habe solche Angst, dass es zu spät sein könnte«, flüstert sie. »Ich bin so vergesslich gewesen...«

Endlich gibt sie ihm den zerknitterten Zettel mit der Adresse und starrt anschließend auf ihre rheumatischen Hände herab.

185

Am Flughafen von Sveg kann man nur zwischen zwei Reisezielen wählen, so dass Joona sich gezwungen sieht, erst nach Stockholm zurückzufliegen, um von dort die nächste Maschine nach Helsinki zu nehmen. Es kommt ihm vor, als würde er das Ganze träumen. Er sitzt auf seinem Platz und starrt durch Wolkenschleier auf die gekräuselte Wasserfläche der Ostsee hinab. Menschen versuchen, mit ihm zu sprechen oder ihm etwas zu servieren, aber er ist unfähig, auf sie einzugehen.

Die Erinnerungen ziehen ihn in ihren trüben Ozean hinunter.

Vor zwölf Jahren schnitt Joona dem Teufel persönlich einen Finger ab.

Neunzehn Personen verschiedenen Alters waren aus ihren Autos und von ihren Fahrrädern und Mopeds verschwunden. Anfangs sah das alles nur nach einem seltsamen Zufall aus, aber als keiner der Verschwundenen wieder auftauchte, bekam der Fall höchste Priorität.

Joona war der Erste, der die These vertrat, dass die Polizei es mit einem Serienmörder zu tun hatte.

Zusammen mit Samuel Mendel gelang es ihm, Jurek Walter aufzuspüren und auf frischer Tat im Lill-Jans-Wald vor den Toren Stockholms zu fassen, als er gerade eine fünfzigjährige Frau zwang, in einen Sarg in der Erde zurückzusteigen. Sie hatte seit fast zwei Jahren in dem Sarg gelegen, lebte aber noch.

Der volle Umfang des Albtraums wurde dann im Krankenhaus deutlich. Die Muskeln der Frau waren verkümmert, die Dekubitusgeschwüre hatten sie deformiert, und Hände und Füße waren erfroren. Nach weiteren Untersuchungen stellten die Ärzte fest, dass sie nicht nur traumatisiert war, sondern zudem schwere Gehirnschäden davongetragen hatte.

Joona denkt oft, wenn der Körper des Teufels aus den schlimmsten Grausamkeiten der Menschheitsgeschichte besteht, ist es unmöglich, den Teufel zu töten, aber zwölf Jahre zuvor schnitten er und Samuel ihm zumindest einen Finger ab, als sie den Serienmörder Jurek Walter stoppten.

Joona war bei der Verhandlung des Berufungsgerichts im Wrangelschen Palast auf Riddarholmen anwesend, als das ursprüngliche Urteil geprüft und nochmals verschärft wurde. Jurek Walter wurde zur Sicherheitsverwahrung in der geschlossenen Psychiatrie verurteilt, aus der eine Entlassung nur nach besonderer Prüfung möglich ist, und in einen Hochsicherheitstrakt zwanzig Kilometer nördlich von Stockholm verlegt.

Niemals wird Joona Jurek Walters faltiges Gesicht vergessen, als dieser den Blick auf ihn richtete.

»Jetzt werden Samuel Mendels Söhne verschwinden«, sagte Jurek Walter mit müder Stimme, während sein Verteidiger die Akten einsammelte. »Und Samuels Frau Rebecka wird verschwinden, aber ... Nein, hören Sie mir zu, Joona Linna. Die Polizei wird nach ihnen suchen, und wenn die Polizei aufgibt, wird Samuel weitermachen, aber wenn er am Ende begreift, dass er seine Familie nie mehr wiedersieht, wird er sich das Leben nehmen.«

Joona stand auf, um zu gehen.

»Und Ihre kleine Tochter«, fuhr Jurek Walter mit gesenktem Blick fort.

»Hüten Sie Ihre Zunge«, sagte Joona ohne Wut in der Stimme.

»Lumi wird verschwinden ... und Summa wird verschwinden ... und wenn Sie begriffen haben, dass Sie die beiden niemals finden werden, erhängen Sie sich.«

An einem Freitagnachmittag zwei Monate später fuhr Samuels

Frau von ihrer Wohnung im Stadtteil Liljeholmen zum Sommerhaus der Familie auf Dalarö. Mit ihr im Auto fuhren die beiden Kinder Joshua und Ruben. Als Samuel zwei Stunden später dort eintraf, waren seine Frau und die Kinder nicht da. Der Wagen wurde verlassen auf einem Waldweg in der Nähe gefunden, aber Samuel sah seine Familie nie wieder. An einem kühlen Morgen ein Jahr später ging Samuel Mendel zu dem schönen Strand hinunter, an dem seine Jungen immer schwimmen gegangen waren. Acht Monate zuvor hatte die Polizei die Suche eingestellt, und nun hatte er selbst aufgegeben. Er zog seine Dienstpistole aus dem Schulterhalfter und schoss sich in den Kopf.

Tief unter sich sieht Joona den Schatten des Flugzeugs auf der glitzernden Wasseroberfläche. Er blickt aus dem Fenster und denkt an den Tag zurück, an dem sein Leben zu einem Scherbenhaufen zerschlagen wurde. Es war still im Auto, und die Welt war in ein eigentümliches Licht getaucht. Die Sonne schien rot hinter dünnen Schleiern. Es hatte geregnet, und die Sonnenstrahlen ließen die Wasserpfützen leuchten, als würden sie unterirdisch brennen.

186

Joona und Summa hatten eine Reise mit dem Auto in kleinen Etappen geplant: an der Küste entlang nach Umeå hoch, dann westlich an Storuman vorbei bis ins norwegische Mo i Rana und anschließend die norwegische Westküste entlang nach Süden. Jetzt waren sie unterwegs zu einem Hotel, das mitten im Dalälven lag, und wollten am nächsten Tag einen nahegelegenen Tierpark besuchen.

Summa wechselte zu einem anderen Radiosender und murmelte zufrieden, als sie eine Station mit angenehm ruhiger Klaviermusik fand, in der die Töne ineinanderflossen. Joona streckte sich nach hinten, um zu kontrollieren, ob Lumi gut in ihrem Kindersitz saß und ihre Arme nicht herausgezogen hatte.

»Papa«, sagte sie schläfrig.

Er spürte ihre kleinen Finger in seiner Hand. Sie klammerte sich an sie, ließ aber los, als er zog.

Sie fuhren an der Abfahrt nach Älvkarleby vorbei.

»Sie wird den Tierpark von Furuvik lieben«, sagte Summa leise. »Die Schimpansen und Nashör…«

»Ich habe schon einen Affen«, rief Lumi von der Rückbank.

»Was?«

»Ich bin ihr Affe«, sagte Joona.

Summa hob die Augenbrauen.

»Das passt zu dir.«

»Lumi kümmert sich um mich – sie sagt, dass sie eine liebe Tierärztin ist.«

Summas sandbraune Haare hingen ihr ins Gesicht und verdeckten ihre großen, dunklen Augen halb. Die Lachgrübchen in ihren Wangen vertieften sich.

»Warum brauchst du eine Tierärztin? Was fehlt dir?«

»Ich brauche eine Brille.«

»Hat sie das gesagt?«, meinte Summa lachend und blätterte weiter in ihrer Zeitung, ohne zu merken, dass er einen anderen Weg nahm und sie bereits nördlich des Flusses Dalälven waren.

Lumi war mit einer Puppe an ihrer verschwitzten Wange eingeschlafen.

»Bist du sicher, dass wir keinen Tisch reservieren müssen?«, fragte Summa plötzlich. »Ich möchte heute Abend nämlich auf der Veranda sitzen, damit wir Aussicht auf den Fluss haben...«

Die Straße war gerade und schmal, der Wald stand finster hinter den Wildschutzzäunen.

Erst als er Richtung Mora abbog, erkannte Summa, dass etwas nicht stimmte.

»Joona, wir sind ja an Älvkarleby vorbeigefahren«, sagte sie plötzlich. »Wollten wir da nicht Halt machen? Wir hatten doch ausgemacht, dass wir dort Pause machen.«

»Ja.«

»Was tust du?«

Er antwortete nicht, starrte nur auf die Straße, auf der die Wasserpfützen in der Nachmittagssonne glitzerten. Auf einmal schwenkte ein Lastwagen ohne zu blinken auf die Überholspur.

»Wir haben doch gesagt, dass wir...«

Sie verstummte, atmete durch die Nase und fuhr mit ängstlicher Stimme fort:

»Joona? Sag, dass du mich nicht angelogen hast, sag es jetzt.«

»Ich musste es tun«, flüsterte er.

Summa sah ihn an, und er hörte, wie aufgebracht sie war, auch wenn sie sich bemühte, gedämpft zu sprechen, um Lumi nicht zu wecken:

»Das kann doch nicht dein Ernst sein«, sagte sie verbissen. »Du darfst jetzt nicht... du hast gesagt, es gebe keine Gefahr mehr, du hast gesagt, es sei vorbei. Du hast gesagt, es sei vorbei, und ich habe dir geglaubt. Ich habe dir geglaubt, dass du es dir anders überlegt hast, ich habe es dir geglaubt...«

Ihre Stimme brach, und sie sah weg, zum Fenster hinaus. Ihr Kinn zitterte, und ihre Wangen liefen rot an.

»Ich habe gelogen«, gestand Joona.

»Du durftest mich nicht anlügen, das durftest du nicht.«

»Nein... und es tut mir schrecklich leid.«

»Wir können zusammen fliehen, das wird schon gehen, das muss einfach gehen.«

»Summa, dir muss doch klar sein, du wirst ja wohl verstehen... wenn ich das für möglich halten würde, wenn ich wirklich eine Wahl hätte, dann...«

»Hör auf damit«, unterbrach sie ihn. »Die Drohung ist nicht ernst gemeint. Das stimmt einfach nicht, du siehst da einen Zusammenhang, den es gar nicht gibt. Samuel Mendels Familie hat mit uns nicht das Geringste zu tun, hörst du? Wir sind nicht bedroht.«

»Ich habe versucht, dir zu erklären, wie ernst es ist, aber du hörst mir nicht zu.«

»Ich will dir nicht zuhören. Warum sollte ich?«

»Summa, ich muss einfach... Ich habe alles vorbereitet, es gibt da eine Frau, sie heißt Rosa Bergman. Sie erwartet euch in Malmberget, sie gibt euch die neuen Identitäten. Ihr werdet es gut haben.«

Seine Hände zittern jetzt. Die Finger auf dem Lenkrad sind schweißglatt.

»Du meinst es wirklich ernst«, flüsterte Summa.

»Mehr als je zuvor«, erwiderte er schleppend. »Wir sind auf dem Weg nach Mora, dort nehmt ihr den Zug nach Gällivare.«

Er hörte, dass Summa sich anstrengt, gefasst zu klingen.

»Wenn du uns am Bahnhof absetzt, hast du uns verloren. Verstehst du das? Dann führt kein Weg mehr zurück.«

Sie sah ihn mit leuchtenden, trotzigen Augen an.

»Du wirst Lumi sagen, dass ich im Ausland arbeiten muss«, fuhr er gedämpft fort und hörte Summa schluchzen.

»Joona«, wisperte sie. »Nein, nein ...«

Er starrte auf die nasse Fahrbahn vor sich und schluckte hart.

»Und in ein paar Jahren«, sprach er weiter. »Wenn sie ein bisschen größer ist, wirst du ihr erklären, dass ich tot bin. Du darfst niemals, unter gar keinen Umständen Kontakt zu mir aufnehmen. Mich niemals aufsuchen. Hörst du?«

Summa konnte ihre Tränen nicht länger zurückhalten.

»Ich will nicht, ich will nicht ...«

»Ich auch nicht.«

»Das darfst du uns nicht antun«, sagte sie unter Tränen.

»Mama?«

Lumi war aufgewacht, und ihre Stimme klang ängstlich. Summa wischte sich die Tränen von den Wangen.

»Es ist alles in Ordnung«, sagte Joona zu seiner Tochter. »Mama ist nur traurig, weil wir nicht zu dem Hotel am Fluss fahren.«

»Erzähl es ihr«, sagte Summa mit erhobener Stimme.

»Was erzählen?«, fragte Lumi.

»Du und Mama, ihr fahrt Zug«, sagte Joona.

»Und was machst du?«

»Ich muss arbeiten«, antwortete er.

»Du hast gesagt, wir würden Tierarzt und Affe spielen.«

»Er will nicht«, sagte Summa hart.

Sie näherten sich dem Stadtrand von Mora, kamen an Eigenheimsiedlungen und Industriegebieten vorbei. Einem Einkaufszentrum und KFZ-Werkstätten mit einzelnen Autos auf den Parkplätzen. Der dichte Zauberwald wurde immer geordneter, der Wildschutzzaun endete.

187

JOONA BREMSTE VOR DEM GELBEN BAHNHOFSGEBÄUDE. Er parkte, öffnete den Kofferraum und hob den großen Rollkoffer heraus.

»Hast du diese Nacht deine Sachen herausgeholt?«, fragte Summa gedämpft.

»Ja.«

»Und andere hineingelegt?«

Er nickte und blickte zu der Gleisanlage mit vier verschiedenen Gleisen, Bahndämmen aus rostfarbenem Kies, Unkraut und dunklen Schwellen hinüber.

Summa stellte sich vor ihn.

»Deine Tochter braucht dich.«

»Ich habe keine andere Wahl«, entgegnete er und schaute durch die Heckscheibe des Wagens.

Lumi drückte eine große, weiche Puppe in ihren rosa Rucksack.

»Du hast die Wahl«, fuhr Summa fort. »Aber statt zu kämpfen, gibst du einfach auf, du weißt doch gar nicht, wie ernst diese Drohung gemeint ist. Ich verstehe das nicht.«

»Ich finde Lollo nicht«, beklagte Lumi sich leise.

»Der Zug geht in zwanzig Minuten«, sagte Joona verbissen.

»Ich will nicht ohne dich leben«, sagte Summa gedämpft und versuchte, seine Hand zu nehmen. »Ich will, dass alles so ist wie immer...«

»Ja.«

»Wenn du uns das antust, bist du allein.«

Er blieb stumm. Lumi stieg aus dem Wagen und schleifte ihre Tasche über den Boden. In ihrem Haar saß lose eine rosa Spange.

»Wirst du ein Leben in Einsamkeit führen?«

»Ja«, antwortete er.

Zwischen den Bäumen jenseits der Gleise glitzerte die nördlichste Bucht des Siljan-Sees.

»Sag dem Papa tschüss«, meinte Summa tonlos und stupste ihre Tochter einen Schritt nach vorne.

Lumi stand mit finsterem Gesicht da und starrte zu Boden.

»Beeil dich«, sagte Summa.

Lumi blickte einige Sekunden auf und murmelte:

»Tschüss, Affe.«

»Mach es ordentlich«, zischte Summa gereizt. »Verabschiede dich richtig.«

»Ich will nicht«, entgegnete Lumi und klammerte sich an das Bein ihrer Mutter.

»Tu es trotzdem«, sagte Summa.

Joona ging vor seiner kleinen Tochter in die Hocke. Seine Stirn war schweißnass.

»Umarmst du mich mal?«

Sie schüttelte den Kopf.

»Jetzt kommt der Affe mit seinen langen Armen«, scherzte er.

Er hob sie hoch, spürte den Widerstand des kleinen Körpers und wie sie lachte, obwohl sie eigentlich nicht wollte, obwohl sie spürte, dass etwas nicht stimmte. Sie versuchte zu treten, um herunterzukommen, aber er hielt sie an sich gedrückt, nur für einen kurzen Moment, um den Geruch ihres Halses und Nackens einzusaugen.

»Dummi«, schrie sie.

»Lumi«, flüsterte er an ihrer Wange. »Vergiss nie, dass ich dich mehr liebe als alles andere.«

»Komm jetzt«, sagte Summa.

Er ließ seine Tochter herunter und versuchte sie anzulächeln, wollte ihre Wange streicheln, konnte es aber nicht. Es kam ihm vor, als wäre sein Körper aus zerbrochenem Glas, das man wieder zusammengesetzt hatte. Summa sah ihn mit schreckerfülltem, erstarrtem Gesicht an, nahm Lumis Hand und zog sie mit sich.

Schweigend warteten sie auf den Zug. Es gab nichts mehr zu sagen. Sachte trieben flaumige Pusteblumenschirme über die Gleise.

Joona erinnert sich, dass der Brandgeruch von Bremsabrieb noch in der Luft hing, als der Zug sich schon vom Bahnsteig entfernte. Wie in einem Traum stand er da und betrachtete durch die Glasscheibe das blasse Gesicht seiner Tochter und die kleine Hand, die vorsichtig winkte. Neben ihr saß Summa wie ein gelähmter schwarzer Schatten. Noch bevor der Zug hinter der Biegung Richtung Hafen verschwunden war, wandte er sich um und ging zum Auto.

188

Er fuhr einhundertvierzig Kilometer, ohne zu denken. Sein Kopf war leer und erschreckend abwesend.

Er fuhr ohne Erinnerung.

Schließlich kam er an.

In der Dunkelheit beleuchteten seine Scheinwerfer schwere, schwarze Metallsilhouetten. Er bog in das große Industriegebiet im mittelschwedischen Ludvika ein und fuhr zu dem menschenverlassenen Hafen am Heizkraftwerk. Dort parkte zwischen zwei riesigen Haufen aus Sägespänen bereits ein großer, grauer Wagen. Plötzlich überkam ihn eine seltsame Ruhe, und ein Teil von ihm begriff, dass er unter einer Art Schock stand.

Er stieg aus dem Auto und schaute sich um. Åhlén erwartete ihn in der nächtlichen Dunkelheit vor der Autotür. Er trug einen weißen Overall, sein Gesicht war verbissen, und er wirkte abgekämpft.

»Und? Sind sie weg?«, fragte er mit der schneidenden Stimme, die er immer dann hatte, wenn ihm etwas zutiefst zuwider war.

»Sie sind weg«, bestätigte Joona kurz.

Åhlén nickte zwei Mal kurz. Sein weißes Brillengestell schimmerte kühl im schwachen Licht einer weiter entfernt stehenden Straßenlaterne.

»Du hast mir keine Wahl gelassen«, sagte er verbittert.

»Das ist wahr«, erwiderte Joona. »Du hast keine Wahl.«

»Wegen dieser Sache werden sie uns beide feuern«, erklärte Åhlén mit regungslosem Gesicht.

»Dann ist es eben so«, entgegnete Joona.

Sie gingen um den Wagen herum.

»Es sind zwei, als sie hereinkamen, habe ich sofort reagiert.«

»Gut.«

»Zwei«, wiederholte Åhlén wie zu sich selbst.

Joona denkt daran, dass er zwei Tage zuvor neben seiner Frau und seiner Tochter davon geweckt wurde, dass in seiner Jacke im Flur das Handy surrte.

Jemand schickte ihm eine SMS. Als er aufstand und sah, dass sie von Åhlén war, begriff er sofort, worum es ging.

Ihre Absprache lautete, dass er mit Summa und Lumi unverzüglich unter dem Vorwand einer Urlaubsreise aufbrechen würde, sobald Åhlén zwei passende Leichen gefunden hätte.

Joona hatte fast drei Wochen darauf gewartet, von Åhlén zu hören.

Die Zeit wurde allmählich knapp. Er wachte über das Wohl seiner Familie, aber ihm war bewusst, dass dies auf Dauer nicht reichen würde. Jurek Walter war ein Mann, der warten konnte.

Joona wusste genau, Åhléns Mitteilung bedeutete, dass er seine Familie verlieren würde. Aber er wusste auch, dass er Summa und Lumi so endlich würde schützen können.

Nun öffnete Åhlén die beiden Hecktüren des grauen Wagens.

Auf zwei Bahren sah man von Stoff bedeckt die Konturen eines größeren und eines kleineren Körpers.

»Es handelt sich um eine Frau und ein Mädchen, sie sind ohne Fremdeinwirkung verunglückt«, erläuterte Åhlén und begann, die Bahren über die Gleitschienen herauszuziehen.

»Ich habe sie weggezaubert«, fuhr er fort. »Es gibt sie nicht, es existiert nicht die geringste Spur, ich habe alles gelöscht.«

Er stöhnte, als er die Leichen ins Freie bugsierte. Das Untergestell der Bahren wurde ausgeklappt, und die Metallbeine schepperten mit ihren kleinen Rädern über den Erdboden.

Ohne Umschweife zog Åhlén den Reißverschluss des einen Leichensacks auf.

Joona biss die Zähne zusammen und zwang sich hinzuschauen.

Vor ihm lag mit geschlossenen Augen und vollkommen ruhigem Gesicht eine junge Frau. Ihr Brustkorb war eingedrückt worden, ihre Arme schienen an zahlreichen Stellen gebrochen zu sein, und das Becken war verdreht.

»Das Auto kam von einer Brücke ab«, erläuterte Åhlén mit seiner rauen, nasalen Stimme. »Die Verletzungen an Brust und Bauch rühren daher, dass sie den Gurt gelöst hatte. Vielleicht wollte sie den Schnuller des Mädchens aufheben. Das sehe ich nicht zum ersten Mal.«

Joona betrachtete die Frau. Kein Schmerz, kein Schrecken war ihr anzusehen. In ihrem Gesicht deutete nichts darauf hin, was ihrem Körper widerfahren war.

Als er den Blick dem kleinen Mädchen zuwandte und sein Gesicht sah, stiegen ihm Tränen in die Augen.

Åhlén murmelte etwas vor sich hin und deckte die Leichen wieder zu.

»Also gut«, sagte er. »Dann werden Catharina und Mimmi also niemals gefunden, nie identifiziert werden.«

Er verlor für einen Moment den Faden, sprach dann jedoch wütend weiter:

»Der Vater des Mädchens ist die ganze Nacht von Krankenhaus zu Krankenhaus gefahren und hat nach ihnen gesucht. Er rief sogar bei uns an, ich habe mit ihm gesprochen.«

Åhlén verzog den Mund.

»Sie werden als Summa und Lumi beerdigt ... Ich kümmere mich um die Fälschung der zahnärztlichen Befunde.«

Er warf Joona einen letzten, prüfenden Blick zu, aber der blieb stumm. Gemeinsam trugen sie die Körper zu dem anderen Wagen.

189

Es war merkwürdig, ein Auto mit zwei toten Beifahrern zu lenken. Die Straßen waren dunkel. An den Straßengräben lagen überfahrene Igel, ein Dachs starrte ihn, von den Scheinwerfern hypnotisiert, mit leuchtenden Augen vom Straßenrand aus an.

Als er den Hang erreichte, den er ausgewählt hatte, arrangierte er die Leichen. Nur die Geräusche seiner angestrengten Atemzüge, das Scharren von Textil auf den Autositzen und die gedämpften Plumpser hängender Arme und Beine waren zu hören, während Joona die tote Frau auf dem Fahrersitz platzierte. Anschließend setzte er das Mädchen in Lumis Kindersitz.

Er lehnte sich in den Wagen, löste die Handbremse und brachte das Fahrzeug in Schwung. Langsam rollte es den Hang hinunter. Er ging neben ihm. Ab und zu musste er hineingreifen und am Lenkrad drehen. Das Auto wurde schneller, er rannte. Mit einem harten, gedämpften Knall kollidierte das Fahrzeug frontal mit einer massiven Kiefer. Es knirschte, als sich das Blech der Motorhaube um den Stamm bog. Die Frau fiel schlaff gegen das Armaturenbrett. Der Körper des kleinen Mädchens wurde im Kindersitz heftig geschüttelt.

Joona holte den Kanister aus dem Kofferraum und tränkte die Sitze mit Benzin. Er schüttete es auf die Beine des Mädchens im Overall, auf den zerschundenen Körper der Frau.

Das Atmen fiel ihm immer schwerer.

Er musste eine Pause machen und versuchen, sich zu beruhigen. Sein erregtes Herz schlug ihm bis zum Hals.

Joona Linna murmelte etwas vor sich hin und machte dann das kleine Mädchen wieder frei. Er ging mit ihrem Körper in den Armen auf und ab, hielt es an sich gedrückt, wiegte es und flüsterte ihm etwas ins Ohr. Dann setzte er es seiner Mutter auf dem Fahrersitz auf den Schoß.

Leise schloss er die Autotür und leerte das restliche Benzin über dem Auto aus. Die hintere Seitenscheibe war heruntergekurbelt. Er zündete die Rückbank an.

Wie ein blauer Todesengel verbreitete sich das Feuer im Wagen. Durch die Scheibe sah er schemenhaft das unfassbar ruhige Gesicht der Frau, während ihre Haare Feuer fingen.

Das Auto stand in den Baum verkeilt. Es brannte lichterloh. Die Flammen brüllten.

Plötzlich schien Joona zum Leben zu erwachen. Er rannte zum Auto, um die Leichen wieder herauszuholen. Er verbrannte sich die Hände an der Tür, schaffte es aber, sie zu öffnen. Als er die Tür aufriss, flammte das Feuer im Wageninneren heftig auf. Er versuchte, nach dem Körper der Frau zu greifen, ihre Jacke brannte. Die schlanken Beine in der Jeans schienen von den Flammen getrieben zu rucken und aufzustampfen.

Papa, Papa. Hilf mir, Papa.

Joona wusste, dass es nicht wahr sein konnte, er wusste, dass sie tot waren, ertrug es aber trotzdem nicht. Er streckte sich durch das Feuer hinein und bekam die Hand des Mädchens zu fassen.

Im selben Moment explodierte der Benzintank. Joona nahm noch das eigentümliche Knirschen wahr, als seine Trommelfelle platzten. Traumverloren spürte er Blut aus Nase und Ohren strömen, fiel nach hinten, fiel mit leeren Händen und spürte den Aufprall des Hinterkopfs als fernen Druck. Es heulte und glühte in seinem Gehirn. Ehe ihm schwarz vor Augen wurde, sah er sachte die verbrannten Rußpartikel von Blättern herabschweben.

Joona starrt aus dem Fenster und hört die Durchsage nicht, dass sie mit dem Landeanflug auf den Flughafen von Helsinki begonnen haben.

Zwölf Jahre zuvor schnitt er dem Teufel persönlich einen Finger ab und zur Strafe wurde er zu Einsamkeit verurteilt. Er hat einen hohen Preis gezahlt, aber seinem Empfinden nach ist er die ganze Zeit nicht hoch genug gewesen, diese Strafe ist zu milde gewesen, der Teufel hat nur darauf gewartet, ihm noch jemanden wegnehmen zu können, nur darauf gelauert, dass er sich einbilden würde, die Sache sei endlich vergeben und vergessen.

Joona kauert sich auf dem Flugzeugsitz zusammen, wartet und versucht zu atmen. Der Mann neben ihm mustert ihn besorgt.

Schweiß läuft über Joonas Stirn.

Es ist nicht die Migräne, es ist das andere, die große Dunkelheit hinter allem.

Er stoppte den Serienmörder Jurek Walter. Das wird nie vergessen, niemals zu den Akten gelegt werden.

Er hatte keine Wahl, aber der Preis war zu hoch, viel zu hoch.

Es war die Sache nicht wert gewesen.

Seine Arme bekommen eine Gänsehaut, er rauft sich mit einer Hand die Haare, presst die Füße auf den Boden der Maschine.

Er ist unterwegs, um Summa und Lumi aufzusuchen. Er ist unterwegs, um das Unverzeihliche zu tun. Solange Jurek Walter vom Tod der beiden überzeugt ist, sind sie sicher. Möglicherweise ist er in diesem Moment dabei, einen Serienmörder zu seiner Familie zu führen.

✢

Joona hat sein Handy in Stockholm gelassen. Er benutzt falsche Papiere und bezahlt alles bar. Als er aus dem Taxi gestiegen ist, geht er zwei Häuserblocks, dann bleibt er in einem Türeingang stehen und versucht, etwas durch die dunklen Fenster ihrer Wohnung zu sehen.

Er wartet einen Moment, geht dann zu einem Café die Straße hinunter, bezahlt zehn Euro, um sich ein Telefon leihen zu dürfen und ruft Saga Bauer an.

»Ich brauche Hilfe«, sagt er mit einer Stimme, die kaum trägt.

»Weißt du eigentlich, dass alle nach dir suchen? Hier herrscht völliges Chaos...«

»Ich brauche deine Hilfe bei einer Sache.«

»Okay«, sagt sie, und ihre Stimme ist auf einmal aufmerksam und ruhig.

»Nachdem du mir die Information gegeben hast, musst du ganz sichergehen, dass du den Verlauf der Suche löschst.«

»In Ordnung«, sagt sie leise und ohne Zögern.

Joona schluckt hart, schaut auf den kleinen Zettel, den ihm Rosa Bergman gegeben hat, und bittet Saga zu kontrollieren, ob eine Frau namens Laura Sandin, wohnhaft Elisabetsgatan 16 in Helsinki, lebt.

»Kann ich dich zurückrufen?«, fragt sie.

»Lieber nicht, am besten suchst du, während ich am Telefon warte«, antwortet er.

Die folgenden Minuten sind die längsten seines Lebens. Er betrachtet den glitzernden Staub auf der Theke, die Espressomaschine und die Spuren von Stühlen auf dem Holzfußboden.

»Joona?«, meldet sich Saga schließlich.

»Ich bin hier«, flüstert er.

»Laura Sandin ist vor zwei Jahren an Leberkrebs erkrankt...«

»Sprich weiter«, sagt Joona und spürt, dass ihm der Schweiß den Rücken herabläuft.

»Also, letztes Jahr wurde sie operiert. Und sie... aber...«

Saga Bauer murmelt etwas vor sich hin.

»Was ist?«, fragt Joona.

Saga räuspert sich und sagt mit leicht gestresster Stimme – als verstünde sie erst jetzt, dass es um etwas sehr Wichtiges geht:

»Sie wurde kürzlich ein zweites Mal operiert, letzte Woche...«

»Lebt sie?«

»Sieht ganz so aus... Sie liegt noch im Krankenhaus«, antwortet Saga behutsam.

190

ALS JOONA IN DEN FLUR KOMMT, in dem Summa liegt, kommt es ihm so vor, als würde alles verlangsamt ablaufen. Die fernen Laute von Fernsehapparaten und plaudernden Stimmen werden immer zäher.

Vorsichtig öffnet er die Tür zu ihrem Zimmer und tritt ein.

Eine schlanke Frau liegt abgewandt im Bett.

Das Fenster ist mit einem leichten Baumwollvorhang zugezogen. Ihre dünnen Arme liegen auf der Decke. Die dunklen Haare sind verschwitzt und stumpf.

Er weiß nicht, ob sie schläft, aber er muss ihr Gesicht sehen. Er tritt näher. Es ist vollkommen still im Zimmer.

Die Frau, die in einem anderen Leben Summa Linna hieß, ist sehr müde. Ihre Tochter hat die ganze Nacht bei ihr gesessen, aber im Moment schläft das Mädchen in dem Zimmer für Angehörige.

Summa sieht schwaches Tageslicht durch die Fasern des Vorhangs hereinfallen und denkt, dass der Mensch unrettbar einsam ist. Sie hat einige gute Erinnerungen, die sie immer dann aufruft, wenn sie sich besonders allein fühlt oder große Angst hat. Als die Ärzte sie vor der Operation in Narkose versetzten, rief sie sich diese Augenblicke ins Gedächtnis.

Die hellen, hellen Sommernächte, als sie ein Kind war.

Der Moment, als ihre Tochter geboren wurde und ihre Fingerchen um ihren Daumen schloss.

Die Hochzeit an jenem Sommertag, an dem sie die Brautkrone trug, die ihre Mutter aus Birkenwurzeln geflochten hatte.

Summa schluckt und spürt, dass sie lebt, dass ihr Herz schlägt, aber sie hat furchtbare Angst davor zu sterben und Lumi allein zurückzulassen.

Als sie sich umdreht, brennen die Stiche ihrer Operationsnaht. Sie schließt die Augen, öffnet sie dann aber wieder.

Sie muss mehrmals zwinkern und erkennt schließlich, dass er ihre Nachricht bekommen hat.

Joona Linna beugt sich über sie, und sie berührt sein Gesicht und streicht mit den Händen durch seine dichten blonden Haare.

»Wenn ich sterbe, musst du dich um Lumi kümmern«, flüstert sie.

»Das verspreche ich dir.«

»Und du musst sie sehen, bevor du gehst«, sagt sie. »Du musst sie sehen.«

Er legt die Hände um ihre Wangen, er streichelt ihr Gesicht und flüstert ihr zu, dass sie so schön ist wie eh und je. Sie lächelt ihn an. Dann ist er verschwunden, und Summa hat keine Angst mehr.

Das Zimmer für die Angehörigen ist schlicht möbliert, an der Wand hängt ein Fernsehapparat und ein Kiefernholztisch voller Brandflecken von Zigaretten steht vor einer durchgesessenen Couch.

Auf dieser Couch liegt ein fünfzehnjähriges Mädchen und schläft. Ihre Augen brennen vom vielen Weinen, und das Kissen hat auf ihrer Wange ein Streifenmuster hinterlassen. Sie wacht plötzlich mit einem seltsamen Gefühl auf. Irgendwer hat sie zugedeckt. Ihre Schuhe sind ausgezogen worden, sie stehen neben ihr auf dem Fußboden.

Jemand ist bei ihr gewesen. In ihrem Traum hat jemand bei ihr gesessen und ganz behutsam ihre Hand in seiner gehalten.

191

An der alten Landstrasse, genau zwischen Stockholm und Uppsala, steht das Löwenströmsche Krankenhaus. Gustaf Adolf Löwenström ließ die Klinik Anfang des 19. Jahrhunderts errichten, um die große Schuld seiner Familie zu sühnen. Sein Bruder hatte auf dem Maskenball der Oper König Gustav III. ermordet.

Anders Rönn ist dreiundzwanzig Jahre alt und frisch examinierter Arzt. Er ist schlaksig und hat ein schönes, feinfühliges Gesicht. Heute ist sein erster Arbeitstag im Löwenströmschen Krankenhaus. Die tiefstehende Herbstsonne spielt zwischen den Wipfeln der Bäume, als er an dem großen Eingang vorbeigeht.

Hinter dem modernen Hauptgebäude des Krankenhauses aus rotbraunem Backstein befindet sich ein merkwürdiger Anbau. Von oben gleicht er zwei zusammengefügten Lilienkreuzen. Das ist die große psychiatrische Abteilung, zu der auch die Gerichtspsychiatrie und ein Hochsicherheitstrakt gehören.

Auf dem Waldhang steht eine Bronzefigur, ein Flöte spielender Junge. Auf der Schulter und dem breitkrempigen Hut des Jungen sitzt jeweils ein Vogel.

Auf der einen Seite des Fußwegs breitet sich eine pastorale Landschaft mit Viehweiden bis zum Ufer des Fysingen aus, auf der anderen Seite erhebt sich ein fünf Meter hoher Stacheldrahtzaun vor einem schattigen Rastplatz mit Zigarettenkippen rund um eine einsame Parkbank.

Kein Besucher der psychiatrischen Abteilung darf unter vierzehn Jahre alt sein, Fotos und Tonaufnahmen sind verboten.

Anders Rönn geht über die Betonplatten, gelangt unter ein Vordach aus Blech, von dem Farbe abblättert, und tritt durch die Glastüren.

Auf dem elfenbeinfarbenen PVC-Boden mit den Reifenspuren von Krankenhausbetten sind seine Schritte fast lautlos. Als er zum Aufzug kommt, merkt er, dass er sich bereits im zweiten Stock befindet. Die erste Etage liegt hier unterirdisch und beherbergt Abteilung 30, die geschlossene gerichtspsychiatrische Station. Der Aufzug des Krankenhauses fährt nicht tiefer, aber hinter einem cremegelben Stahltor befindet sich eine Wendeltreppe, die zur Etage null hinabführt.

Das ist der Hochsicherheitstrakt mit seinen bunkerartigen Isolierzellen.

Diese Abteilung kann maximal drei Patienten aufnehmen, aber in den letzten zwölf Jahren war es nur einer, der gealterte Jurek Walter.

Jurek Walter wurde zur Sicherheitsverwahrung in der Psychiatrie verurteilt und war bei seiner Ankunft so aggressiv, dass er mit Gurten fixiert werden und gegen seinen Willen mit Medikamenten behandelt werden musste.

Vor neun Jahren wurde als Diagnose formuliert: »Schizophrenie, unspezifisch. Chaotisches Denken. Wiederkehrende akute psychotische Zustände mit bizarren und sehr gewaltsamen Zügen.«

Es ist die einzige Diagnose, die jemals gestellt wurde.

»Ich lasse Sie herein«, sagt eine Frau mit runden Wangen und ruhigen Augen.

»Danke.«

»Sie haben schon einmal von dem Patienten gehört? Von Jurek Walter?«, fragt sie, scheint jedoch keine Antwort zu erwarten.

ANDERS RÖNN hängt den Schlüssel zur Gittertür in den Schrank des Hochsicherheitstrakts, ehe die Frau die erste Tür zur Schleuse öffnet. Er geht hinein, wartet, bis die Tür ins Schloss gefallen ist, ehe er zur nächsten geht. Als ein Signal ertönt, öffnet die Frau auch diese. Anders dreht sich um und winkt, bevor er den Gang zum Personalraum der Isolierstation hinabgeht.

Ein kräftig gebauter Mann zwischen fünfzig und sechzig Jahren mit hängenden Schultern und kurzen, stoppeligen Haaren raucht unter der Dunstabzugshaube der Küchenzeile. Er knipst die Glut ins Spülbecken, steckt die halbe Zigarette in die Schachtel zurück und schiebt sie in die Tasche seines Arztkittels.

»Roland Brolin, Oberarzt«, stellt er sich vor.

»Anders Rönn.«

»Wie sind Sie ausgerechnet hier gelandet?«, erkundigt sich der Oberarzt.

»Ich habe kleine Kinder und deshalb eine Stelle in der Nähe gesucht«, antwortet Anders Rönn.

»Sie haben sich für Ihren ersten Arbeitstag den richtigen Tag ausgesucht«, sagt Roland Brolin lächelnd und geht den schallgedämpften Flur hinab.

Der Arzt greift nach seiner Passierkarte, wartet, bis das Schloss der Sicherheitstür klickt und schiebt sie mit einem langgezogenen Seufzer auf. Er lässt sie los, noch ehe Anders ganz hindurchgetreten ist. Die schwere Tür schlägt gegen seine Schulter.

»Gibt es etwas, das ich über den Patienten wissen sollte?«, fragt Anders Rönn und zwinkert die Tränen fort.

Brolin wedelt mit der Hand und zählt auf:

»Er darf niemals mit jemandem vom Personal allein sein, ihm ist noch nie ein Freigang bewilligt worden, er darf keinen Besuch empfangen und nie auf das Außengelände hinausgehen. Außerdem ...«

»Niemals?«, unterbricht Anders Rönn ihn zögernd. »Ist es denn überhaupt erlaubt, jemanden ...«

»Nein, das ist es nicht«, sagt Roland Brolin schroff.

Plötzlich ist die Stimmung bedrückt, aber schließlich fragt Anders vorsichtig:

»Was hat er denn eigentlich gemacht?«

»Nur nette Dinge«, antwortet der Oberarzt.

»Zum Beispiel?«

Roland Brolin sieht ihn an, und sein graues, schwammiges Gesicht verzieht sich plötzlich zu einem Lächeln.

»Sie sind wirklich neu hier«, sagt er lachend.

Sie passieren eine weitere Sicherheitstür, und eine Frau mit gepiercten Wangen zwinkert ihnen zu.

»Kommt lebendig zurück«, sagt sie kurz.

»Machen Sie sich keine Sorgen«, sagt der Oberarzt mit gesenkter Stimme zu Anders Rönn. »Jurek Walter ist ein ruhiger, älterer Herr. Er prügelt sich nicht und wird niemals laut. Er bleibt für sich, und wir gehen normalerweise nie zu ihm hinein. Aber heute müssen wir rein, denn die Jungs von der Nachtschicht haben beobachtet, dass er ein Messer unter seiner Matratze versteckt und ...«

»Wie zum Teufel ist er an ein Messer gekommen?«

Roland Brolins Stirn ist schweißgebadet, er streicht sich mit der Hand über das Gesicht und wischt sie an seinem Kittel ab.

»Jurek Walter kann ziemlich manipulativ sein und ... Wir werden natürlich intern ermitteln, aber wer weiß ...«

DER OBERARZT ZIEHT SEINE KARTE durch ein weiteres Lesegerät und tippt einen Zugangscode ein. Es piepst, und das Schloss der Sicherheitstür klickt.

»Was will er mit einem Messer?«, fragt Anders Rönn und eilt ihm hinterher. »Hätte er sich das Leben nehmen wollen, hätte er das doch sicher längst getan – oder nicht?«

»Vielleicht mag er ja Messer«, antwortet Roland Brolin.

»Will er fliehen?«

»Er hat in all seinen Jahren hier nie einen Fluchtversuch unternommen.«

Sie kommen zu einer Schleuse mit vergitterten Toren.

»Warten Sie«, sagt Roland Brolin und hält ihm eine kleine Schachtel mit Ohrstöpseln hin.

»Sie haben doch gesagt, er wird nicht laut.«

Der Oberarzt sieht sehr müde aus, so als hätte er seit Tagen nicht mehr geschlafen. Er betrachtet seinen neuen Kollegen eine Weile und seufzt dann schwer, ehe er zu einer Erklärung ansetzt.

»Jurek Walter wird mit Ihnen sprechen, ganz ruhig und sicher sehr nett«, berichtet er mit ernster Stimme. »Aber heute Abend, wenn Sie nach Hause fahren, werden Sie Ihr Auto auf die Gegenfahrbahn lenken und frontal mit einem Lastwagen zusammenstoßen ... oder Sie fahren beim Baumarkt vorbei und kaufen sich eine Axt, bevor Sie Ihre Kinder aus der Kita abholen.«

»Soll ich jetzt etwa Angst bekommen?«, sagt Anders Rönn lächelnd.

»Nein, aber Sie werden hoffentlich vorsichtig sein«, entgegnet Roland Brolin. »Ich bin schon einmal zu ihm hineingegangen, letztes Jahr, kurz nach Ostern, da war er irgendwie an eine Schere herangekommen.«

»Er ist ein alter Mann, stimmt's?«

»Machen Sie sich keine Sorgen, es wird schon alles gut gehen…«

Die Stimme des Oberarztes erstirbt, und sein Blick wird vage. Bevor sie durch die Schleuse treten, flüstert er Anders zu:

»Verhalten Sie sich, als wären Sie sehr gelangweilt, als wäre das, was Sie in seiner Nähe machen, trostloser Alltag, so wie Betten machen im Pflegeheim.«

»Ich werde mir Mühe geben.«

Roland Brolins eigentlich schlaffes Gesicht ist mittlerweile angespannt, und sein Blick ist hart und nervös:

»Wir sagen ihm nicht, was wir tun werden, sondern tun so, als würden wir ihm wie üblich eine Spritze Risperdal injizieren.«

»Aber…«

»Aber stattdessen verabreichen wir ihm eine Überdosis Mirtazapin«, erläutert der Oberarzt.

»Eine Überdosis?«

»Ich habe es beim letzten Mal ausprobiert und da… Also schön, zuerst wurde er verdammt aggressiv, aber nur kurz, denn dann setzten die Bewegungsstörungen ein… es begann im Gesicht und mit der Zunge. Er konnte nicht mehr richtig sprechen. Und danach kippte er um, lag auf der Seite und atmete. Und dann bekam er eine Menge Krämpfe, fast wie ein Epileptiker, das ging ziemlich lange so, aber anschließend war er müde und benommen, fast weggetreten… Diese Phase werden wir ausnutzen, um hineinzugehen und das Messer zu holen.«

»Warum kein Schlafmittel?«

»Das wäre sicher besser«, bestätigt Roland Brolin, »aber ich finde, wir sollten die Medikamente verwenden, die er ohnehin bekommt.«

Sie betreten durch die vergitterte Schleuse Jurek Walters Bereich. Durch das Panzerglas in einer weißlackierten Metalltür mit Riegel und Luke fällt bleiches Licht in den Gang.

Roland Brolin weist Anders Rönn mit einer Geste an zu warten. Er bewegt sich langsamer, als wollte er sich dem Panzerglas möglichst vorsichtig nähern.

Vielleicht hat er Angst, überrascht zu werden.

Er hält Abstand zu dem Glas und bewegt sich seitlich, aber dann wird sein Gesicht auf einmal ruhiger, und er winkt Anders Rönn zu sich. Sie stellen sich an das Fenster in der Tür. Anders Rönn schaut in einen hellen und relativ großen, fensterlosen Raum.

194

Auf einem Plastikstuhl in der hermetisch abgeriegelten Zelle sitzt ein Mann in Jeans und Jeanshemd. Er sitzt vorgebeugt, die Ellbogen auf die Knie gestützt. Plötzlich blickt er mit seinen hellen Augen zur Tür auf, und Roland Brolin weicht einen Schritt zurück.

Jurek Walter ist glattrasiert und trägt seine grauen Haare mit Seitenscheitel und Tolle. Sein Gesicht ist blass und von tiefen Falten zerfurcht, ein Netz aus Schmerz.

Roland Brolin kehrt zu der vergitterten Schleuse zurück, schließt einen dunklen Schrank auf und holt drei kleine Glasfläschchen mit breiten Hälsen und Aluminiumverschlüssen heraus, die ein gelbes Pulver enthalten. Er gibt in jedes Fläschchen zwei Milliliter Wasser, schüttelt sie, lässt die Flüssigkeit vorsichtig rieseln, damit sich das Pulver auflöst, und zieht die Flüssigkeit aus den Fläschchen anschließend auf eine Spritze.

Sie kehren zu der Panzerglasscheibe in der Tür zurück. Jurek Walter sitzt inzwischen auf dem Bett. Roland Brolin setzt die Ohrstöpsel ein und öffnet anschließend die Luke in der Tür.

»Jurek Walter«, sagt er mit schleppender Stimme. »Es ist so weit ...«

Anders Rönn sieht den Mann aufstehen, den Blick der Luke in der Tür zuwenden und näher kommen, während er sein Hemd aufknöpft.

»Bleiben Sie stehen und ziehen Sie Ihr Hemd aus«, sagt der Oberarzt, obwohl der Mann bereits dabei ist, es zu tun.

Jurek Walter geht langsam weiter.

Roland Brolin schließt die Luke und verriegelt sie mit etwas zu schnellen und nervösen Bewegungen. Jurek Walter hält inne, öffnet die letzten Knöpfe und streift das Hemd ab. Er hat drei runde Narben auf dem Brustkorb. Die Haut hängt schlaff um die geäderten Muskeln. Roland Brolin öffnet erneut die Luke, und Jurek Walter geht die letzten Meter.

»Halten Sie Ihren Arm heraus«, weist Roland Brolin ihn an, und ein kurzes, krampfhaftes Einatmen verrät, dass er große Angst hat.

Jurek Walter begegnet seinem Blick nicht, betrachtet stattdessen interessiert Anders Rönn.

Er streckt seinen alten, pigmentierten Arm durch die Luke in der Tür. Drei lange Brandwunden ziehen sich über die Innenseite des Arms.

Der Oberarzt schiebt die Spritze in die dicke Vene und injiziert die Flüssigkeit sehr schnell. Jurek Walters Hand zuckt überrascht, aber er zieht sie erst zurück, als er die Erlaubnis dazu erhält. Roland Brolin schließt und verriegelt hastig die Luke und schaut dann hinein. Jurek Walter stolpert zum Bett. Mit abgehackten Bewegungen setzt er sich hin. Roland Brolin lässt versehentlich die Spritze fallen, und die beiden Ärzte sehen sie über den Beton rollen.

Als sie sich wieder Jurek Walter zuwenden, erkennen sie, dass die Innenseite des Panzerglases beschlagen ist. Er hat sie angehaucht und mit dem Finger »JOONA« geschrieben.

»Was steht da?«, fragt Anders Rönn mit schwacher Stimme.

»Er hat Joona geschrieben.«

»Joona?«

»Was zum Teufel hat das zu bedeuten?«

Die Kondensschicht löst sich auf, und sie sehen, dass Jurek Walter auf dem Bett sitzt wie zuvor, als hätte er sich nie bewegt.

Der zweite Fall für Kommissar Joona Linna: Spannung pur.

Lars Kepler
PAGANINIS FLUCH
Kriminalroman
Aus dem Schwedischen
von Paul Berf
640 Seiten
ISBN 978-3-404-16804-0

Stockholm. Zwei Todesfälle geben der Polizei große Rätsel auf. Ein Mann wird erhängt in einem leeren Zimmer gefunden, eine Frau liegt ertrunken auf einem Boot, das nie untergegangen ist. Zwei Morde, deren Hergang nicht zu erklären ist. Bis Kommissar Joona Linna schließlich eine Verbindung zwischen den Fällen entdeckt. Die Spur führt zu einem Mann, der die Violinen des „Teufelsgeigers" Paganini sammelt – und Albträume wahr werden lässt …

Bastei Lübbe Taschenbuch

Ein Krimi, der seinem Titel vollauf gerecht wird: Hochspannend und hypnotisierend

Lars Kepler
DER HYPNOTISEUR
Kriminalroman
Aus dem Schwedischen
von Paul Berf
656 Seiten
ISBN 978-3-404-16343-4

Vor den Toren Stockholms wird die Leiche eines brutal ermordeten Mannes entdeckt. Kurz darauf werden auch dessen Frau und Tochter aufgefunden. Offenbar wollte der Täter die ganze Familie auslöschen. Doch der Sohn überlebt schwer verletzt. Als Kriminalkommissar Joona Linna erfährt, dass es ein weitere Schwester gibt, wird ihm klar, dass er sie vor dem Mörder finden muss. Er setzt sich mit dem Arzt Erik Maria Bark in Verbindung, der den kaum ansprechbaren Jungen unter Hypnose verhören soll. Bark gelingt es schließlich, den Jungen zum Sprechen zu bringen. Was er dabei erfährt, lässt ihm das Herz gefrieren ...

»Intelligent, originell, Furcht einflößend« SIMON BECKETT

Bastei Lübbe Taschenbuch